Doppel-Klick

Sprach- und Lesebuch Deutsch 7 R

Mittelschule Bayern

Herausgegeben von
Astrid Scharfe (Nürnberg)

Erarbeitet von
Susanne Bonora (Scheßlitz),
Michael Fischer (Mengkofen),
Lisa Kaiser (Nürnberg),
Kevin Koch (Dingolfing),
Anna Landgraf (München),
Sylvelin Leipold (Burgebrach),
Petra Maier-Hundhammer (München),
Stephanie Meyer (Trostberg),
Bernhard Möller (Veitshöchheim),
Mattheus Paszulewicz (Nürnberg),
Heike Potyra (Zirndorf),
Josua Schlumpp (Nürnberg),
Birgit Welker (München)

Das Buch wurde erarbeitet auf der Grundlage der Ausgaben von Annegret Doll, Şule Ekemen, Christa Knirsch, Renate Krull, Kathrin Lang, Heide Luckfiel, Elisabeth Schäpers, Renate Teepe (Herausgeberinnen) und Werner Bentin, Ekhard Ninnemann, Martin Plieninger, Torsten Zander (Herausgeber) sowie von P. Altschuh-Riederer, Benildis Andris, Margret Angel, Susann Bartsch, Guido Becker, Susanne Becker, Sabrina Beikirch, Werner Bentin, Patricia Bolz, Carmen Burow, Ulrich Deters, Henriette Dieterle, Annegret Doll, Claudia Eisele, Şule Ekemen, Amelie Erdnüss, Gisela Faber, Martin Felber, Filiz Feustel, Dorothee Gaile, Julia Giede, Nicole Glahe-Assauer, Nadine Glück, Mahir Gökbudak, Jana Görbing, Silke González León, Michaela Greisbach, Beate Hallmann, Bianca Hämel, Kerstin Hammer, Sandra Heidmann-Weiß, Isabel Heine, Karin Hofer, Svea Hummelsheim, August-Bernhard Jacobs, Lucia Jacobs, Jona Jasper, Gesine Jordan, Kristina Klein, Christa Knirsch, Michaela Koch, Andrea Koenen, Renate Krull, Barbara Maria Krüss, Ina Lang, Kathrin Lang, Angela Lieser, Heide Luckfiel, Timo Mauelshagen, Dorottya Mitsalis, Gisela Mössle, Silke Müller, Jutta Neumann, Ekhard Ninnemann, Ursula Oswald, Martina Panzer, Katrin Placzek, Martin Plieninger, Martin Püttschneider, Silke Quast, Florian Recksiegel, Jörg Ringling, Irene Rischard, Elisabeth Schäpers, Benjamin Schmidt, Matthias Scholz, Jutta Schöps-Körber, Martina Schulz-Hamann, Ralf Schummer-Hofmann, Salih Sönmez, Gerda Steininger, Michael Strangmann, Renate Teepe, Stephan Theuer, Andreas Völlmecke, Eva Wannemacher, Anna-Lena Wiederhold, Torsten Zander.

Redaktion: Sandra Geiger, Astrid Graupe, Anna-Lena Lillie
Umschlaggestaltung: Buchgestaltung +, Berlin
Umschlagillustration: Natascha Römer, Römer & Osadtschij GbR, Schwäbisch Gmünd
Layout: Wladimir Perlin (MeGA 14), Berlin
Gestaltung und technische Umsetzung: Saskia Klemm, Berlin

Begleitmaterialien für Schüler zu Doppel-Klick 7R	
Schülerbuch als E-Book	978-3-06-060694-8
Arbeitsheft	978-3-06-062821-6
Arbeitsheft mit interaktiven Übungen	978-3-06-062063-0
Interaktive Übungen	978-3-06-062071-5

www.cornelsen.de
Soweit in diesem Lehrwerk Personen fotografisch abgebildet sind und ihnen von der Redaktion fiktive Namen, Berufe, Dialoge und Ähnliches zugeordnet oder diese Personen in bestimmte Kontexte gesetzt werden, dienen diese Zuordnungen und Darstellungen ausschließlich der Veranschaulichung und dem besseren Verständnis des Inhalts.

Dieses Werk berücksichtigt die Regeln der reformierten Rechtschreibung und Zeichensetzung.
Bei den mit [R] gekennzeichneten Texten haben die Rechteinhaber einer Anpassung widersprochen.

Die mit * gekennzeichneten Texte wurden aus didaktischen Gründen gekürzt und/oder verändert.

1. Auflage, 1. Druck 2019

Alle Drucke dieser Auflage sind inhaltlich unverändert und können im Unterricht nebeneinander verwendet werden.

Druck: Firmengruppe Appl, aprinta Druck, Wemding

ISBN 978-3-06-062815-5

Inhaltsverzeichnis

Sprechen – Zuhören – Mit pragmatischen Texten umgehen – Schreiben

Kompetenzen

- **Argumentieren**
- **Diskutieren**

Gespräche adressatenbezogen und situationsangemessen planen, führen und reflektieren; Konfliktgespräche lösungsorientiert führen; Diskussionsrunden moderieren; sich konstruktiv mit Beiträgen anderer auseinandersetzen; Unterschiede von Sprachvarianten erkennen und situationsgerecht anwenden

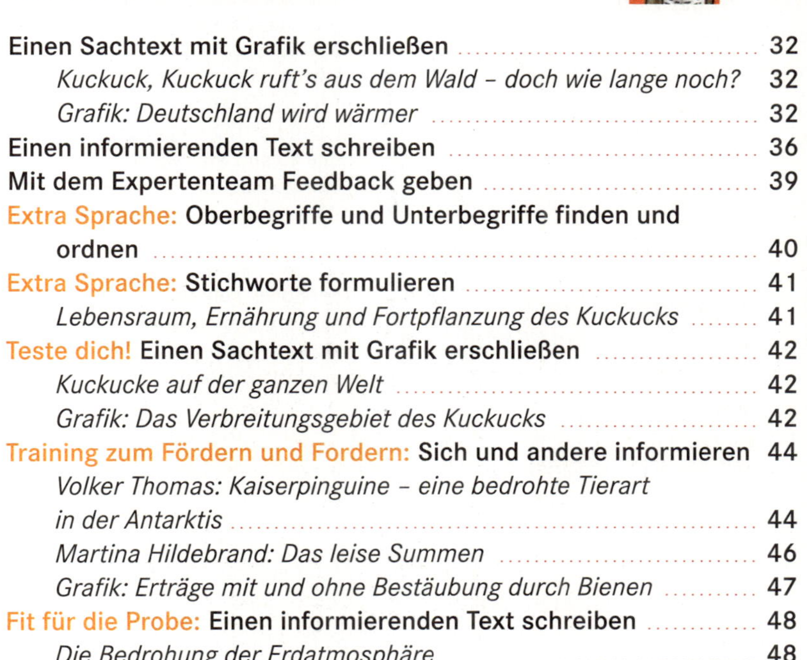

- **Sachtexte und Grafiken erschließen**
- **Informierende Texte schreiben**

kontinuierliche und diskontinuierliche Texte erschließen und auswerten; Informationen aus sachorientierten Texten entnehmen; über Gegebenheiten informieren; Sachverhalte wiedergeben; Texte zusammenfassen; sprachliche Mittel funktional sinnvoll in eigenen Texten einsetzen; Form und Intention adressatenorientierter Texte beim eigenen Schreiben beachten; Hinweise aus Feedbackmethoden nutzen und eigene Texte überarbeiten

Kompetenzen

Was willst du werden? 50

- **Informierende Texte verstehen und nutzen**
- **Vorgänge beschreiben**

Informationen aus berufsorientierenden Texten unterschiedlicher Medien entnehmen; kontinuierliche und diskontinuierliche Texte auswerten; Methoden zur Sammlung und Ordnung von Schreibideen nutzen; Vorgangsbeschreibungen planen, schreiben und kriteriengeleitet überarbeiten; sprachliche Mittel funktional sinnvoll in eigenen Texten einsetzen

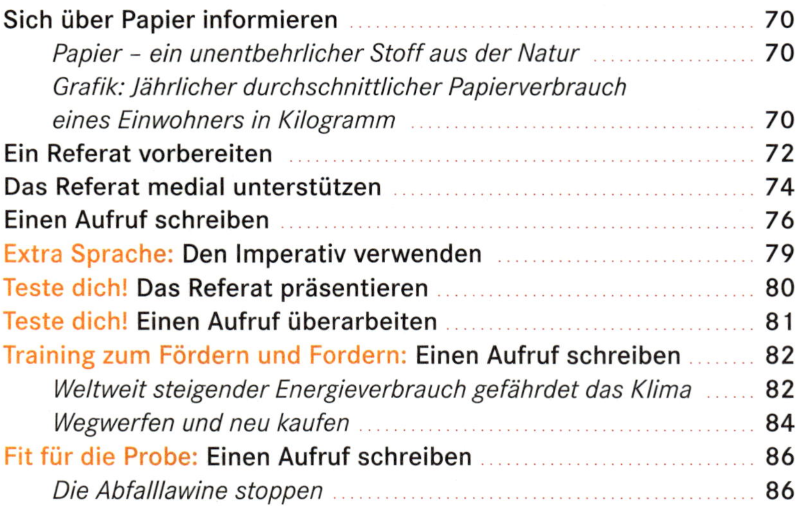

Dem Papier auf der Spur 68

- **Ein Referat vorbereiten, halten und auswerten**
- **Appellative Texte schreiben**

pragmatische Texte erschließen und auswerten; Informationen aus sachorientierten Texten entnehmen; einen Vortrag vorbereiten und durch den Einsatz von Medien illustrieren; den Vortrag durch Körpersprache, Körperhaltung und Sprechverhalten unterstützen; den Vortrag reflektieren und Feedback geben; sich argumentativ mit Sachverhalten auseinandersetzen; adressatenorientierte Texte schreiben

Wir sind online

Kompetenzen

- **Medien verantwortungsbewusst nutzen**
- **Argumentierende Texte schreiben**

den eigenen Medienkonsum reflektieren;
Methoden der Texterschließung anwenden;
digitale Medien adressatenbezogen und verantwortungsbewusst nutzen;
sich argumentativ mit Sachverhalten auseinandersetzen;
Mittel des argumentierenden Schreibens einsetzen;
sich sach-, situations- und adressatengemäß ausdrücken;
die Sprache in digitalen Formaten analysieren;
Unterschiede von Sprachvarianten erkennen und anwenden

Lesen – mit literarischen Texten und weiteren Medien umgehen

Kompetenzen

- **Medien verstehen und beurteilen**
- **Gestaltungsmittel audiovisueller Medien untersuchen**

Verständlichkeit, Aufbau und Informationsgehalt unterschiedlicher Medien verstehen und beurteilen; audiovisuelle Gestaltungsmittel erkennen; Wirkungsabsicht von Medien erkennen und reflektieren

- **Dramatische Texte lesen**
- **Szenisch spielen**

Merkmale dramatischer Texte kennenlernen; einen Text szenisch umsetzen; Figuren mit erweitertem Darstellungsrepertoire darstellen; die szenische Umsetzung reflektieren und ihre Wirkung beschreiben

- **Kriminalgeschichten lesen und verstehen**
- **Mündlich erzählen**

Methoden der Texterschließung anwenden; epische Texte analysieren; Gestaltungselemente untersuchen; grundlegende Mittel des mündlichen Erzählens einsetzen; den Vortrag reflektieren und Feedback geben

Kompetenzen

Gedichte über Liebe und Freundschaft

Kompetenzen

- **Gedichte untersuchen und deuten**
- **mit Gedichten produktiv umgehen**

Gattungsmerkmale und sprachliche Gestaltungsmittel untersuchen; literarische Fachbegriffe zur Analyse anwenden; Zusammenhänge von Aussage und Sprache in Gedichten analysieren; Parallelgedichte schreiben

Arbeitstechniken

Kompetenzen

Rechtschreiben

Kompetenzen

Die Arbeitstechniken

- Arbeitstechniken zur Übung und Verbesserung der Rechtschreibung anwenden

Rechtschreibstrategien und Regeln

- Rechtschreibstrategien und Regelwissen anwenden
- Fehlersensibilität entwickeln

Strategien sicher anwenden; Wortbildungsmöglichkeiten und -elemente analysieren und verwenden; Regeln der Groß- und Kleinschreibung sowie der Getrennt- und Zusammenschreibung anwenden; rechtschriftliche Besonderheiten, die keiner Regel folgen, richtig schreiben

Texte lesen – üben – richtig schreiben

Kompetenzen

- **Rechtschreibstrategien und Regelwissen anwenden**
- **An individuellen Fehlerschwerpunkten arbeiten**

sich mit Rechtschreibphänomenen textbezogen auseinandersetzen;
Rechtschreibstrategien nutzen;
Regeln der Groß- und Kleinschreibung sowie der Getrennt- und Zusammenschreibung sicher anwenden;
Regeln der Zeichensetzung anwenden

Grammatik

Kompetenzen

Sprache und Stil 258

- **Sprachliche Verständigung untersuchen**

Sprachvarianten und Sprachebenen verstehen und situationsangemessen verwenden;
den Wortschatz erweitern;
Zusammenhänge zwischen Sprachen erkennen;
sprachliche Bilder verstehen

Wortarten verwenden 266

- **Wortarten unterscheiden**

Wortarten nach ihren Merkmalen und ihrer Funktion unterscheiden;
Flexionsformen richtig verwenden;
Tempus und Modus erkennen und deuten

Der Satz 278

- **Satzglieder bestimmen**
- **Satzarten kennen und situationsbezogen anwenden**

Satzglieder untersuchen;
operationale Verfahren anwenden;
Satzarten unterscheiden und ihre Wirkung erkennen;
unterschiedliche Satzverknüpfungen verwenden;
Regeln der Zeichensetzung anwenden

Zum Nachschlagen

Kompetenzen

- Informationsquellen nutzen

Miteinander reden

Nicht nur Worte, auch die Körperhaltung (die Gestik) und der Gesichtsausdruck (die Mimik) verraten viel über die Stimmung zwischen Menschen.

1 Seht euch die Fotos genau an.
- Welche Situationen sind dargestellt?
- Wie wirken die Schülerinnen und Schüler?
- Worüber könnten sie sprechen?

2 **a.** Beschreibt die Körperhaltung und den Gesichtsausdruck der Schülerinnen und Schüler.
b. Was könnten Mimik und Gestik bedeuten? Tauscht euch darüber aus.

3 Wer könnte was auf den Fotos sagen?
a. Ordnet die folgenden Sprechblasen zu.
b. Begründet eure Zuordnungen.

Ich habe einen Vorschlag. Was meint ihr dazu?

Du hast doch keine Ahnung! Ich sehe das ganz anders.

Lass mich doch mal ausreden!

Ich verstehe das Problem. Lasst uns eine Lösung finden.

Für den Abschluss einer Projektwoche proben die Flötengruppe und die Trommelgruppe in benachbarten Zimmern einige Stücke ein. Leider stören sich die Gruppen gegenseitig. Es entsteht eine Diskussion.

4 Lest die Diskussion mit verteilten Rollen.

Jennifer: Dieses Getrommel macht einen ja wahnsinnig. Könnt ihr noch was anderes außer Bumbum?
Max: Ja, aber euer Flötengepiepse – das ist jetzt super, oder was? Gleich werfe ich deine Flöte aus dem Fenster.
Alexander: Euer Trommeln ist schon in Ordnung. Aber wir können uns so schlecht auf unsere Stücke konzentrieren. Finden wir da eine Lösung?
Serkan: Wir können ja mal bei der Schulleitung nachfragen, ob wir mit den Trommeln in den Keller umziehen dürfen.
Anton: Kommt ja gar nicht in Frage, wir proben da, wo wir wollen. Basta!
Petra: Also, meine Mutter hat gesagt ...
Oleg: Blabla, wen interessiert denn, was deine Mutter sagt.

5 Worum geht es in dieser Diskussion? Formuliert in eigenen Worten.

Für das Gelingen eines Gesprächs sind Regeln wichtig.

Gesprächsregeln
Wir hören einander zu.
Wir lassen den anderen ausreden.
Wir fragen nach, wenn wir etwas nicht verstanden haben.
Wir bleiben beim Thema.
Wir äußern Kritik mit Worten.
Wir respektieren eine andere Meinung.
Wir akzeptieren andere Standpunkte.
Wir beschimpfen und beleidigen einander nicht.
Wir suchen nach einer gemeinsamen Lösung.

6 **a.** An welche Gesprächsregeln halten sich die Schülerinnen und Schüler, an welche nicht? Nennt die Regeln.
b. Welche Gesprächsregeln möchtet ihr für eure Klasse ändern oder ergänzen? Schreibt eure Gesprächsregeln auf ein Plakat.

In diesem Kapitel lernt ihr, wie ihr miteinander diskutiert. Dabei untersucht ihr Äußerungen und lernt, Argumente sachlich und begründet auszutauschen.

Sachlich diskutieren und überzeugend argumentieren

Wenn Diskussionsregeln nicht eingehalten werden, kommt es selten zu einem Ergebnis. So auch bei dieser Diskussion.

1 Lest die Diskussion mit verteilten Rollen.

Anja: Wir sollten in den Zoo gehen, da unsere Klasse lange nicht mehr dort war. Das letzte Mal waren wir in der fünften Klasse im Zoo.
Elisa: Das ist doch was für kleine Kinder! Außerdem ist das für einen Vormittagsausflug viel zu weit. Lasst uns doch lieber bowlen gehen.
Aaron: Was hat denn Bowlen mit Wandern zu tun? Es heißt ja Wandertag, weil man wandern soll. Beim Wandern bewegen wir uns an der frischen Luft, beim Bowlen wären wir irgendwo drinnen.
Lena: Ja, aber wenn das Wetter schlecht ist? Ich habe echt keine Lust, wieder so nass zu werden wie beim letzten Mal.
Bekir: Mein Bruder war mit seiner Klasse neulich im Klärwerk. Das war total interessant zu sehen, wie die Kläranlage funktioniert.
Raphael: Äh, da stinkt es doch nur! Ich hätte viel mehr Lust, in die neue Technikausstellung im Science-Museum zu gehen. Da war ich schon einmal und man kann im Labor Experimente machen.
Alex: Das ist mal wieder typisch, nicht jeder interessiert sich für Technik. Außerdem sind wir da auch wieder drinnen …

2 Untersucht die Redebeiträge.
- **a.** Benennt das Thema.
- **b.** Schreibt die Vorschläge der Schülerinnen und Schüler auf.
- **c.** Welche Vorschläge überzeugen euch, welche eher nicht? Begründet.

Oft kommt es in Diskussionen zu Äußerungen, die unsachlich sind. Diese Äußerungen werden auch als Killerphrasen bezeichnet.

3 Welche unsachlichen Äußerungen gibt es in dieser Diskussion?
- **a.** Nennt die unsachlichen Äußerungen.
- **b.** Sprecht darüber, was damit eigentlich gemeint ist.
- **c.** Überlegt, welche Reaktionen dadurch hervorgerufen werden können.

Starthilfe
Das ist doch was für kleine Kinder! …

4 Überlegt gemeinsam, wie man die Äußerungen sachlich formulieren kann.

Vorschläge und Meinungen überzeugen, wenn sie mit Argumenten begründet werden.

Info

Argumente, die für etwas sprechen, nennt man Pro-Argumente.
Argumente, die gegen etwas sprechen, nennt man Kontra-Argumente.

5 Wie begründen die einzelnen Schülerinnen und Schüler ihre Vorschläge?

a. Schreibt die Vorschläge in einer Tabelle auf.

b. Unterscheidet die Argumente, die den Vorschlag unterstützen, und die Argumente, die dagegen sprechen. Notiert Stichworte.

c. Vergleicht eure Lösungen.

Starthilfe

der Vorschlag	Was spricht dafür?	Was spricht dagegen?
Zoo	Die Klasse war lange nicht mehr dort.	...
...	...	...

Wenn ihr in einer Diskussion eure Meinung vertretet, ist es wichtig, dass eure Argumente überzeugend sind. Ein überzeugendes Argument besteht aus einer Behauptung und einer nachvollziehbaren Begründung.

6 Welche Behauptungen und Begründungen werden in der Diskussion genannt?

a. Legt eine Tabelle im Heft an.

b. Tragt die Behauptungen und Begründungen in die Tabelle ein.

Starthilfe

die Behauptung	die Begründung
Wir sollten in den Zoo gehen,	da unsere Klasse lange nicht mehr dort war.
Es heißt ja Wandertag,	weil man ...
...	...

Begründungen werden oft mit Konjunktionen eingeleitet.

7 **a.** Welche Konjunktionen für Begründungen kennt ihr? Nennt sie.

b. Markiert in eurer Tabelle aus Aufgabe 6 die Konjunktionen, die Begründungen einleiten.

Konjunktionen in Satzreihen und Satzgefügen ► S. 312

Mit Beispielen könnt ihr eure Behauptungen und Begründungen anschaulicher machen und bestärken.

8 Welche Beispiele werden in der Diskussion genannt? Schreibt sie auf.

Starthilfe

die Behauptung	die Begründung	das Beispiel
Wir sollten in den Zoo gehen,	da unsere Klasse lange nicht mehr dort war.	Das letzte Mal waren wir in der fünften Klasse im Zoo.

9 Wie unterscheidet sich eine Begründung von einem Beispiel? Sprecht darüber.

10 Welche Redebeiträge bestehen noch nicht aus Behauptung, Begründung und Beispiel?

a. Schreibt die Redebeiträge auf und begründet.

b. Schreibt die Redebeiträge so um, dass sie mit Behauptung, Begründung und Beispiel überzeugen.

Und welche Meinung hast du?

11 Was sollte das Ziel des nächsten Wandertags sein?

a. Schreibe einen Vorschlag auf.

b. Finde zwei Argumente für deinen Vorschlag.

- Notiere jeweils eine Behauptung.
- Finde passende Begründungen, die dafür sprechen.
- Schreibe zu jeder Begründung ein Beispiel auf.

12 Überprüft eure Argumente in Partnerarbeit.

- Setzt euch zu zweit gegenüber.
- Eine Lernpartnerin oder ein Lernpartner präsentiert ihren oder seinen Vorschlag und trägt ein passendes Argument vor.
- Die oder der andere hört aufmerksam zu, notiert Wichtiges und gibt anschließend Hinweise, ob der Vorschlag überzeugend war.
- Anschließend werden die Rollen getauscht.

Arbeitstechnik: Argumentieren

Du kannst andere überzeugen, wenn du deine Meinung mit Argumenten dafür (Pro-Argumente) und Argumenten dagegen (Kontra-Argumenten) begründest. Ein Argument besteht aus einer Behauptung und einer Begründung.

- Formuliere zuerst deine Behauptung.
- Nenne dann eine nachvollziehbare Begründung. Verwende **denn**- oder **weil**-Sätze.

Ein Streitgespräch führen

Während der Diskussion kommt es plötzlich zum Streit.

1 Lest das Gespräch mit verteilten Rollen.

Elisa: Wir könnten doch auch eine Fahrradtour machen und über Nacht unterwegs sein.
Malte: Ja, aber ich habe ein Rennrad, da fahre ich doch nicht über die Felder.
Elisa: Du hast doch keine Ahnung vom Fahrradfahren! Nur herummeckern, aber selbst keine Idee haben.
Malte: Als ob du das beurteilen könntest! Aber du weißt ja immer alles besser …

2 Untersucht das Gespräch genauer:
- Wie ist das Gespräch verlaufen?
- Warum ist es zum Streit gekommen?

Auf dem Foto könnt ihr auch an der Körperhaltung (Gestik) und am Gesichtsausdruck (Mimik) die Stimmung zwischen Elisa und Malte erkennen.

3 **a.** Welche Stimmung herrscht zwischen Elisa und Malte? Beschreibt sie.
b. Überlegt, wie sich Elisa und Malte fühlen könnten.
c. Begründet eure Einschätzungen.

Wie könnten Elisa und Malte ihren Streit lösen?

4 Wie könnte der Streit zwischen Elisa und Malte weiter verlaufen sein? Führt dazu mit Hilfe der Arbeitstechnik ein stummes Streitgespräch.

Arbeitstechnik: Ein stummes Streitgespräch führen

Bei einem stummen Streitgespräch schreibt ihr, statt zu sprechen. Ihr schreibt abwechselnd auf, was ihr zueinander sagen würdet.
- Setze dich deiner Lernpartnerin oder deinem Lernpartner gegenüber. Jede/r von euch gehört zu einer der beiden streitenden Gruppen A oder B.
- Nehmt zusammen nur ein Blatt Papier.
- Was könntet ihr zueinander sagen? Schreibt es abwechselnd auf.
- Geht beim Schreiben immer auf die Argumente der/des anderen ein.
- Findet zum Schluss eine Lösung für den Streit.

5 **a.** Lest eure Gespräche in der Klasse vor.
b. Vergleicht eure Ergebnisse: Wie wurde der Streit besonders gut gelöst?

Die Rolle der Diskussionsleitung

Diskussionen gelingen mit Hilfe einer Diskussionsleitung besser.

1 Welche Aufgaben könnte eine Diskussionsleiterin oder ein Diskussionsleiter haben? Schreibe einige Aufgaben in Stichworten auf.

Alina hat die Leitung der Diskussion übernommen. Sie hat sich notiert, welche Aufgaben sie als Diskussionsleiterin hat.

- *zum Schluss zusammenfassen*
- *Wortmeldungen notieren und den betreffenden Schülerinnen und Schülern in der richtigen Reihenfolge das Wort erteilen*
- *bei Verletzungen der Diskussionsregeln eingreifen und auf die vereinbarten Regeln hinweisen*
- *schweigsame Schülerinnen und Schüler in das Gespräch einbeziehen*
- *Aufgaben verteilen, die während der Diskussion wichtig sind, wie z. B. Protokoll schreiben, auf die Diskussionszeit achten*
- *das Gespräch eröffnen*

2 Bringe Alinas Notizen in eine sinnvolle Reihenfolge.

Alina eröffnet die Diskussion.

Alina: Liebe Schülerinnen und Schüler, wir haben eine halbe Stunde Zeit, um noch einmal über unseren nächsten Wandertag zu diskutieren. Damit nicht alle durcheinandersprechen, bitte ich euch um ein Handzeichen. Ich werde euch dann aufrufen. Außerdem brauche ich jemanden, der die Vorschläge an die Tafel schreibt. So können wir zum Schluss abstimmen und haben dann ein Ergebnis.

3 Wie eröffnet Alina die Diskussion zum Wandertag?
  a. Schreibt auf, was in der Eröffnung geregelt wird.
  b. Was könntet ihr noch ergänzen? Schreibt es auf.

Die Ideen für den Wandertag sind an der Tafel gesammelt worden und Alina möchte nun die Diskussion abschließen.

4 Wie kann Alina die Diskussion beenden?
  a. Bereitet einen Schluss vor.
  - Geht dabei auch auf die Auswertung an der Tafel ein.
  - Notiert Stichworte, wie ihr den Schluss gestalten wollt.

  b. Stellt eure Schlusssätze in der Klasse vor.

Eine Diskussion führen

Nun seid ihr dran. Wohin soll euer nächster Wandertag gehen?

1 Bereitet eine Diskussion vor: Was sollte bei der Auswahl des Ziels für einen ganztägigen Wandertag beachtet werden? Notiert Stichworte.

Starthilfe

- Kosten dürfen nicht zu hoch sein
- Ziel darf nicht zu weit weg sein
- ...

2 **a.** Notiere nun mögliche Vorschläge für euren nächsten Wandertag.
b. Schreibe Argumente (Behauptung und Begründung) auf.
Tipp: Du kannst deine Ergebnisse von Seite 18, Aufgabe 11 verwenden.
c. Markiere, was besonders wichtig ist.

3 Wie könnt ihr auf die Gesprächsbeiträge der anderen eingehen? Formuliert Sätze für die Diskussion.

Sprachspeicher

Du hast recht, aber ...	Einerseits stimme ich dir zu, ...
Ich möchte ergänzen, dass ...	Da bin ich anderer Meinung, denn ...

4 Führt nun die Diskussion in der Klasse durch. Beachtet dabei eure Gesprächsregeln.
Tipp: Wählt eine Diskussionsleiterin oder einen Diskussionsleiter.

5 Wertet anschließend die Diskussion gemeinsam aus:
- Welche Argumente waren überzeugend?
- Welche Gesprächsregeln wurden eingehalten, welche nicht?
- Was könntet ihr bei der nächsten Diskussion verbessern?

Feedback geben ► S. 299

Arbeitstechnik: Miteinander diskutieren

Wenn ihr auf diese Regeln achtet, gelingt die Diskussion:
- Lasst euch gegenseitig ausreden.
- Hört euch gegenseitig genau zu.
- Beleidigt euch nicht und lacht euch nicht aus.
- Sprecht nur zum Thema.
- Sprecht klar und deutlich.
- Seht die anderen beim Sprechen an.
- Tragt eure Behauptungen sachlich vor.
- Verwendet starke Begründungen.

Sich adressatenbezogen äußern ► S. 306

Argumente formulieren

Die Schülerinnen und Schüler diskutieren über den Vorschlag, eine zweitägige Fahrradtour mit Übernachtung zu machen.

Ich finde, das ist keine gute Idee, da ja nicht alle ein gutes Fahrrad haben.

Eigentlich fände ich das super, wenn wir eine Fahrradtour machen würden, weil ich gerne Fahrrad fahre und ziemlich fit bin. Aber es könnte auch sein, dass einige gar nicht so gerne Fahrrad fahren und auch nicht so sportlich sind.

So eine Fahrradtour schweißt die Gruppe zusammen. Wir haben das mal für ein Wochenende in der vierten Klasse als Abschlussfahrt gemacht, und es hat super geklappt. Nach der Fahrt haben alle gesagt, dass es richtig viel Spaß gemacht hat.

Einerseits ist das bestimmt ein schöner Klassenausflug, aber andererseits kann da auch eine Menge passieren, wenn fünfundzwanzig Menschen miteinander Fahrrad fahren.

1 Untersuche die Diskussionsbeiträge genauer.
- **a.** Schreibe jeweils die Pro-Argumente und die Kontra-Argumente getrennt auf. Unterstreiche die Behauptung und die Begründung in verschiedenen Farben.
- **b.** Welches Argument überzeugt dich? Begründe.
- **c.** Überlege dir zu den jeweiligen Argumenten noch ein Beispiel zur Veranschaulichung und schreibe es dazu.

2 Formuliere Sätze für eine Diskussion.
Gehe dabei mit Hilfe einer Konjunktion jeweils auf die Äußerung ein.

Konjunktionen in Satzreihen und Satzgefügen ► S. 312

Starthilfe

Du hast recht, aber...
Ich stimme deinem Vorschlag zu, doch ich denke ...
Das ist zwar richtig, jedoch ...

3 Würdest du gerne einen Klassenausflug mit dem Fahrrad machen?
- **a.** Formuliere deinen Standpunkt sowie passende Begründungen.
- **b.** Trage deine Argumente einer Lernpartnerin oder einem Lernpartner vor.
- **c.** Verändere deine Argumente, falls sie noch nicht überzeugen.

Sich angemessen ausdrücken

Manchmal werden in Diskussionen verletzende Äußerungen gemacht.

Das habe ich dir schon tausendmal gesagt.

Mit dir kann man doch sowieso nicht reden.

Musst du immer so empfindlich reagieren?

Na, das ist ja mal wieder typisch: immer nur an den eigenen Vorteil denken!

1 a. Lest die Sprechblasen laut.
b. Warum stören diese Äußerungen in einer sachlichen Diskussion? Schreibt Stichworte auf.
c. Wie könntet ihr diese Äußerungen entschärfen? Formuliert sie um.

Starthilfe

Das habe ich dir schon tausendmal gesagt. → Wir haben schon einige Male über das Thema diskutiert.
...

Nach dem Wandertag kommt es zu einem Streitgespräch darüber, wer sich am Schreiben des Berichts für die Klassenzeitung beteiligt hat.

Linus: Ich habe echt die Nase voll. Immer muss ich alles machen!
Max: Du spinnst wohl. Ich habe auch viel gemacht.
Serpil: Eh, Linus, du meckerst immer nur. Wir haben doch alle beim Schreiben geholfen.
Linus: Was, du hast geholfen? Du hast rein gar nichts gemacht!

2 An welchen Stellen des Gesprächs reagieren Max, Serpil und Linus unsachlich? Begründe.

3 Max, Serpil und Linus formulieren Vorwürfe. Dabei verwenden sie das Personalpronomen **du**.
a. Formuliere die markierten Sätze zunächst mündlich um: Ersetze die 2. Person Singular Präsens durch die 1. Person Singular Präsens. Wie verändert sich die Wirkung?
b. Schreibe das Gespräch von Linus, Max und Serpil um, sodass es sachlich ist und niemanden verletzt. Verwende Ich-Botschaften.

Info

Bei einer Ich-Botschaft sage ich etwas über mich selbst aus.
Bei einer Du-Botschaft wird eine Aussage über einen anderen gemacht.

Personalpronomen ► S. 307

Sich adressatenbezogen äußern ► S. 306

Überzeugend argumentieren

Hier kannst du überprüfen, wie gut du Argumente formulieren kannst.

W **1** Bereite dich für eine Diskussion vor. Wähle eines der folgenden Themen:
- Du möchtest in deiner Klasse einen Tag ohne Technik einführen.
- Du möchtest die Schulleitung von einer Übernachtung im Schulhaus überzeugen.
- Du möchtest die Klasse überzeugen, eine Spendenaktion für das örtliche Tierheim zu veranstalten.

2 Notiere Argumente. Achte darauf, dass jedes Argument eine Behauptung und eine Begründung enthält.

a. Formuliere ein Argument, das für deinen Vorschlag spricht.
b. Formuliere ebenso ein Argument, das gegen deinen Vorschlag spricht.

3 Formuliere deine Argumente aus.

4 Überprüft eure Argumente zu zweit.

a. Überprüft mit Hilfe der Checkliste, ob eure Argumente überzeugend wirken.
b. Überarbeitet eure Argumente, wenn nötig.

Checkliste: Argumente überprüfen	Ja	Nein
– Hat die Lernpartnerin oder der Lernpartner erkannt, ob es sich um ein Pro- oder ein Kontra-Argument handelt?	■	■
– Enthält das Argument eine Behauptung?	■	■
– Wird die Behauptung begründet?	■	■

5 Auch die Körpersprache und die Ausdrucksweise sind für ein erfolgreiches Gespräch wichtig.
Überlegt, wie ihr eure Argumente z. B. mit einer überzeugenden Geste unterstützen könnt.

6 Probiert nun das Gespräch mit einem anderen Lernpaar aus.

a. Tragt nacheinander eure Argumente vor.
b. Sind eure Argumente überzeugend? Gebt euch eine Rückmeldung.
c. Überarbeitet gegebenenfalls die Argumente.

Feedback geben
► S. 299

Deinen Lernstand und Lernfortschritt kannst du in einem Lerntagebuch dokumentieren.

7 Schreibe die Tipps aus der Rückmeldung in dein Lerntagebuch.

Argumentieren und diskutieren

Hier übst du noch einmal, zu argumentieren und zu diskutieren. Du entscheidest, ob du die Aufgaben auf den Seiten 25-27 mit mehr Hilfen oder die kniffligeren Aufgaben auf den Seiten 28-29 lösen willst.

Die Schülerinnen und Schüler der Klasse 7a diskutieren, welches Buch sie im Deutschunterricht lesen wollen.

1 Lest die Diskussion.

Jan: Ich finde „Harry Potter" toll, denn das Buch ist sehr spannend. Das würde ich noch mal lesen.
Tobias: Ja, und dann könnten wir auch einen Film dazu ansehen!
Mark: „Harry Potter" ist doch schon so alt, den kennen doch eigentlich alle.
Sarina: Aber irgendetwas mit Fantasy fände ich schon gut. „Die Tribute von Panem" kennt doch fast keiner, und das ist auch ein Buch, in dem wirklich viel passiert und nicht nur geredet wird. Also ich finde, dass es wichtig ist, darüber nachzudenken, wie unsere Welt später mal aussehen könnte.
Jana: Aber dazu musst du doch keinen Fantasy-Roman lesen. Dann lasst uns doch lieber ein Sachbuch über die Ernährung lesen, so eins wie „Wir Besser-Esser". Da lernt man eine Menge über Ernährung und eine witzige Geschichte kommt darin auch vor.
Joschka: Ich kenne auch ein spannendes Sachbuch, es heißt „Die nächste GENeration". Da ist nicht alles bloß ausgedacht, und man lernt eine Menge über Wissenschaft, über das Klonen zum Beispiel.
Tim: Das klingt ja verrückt, das ist doch nichts für den Deutschunterricht.
Hanna: Ich finde, Experimente machen Spaß. Aber die lässt uns der Lehrer im Deutschunterricht bestimmt nicht ausprobieren.
Tarik: Also, ein Buch über Geschichte fände ich auch gut. Was Anna über „Einmal" erzählt hat, über die Geschichte von dem jüdischen Jungen in Polen, der sich vor den Nazis verstecken musste, hört sich interessant an.
Lea: Aber der war erst neun Jahre alt. Ich möchte lieber was über jemanden in unserem Alter lesen.
Tobias: Am besten noch eine Liebesgeschichte! Das ist doch so was von langweilig!
Lea: Und du liest ja nur was, wenn es mit Computern zu tun hat!
Elim: Jetzt mal langsam, Leute. Wie wär's denn dann mit „Chatroom-Falle"? Da geht es um Computer und um zwei Mädchen, die im Internet ein paar Jungs kennen lernen wollen.

Arvid: Ja, das kenne ich. Und die Autorin war selber mal bei der Kriminalpolizei. Die weiß, worüber sie schreibt. Dann ist es ja irgendwie auch ein bisschen wie ein Sachbuch.

Worüber diskutieren die Schülerinnen und Schüler?
Welche Argumente nennen sie für ihre Meinung?

2 a. Welche Bücher standen zur Diskussion? Schreibe die Titel auf verschiedene Karteikarten.
b. Notiere auf jeder Karteikarte die Pro-Argumente und die Kontra-Argumente aus der Diskussion.

Starthilfe

„Harry Potter“	
die Behauptung	**die Begründung**
„Harry Potter“ ist toll,	denn das Buch ist sehr spannend.
…	…

Zwei Schüler haben während der Diskussion die Argumente notiert.
Der Diskussionsleiter Dominik fasst die Ergebnisse zusammen.

Dominik: „Harry Potter“ war der erste Vorschlag. Dafür spricht, dass die Bücher spannend sind und wir uns vielleicht auch eine Verfilmung ansehen könnten. Auf der anderen Seite kennen viele die Romane schon. „Die Tribute von Panem“ …

3 Setzt die Zusammenfassung fort. Schreibt dafür die Argumente aus der Diskussion auf.

4 Tragt die Zusammenfassung in der Gruppe vor und besprecht, ob diese gelungen ist.

5 Welches Buch findest du interessant? Schreibe ein überzeugendes Argument mit einer Behauptung und einer Begründung auf.

Zuhören bedeutet nicht nur, etwas zu hören. Es bedeutet auch, auf das einzugehen, was der andere gesagt hat.

6 Tauscht euch zu den Buchvorschlägen aus.
- Setzt euch einander gegenüber.
- Wählt jeweils ein Argument aus der Tabelle von Aufgabe 2 aus.
- Ein Partner trägt sein Argument vor. Der andere hört zu.
- Dann wiederholt der andere das Wichtigste.
- Tauscht anschließend die Rollen.

Sprachspeicher

Deiner Meinung nach …

Ich habe dich so verstanden, dass …

Laut deiner Aussage …

Die Diskussion geht weiter. Es kommt zu einem Streit.

7 Lies das Gespräch.

Jana: Warum können wir denn nicht ein Sachbuch lesen? Dann können wir doch auch gleich das Ernährungs-Projekt aus dem Natur-und-Technik-Unterricht anfangen und uns ein paar Informationen besorgen.
Lena: Du immer mit deinem Sachbuch! Im Deutschunterricht möchte ich mich nicht mit einem Thema wie Ernährung beschäftigen. Für die Projektarbeit haben wir doch auch noch drei Wochen Zeit. Außerdem findest du da im Internet viel schneller alle Informationen. Soll ich aus dem Buch etwa alles abschreiben oder was?
Jana: Genau das meine ich. Im Internet hast du manchmal so viele Informationen, dass du gar nicht weißt, wo du überhaupt anfangen sollst zu lesen. Und außerdem stimmt da auch nicht alles.
Lena: Das sagt doch genau die Richtige. Du bist doch ständig im Internet und hast schon viereckige Augen.
Jana: Jetzt aber mal langsam. Du bist doch nur eingeschnappt, weil …

8 Untersuche das Gespräch zwischen Jana und Lena:
- Wie verläuft das Gespräch?
- Warum ist es zum Streit gekommen?

9 Wie könnten Jana und Lena ihren Streit lösen? Schreibe Vorschläge auf.

Diskutiert darüber, wer die Bücher auswählen soll, die im Unterricht gelesen werden: die Schülerinnen und Schüler oder die Lehrerinnen und Lehrer?

10 **a.** Entscheide dich für einen Standpunkt und notiere diesen.
b. Nenne für diesen mindestens drei Argumente mit Behauptungen und Begründungen.

Starthilfe
Mein Standpunkt: Ich bin dafür, dass wir als Schülerinnen und Schüler die Bücher selbst auswählen.
Behauptung 1: Ich möchte gern mein Lieblingsbuch vorschlagen.
Begründung 1: Ich glaube, dass viele es lustig finden.
…

11 **a.** Arbeitet zu zweit und tragt euch im Wechsel eure Argumente vor.
b. Sind eure Argumente überzeugend? Gebt euch eine Rückmeldung.

12 Führt nun in der Gruppe die Diskussion durch.
Tipp: Wählt eine Diskussionsleiterin oder einen Diskussionsleiter.

13 Wertet anschließend eure Diskussion aus.

Die Klasse von Ronja und Felix hat beschlossen, eine zweitägige Radtour durchzuführen. Die Klassenlehrerin benötigt zuvor das Einverständnis der Eltern. Folgende Gespräche finden am Abend statt.

1 Lest die beiden Gespräche.

1. Gespräch: Ronja und ihre Mutter

Ronja: Mama, unterschreib mal eben den Zettel hier.
Mutter: Nachher, ich hab jetzt keine Zeit.
Ronja: Ich brauch das morgen für die Schule.
Mutter: Und damit kommst du jetzt erst? Das ist ja wieder typisch.
Ronja: Ich brauch das für die Lehrerin. Wir machen einen Ausflug.
Mutter: Was für einen Ausflug? Ihr wart doch neulich erst auf Klassenfahrt. Wer soll das denn bezahlen?
Ronja: Was du schon wieder hast! Wir machen eine Radtour, das kostet fast nichts.
Mutter: Wir haben diesen Monat kein Geld mehr übrig. Außerdem solltet ihr lieber etwas lernen. Wenn ich an deine letzte Deutscharbeit denke …
Ronja: Du gönnst mir auch nie was. Immer heißt es nur Lernen. Für dich gibt es nichts Wichtigeres. Ich kann das nicht mehr hören.
Mutter: Wo wollt ihr denn überhaupt hin? Und wann wollt ihr fahren? Du erzählst ja nie etwas.
Ronja: Steht alles auf dem Zettel hier.
Mutter: Kannst du nicht vernünftig mit mir reden? Ich habe jetzt keine Zeit zum Lesen, das habe ich doch schon gesagt.
Ronja: Du willst ja bloß nicht, dass ich mitfahre. Und ich bin dann wieder die Einzige, die nicht mitdarf.
Mutter: Das stimmt doch überhaupt nicht! Ich möchte nur vorher gerne wissen, worum es eigentlich genau geht. Sonst unterschreibe ich überhaupt nichts. Und jetzt hilf mir beim Tischdecken.

2. Gespräch: Felix und seine Mutter

Felix: Hallo Mama, hast du einen Moment Zeit?
Mutter: Ja, sicher, worum geht es denn?
Felix: Wir haben in diesem Halbjahr noch einen Wandertag gut. Und unsere Klasse würde gern eine zweitägige Radtour machen. Aber die Eltern müssen vorher unterschreiben, dass sie einverstanden sind.
Mutter: Eine Radtour mit 29 Kindern? Ist das nicht viel zu gefährlich? Wie stellt ihr euch das vor?
Felix: Wir machen vorher ein Sicherheitstraining in der Schule und die Räder werden auch genau kontrolliert. Da brauchst du dir keine Sorgen zu machen.
Mutter: Gut. Aber zwei Tage sind lang. Ob das alle Schüler durchhalten?

Felix: Wir fahren zum Baggersee, das sind ungefähr 40 Kilometer. Das schaffen wir schon. Außerdem hat Marens Vater gesagt, er fährt mit seinem Bulli mit, falls es mal unterwegs eine Panne gibt.

Mutter: Das finde ich gut. Aber was macht ihr am Baggersee? Ist Schwimmen da nicht verboten? Wer passt denn da auf?

Felix: Schwimmen wollen wir da gar nicht. Wir zelten nur in der Nähe. Die Lehrerin hat gesagt, wenn jemand nach der langen Radtour wirklich noch schwimmen möchte, gibt es ein Hallenbad beim Zeltplatz.

Mutter: Ihr habt ja alles genau geplant. Nur, was passiert, wenn es regnet?

Felix: Ach, Mama, wir sind doch nicht aus Zucker! Was ist denn jetzt? Unterschreibst du, dass ich mitdarf?

Mutter: Von mir aus gerne. Ich finde die Idee gut. Hilfst du mir jetzt beim Tischdecken?

Felix: Klar. Hoffentlich dürfen die anderen auch alle mit!

2 Vergleicht die beiden Gespräche:
- Welches Ziel verfolgen Ronja und Felix?
- Wie verlaufen die beiden Gespräche?
- Welche Gründe gibt es für das gelungene Gespräch und welche für das missglückte Gespräch?
- Welche Gesprächsregeln wurden von Felix beachtet?

Nicht nur Argumente, sondern auch die Körpersprache und die Ausdrucksweise sind für ein erfolgreiches Gespräch wichtig.

3 Spielt die Szene nach.

a. Entscheidet euch für ein Gespräch und verteilt die Rollen.

b. Notiert Regieanweisungen:
- Wie verändert sich die Stimme während des Gesprächs?
- Welche Gefühle entstehen bei den beiden Gesprächspartnern?
- Welche Form der Gestik und Mimik könnt ihr einsetzen?

c. Spielt das Gespräch der Klasse vor.

Szenisches Spiel
► S. 298

Wie könnte Ronja ihr Ziel im Gespräch mit der Mutter durchsetzen?

4 **a.** Schreibt das Gespräch zwischen Ronja und ihrer Mutter um.

b. Spielt das Gespräch der Klasse vor.

5 Wertet das Gespräch mit Hilfe der Fragen aus:
- Ist das Gesprächsziel erreicht worden?
- Mit welchen Mitteln ist das Ziel erreicht worden?
- Sind die Gesprächsregeln eingehalten worden?
- Wie hat die Körpersprache das Gespräch beeinflusst?

Feedback geben
► S. 299

Bedrohte Tierarten

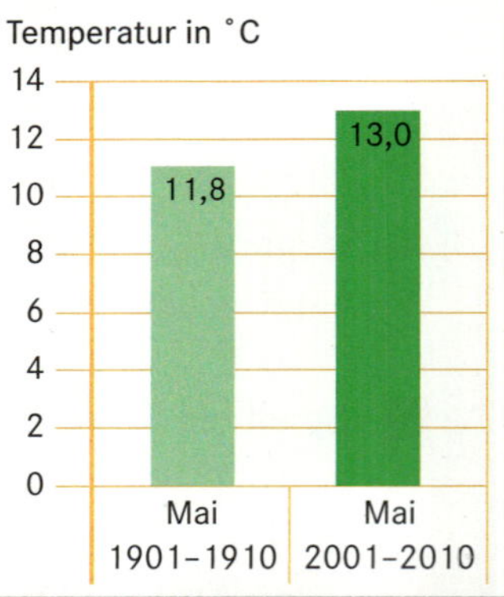

Sprachspeicher

der Afrikanische Elefant
die Biene
der Eisbär
der Kaiserpinguin
die Meeresschildkröte
die Zugvögel

die Abholzung
das Kraftwerk
das Kohlendioxid
die Abgase
die Pestizide
der Klimawandel

Die Lebensräume vieler Tierarten sind bedroht.

1 Seht euch die Bilder auf Seite 30 genau an.
- Was ist dargestellt?
- Welche Bilder könnt ihr genauer erklären?
- Welcher Zusammenhang besteht zwischen den Bildern?
- Worüber möchtet ihr mehr wissen?

**Auch der Lebensraum des Kuckucks ist bedroht.
Der Kuckuck ist einer der bekanntesten heimischen Vögel.
Ihr könnt ihn an seinem Aussehen erkennen.**

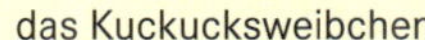

das Kuckucksweibchen

das Kuckucksmännchen

2 Wie unterscheiden sich das Weibchen und das Männchen voneinander? Beschreibt die Unterschiede.

3 Auf dem Foto wird ein junger Kuckuck gefüttert. Worüber staunt ihr, wenn ihr das Foto seht?

In vielen Sprachen ähnelt der Name des Kuckucks dem Klang seines Rufes.

le coucou	der Kuckuck	guguk kuşu	the cuckoo	el cuco
(Französisch)	(Deutsch)	(Türkisch)	(Englisch)	(Spanisch)

4
a. Lest die Namen laut oder lasst sie euch vorlesen.
b. Hört genau hin: Welche Gemeinsamkeiten und Unterschiede hört ihr?
c. In welchen weiteren Sprachen kennt ihr den Vogelnamen „Kuckuck“?

**In diesem Kapitel informiert ihr euch über den Kuckuck und über andere bedrohte Tierarten. Dabei übt ihr, Informationen aus Sachtexten und Grafiken zu entnehmen.
Anschließend schreibt ihr für andere einen informierenden Text.**

Einen Sachtext mit Grafik erschließen

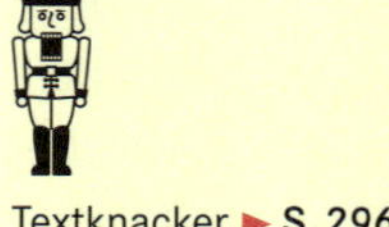

Textknacker ► S. 296

Der folgende Sachtext und die Grafik informieren dich über die Lebensbedingungen des Kuckucks.
Mit dem Textknacker erschließt du den Sachtext und die Grafik.

1. Schritt: Vor dem Lesen

1 **a.** Sieh dir die Fotos und die Überschrift an.
b. Worum geht es in dem Text vermutlich? Schreibe einen Satz auf.

2. Schritt: Das erste Lesen

2 **a.** Überfliege den Text oder lies ihn einmal durch.
b. Welche Wörter oder Wortgruppen fallen dir auf? Schreibe sie auf.
c. Überprüfe deine Vermutung aus Aufgabe 1b.

Kuckuck, Kuckuck ruft's aus dem Wald – doch wie lange noch?

Wenn der Kuckucksruf aus dem Wald erschallt, wird es Frühling. In Deutschland und Westeuropa sind die Kuckucksrufe jedoch immer seltener zu hören. Der Kuckuck ist vom Aussterben bedroht und wurde deshalb zum Vogel des Jahres 2008 erklärt. Als ein wesentlicher Grund für die Gefährdung wird die zunehmende Erwärmung der Meere und der Atmosphäre[1] angenommen. Denn durch höhere Temperaturen beginnt der Frühling auf der Nordhalbkugel der Erde früher.

[1] die Atmosphäre: die Gashülle der Erde

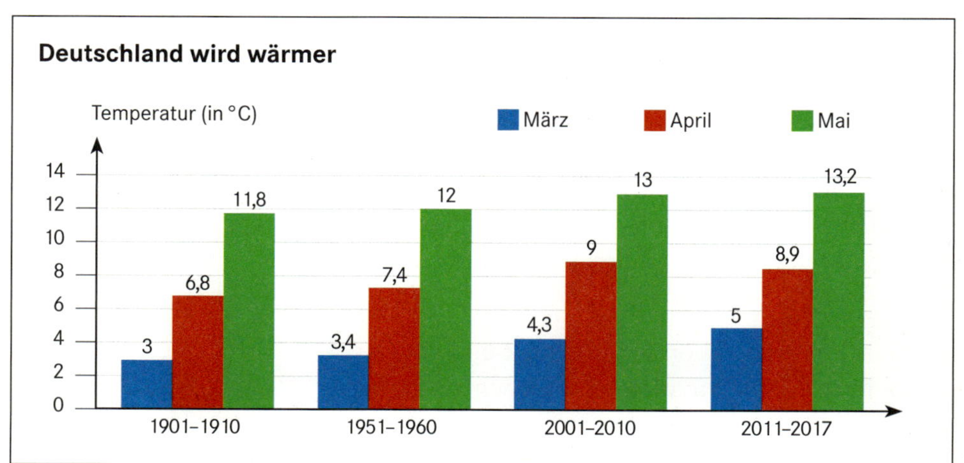

Der Kuckuck ist ein Zugvogel. Weil er im Herbst und im Winter nicht genügend Nahrung findet, fliegt er über das Mittelmeer nach Afrika, wo er den Winter verbringt. Wenn der Kuckuck von seiner langen Reise nach Europa zurückkehrt, hat der Frühling bereits eingesetzt. So kann es sein, dass es nicht mehr so viele Schmetterlingsraupen gibt, die zu den Hauptnahrungsmitteln des Kuckucks zählen. Auf Grund der wärmeren Temperaturen haben sich aus den Raupen bereits Schmetterlinge entwickelt, wenn der Kuckuck im April Deutschland erreicht. Die Erhöhung der Temperaturen hat auch Auswirkungen auf die Fortpflanzung des Kuckucks. Er legt seine Eier in die Nester fremder Vögel, damit diese die Eier ausbrüten. Es ist besonders wichtig, dass das Kuckucksei sehr früh ins Nest gelegt wird. Nur dann kann der junge Kuckuck vor den anderen schlüpfen und die Eier der anderen Jungvögel über den Nestrand schieben. Er wird als einziges Vogeljunges von den Wirtsvögeln aufgezogen. Doch viele Wirtsvögel haben im April mit dem Brüten bereits begonnen. Das kann zur Folge haben, dass das Kuckucksweibchen keine Nester mehr findet, in denen die Brut erst beginnt.

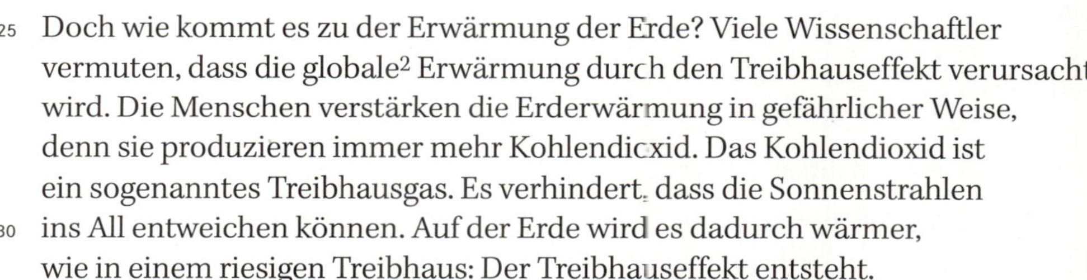

Doch wie kommt es zu der Erwärmung der Erde? Viele Wissenschaftler vermuten, dass die globale[2] Erwärmung durch den Treibhauseffekt verursacht wird. Die Menschen verstärken die Erderwärmung in gefährlicher Weise, denn sie produzieren immer mehr Kohlendioxid. Das Kohlendioxid ist ein sogenanntes Treibhausgas. Es verhindert, dass die Sonnenstrahlen ins All entweichen können. Auf der Erde wird es dadurch wärmer, wie in einem riesigen Treibhaus: Der Treibhauseffekt entsteht.

Dadurch ist nicht nur die Fortpflanzung des Kuckucks stark gefährdet. Auch für andere Tier- und Pflanzenarten ändern sich die Lebensbedingungen. Die Folgen des Klimawandels wie Wetteränderungen, die verringerte Schneebedeckung der Berge und die Gletscherschmelze[3] haben Einfluss auf unsere gesamte Umgebung. Auf Grund der wärmeren Temperaturen überwintern viele Zugvögel nicht mehr im Süden, Pflanzen blühen früher und einige Tiere halten keinen ungestörten Winterschlaf mehr.

[2] global: weltweit

[3] die Gletscherschmelze: das Schmelzen von großen vereisten Flächen im Gebirge

3. Schritt: Den Text genau lesen

3 Lies den Text noch einmal genau – Absatz für Absatz.

Schlüsselwörter sind zum Verstehen besonders wichtig.

4 Was erfährst du in den einzelnen Absätzen?
  a. Ordne die Zwischenüberschriften vom Rand den Absätzen zu und schreibe sie auf. Lasse nach jeder Überschrift Platz für Notizen.
  b. Schreibe zu jedem Absatz Schlüsselwörter auf.
  Tipp: Lasse dir eine Kopie des Textes geben und markiere die wichtigsten Wörter. Du kannst auch eine Folie über den Text legen.

Starthilfe

Der Kuckuck ist gefährdet:
Deutschland und Westeuropa, Kuckuck gefährdet, wesentlicher Grund ...

Der Klimawandel und seine Folgen
Der Kuckuck als Zugvogel
Der Kuckuck als eine gefährdete Tierart

5 Manche Wörter werden unter dem Sachtext erklärt. Lies die Erklärungen.

6 Kläre unbekannte Wörter.
  a. Was sind **Zugvögel** (Z. 8)? Lies die folgende Erklärung aus einem Lexikon.
  b. Erkläre den Begriff **Wirtsvogel** (Z. 21).
  c. Schlage Schlüsselwörter, die du nicht aus dem Zusammenhang erklären kannst, im Wörterbuch oder im Lexikon nach.

Sprachspeicher

... ein Vogel, der ...
übernimmt
An Stelle von
anstatt
nutzt
ausbrüten

Zugvogel, der → Vögel, die bei uns im Winter nicht genügend Nahrung finden, fliegen vor dem Beginn des Winters in den Süden. Sie überwintern in Afrika und kehren im Frühjahr in ihre Brutgebiete zurück.
Zu den Zugvögeln gehören z. B. die Rauchschwalbe, der Weißstorch, der Mäusebussard, der Graureiher und der Seeadler.

W-Fragen helfen dir, den Text noch besser zu verstehen.

7 Beantworte die folgenden W-Fragen in Stichworten:
- Was wird als ein wesentlicher Grund für die Gefährdung des Kuckucks angenommen?
- Warum ist der Kuckuck bedroht?
- Wodurch entsteht die globale Erwärmung der Erde?
- Welche wesentlichen Folgen hat der Klimawandel?

Stichworte aufschreiben ► S. 300

8 Welche weiteren Fragen beantwortet der Sachtext?
  a. Schreibe jeweils drei Fragen auf.
  b. Tauscht eure Fragen aus und beantwortet sie gegenseitig.

Das Diagramm auf Seite 32 gibt zusätzliche Informationen zum Sachtext.

9 Sieh dir das Diagramm als Ganzes an. Worum könnte es gehen?

10 Was verdeutlicht das Diagramm?

a. Sieh dir das Diagramm genauer an: Welche Angaben enthält es? Worüber informiert es?

b. Besprecht eure Ergebnisse in der Klasse.

11 Beantwortet die folgenden Fragen zum Diagramm in Stichworten:

- Wie hoch waren die durchschnittlichen Temperaturen der Monate März, April und Mai in den Jahren 1901–1910?
- Wie hoch sind sie in den Jahren 2011–2017?
- Welche Entwicklung lässt sich anhand des Diagramms ablesen?
- Welche Stelle aus dem Sachtext wird durch das Diagramm genauer erklärt?

12 Fasse die Informationen aus dem Diagramm in ganzen Sätzen zusammen.

Starthilfe

Das Diagramm zeigt die Entwicklung der Temperaturen in den Monaten …
in Deutschland seit …
Wenn der Kuckuck in Deutschland ankommt, …

Sprachspeicher

… geben … an
die Temperatur
das Jahrzehnt
die Monate

4. Schritt: Nach dem Lesen

13 Was hast du in dem Sachtext und dem Diagramm erfahren? Ordne die Informationen übersichtlich in einer Mindmap.

Eine Mindmap gestalten ► S. 300

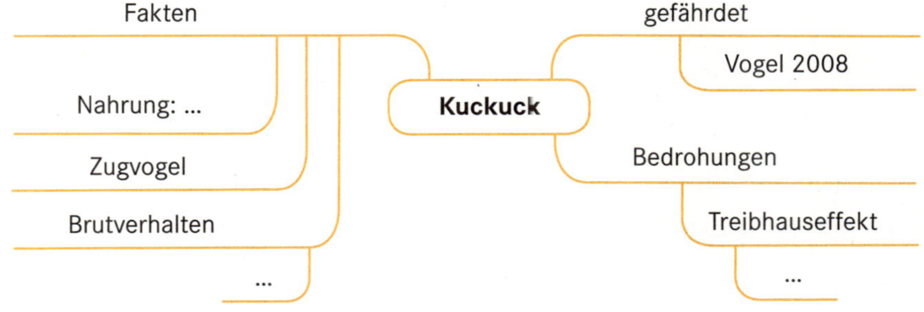

14 Worüber wollt ihr mehr erfahren?

a. Sammelt Themen und recherchiert in Lexika oder im Internet.

b. Hört euch auch Hörbeiträge an oder seht euch Dokumentationsfilme an. Notiert wichtige Inhalte.

c. Ergänzt anschließend eure Mindmaps.

Sich informieren ► S. 200–205

Einen informierenden Text schreiben

Die Klasse 7b hat den Sachtext „Kuckuck, Kuckuck ruft's aus dem Wald" auf den Seiten 32–33 gelesen und diskutiert darüber.

1 Lies die Äußerungen.

Mir tun die Tiere leid, die vom Aussterben bedroht sind.

Der Klimawandel betrifft uns alle. Wir müssen etwas tun!

Ja, lasst uns einen Artikel für die Schulhomepage schreiben. So können wir darüber informieren, welche Auswirkungen der Klimawandel hat.

Das klingt super, dann kann sich jeder eine eigene Meinung bilden.

Die Klasse 7b möchte auf der Schulhomepage über die Bedrohung des Kuckucks durch den Klimawandel informieren.

1. Schritt: Den Text planen

2 Überlegt, welche Schreibziele sich die Schülerinnen und Schüler setzen.
- An wen soll sich der Text richten?
- Welches Ziel wollen die Schülerinnen und Schüler erreichen?

3 Was müsst ihr hinsichtlich der Sprache und des Stils beachten, wenn ihr einen informierenden Text schreibt? Sprecht darüber in der Klasse.

Sich adressatenbezogen äußern ► S. 306

4 Was weißt du über die Bedrohung des Kuckucks? Sieh dir noch einmal deine Mindmap von Seite 35 an.

5 Welche Informationen sind wichtig? Was ist besonders interessant für die Leserinnen und Leser?
a. Markiere es in deiner Mindmap.
b. Schreibe jeweils das Wichtigste auf Karteikarten.

6 Für deinen Text kannst du zusätzliche Informationen verwenden. Recherchiere weitere Informationen und ergänze deine Karteikarten.

Im Internet recherchieren ► S. 297

Du möchtest einen interessanten und gut zu lesenden Text schreiben, der über die Bedrohung des Kuckucks informiert. Ordne dazu deine Informationen und gliedere deinen Text.

7 Ordne deine Karteikarten in einer sinnvollen Reihenfolge.

a. Überlege:
- Was verursacht die Bedrohung des Kuckucks (Ursache)?
- Was ergibt sich daraus (Folgen)?

b. Nummeriere deine Karteikarten mit einem Bleistift. Dann kannst du die Reihenfolge jederzeit verändern.

der Treibhauseffekt
– höhere Temperaturen
– ...

früherer Frühlingsbeginn
– Temperaturen verändern sich
– ...

Wirtsvögel
– ...

Landwirtschaft
– ...

Sprachspeicher
- ... führt dazu, dass ...
- ... ist Grund/Ursache dafür, dass ...
- ... das bedingt ...
- ... als Folge ...
- ... deshalb ...
- ... daher ...

Um deinen Text anschaulicher zu gestalten, kannst du die Informationen aus dem Diagramm von Seite 32 in einer Tabelle darstellen und in deinen Text einbauen.

8 Wie hat sich die durchschnittliche Temperatur in den Monaten März bis Mai seit 1951 entwickelt?

a. Sieh dir das Diagramm auf Seite 32 und deine Notizen dazu noch einmal an.

b. Erstelle eine Tabelle, die die Entwicklung der durchschnittlichen Temperatur zeigt.

Starthilfe

Monat	Temperatur 1951–1960	Temperatur 2001–2010	Temperatur 2011–2017	Unterschied 1951–2017
März	3 °C	4,3 °C	5 °C	+ 2 °C
April	...	...	...	...
...	...	...	...	...

9 Welche Vorteile hat die Tabelle gegenüber dem Diagramm? Überlegt gemeinsam in der Klasse.

Arten von Grafiken ► S. 295

10 An welcher Stelle möchtest du die Tabelle einbauen? Markiere es auf deiner Karteikarte.

2. Schritt: Den Text schreiben

11 Worüber möchtest du informieren? Finde eine passende Überschrift.

12 Formuliere eine Einleitung, die die Leserinnen und Leser zum Weiterlesen anregt.

Starthilfe

In Deutschland muss man Angst haben, dass der Kuckuck aus den Wäldern immer mehr verschwindet, weil er bedroht ist. Ich möchte über die Bedrohung des Kuckucks informieren. ...

13 Schreibe nun den Hauptteil deines Textes.
Verwende dazu deine Ergebnisse aus den Aufgaben 4 bis 10.
- Schreibe in einfachen, klaren Sätzen.
- Verwende Fachbegriffe, die wichtig sind.
- Schreibe sachlich.
- Lasse Unwichtiges weg.

Sich adressatenbezogen äußern ► S. 306

14 Schreibe zum Schluss einen zusammenfassenden Satz oder eigene Gedanken auf.

3. Schritt: Den Text überprüfen

15 a. Überprüft in Partnerarbeit eure Texte.
b. Überarbeitet anschließend eure Texte.

Arbeitstechnik: Einen informierenden Text schreiben

1. Schritt: Den Text planen
- Über welches Thema möchtest du informieren? Sammle Informationen.
- Überlege: Wen möchtest du mit deinem Text informieren?
- Welche Informationen könnten interessant sein? Schreibe Stichworte auf.
- Ordne deine Informationen und schreibe eine Gliederung.

2. Schritt: Den Text schreiben
- Finde eine passende Überschrift.
- Formuliere eine Einleitung, die zum Weiterlesen anregt.
- Schreibe im Hauptteil einfache und klare Sätze.
  Verwende die nötigen Fachbegriffe.
- Lasse unwichtige Informationen weg. Schreibe sachlich.
- Schreibe zum Schluss einen zusammenfassenden Satz auf.

3. Schritt: Den Text überarbeiten
- Überprüfe deinen Text. Verwende Checklisten.
- Überarbeite den Text. Achte auch auf die Rechtschreibung.

Mit dem Expertenteam Feedback geben

Mit dem Expertenteam könnt ihr einen Text in der Gruppe überarbeiten. Jeder wird „Expertin" oder „Experte" für einen bestimmten Bereich. Mit Hilfe einer Checkliste könnt ihr die Bereiche festlegen.

1 Lest die folgende Checkliste.

Checkliste: Einen informierenden Text schreiben	*Ja*	*Nein*
– Sind die Informationen für die Leserinnen und Leser interessant?	■	■
– Sind die Informationen sinnvoll gegliedert?	■	■
– Verrät die Überschrift, was man vom Text erwarten kann?	■	■
– Regt die Einleitung zum Weiterlesen an?	■	■
– Enthält der Hauptteil nur wichtige und sachliche Informationen?	■	■
– Enthält der Text einen Schluss mit einem zusammenfassenden Satz oder eigenen Gedanken?	■	■
– Ist die Sprache verständlich?	■	■
– Stimmt die Rechtschreibung?	■	■

Der Rechtschreib-Check
► S. 303

2 Ordnet die Checkfragen den Bereichen vom Rand zu.

Satzzeichen
Rechtschreibung
Verständlichkeit
Wortwahl
Aufbau des Textes
Inhalt
Gestaltung des Textes

Probiert das Expertenteam aus.

3 **a.** Bildet Gruppen von drei bis fünf Expertinnen und Experten.
b. Verteilt die Bereiche so, dass jede und jeder von euch Expertin oder Experte ist.

4 Überprüft nun eure informierenden Texte über die Bedrohung des Kuckucks.
- Lest den Text laut vor.
- Sprecht über den Text: Was ist gut gelungen?
- Untersucht nun jeder den Text. Was fällt euch Experten auf?
- Notiert eure Anmerkungen auf Kärtchen oder schreibt ein Gutachten.
- Gebt eure Anmerkungen an die Verfasserin oder den Verfasser.

5 Arbeite anschließend die Tipps und Anmerkungen in deinen Text ein.

6 Sprecht in der Klasse über die Arbeit mit Expertenteams.
- Was hat euch gut gefallen?
- Was möchtet ihr beim nächsten Mal besser machen?

Oberbegriffe und Unterbegriffe finden und ordnen

Mit Hilfe von Oberbegriffen und Unterbegriffen kannst du Informationen ordnen.

Vogelarten	
Singvögel	**Zugvögel**
das Rotkehlchen	der Kranich
der Zaunkönig	der Kiebitz
die Schwalbe	die Nachtigall

1 In der Übersicht gibt es Oberbegriffe und Unterbegriffe.
Schreibe die folgende Erklärung ab und ergänze sie richtig.

> „Singvögel" und „Zugvögel" sind ? zum Begriff „Vogelarten".
> Aber „Singvögel" und „Zugvögel" sind auch ?
> zu den verschiedenen Vogelarten, wie Rotkehlchen, ...

2 **a.** Übertrage die Übersicht in dein Heft.
b. Lies die Ausschnitte aus dem Lexikon.
c. Ergänze weitere Unterbegriffe in der Übersicht.

Singvogel, der → mit etwa 4000 verschiedenen Arten die Hälfte aller Vögel. Singvögel haben zwei Kehlköpfe, die ihnen das Singen ermöglichen. Zu den bekanntesten einheimischen Singvögeln gehören z. B. die Amsel, die Dohle, die Lerche, die Blaumeise und der Eichelhäher.

Zugvogel, der → Vögel, die bei uns im Winter nicht genügend Nahrung finden, fliegen vor dem Beginn des Winters in den Süden. Sie überwintern in Afrika und kehren im Frühjahr in ihre Brutgebiete zurück. Zu den Zugvögeln gehören z. B. die Rauchschwalbe, der Weißstorch, der Mäusebussard, der Graureiher und der Seeadler.

3 Ordne die folgenden Begriffe in einer Übersicht an.
a. Schreibe die Oberbegriffe auf.
Tipp: Im Kasten findest du zwei Oberbegriffe.
b. Schreibe die passenden Unterbegriffe zu den Oberbegriffen.
c. Ergänze weitere passende Unterbegriffe.

> der Kuckuck, der Klimawandel, das Treibhausgas, die Erderwärmung,
> der steigende Meeresspiegel, der Kaiserpinguin, der Seeadler,
> die Gletscherschmelze, der Luchs, bedrohte Tierarten

Stichworte formulieren

Hier kannst du üben, Schlüsselwörter in einem Text zu finden und mit ihnen Stichworte zu formulieren.

Stichworte aufschreiben
► S. 300

1 Lies den Text.

Lebensraum, Ernährung und Fortpflanzung des Kuckucks

1 Der Kuckuck lebt meist an Waldrändern oder in Hecken, z. B. in Gärten und am Rand von Städten. Im Frühling und im Sommer hört man ihn oft. Der erwachsene Kuckuck ernährt sich vor allem von Schmetterlingsraupen. Die Schmetterlingsraupen sind für andere Vögel giftig, aber nicht für den Kuckuck. So macht ihm niemand die Nahrung streitig. Die geschlüpften Jungen des Kuckucks würden aber von den giftigen Raupen sterben.

Wer?

2 Deshalb kann der Kuckuck seine Jungen nicht allein aufziehen. Für die Aufzucht braucht der Kuckuck Wirtsvögel. Das sind meist Singvögel, z. B. der Zaunkönig oder das Rotkehlchen. Das Kuckucksweibchen legt den Wirtsvögeln ein Ei ins Nest: Dazu fliegt das Kuckucksmännchen im Sturzflug auf das fremde Nest zu. Die Wirtsvögel werden aufgeschreckt und fliegen fort. Und das Kuckucksweibchen legt ein Ei in ihr Nest. Das Kuckucksei sieht fast genauso aus wie die Eier der Wirtsvögel. So werden die Wirtsvögel getäuscht und brüten das fremde Ei in ihrem Nest aus.

2 Schlüsselwörter beantworten häufig W-Fragen.
Welche W-Fragen beantworten die blauen Schlüsselwörter im Text?
Schreibe die W-Fragen und passende Schlüsselwörter zu Absatz 1 auf.

3 Leyla hat zu Absatz 2 Schlüsselwörter notiert.
a. Überprüfe Leylas Schlüsselwörter: Beantworten sie die W-Fragen?
b. Was würdest du ändern und ergänzen?
Überarbeite Leylas Notizen.

- Aufzucht
- Ei
- Kuckucksmännchen im Sturzflug
- Eier der Wirtsvögel

4 Was hast du über den Kuckuck erfahren?
Schreibe es mit Hilfe deiner Schlüsselwörter in Stichworten auf.
Schreibe nur einzelne Wörter und Wortgruppen auf.

5 Überprüft eure Stichworte: Sind sie knapp und verständlich?

Einen Sachtext mit Grafik erschließen

Hier kannst du überprüfen, ob du den Textknacker anwenden kannst.

1 Erschließe den folgenden Sachtext mit dem Textknacker.

Kuckucke auf der ganzen Welt

Kuckucke gibt es nicht nur in Europa. Auf der ganzen Welt sind verschiedene Kuckucksarten zu finden. Insgesamt gibt es etwa 130 Arten. Die Kuckucke haben sich in ihrer Lebensweise der Umgebung angepasst und können so überleben.

Unser „heimischer“ Kuckuck (wissenschaftlicher Name: cuculus canorus) ist fast überall in Europa und Südostasien zu finden. In Deutschland lebt er meistens in Gebirgswäldern und an Küsten.
Das Weibchen legt seine Eier in die Nester von Singvögeln, damit sie dort ausgebrütet werden. Der Kuckuck ernährt sich von Insekten. Er ist ein Zugvogel und überwintert im Süden.

der heimische Kuckuck

Das Verbreitungsgebiet des Kuckucks (cuculus canorus)

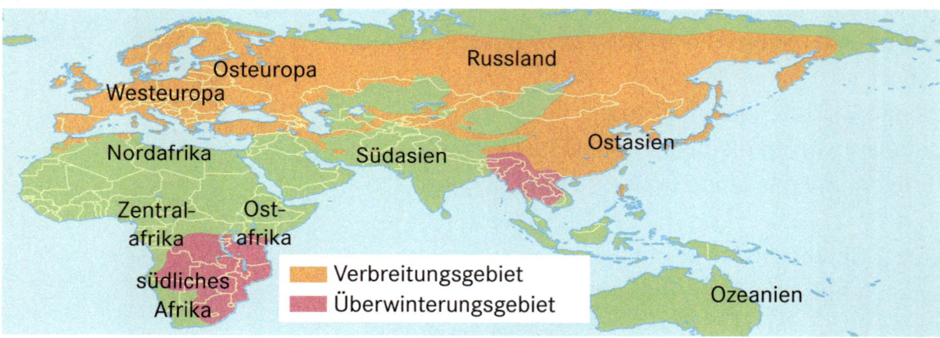

Der Häherkuckuck lebt ähnlich wie unser heimischer Kuckuck. Er fühlt sich in den Olivenhainen rund um das Mittelmeer besonders wohl. Das Weibchen des Häherkuckucks legt mehrere Eier in die Nester von Elstern, die sie ausbrüten. Der Häherkuckuck zieht im Winter nur selten in den Süden.

der Häherkuckuck

Der Indische Koel ist in einem Gebiet vom indischen Subkontinent über China und Südostasien bis nach Australien beheimatet, wo er vorwiegend in Wäldern, Obstplantagen, Gärten und städtischen Parkanlagen lebt. Anders als die meisten Kuckucksarten ernährt sich der Indische Koel vorwiegend von Früchten. In den meisten Regionen ist der Indische Koel ein Standvogel, er zieht im Winter also nicht in den Süden.

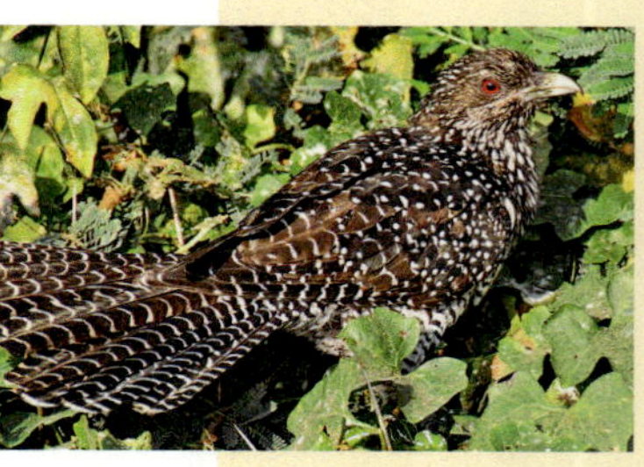
der Indische Koel

Ganz anders lebt der Gelbschnabelkuckuck in Nordamerika. Er brütet seine Jungen meist selbst aus. Der Gelbschnabelkuckuck ist etwas kleiner als der Kuckuck, der bei uns heimisch ist. Er bewohnt Waldränder und Obstplantagen. Der Gelbschnabelkuckuck ist ein Zugvogel.

In Mexiko ist der Rennkuckuck beheimatet. Er lebt in der Wüste. Der Rennkuckuck kann nur schlecht fliegen. Bei Gefahr rennt er blitzschnell weg, daher kommt auch sein Name. Weil der Rennkuckuck am Boden lebt, ernährt er sich von Vogeleiern, Eidechsen, Schlangen und auch von Früchten. Seine Jungen zieht der Rennkuckuck selbst auf.

der Gelbschnabelkuckuck

der Rennkuckuck

2 a. Formuliere für jeden Absatz eine Zwischenüberschrift.
b. Schreibe zu jedem Absatz Schlüsselwörter auf.

Die Karte enthält zusätzliche Informationen zum Sachtext.

3 a. Erschließe die Karte mit dem Textknacker für Grafiken.
b. Beantworte diese Fragen in Stichworten:
- Wo sind die Brutgebiete des Kuckucks?
- In welchen Gebieten überwintert der Kuckuck?

Nun kannst du einen Text schreiben, in dem du über Kuckucke auf der ganzen Welt informierst.

4 Plane zunächst deinen Text.
- An wen möchtest du deinen Text richten?
- Was könnte für deine Leserinnen und Leser interessant sein?

5 Welche Informationen möchtest du weitergeben? Ordne deine Informationen.

6 Schreibe nun einen informierenden Text mit Überschrift, Einleitung, Hauptteil und Schluss.

7 a. Lasse deinen Text durch ein Expertenteam prüfen.
b. Überarbeite anschließend deinen Text mit Hilfe der Anmerkungen.

8 a. Besprich deine Arbeitsergebnisse mit deiner Lehrkraft.
b. Schreibe in dein Lerntagebuch:
- Welche Schritte des Textknackers kannst du sicher anwenden?
- Was fällt dir beim Schreiben eines eigenen Textes leicht?
- Wobei brauchtest du Hilfe?
- Welche Anmerkungen aus dem Expertenteam waren hilfreich?
- Welches Ziel setzt du dir für deinen nächsten Text?

Sich und andere informieren

Hier übst du noch einmal, den Textknacker anzuwenden und mit Hilfe der Informationen einen informierenden Text zu schreiben.

Du entscheidest, ob du die Aufgaben auf den Seiten 44–45 mit mehr Hilfen oder die kniffligeren Aufgaben auf den Seiten 46–47 lösen willst.

Textknacker ► S. 296

1 a. Sieh dir den Sachtext als Ganzes an.
b. Überfliege den Sachtext.
c. Worum geht es in dem Text? Schreibe einen Satz auf.

Kaiserpinguine – eine bedrohte Tierart in der Antarktis   Volker Thomas

In der Antarktis ist es sehr, sehr kalt. Und doch leben dort Tiere, z. B. die Kaiserpinguine. Sie sind Kältespezialisten. Ihr Körper hat sich perfekt angepasst und ist an extreme Temperaturen gewöhnt: Sie können im Sommer bei bis zu minus 25 Grad und im Winter bei bis zu minus 70 Grad überleben. Wenn ein Kaiserpinguin friert, bewegt er sich: Er schlägt mit den Flügeln oder zittert. Das dichte Federkleid der Pinguine ist wie ein warmer Mantel, der den ganzen Körper bedeckt und vor Kälte schützt. Unter den sichtbaren Federn haben sie zusätzlich noch Daunen und eine Fettschicht, sie ist wie ein zweiter wärmender Mantel und schützt vor der Kälte. Die brütenden Männchen bilden eine Gruppe. Im Inneren der Pinguin-Versammlung kann es so bis zu 30 Grad warm werden. So können sie auch ihre Eier warm halten – denn auch Pinguine legen wie alle Vögel Eier. Die Männchen betten beim Brüten das Ei auf ihre Füße und bedecken es mit ihrer Bauchfalte.

Doch der Lebensraum der Antarktis ist durch den Klimawandel bedroht. Es wird wärmer. Die Kaiserpinguine fangen dann zwar nicht an zu schwitzen. Aber die Erderwärmung führt dazu, dass die Eisdecke nicht mehr stabil ist und Gletscher abbrechen, auf denen die Kolonien der Kaiserpinguine leben. Auf der geschlossenen Eisdecke ziehen sie ihre Jungen groß. Ein Abschmelzen der Eisdecke erschwert also die Aufzucht der Jungen. Das Abschmelzen der Eisdecke führt außerdem zu Problemen bei der Ernährung. Kaiserpinguine ernähren sich vor allem von Krill[1] und Grünalgen[2]. Wenn das Eis immer weiter zurückgeht, verschwindet auch der Krill und die Kaiserpinguine finden weniger Nahrung. Neuere Studien zeigen jedoch, dass die Kältespezialisten sich besser an die Veränderungen anpassen können, als es bisher angenommen wurde. Sie sind in der Lage, ihre Kolonien an Orte mit besseren Lebensbedingungen zu verlegen.

[1] der Krill: ein Krebstier, das in riesigen Schwärmen lebt
[2] die Grünalge: eine Wasserpflanze

2 a. Lies den Sachtext Absatz für Absatz.
b. Ordne die Zwischenüberschriften vom Rand den Absätzen zu.
c. Schreibe die Überschriften in der richtigen Reihenfolge auf.
Lasse unter jeder Überschrift zwei Zeilen Platz.

3 Schreibe die Schlüsselwörter unter die Zwischenüberschriften.

Starthilfe
Absatz 1: Die Kältespezialisten
die Kaiserpinguine, ...

4 Manchmal ist ein unbekanntes Wort wichtig, um einen Absatz zu verstehen.
a. Unter dem Text werden zwei Wörter erklärt.
Schreibe die beiden Wörter mit ihren Erklärungen auf.
b. Kaiserpinguine leben in **extremen Temperaturen** (Z. 3).
Was sind extreme Temperaturen? Finde die Erklärung im Text und schreibe sie auf.

5 Kaiserpinguine leben in der Antarktis (Z. 1–2). Wo liegt die Antarktis?
a. Finde die Antarktis auf einer Weltkarte im Atlas.
b. Schreibe auf, wo die Antarktis liegt.

Du hast viel über den Kaiserpinguin und seinen Lebensraum erfahren. Informiere nun in einem Text über die Bedrohung durch den Klimawandel und die Anpassungsfähigkeit der Pinguine.

6 a. Worüber genau möchtest du informieren?
Schreibe Informationen auf Karteikarten.
b. Ordne deine Notizen in einer sinnvollen Reihenfolge.

7 Finde eine passende Überschrift.

8 Schreibe einen Entwurf.
a. Nenne in deiner Einleitung kurz, welche Absicht dein Text hat.
b. Schreibe im Hauptteil zu jeder Karteikarte einen Satz auf.
c. Warum ist der Pinguin bedroht? Fasse es zum Schluss kurz zusammen.

9 Überprüfe deinen Entwurf – entweder allein, mit einer Partnerin oder einem Partner oder im Expertenteam.

10 Überarbeite anschließend deinen Text.

Die Kältespezialisten

Der Klimawandel und die Folgen für den Kaiserpinguin

Die Fortpflanzung

Kaiserpinguine können sich anpassen

Wissenschaftler warnen davor, dass die Bienen aussterben.
In dem folgenden Zeitungsartikel kannst du dich darüber informieren.

1 Lies den Zeitungsartikel mit dem Textknacker.

Textknacker ► S. 296

Das leise Summen Martina Hildebrand

Bienen liefern Honig und bestäuben die Pflanzen – nun kämpfen sie ums Überleben.

Ach, so geht das – warum es Bienen am besten können
Ohne die Bestäubung durch Bienen könnten viele Pflanzen unseres Speiseplans keine Früchte oder Samen ausbilden. Kirschen, Äpfel, Birnen oder Pflaumen, auch Gurken oder Paprika, die Kerne enthalten, aus denen neue Pflanzen entstehen, sind auf die Bestäubung durch Insekten angewiesen. Bienen verdanken wir indirekt sogar Milch und Fleisch. Denn sie bestäuben unter anderem auch Klee, der sich dann auf Wiesen und Weiden aussäht und von Kühen gefressen wird. Übrigens: Bienen bestäuben auch Baumwollpflanzen [...], aus denen zum größten Teil unsere Kleidung besteht. [...]

Gefahr von allen Seiten – was den Bienen das Leben so schwer macht
Schon bald, so befürchten Wissenschaftler aus aller Welt, könnten die Bienen ausgestorben sein. In Sichuan, einem der wichtigsten Obstanbaugebiete Chinas, lebt kein Insekt mehr. Die Folge: Menschen müssen die Arbeit der Bienen übernehmen und die Obstbäume bestäuben. Ansonsten gibt es keine Früchte mehr zu ernten. Gründe für die Bedrohung der Bienen gibt es mehrere: Monokulturen[1], Parasiten[2] und Pestizide[3]. Manche Pflanzenschutzmittel wirken wie Nervengifte auf die Bienen, sie verirren sich beim Honigsammeln und finden nicht mehr zurück in ihren Stock. Oder sie können sich nicht mehr richtig untereinander verständigen. [...]

Der massenhafte Anbau von Nutzpflanzen (Mais, Raps, Zuckerrüben) und häufiges Mähen der Wiesen führt dazu, dass es nicht nur weniger Blüten als Nahrung für die Bienen gibt, sondern auch immer weniger Arten. Hinzu kommt, dass sich auch in unseren Hausgärten immer weniger blühende Blumen finden. Die Folge: Bienen können mitten im Sommer verhungern. Oder sie sind so stark geschwächt, dass sie für Parasiten anfällig werden.*

1 die Monokultur: der Anbau einer einzigen Pflanzenart auf der gleichen Fläche über mehrere Jahre
2 die Parasiten: die Schädlinge
3 die Pestizide: giftige chemische Pflanzenschutzmittel

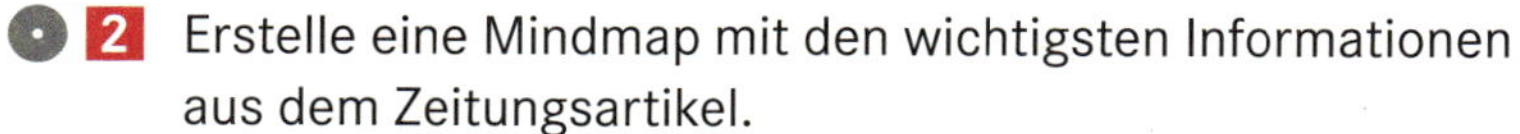

2 Erstelle eine Mindmap mit den wichtigsten Informationen aus dem Zeitungsartikel.

Eine Mindmap gestalten ► S. 300

Die folgende Grafik enthält weitere Informationen zum Zeitungsartikel.

3 Erschließe die Grafik mit dem Textknacker.

Textknacker für Grafiken ► S. 296

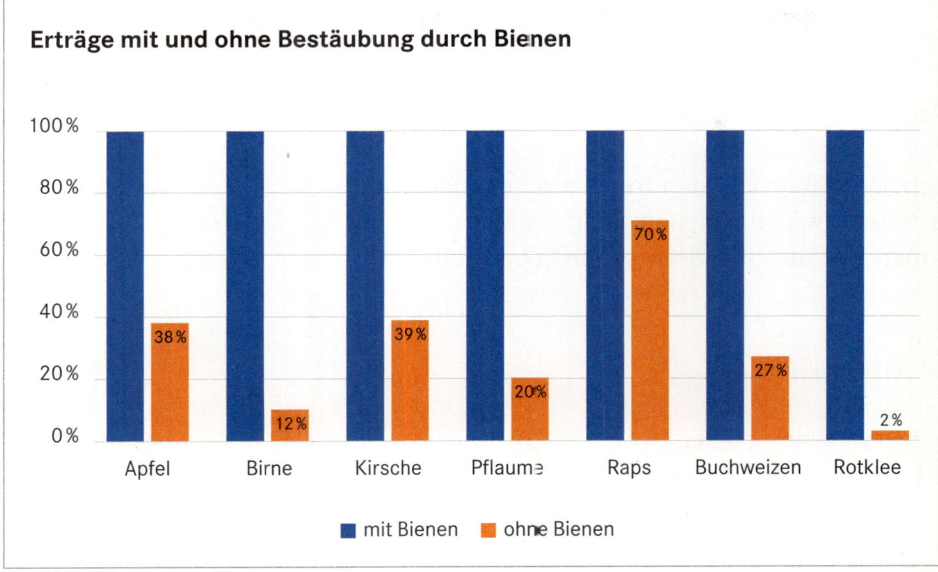

4 Was erfährst du in der Grafik? Schreibe Stichworte auf.

5 Welche Textstelle erklärt die Grafik genauer? Belege mit der passenden Zeilenangabe.

6 Welche Meinung hast du zu dem Thema? Schreibe deine Gedanken auf.

Welche Folgen hätte es, wenn die Bienen aussterben? Warum ist es wichtig, Bienen zu schützen? Informiere darüber in einem Text für die Schülerzeitung.

7 Verfasse mit Hilfe der Mindmap und deiner Notizen einen informierenden Text über das Bienensterben. Schreibe deinen Text am Computer.

8 a. Lasse deinen Entwurf durch ein Expertenteam überprüfen.
b. Verwende auch die Rechtschreibprüfung am Computer.
c. Überarbeite anschließend deinen Text.

Texte am Computer überarbeiten ► S. 226–227

Nun kannst du deinen überarbeiteten Text an die Redaktion der Schülerzeitung weiterleiten und um Veröffentlichung bitten.

Einen informierenden Text schreiben

Hier übst du Schritt für Schritt, dich auf eine Probe vorzubereiten.

Stelle dir vor, dies ist die Aufgabe für die Probe:

Informiere in der Schülerzeitung über den Treibhauseffekt und zeige Möglichkeiten, wie dieser Effekt aufgehalten werden kann.
Verwende die Informationen aus dem Sachtext und den Grafiken.

1. Schritt: Die Aufgabe verstehen

1 **a.** Lies die Aufgabe mehrmals genau.
b. Was sollst du tun? Schreibe die richtige Erklärung ab.

Aufgaben verstehen ► S. 297

- Ich lese Informationen aus unterschiedlichen Quellen. Dann soll ich einen informierenden Text schreiben.
- Ich lese Informationen aus unterschiedlichen Quellen. Dann soll ich einen Text schreiben, in dem ich meine Meinung zum Treibhauseffekt darlege und Möglichkeiten zeige, wie dieser Effekt aufgehalten werden kann.

2. Schritt: Die Aufgabe bearbeiten

2 Erschließe den Sachtext und die Grafiken mit dem Textknacker.

Textknacker ► S. 296

Die Bedrohung der Erdatmosphäre

Die Erde wird durch eine Gashülle, die Atmosphäre, geschützt. Ohne die Atmosphäre wäre kein Leben auf der Erde möglich. Diese Hülle schützt einerseits die Erde vor der Strahlung aus dem Weltall, andererseits speichert sie einen Teil der Sonnenstrahlen und verhindert dadurch sehr kalte Temperaturen auf der Erde. So beträgt die durchschnittliche Temperatur an der Erdoberfläche +15 Grad Celsius, ohne die schützende Hülle läge sie bei –18 Grad Celsius. Ein Teil der Sonnenstrahlen entweicht wieder ins Weltall.

Doch die Atmosphäre ist durch Abgase wie Kohlendioxid bedroht. In den letzten Jahrzehnten hat der Ausstoß von Kohlenstoffdioxid durch den Auto- und Flugverkehr und durch Industrieanlagen zugenommen. Kohlendioxid ist ein sogenanntes Treibhausgas, das die Atmosphäre nach und nach verschmutzt, sodass die Sonnenstrahlen nicht ins All entweichen können. Auf der Erde wird es dadurch wärmer. Die Folgen für die Natur und den Menschen sind jetzt schon unübersehbar.

Nur die Menschen können diese Entwicklung aufhalten. So werden z. B. umweltfreundliche Autos entwickelt und Sonnen- und Windenergie zur Stromerzeugung genutzt. Um sich selbst und die Natur zu schützen, kann aber auch jede Einzelne/jeder Einzelne aktiv werden. Wer Strom spart, z. B. das Licht in Räumen ausschaltet, in denen sich keiner aufhält, die Heizung nicht unnötig aufdreht und das Fahrrad oder den Bus benutzt, anstatt mit dem Auto zu fahren, hilft mit, den Ausstoß von Kohlendioxid zu vermeiden, und kann damit unsere Erde schützen.

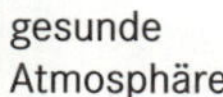

gesunde Atmosphäre

verschmutzte Atmosphäre

3 Plane deinen Informationstext.

a. Schreibe Schlüsselwörter aus dem Text auf.

b. Erkläre mit eigenen Worten, was in den Grafiken dargestellt ist.

4 Schreibe deinen Informationstext.

- Erkläre, wie die gesunde Atmosphäre die Erde schützt.
- Erkläre die Auswirkungen einer verschmutzten Atmosphäre.
- Nenne Beispiele, wie der Mensch diese Entwicklung aufhalten kann.

3. Schritt: Die Aufgabe überprüfen

5 **a.** Überprüfe deinen Informationstext mit Hilfe der Checkliste.

b. Überarbeite deinen Text, wenn nötig.

Checkliste: Einen informierenden Text schreiben	Ja	Nein
– Habe ich den Text genau gelesen?	■	■
– Habe ich die wichtigsten Informationen in meinem Text dargestellt?	■	■
– Habe ich die Grafiken erklärt?	■	■
– Habe ich Beispiele aufgeschrieben?	■	■
– Habe ich meinen Text sinnvoll aufgebaut?	■	■
– Habe ich sachlich geschrieben und Fachbegriffe richtig verwendet?	■	■
– Habe ich alles richtig geschrieben?	■	■

4. Schritt: Die Vorgehensweise auswerten

6 Schreibe deine Erfahrungen in dein Lerntagebuch.
Was setzt du dir als Ziel für deinen nächsten informierenden Text?

Was willst du werden?

1

2

3

4

5

Auf den Fotos sind verschiedene Berufe abgebildet.

1 **a.** Seht euch die Fotos genau an.
b. Beschreibt die Fotos.

„Welchen Beruf habe ich?“ Die Sprechblasen geben Hinweise zu den abgebildeten Berufen und typischen Tätigkeiten.

2 **a.** Lest die Sprechblasen.
b. Versucht, die Sprechblasen den Personen auf den Fotos zuzuordnen.

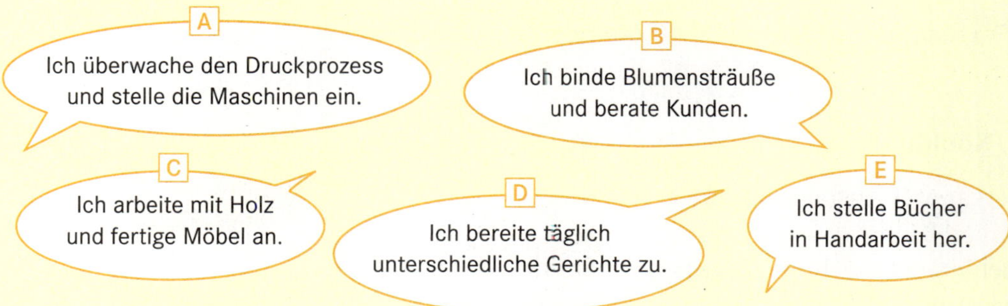

A
Ich überwache den Druckprozess und stelle die Maschinen ein.
B
Ich binde Blumensträuße und berate Kunden.
C
Ich arbeite mit Holz und fertige Möbel an.
D
Ich bereite täglich unterschiedliche Gerichte zu.
E
Ich stelle Bücher in Handarbeit her.

3 Welche Berufe sind auf den Fotos abgebildet?
Ordnet die Berufsbezeichnungen den entsprechenden Fotos zu.

- der Koch / die Köchin
- der Florist / die Floristin
- der Medientechnologe / die Medientechnologin
- der Holzmechaniker / die Holzmechanikerin
- der Buchbinder / die Buchbinderin

4 Was wisst ihr über die Berufe?
- Schreibt die Berufsbezeichnungen als Überschrift auf.
- Notiert alles, was ihr über die jeweiligen Berufe wisst.

5 Diskutiert über die Berufe: Welchen Beruf findet ihr interessant?
Begründet eure Meinung.

Starthilfe

Ich interessiere mich für den Beruf des/der ..., weil ...
Ich möchte gerne ... werden, da ...

In diesem Kapitel informiert ihr euch über unterschiedliche Ausbildungsberufe und erstellt Berufsbilder.
Außerdem beschreibt ihr berufsbezogene Tätigkeiten und Vorgehensweisen.

Sich über Berufe informieren

Was willst du werden? Du hast verschiedene Möglichkeiten, dich über Ausbildungsberufe zu informieren. Nazan und Tom haben Texte aus unterschiedlichen Medien zusammengetragen.

1 Arbeitet in Dreiergruppen.
  a. Verteilt die Texte auf den Seiten 52–54.
  b. Jeder liest seinen Text mit dem Textknacker.

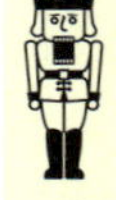

Textknacker ► S. 296

Der folgende Text stammt aus einer Broschüre über alle anerkannten Ausbildungsberufe, die jährlich veröffentlicht wird.

Text 1: Koch/Köchin

Berufstyp: Anerkannter Ausbildungsberuf
Ausbildungsdauer: 3 Jahre

Köche und Köchinnen verrichten alle Arbeiten, die zur Herstellung von Speisen gehören. Wenn sie einen Speiseplan aufgestellt haben, kaufen sie Lebensmittel und Zutaten ein, bereiten sie vor und lagern sie gegebenenfalls ein. Sie organisieren die Arbeitsabläufe in der Küche und sorgen dafür, dass die Speisen rechtzeitig und in der richtigen Reihenfolge fertiggestellt werden. In kleineren Küchen kochen, braten, backen und garnieren Köche und Köchinnen alle Gerichte selbst. In Großküchen sind sie meist auf die Zubereitung bestimmter Speisen spezialisiert, etwa auf Beilagen, Salate oder Fisch- und Fleischgerichte. Zu ihren Aufgaben gehört es auch, die Preise zu kalkulieren und Gäste zu beraten.
Köche und Köchinnen finden Beschäftigung in Küchen von Restaurants, Hotels, Kantinen, Krankenhäusern, Pflegeheimen und Catering-Firmen. [...]*

Ausbildungsvergütung im Monat		
1. Jahr	2. Jahr	3. Jahr
€ 459 bis € 740 €	€ 574 bis € 830	€ 680 bis € 930

Schulabschlüsse der Ausbildungsanfänger/-innen	
Hochschulreife	14%
mittlerer Bildungsabschluss	37%
erfolgreicher und qualifizierender Abschluss der Mittelschule	41%
ohne Abschluss	4%
Sonstige	4%

2 Was erfährst du über den Beruf des Koches/der Köchin? Schreibe Stichworte auf.

Auf einer Internet-Plattform wird der typische Tagesablauf einer Holzmechanikerin vorgestellt.

Text 2: Ein Tag im Leben einer Holzmechanikerin

06:00 Uhr, Ankunft im Betrieb: Inga arbeitet bei einem großen Büromöbelhersteller. Wenn sie zur Arbeit kommt, stempelt sie zuerst ihre Karte, auf der ihre Arbeitszeiten gespeichert sind. […]
06:15 Uhr, Und los geht's: Jeden Morgen geht Inga zuerst in das Büro ihres Chefs und holt die Arbeitsaufträge für den Tag ab. Heute gibt es viel zu tun: Bauteile fräsen[1], dübeln, leimen und vieles mehr.
06:30 Uhr, Kommissionieren: Für jedes Möbelstück, das Inga für die Kunden herstellt, sucht sie die passenden Bauteile im Lager aus. Das nennt man „kommissionieren". Heute benötigt sie Seiten und Böden für einen Schrank. Mit dem Scanner liest sie die Daten ein, die dann in das Computersystem des Betriebs weitergeleitet werden. So ist immer klar, ob noch genügend Bauteile vorhanden sind oder ob nachbestellt werden muss.
07:15 Uhr, An der Kreissäge: Der Kunde wünscht einen Büroschrank mit ganz bestimmten Maßen. Deshalb schneidet Inga die Bauteile genau nach dem vorgegebenen Plan zu. Am Ende misst sie noch einmal nach, ob das Bauteil den Vorgaben entspricht. Das ist deshalb so wichtig, weil sonst die einzelnen Bauteile nicht zusammenpassen und der Schrank Schlagseite[2] bekommt.
08:00 Uhr, Nuten[3] fräsen: Mit der sogenannten CNC-Maschine kann Inga automatisch Nuten für die Schiebetüren einfräsen. Alles übernimmt die Maschine allerdings nicht. Ein paar Arbeitsgänge verrichtet Inga von Hand.
09:00 Uhr, Endlich Pause: Heute ist schönes Wetter und Inga kann mit ihren Kollegen draußen sitzen und in der Sonne ihr Frühstück genießen.
09:20 Uhr, Dübeln: Als Nächstes soll Inga Dübel in die Böden eines Möbelstücks einbringen. Das Dübeln übernimmt eine Maschine, der Dübelautomat. Inga muss sehr präzise[4] arbeiten. Sie achtet darauf, dass das richtige Computerprogramm eingestellt ist und dass sie die Böden ganz genau anlegt. Am Ende kontrolliert sie, ob die Dübel an der richtigen Stelle sind und auch fest sitzen. Denn auch ein Dübelautomat kann mal einen Fehler machen.
10:00 Uhr, Auch Handarbeit ist gefragt: […] Bestimmte Plattenformen muss Inga von Hand beschichten. Sie streicht die Kanten mit Leim ein, klebt die Beschichtung auf und presst sie mit Schraubzwingen fest gegen die Kanten.
10:45 Uhr, Maschinen warten[5]: Die Kantenmaschine muss gewartet werden. Inga kennt sich gut mit der Maschine aus und weiß genau, worauf es ankommt. Reinigungsmittel muss nachgefüllt werden, damit der Leim in der Maschine weggewaschen wird und nichts verdreckt oder verklebt.

[1] fräsen: Späne abtragen
[2] die Schlagseite: die Schräglage
[3] die Nuten (Singular: die Nut): längliche Vertiefungen, Rillen
[4] präzise: genau
[5] warten: hier: überprüfen, pflegen

11:30 Uhr, An der Oberfräse: Inga arbeitet an verschiedenen Fräsen. Im Kleinmaschinenbereich fräst sie heute Nuten für Tür- oder Schubladenschienen ein. [...]
13:45 Uhr, Übergabe an die nächste Schicht: Das war ein ganz schön voller Tag. Beim Schichtwechsel erzählt Inga den Kollegen und Kolleginnen, wie die Arbeit gelaufen ist und was noch ansteht. So sind alle zu jeder Zeit über die Arbeitsabläufe informiert.
14:00 Uhr, Feierabend: Jetzt geht es nach Hause. Weil Inga früh angefangen hat, bleibt ihr Zeit für ihre Freunde und ihre Hobbys. Die machen ihr Spaß und geben ihr die nötige Kraft für einen neuen Arbeitstag.*

3 Was erfährst du über Ingas Arbeitsalltag? Schreibe Stichworte auf.

In einer Zeitung wird über Benny berichtet, der eine Ausbildung zum Medientechnologen im Bereich Druck absolviert.

Text 3: Mit Freude Druck ausüben

„Seit meinem Betriebspraktikum, das ich in der 8. Klasse in einer Druckerei gemacht habe, stand für mich fest, dass das mein Beruf ist", sagt Benny, der sich gerade im 3. Ausbildungsjahr zum Medientechnologen im Bereich Druck, wie die genaue Berufsbezeichnung lautet, befindet.
„Die riesigen Druckmaschinen haben mich von Anfang an fasziniert."
Schon während seines Praktikums konnte Benny zeigen, dass er mit Sorgfalt, Geschicklichkeit, genauer Beobachtungsgabe und technischem Verständnis wesentliche Voraussetzungen für diesen Beruf mitbrachte.
„Klar, der Schichtdienst ist schon etwas gewöhnungsbedürftig, dafür habe ich, wenn ich Frühschicht habe, nachmittags Zeit fürs Schwimmbad. Außerdem ist der Beruf unheimlich abwechslungsreich und ich liebe den Geruch von Papier und Druckerfarbe."
Beim Einstellen der Druckmaschine und beim Prüfen der Probedrucke gerät Benny schon mal ins Schwitzen. Wenn der Druckvorgang dann aber läuft, kann er auch mal durchatmen.
Während der dreijährigen Ausbildung kam Benny zugute, dass in der Schule Mathematik und Technik schon immer seine Lieblingsfächer waren.
In seiner Freizeit spielt er gerne Fußball. „Auch da kommt es auf Entscheidungsfähigkeit und Reaktionsvermögen an. Wir haben hier in unserer Firma sogar eine eigene Mannschaft, sodass ich Hobby und Beruf perfekt verbinden kann." Was Benny natürlich auch gefällt, ist der Blick auf seinen Lohnzettel. Im ersten Ausbildungsjahr verdient er schon fast 1000 Euro im Monat. Das ist mehr als viele seiner Freunde, die in einem anderen Beruf eine Ausbildung machen, im letzten Ausbildungsjahr bekommen.

4 Was erfährst du über Benny und seinen Beruf? Schreibe Stichworte auf.

Was habt ihr in den Texten erfahren?

5 Informiert euch mit Hilfe eurer Notizen gegenseitig über die vorgestellten Berufe.

6 Welcher der drei vorgestellten Berufe interessiert dich am meisten? Begründe deine Meinung.

Die Texte enthalten unterschiedliche Informationen über die Berufe.

7 Vergleicht den Informationsgehalt der Texte.
a. Legt eine Tabelle an.
b. Überprüft die einzelnen Texte mit Hilfe der folgenden Fragen:
- Werden im Text die **Arbeitszeiten** genannt?
- Informiert der Text über den **Arbeitsort**?
- Werden die unterschiedlichen **Tätigkeiten** in dem Beruf genannt?
- Werden **Arbeitsmittel** genannt, mit denen man in dem Beruf arbeitet?
- Werden **Belastungen** genannt, die mit der Ausübung des Berufes verbunden sind?
- Wird etwas über die **Ausbildungsdauer** gesagt?
- Informiert der Text über die **Abschlussprüfung** der Ausbildung?
- Enthält der Text Informationen über die **Ausbildungsvergütung**?
- Wird der **Schulabschluss** genannt, der für die Ausbildung notwendig ist?

c. Sammelt die Informationen in eurer Tabelle.

Starthilfe

	der Koch/ die Köchin	der Holzmechaniker/ die Holzmechanikerin	der Medientechnologe/ die Medientechnologin
die Arbeitszeiten	keine Informationen	6:00 – 14:00 Uhr	Schichtdienst
der Arbeitsort	...	...	...
...			

8 Welcher Text hilft dir am besten bei der Berufsorientierung?
a. Begründe deine Entscheidung.
b. Vergleicht eure Ergebnisse in der Klasse.

9 Schreibe deine Gedanken zu den Texten auf:
Was lernst du aus den Texten für deinen eigenen Weg in den Beruf?

10 Wie könnt ihr euch noch über Berufe informieren? Sammelt Ideen.

Interviews
Podcasts
Filme zu Berufsbildern

11 Kannst du dir vorstellen, einen der genannten Berufe später auszuüben? Begründe deine Entscheidung in Stichworten.

Ein Berufsbild erstellen

In einem Berufsbild kannst du wesentliche Informationen zu einem Beruf in Stichworten zusammenfassen.

W **1** Welchen Beruf möchtest du in einem Berufsbild vorstellen?
- Du kannst einen der Berufe von den Seiten 52–54 auswählen.
- Du kannst auch Informationen zu einem anderen Beruf sammeln.

Mit den folgenden Überschriften kannst du dein Berufsbild gliedern.

die Berufsbezeichnung	der Arbeitsort	die Tätigkeiten
notwendiger Schulabschluss	die Ausbildungsdauer	die Belastungen
die Arbeitsmittel	die Arbeitszeit	die Ausbildungsvergütung

2 **a.** Schreibe jede Überschrift auf eine Karteikarte.
b. Notiere auf jeder Karteikarte in Stichworten die wichtigsten Informationen zu deinem gewählten Beruf.
c. Recherchiere fehlende Informationen, z. B. im Internet, und ergänze sie.
d. Ordne deine Karteikarten in einer sinnvollen Reihenfolge.

Starthilfe
die Berufsbezeichnung: Medientechnologe im Bereich Druck
die Tätigkeiten: das Einstellen der Druckmaschine ...

Sich informieren ► S. 200–205

Mit welchen Materialien möchtest du dein Berufsbild veranschaulichen?

3 **a.** Finde Bilder, auf denen Menschen in dem von dir vorgestellten Beruf arbeiten, oder Grafiken, die über den Beruf informieren. Notiere die Quellen, woher du die Materialien hast.
b. An welchen Stellen möchtest du deine zusätzlichen Materialien platzieren? Kennzeichne die Stellen auf deinen Karteikarten.

Informationsquellen korrekt angeben ► S. 202

4 Überarbeitet eure Stichworte auf den Karteikarten in einer Schreibkonferenz.

Schreibkonferenz ► S. 302

5 Gestalte nun dein Berufsbild.
- Schreibe die Informationen von den Karteikarten geordnet auf ein Blatt.
- Ergänze an passenden Stellen deine zusätzlichen Materialien.

Ihr könnt eure Berufsbilder in eurem Klassenzimmer oder im Schulgebäude ausstellen und dann in euren Berufswahlordner abheften.

Einen Vorgang beschreiben

Nazan und Tom möchten genauer wissen, was ein Drucker eigentlich macht. Im Rahmen einer Betriebsbesichtigung treffen sie Benny, der eine Ausbildung zum Medientechnologen im Bereich Druck macht.

Benny beschreibt Nazan und Tom die Arbeitsschritte beim Druckvorgang für eine Zeitung.

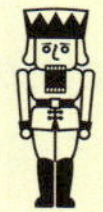

Textknacker ► S. 296

1 **a.** Sieh dir die Bilder genau an.
b. Lies den Text mit dem Textknacker.

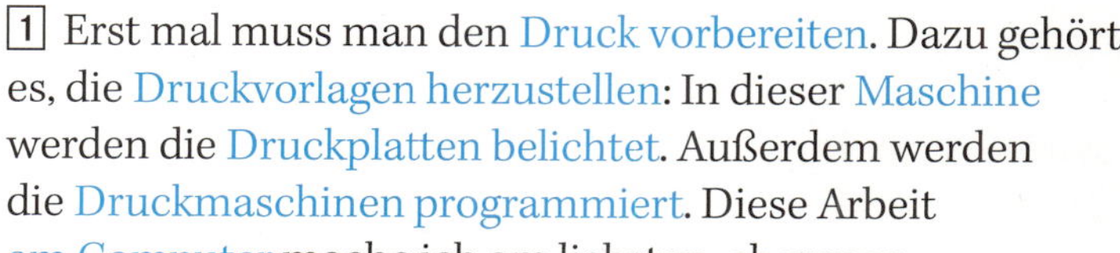

[1] Erst mal muss man den Druck vorbereiten. Dazu gehört es, die Druckvorlagen herzustellen: In dieser Maschine werden die Druckplatten belichtet. Außerdem werden die Druckmaschinen programmiert. Diese Arbeit am Computer mache ich am liebsten, aber man trägt auch eine große Verantwortung. Danach wird ein Probedruck angefertigt und die Farben und der Druck werden überprüft. Erst wenn alles einwandfrei ist, geht der Druck in Produktion. Damit auch später nichts schiefgeht, wird der gesamte Druckprozess immer am Computer überwacht und gesteuert.

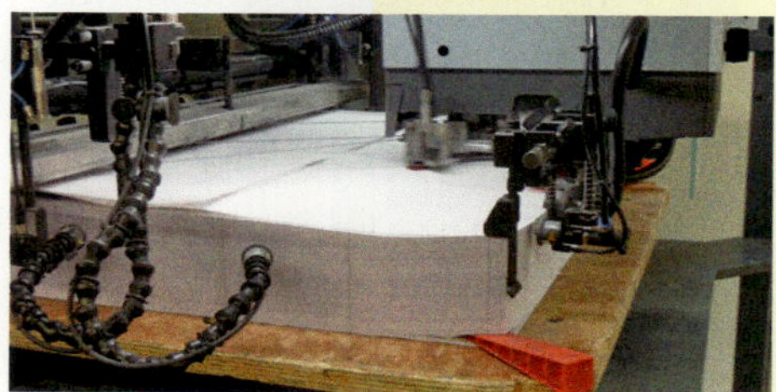

[2] Jetzt geht es an das eigentliche Drucken. Hier wird das Papier eingezogen. Die Maschine saugt die Bögen einzeln an und transportiert sie über Rollen durch die Druckmaschine. Wir sind zu zweit an der Maschine. Zusammen überwachen wir den Druck und stellen die Maschinen richtig ein. Dieses eigenständige Arbeiten schätze ich sehr an meinem Beruf.

[3] Im Herzstück der ganzen Sache, der Druckmaschine, wandern die Bögen nacheinander durch die Druckwalzen der vier verschiedenen Farbwerke, schwarz, rot, gelb und blau. Mit diesen vier Farben in unterschiedlicher Mischung lassen sich alle Farben drucken.

[4] Hier seht ihr das rote Farbwerk. Die Farbe wird direkt von oben in die offene Maschine gefüllt. Dabei muss man sauber arbeiten.

[5] Nach dem Drucken geht es noch weiter: Die bedruckten Bögen landen auf diesem Stapel und werden zur Schneidemaschine gebracht.

6 Mit der Schneidemaschine schneiden wir die Druckbögen dann auf das richtige Format zu. Das meiste macht dabei die Maschine. Unsere Aufgabe ist es, alles richtig einzustellen. Ich selbst arbeite aber lieber an den Druckmaschinen. Dann werden die Bögen noch gefalzt, miteinander verbunden und bekommen zum Schluss noch einen Einband.

2 Erklärt euch gegenseitig die Arbeitsschritte beim Druckvorgang. Die hervorgehobenen Schlüsselwörter helfen euch dabei.

3 Welche Arbeitsmittel werden für den Druckvorgang benötigt? Schreibe sie auf.

Für die Schülerzeitung möchte Nazan den Druckvorgang so beschreiben, dass ihn die Leserinnen und Leser verstehen.

4 Nazan hat die Arbeitsschritte 1 bis 3 beschrieben. Lies ihren Text.

Zuerst stellt man die Druckvorlagen her. Dann werden die Druckplatten mit Hilfe einer Maschine belichtet. Dann werden die Druckmaschinen am Computer programmiert. Dann fertigt man einen Probedruck an und überprüft die Farben und den Druck. Erst wenn alles einwandfrei ist, geht der Druck in die Produktion. Es wäre ja total schlimm und schrecklich teuer, wenn alle Drucke fehlerhaft wären. Jetzt begann mit dem Papiereinzug der eigentliche Druck. Dabei saugte die Maschine die großen Bögen einzeln an und transportierte sie über Rollen durch die Druckmaschine.

Jn der Druckmaschine wandern die Bögen dann nacheinander durch die Druckwalzen der vier verschiedenen Farbwerke. Mit diesen vier Farben in unterschiedlicher Mischung kannst du alle Farben drucken.

Achtung: Fehler!

Nazans Vorgangsbeschreibung ist noch nicht ganz perfekt.

5 **a.** Überprüft Nazans Beschreibung mit Hilfe der folgenden Fragen:
- Hat Nazans Vorgangsbeschreibung eine passende Überschrift?
- Hat Nazan eine einheitliche Anrede gewählt?
- Hat Nazan eine einheitliche Zeitform verwendet?
- Hat Nazan abwechslungsreiche Satzanfänge verwendet, welche die Reihenfolge verdeutlichen?
- Ist Nazans Text genau und sachlich geschrieben?

b. Schreibt Stichworte auf.

6 Mache dir anschließend Notizen zu den Arbeitsschritten 4 bis 6.

Beschreibe nun den Druckvorgang in einer Vorgangsbeschreibung.

7 Entscheide dich für eine Anredeform. Verwende das Präsens.
- Du kannst in der **man**-Form schreiben: Man legt ...
- Du kannst das Passiv verwenden: ... wird ... gelegt ...

Das Passiv ► S. 309

8 Vergleiche in den folgenden Sätzen die Verbformen:
Beschreibe die Unterschiede.

> Der Drucker **belichtet** die Druckplatten mit Hilfe einer Maschine. (Aktiv)
> Die Druckplatten **werden** mit Hilfe einer Maschine **belichtet**. (Passiv)

9 Überarbeite zunächst Nazans Beschreibung der Arbeitsschritte 1 bis 3 mit Hilfe deiner Ergebnisse zu den Aufgaben 3, 5 und 7.
- Formuliere eine passende Überschrift.
- Nenne die benötigten Arbeitsmittel.
- Beschreibe die einzelnen Arbeitsschritte in der richtigen Reihenfolge.
- Verwende unterschiedliche Satzanfänge.

Starthilfe

Das Drucken einer Zeitung
Um eine Zeitung zu drucken, braucht man folgende Arbeitsmittel:
eine Druckmaschine, Druckplatten ...
Zuerst stellt man ... her.
...

Starthilfe

Das Drucken einer Zeitung
Um eine Zeitung zu drucken, werden folgende Arbeitsmittel benötigt:
eine Druckmaschine, Druckplatten ...
Zuerst werden ... hergestellt.
...

10 Beschreibe nun die Arbeitsschritte 4 bis 6 in vollständigen Sätzen. Verwende dazu deine Notizen aus Aufgabe 6.

Nun kannst du deinen Entwurf überarbeiten.

11 **a.** Tauscht eure Beschreibungen aus.
b. Überprüfe die Beschreibung deiner Partnerin oder deines Partners.

12 Überarbeite anschließend deine Beschreibung. Wende auch den Rechtschreib-Check an.

Der Rechtschreib-Check ► S. 303

Sprachliche Mittel verwenden

In einer Vorgangsbeschreibung sollst du eine Zeitform beibehalten. In der Regel ist dies das Präsens.

Das Präsens ► S. 308

Tom hat beschrieben, wie früher bewegliche Lettern (Buchstaben) hergestellt wurden.

Drucken mit beweglichen Lettern
Zuerst wurden die Lettern hergestellt. Dazu goss man mit einem Handgießinstrument heißes, flüssiges Metall in eine Art „Backform für Buchstaben".
Durch das Abkühlen erstarrte das Metall in der Form zu einzelnen Buchstabenstempeln, den Lettern. Die Buchstaben auf den Lettern mussten spiegelverkehrt sein, damit sie beim Abdrucken richtig erscheinen.
Mit diesen Lettern konnten immer wieder neue Wörter und Sätze zusammengesetzt werden. Damit man die benötigten Buchstaben schnell finden konnte, wurden die verschiedenen Lettern in Setzkästen einsortiert.

⊙ **1** Lege eine Folie über den Text und markiere die Verbformen.

2 Schreibe den Text im Präsens auf.

Bei einer Vorgangsbeschreibung ist die Reihenfolge der Schritte wichtig. Die Satzanfänge sollen daher die zeitliche Abfolge verdeutlichen.

Nazan hat beschrieben, wie heute mit der Schneidemaschine das Papier zugeschnitten wird.

Papier zuschneiden
? werden die bedruckten Bögen, die auf einem Stapel landen, zum Schneiden gebracht. ? schneidet die Schneidemaschine die Druckbögen auf das richtige Format zu. Die Arbeit übernimmt also die Maschine. ? muss der Drucker darauf achten, dass die Schneidemaschine richtig eingestellt ist. ? werden die Bögen noch gefalzt und miteinander verbunden. ? bekommen die Bögen noch einen Einband.

3 Schreibe den Text ab und füge sinnvolle Satzanfänge ein.
Tipp: Du kannst die folgenden Satzanfänge verwenden.

Zuletzt, Dabei, Dann, Danach, Zuerst

Das Passiv verwenden

Das Passiv ► S. 309

Viele Vorgangsbeschreibungen enthalten Passivsätze.
In einer Vorgangsbeschreibung kann man schreiben:
Hier wird ein Buch gedruckt. Oder: Man druckt ein Buch.

1 a. Übertrage die folgende Tabelle in dein Heft und ergänze die Sätze mit den richtigen Verbformen.
b. Ergänze die fehlende Überschrift.

Das Aktiv	Das ...
Dort falzt und schneidet man die Bögen zu.	Dort werden die Bögen gefalzt und zugeschnitten.
Dann ...	Die Seiten werden dann mit dem Bucheinband verbunden.
Die Maschine transportiert die Bögen über große Rollen.	Von der Maschine ...
...	Vorher wird der Text auf Fehler überprüft.
So setzt der Drucker die Zeilen zusammen.	So werden ...

2 Untersuche die Stellung der Verbformen in deinen Sätzen.
a. Unterstreiche die Verbformen in den Sätzen.
b. Formuliere einen Merksatz, aus welchen Verbformen das Passiv gebildet wird.

3 In den folgenden Sätzen fehlen die Verbformen im Passiv.
a. Schreibe den Text ab und ergänze die richtigen Verbformen.
b. Begründe, warum in der Beschreibung nicht gesagt wird, wer etwas tut.

In der Herstellungsabteilung ? das Aussehen des Buches ? (gestalten).
Hier ? also z. B. die Schrift ? (festlegen).
In der Setzerei ? der Text als „Umbruch“ ? (ausdrucken).
Anschließend ? die Blätter ? und ? (schneiden, falzen),
sodass ein Musterbuch entsteht. Dann erst ? das Buch ? (drucken).

4 Bilde fünf eigene Sätze im Passiv.
Du kannst die folgenden Wörter verwenden.

drucken, schneiden, lesen, schreiben
das Buch, die Seiten, der Text, der Stapel, der Drucker

Ein Berufsbild überarbeiten

Hier überprüfst du, ob du ein Berufsbild überarbeiten kannst.

Clara hat ein Berufsbild über den Beruf des Floristen / der Floristin erstellt.

1 Lies Claras Berufsbild.

Berufsbild
- Sträuße binden
- Schaufenster und Verkaufsräume dekorieren
- keine Lebensmittelallergien
- 3 Jahre Ausbildung
- Blumenfachgeschäft, Gartencenter, Gärtnereien
- Kunden beraten, Pflegehinweise geben
- Arbeitszeit: 8:00 Uhr bis 18:00 Uhr
- Schulabschluss
- 237 Euro bis 525 Euro
- gute Spanisch-Kenntnisse

Achtung: Fehler!

2 Welche Angaben sollte ein Berufsbild enthalten?
a. Schreibe Überschriften auf.
b. Vergleiche deine Überschriften mit einer Partnerin oder einem Partner.

3 Überprüfe Claras Berufsbild mit Hilfe der folgenden Fragen:
- Was fehlt in dem Berufsbild?
- Welche Angaben sollten nicht enthalten sein?
- Welche Angaben können zusammengefasst werden?
- Warum ist das Bild als Veranschaulichung nicht geeignet?

4 Recherchiere fehlende Informationen, z. B. im Internet, und ergänze sie.

Im Internet recherchieren ► S. 297

5 Überarbeite Claras Berufsbild über den Beruf des Floristen / der Floristin.
- Ordne die wichtigsten Informationen mit Hilfe der Überschriften in einer sinnvollen Reihenfolge an.
- Fasse Angaben zum selben Thema zusammen.
- Finde passende Bilder zur Veranschaulichung.

6 Vergleicht eure Berufsbilder in Partnerarbeit.

7 Schreibe in dein Lerntagebuch:
- Wo kannst du dich über einzelne Berufe informieren?
- Was ist dir leichtgefallen?
- Was solltest du noch üben?

Eine Vorgangsbeschreibung überarbeiten

Hier überprüfst du, ob du eine Vorgangsbeschreibung überarbeiten kannst.

Eine Drucktechnik, mit der man auf einfache Art Drucke herstellen kann, ist der Linolschnitt. Tom hat beschrieben, wie man einen Linolschnitt herstellt.

1 Lies Toms Vorgangsbeschreibung.

Der Linolschnitt
Lege zuerst deinen Arbeitsplatz mit viel Zeitungspapier aus, damit du ihn nicht vollkleckerst. Zeichne mit einem Bleistift ein Bild auf die Linolplatte. Vermeide dabei zu kleine Darstellungen, denn sonst brauchst du ewig und schneidest dir garantiert in den Finger. Mir ist das auch schon passiert. Schneide dann die Linien mit dem schmalen Hohleisen vorsichtig nach. Dann drücke das Messer dafür ca. 1–2 mm tief in die Linolplatte. Dadurch entsteht eine Kerbe, die später die weiße Linie im Druck sein wird. Ganz wichtig: Man schneidet immer vom Körper und von der Hand, welche die Platte hält, weg. Dafür ist es notwendig, die Linolplatte entsprechend zu drehen, damit du dich nicht verletzt. Flächen kannst du mit dem breiten Hohleisen ausheben. Nun gibt man Linolfarbe auf eine Glasplatte und streicht sie flächig aus. Dazu rollte man mit der Walze so lange darüber, bis sich die Farbe gleichmäßig auf der Walze verteilt hatte.
Rolle danach die Farbe mit der Walze auf deine Linolplatte. Das wiederholt man so oft, bis die ganze Platte dünn mit Farbe bedeckt ist. Dabei muss man sehr sorgfältig arbeiten, denn Linolfarbe lässt sich nicht auswaschen. Dann legst du ein Blatt Papier auf die Linolplatte, hältst es mit einer Hand fest und reibst fest darüber. Ziehe das Papier dann vorsichtig ab und lasse deinen Druck gut trocknen. Toll, oder? Ach ja, darüberreiben tust du übrigens mit der Faust, einem Falzbein[1] oder einer Bürste.

Achtung: Fehler!

[1] das Falzbein: ein flaches Gerät zum Falzen von Papier

2 Überprüfe Toms Vorgangsbeschreibung. Notiere Stichworte.
Tipp: Du kannst die Arbeitstechnik „Einen Vorgang beschreiben“ in „Wissenswertes auf einen Blick“ nachschlagen.

Einen Vorgang beschreiben ► S. 301

3 Schreibe die überarbeitete Vorgangsbeschreibung auf.

4 Schreibe in dein Lerntagebuch:
- Was gelingt dir gut, wenn du einen Vorgang beschreibst?
- Was solltest du noch üben?

Einen beschreibenden Text verfassen

Hier übst du noch einmal, etwas genau zu beschreiben.

Du entscheidest, ob du die Aufgaben auf den Seiten 64-65 mit mehr Hilfen oder die kniffligeren Aufgaben auf den Seiten 66-67 lösen willst.

Einen Vorgang beschreiben

Timo hat ein Tagespraktikum in einer Fahrradwerkstatt gemacht und dabei einen defekten Fahrradschlauch gewechselt.
Nach dem Praktikum soll er den Vorgang beschreiben.

1 Sieh dir die Bilder genau an.

2 Wie wird ein defekter Fahrradschlauch gewechselt?
Beschreibe es mit eigenen Worten.

Sprachspeicher

die Bremse
die Felge
die Gabel
der Lenker
der Reifenheber
der Sattel
der Schraubenschlüssel
das Ventil

Deine Vorgangsbeschreibung muss genau und verständlich sein. Nur so können andere den Vorgang nachvollziehen, ohne die Bilder zu sehen.

3 Ordne die Arbeitsschritte mit Hilfe der Bilder in der richtigen Reihenfolge.

- das Rad aus der Gabel heben
- das Fahrrad verkehrt herum stellen
- die Schraubenmuttern lösen
- den zweiten Reifenheber an der Felge entlangziehen
- einen Reifenheber zwischen Felge und Reifen schieben
- den Schlauch rausziehen
- den Reifen über die Felge drücken
- das Ventil aus der Felge drücken
- die Bremse öffnen

Starthilfe

Bild 1: das Fahrrad verkehrt herum stellen
Bild 2: die ...

4 Schreibe die Vorgangsbeschreibung vollständig auf.

a. Notiere eine Überschrift.
b. Welche Materialien werden benötigt? Schreibe sie auf.
c. Beschreibe die Schritte des Vorgangs genau. Verwende das Präsens.
- Entscheide dich für eine Anredeform.
- Schreibe zu jedem Bild ein bis zwei Sätze auf.

Starthilfe

Vorgangsbeschreibung: Einen Fahrradschlauch ...
Wenn man einen Fahrradschlauch wechseln will, benötigt man ...
Zuerst stellt man ... Dann ...

5 **a.** Überprüfe deine Beschreibung mit Hilfe der Checkliste.
b. Überarbeite anschließend deine Beschreibung.

Checkliste: Einen Vorgang beschreiben	Ja	Nein
– Habe ich eine passende Überschrift aufgeschrieben?	■	■
– Habe ich alle notwendigen Materialien genannt?	■	■
– Habe ich alle Schritte des Vorgangs in der richtigen Reihenfolge beschrieben?	■	■
– Habe ich die Schritte genau, vollständig und verständlich beschrieben?	■	■
– Habe ich eine einheitliche Anrede verwendet?	■	■
– Habe ich durchgängig im Präsens geschrieben?	■	■
– Habe ich die Schritte mit abwechslungsreichen Satzanfängen verdeutlicht?	■	■
– Habe ich alle Tätigkeiten mit passenden Verben genau bezeichnet?	■	■
– Habe ich die Vorgangsbeschreibung sachlich formuliert?	■	■
– Habe ich alles richtig geschrieben?	■	■

Einen Beruf beschreiben

Nazan und Tom möchten in der Schülerzeitung Berufe vorstellen. In einer Zeitung finden sie eine Reportage über die Buchbinderin Anna.

1 Lies die Reportage mit dem Textknacker.

Textknacker ► S. 296

Info

Eine Reportage stellt Sachverhalte und Hintergrundberichte durch Personen oder konkrete Beispiele besonders anschaulich dar.

Mit Liebe zum Detail Volker Thomas

Es riecht nach Leim, Leder und Metall. Auf dem langgestreckten Tisch in der Mitte des Raums blinkt das große feststehende Messer einer Schneidemaschine. Eine Presse mit flachen Platten, die sich wie ein Schraubstock zudrehen lässt, steht daneben. Dazu ein Topf mit Kleber, eine Rolle Zwirn, Scheren, ein Maßband. Aus den flachen Schubladen an der Wand ragen Papiere in vielen Farben, Bögen aus echtem Leder und aus Kunstleder, Pappe in verschiedenen Stärken. In einem Bücherregal liegen fertige und halbfertige Bücher, bedruckte Papierstapel und Zeitschriften.

Wir befinden uns in der Werkstatt eines Buchbinders. Buchbinderlehrling Anna ist gerade dabei, eine Loseblattsammlung von Fachzeitschriften zu einem Buch zu machen. Sie nimmt die Metallklammern aus jedem Heft, legt die Heftseiten akkurat auf Kante zusammen, schneidet mit dem Papiermesser die Seiten gerade ab, lädt den Papierstapel in die Presse und drückt fest zu. Dann streicht sie den so entstandenen Buchrücken mit Kleber ein und befestigt ein Stück Gaze[1] darauf. Fehlt noch der feste Einband aus Pappe. „Der muss für jedes Buch genau zugeschnitten werden", erklärt Anna. „Und dann kann der Kunde wählen, ob er einen Überzug aus Leder, marmoriertem Papier oder Leinen haben möchte."

Was Anna herstellt, ist ein Unikat, ein Buch, das es nur einmal gibt. Das ist und bleibt Handarbeit. Professoren lassen ihre verstreuten Veröffentlichungen so binden, exklusive Restaurants ihre Speisekarten, Sammler ihre Fachzeitschriften. Dann ist Annas Ausbilder, Buchbindermeister Jakob Henrich, gefragt. „So eine alte Bibel aus dem 17. Jahrhundert ist ein Familienerbstück", sagt er. „Da muss ich mit Nadel und Faden ran. Die Seiten werden jede einzeln zusammengebunden, der Buchrücken verleimt und über Nacht trocknen gelassen."

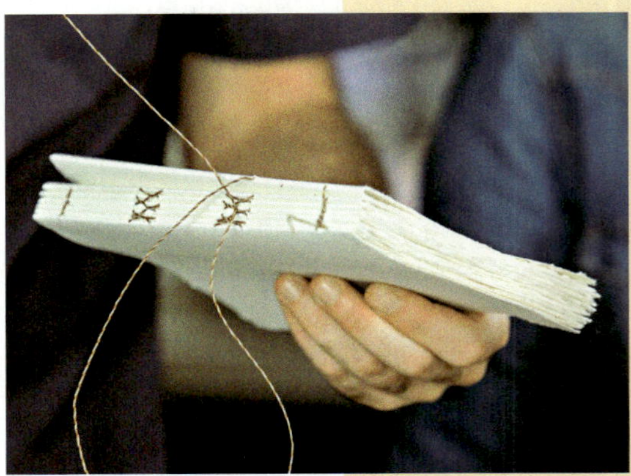

[1] die Gaze: halb durchsichtiges Gewebe

Natürlich muss auch der Einband zu dem alten Buch passen. Mit heiß gemachten Messingbuchstaben prägt er den Titel ein, das Leder wird extra verziert. Da ist Kreativität gefragt.

Anna lernt Buchbinderin bei einem Handwerksmeister. „Gerade die vielfältigen Herausforderungen, die alten Materialien und das sorgfältige, präzise Arbeiten machen mir großen Spaß", erklärt Anna. „Wenn es geht, möchte ich dabeibleiben." Doch für eine solche Liebe zum Detail bleibt nur noch selten Zeit. Die meisten Bücher werden heute von Maschinen gebunden – kein Wunder bei Auflagen von 2000 und mehr Exemplaren. Anna erklärt: „Buchbinder werden vor allem in der industriellen Fertigung gebraucht. Die Ausbildung dauert drei Jahre. Zwei Jahre lang davon lernen die Azubis gemeinsam, dann folgt eine Spezialisierung in die Fachrichtungen Buchfertigung (Serie), Druckweiterverarbeitung (Serie) oder Einzel- und Sonderfertigung. Dafür habe ich mich entschieden."

Anna kann nur hoffen, dass die Nachfrage nach schönen Büchern anhält. „Papier lebt", zitiert Meister Henrich eine alte Buchbinderweisheit. „Es biegt sich, knittert, bekommt Falten und kann einreißen." Wenn es die Buchbinder nicht in die richtige Form brächten, würde das Lesen keinen Spaß machen. Buchbinder sorgen dafür, dass wertvolle Bücher entstehen, die länger als ein Leben halten. Jeder Buchbinder, der seinen Beruf liebt, weiß, dass sein Produkt etwas Besonderes ist, etwas zum Anfassen, etwas, das gut in der Hand liegt. Handwerk eben.

Tom will für die Schülerzeitung den Beruf der Buchbinderin/des Buchbinders beschreiben. Er schreibt die folgenden Überschriften auf.

der Beruf	die Tätigkeiten	die Arbeitsmittel
der Arbeitsort	die Arbeitszeit	der Schulabschluss

2 **a.** Ordne die wichtigsten Informationen aus der Reportage den Überschriften zu.
b. Recherchiere im Internet die fehlenden Informationen.

3 Fasse die Informationen zum Beruf der Buchbinderin/des Buchbinders in einem Berufsbild zusammen.

4 Stellt eure Berufsbilder in einer Schreibkonferenz vor.

Schreibkonferenz
► S. 302

5 Überarbeite deine Berufsbeschreibung mit den Tipps aus der Schreibkonferenz. Achte auf die Rechtschreibung.

Dem Papier auf der Spur

Papier gibt es auf der ganzen Welt. Es wird zur Herstellung von unterschiedlichen Dingen verwendet.

1 Seht euch die Collage an.
   a. Was wird aus Papier hergestellt? Nennt die Produkte.
   b. Welche Bezeichnungen und Begriffe kennt ihr für Papier? Schreibt zusammengesetzte Nomen auf.

Starthilfe
das Toilettenpapier ...

2 a. Wofür verwendet ihr Papier? Nennt Beispiele.
   b. Wofür wird Papier noch benötigt? Informiert euch über weitere Verwendungsmöglichkeiten.

3 Erstellt mit den Informationen aus den Aufgaben 1 und 2 einen Cluster.

Einen Cluster anfertigen ► S. 300

In vielen Sprachen geht das Wort **Papier** auf das griechische Ursprungswort **papyros** zurück, das von der Papyruspflanze abgeleitet wurde.

4 Schreibt das Wort **Papier** in verschiedenen Sprachen auf.
   a. Schreibt die Wörter auf Seite 68 ab und ordnet sie den Sprachen in der Randspalte zu.
   b. Ergänzt, wenn möglich, das Wort **Papier** in weiteren Sprachen.
   c. Sprecht darüber, welche Gemeinsamkeiten ihr feststellen könnt.

Schwedisch
Polnisch
Englisch
Tschechisch
Spanisch
Türkisch
Russisch

In diesem Kapitel informiert ihr euch über Papier, seine Geschichte und seine Verwendungsmöglichkeiten. Mit diesen Informationen erarbeitet ihr ein Referat und eine Präsentation am Computer. Außerdem schreibt ihr appellative Texte (Aufrufe).

Sich über Papier informieren

Der folgende Sachtext informiert über den Rohstoff Papier.

Textknacker ► S. 296

1 Lies den Text mit dem Textknacker.

Papier – ein unentbehrlicher Stoff aus der Natur

Jeden Tag verwenden wir Papier als Bücher, Zeitungen, Hefte, Geld, Verpackungen oder als Toilettenpapier. Der Name „Papier" stammt vom griechischen Wort „papyros" ab, was Papyrus bedeutet. Aus der Papyruspflanze wurde in der Antike[1] ein Schreibmaterial hergestellt, das damals ähnlich wie unser heutiges Papier verwendet wurde.

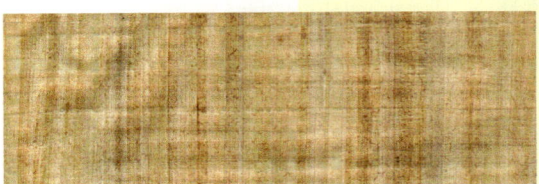

Schreibmaterial aus Papyrus

Ursprünglich stammt Papier aus Asien und seine Herstellung war streng geheim. Vermutlich gelangte es durch die Araber über das islamische Reich nach Europa, wo ab etwa 1200 n. Chr. das erste Papier hergestellt wurde. Durch eine kostengünstigere Herstellung, die Zunahme des Schrifttums und durch den Beginn des Buchdrucks in der Mitte des 15. Jahrhunderts verdrängte das Papier zunehmend das bis dahin verwendete Pergament[2]. Mitte des 19. Jahrhunderts gelang es schließlich, Papier aus Holz herzustellen.

Lange Zeit nahm man an, dass im heutigen Computerzeitalter der Papierverbrauch stark abnehmen würde. Doch das Gegenteil ist der Fall. Der ständige Einsatz von Druckern und Kopierern führt zu einem ständig wachsenden Papierbedarf. Besonders die Industriestaaten benötigen viel Papier. So verbraucht Deutschland so viel Papier wie die Kontinente Afrika und Südamerika zusammen. Und fast jeder zweite industriell gefällte Baum wird zu Papier verarbeitet. Die Wiederverwendung von Altpapier ist daher für alle eine wichtige Aufgabe.

[1] die Antike: das Altertum, ca. 800 v. Chr. bis 600 n. Chr.

[2] das Pergament: ein alter Stoff zum Beschreiben aus dünner, bearbeiteter Tierhaut

Jährlicher durchschnittlicher Papierverbrauch eines Einwohners in Kilogramm

	1950	1970	2005	2008	2011	2014
Deutschland	30	125	240	250	240	250
Finnland	–	–	320	330	190	220
USA	–	–	300	260	230	220
China	–	–	45	60	70	80
weltweit	–	–	58	58	57	57

Was erfährst du in dem Sachtext über die Geschichte und die Herstellung von Papier?

2 Beantworte die folgenden Fragen in Stichworten.
- Wofür verwenden wir tagtäglich Papier?
- Woher stammt Papier ursprünglich?
- Warum ist der Papierbedarf in den letzten Jahren gestiegen?

Die Tabelle gibt weitere Informationen zum Sachtext.

3 Worüber informiert die Tabelle auf Seite 70?
a. Lies die Tabelle mit dem Textknacker für Grafiken.
b. Beantworte die folgenden Fragen schriftlich.
- In welchem Land wurde 2014 am meisten Papier pro Einwohner verbraucht?
- In welchem Land ist der Papierverbrauch seit 2005 am meisten gesunken?
- Um wie viel Mal mehr Papier verbrauchte 2014 ein Einwohner in Deutschland im Vergleich zum weltweiten Durchschnitt?

Textknacker für Grafiken ► S. 296

4 Überprüft gegenseitig euer Text- und Tabellenverständnis.
a. Jeder schreibt drei weitere Fragen zum Sachtext oder zur Tabelle auf und beantwortet sie.
b. Stellt euch gegenseitig eure Fragen und überprüft die Antworten.

5 Seht euch noch einmal die Tabelle an.
a. Vergleicht die Tabelle mit dem Sachtext. Was stellt ihr fest?
b. Wie könnte sich der Papierverbrauch in Zukunft entwickeln? Begründet.
c. Recherchiert im Internet aktuelle Werte zum durchschnittlichen Papierverbrauch pro Einwohner in Deutschland.
d. Stimmt der aktuelle Papierverbrauch pro Einwohner in Deutschland mit deinem persönlichen Papierverbrauch überein? Vergleiche.
Tipp: 1 Blatt DIN A4 wiegt ca. 0,004 kg.

Im Internet recherchieren ► S. 297

6 Du kannst die Entwicklung des Papierverbrauchs in Deutschland pro Einwohner von 1950 bis 2014 auch als Säulendiagramm darstellen.
a. Fertige ein Säulendiagramm an.
b. Vergleiche mit der Tabelle. Welche Darstellung ist übersichtlicher?

Arten von Grafiken ► S. 295

Starthilfe

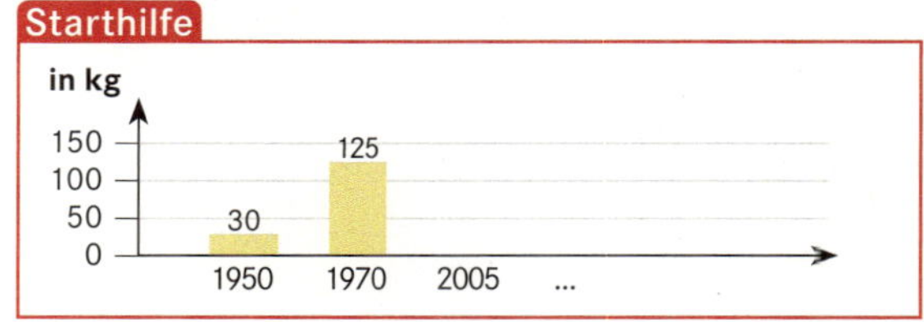

Ein Referat vorbereiten

In einem Referat könnt ihr andere über ein selbst gewähltes Thema aus dem Bereich **Papier** informieren.

1. Schritt: Das Thema aussuchen und Fragen formulieren

1 a. Bildet Dreiergruppen.
b. Was wisst ihr schon alles rund um das Papier?
Schreibt es in einer Mindmap auf.

Eine Mindmap gestalten ► S. 300

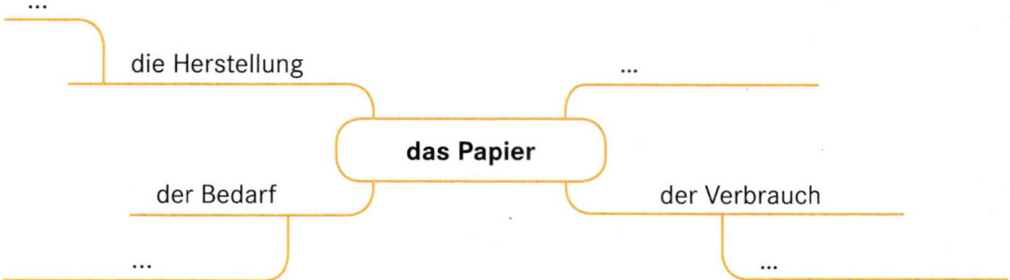

2 Notiert Fragen zum Thema **Papier**.
Was möchtet ihr zusätzlich herausfinden?

3 a. Nun habt ihr einiges rund um den Themenbereich **Papier** erfahren.
Entscheidet euch für ein Thema, über das ihr informieren möchtet.
b. Sprecht euch mit den anderen Gruppen ab.
- Haben alle Gruppen unterschiedliche Themen?
- Können gewählte Themen geändert oder getauscht werden?

2. Schritt: Informationen beschaffen

4 Recherchiert in der Bibliothek oder im Internet nach Informationen zu eurem Thema.
a. Überfliegt die Texte: Enthalten sie geeignete Informationen?
b. Wählt die Texte aus, die am besten geeignet scheinen.
Tipp: Druckt nur wenige, wirklich geeignete Texte aus.
c. Sucht auch passende Hörbeiträge oder Dokumentationen.

Sich informieren ► S. 200–205

3. Schritt: Informationen aus Texten entnehmen

5 a. Jeder liest die Texte mit dem Textknacker, hört die Hörbeiträge oder sieht die Dokumentationen an.
b. Jeder schreibt die wichtigsten Informationen in Stichworten auf.

Textknacker ► S. 296

Info

Ihr dürft Informationen aus Büchern oder aus dem Internet nicht als eure eigenen ausgeben. Ihr müsst den Namen der Autorin/des Autors, den Titel des Textes und des Buches, der Zeitschrift oder der Internetseite nennen.

5 a. Was habt ihr über euer Thema erfahren? Prüft, ob die recherchierten Informationen für euer Thema ausreichend sind und ihr alle Fragen aus Aufgabe 2 beantworten könnt.
b. Recherchiert gegebenenfalls weitere Texte.

6 Erstellt für euer Referat Karteikarten mit den wichtigsten Informationen.
a. Legt je eine Karteikarte für wichtige Informationen an.
b. Lasst eine Zeile für die Überschrift frei.
c. Schreibt Stichworte auf jede Karteikarte.
d. Ergänzt nun passende Überschriften auf euren Karten.

Stichworte aufschreiben ► S. 300

Der Papierverbrauch
– hoher Papierverbrauch in Industriestaaten (Drucker, Kopierer usw.)
– Papierverbrauch in Deutschland so hoch wie in Afrika und Südamerika zusammen
– ...

4. Schritt: Das Referat gliedern und die Notizen ordnen

Damit die Zuhörenden eurem Referat gut folgen können, müsst ihr die Inhalte sinnvoll ordnen.

7 In welcher Reihenfolge möchtet ihr eure Informationen vortragen? Nummeriert eure Karteikarten.

5. Schritt: Überschrift, Einleitung und Schluss formulieren

8 Formuliert eine Überschrift, die deutlich macht, um welches Thema es geht.

9 Formuliert in der Einleitung, was genau ihr vorstellen möchtet.
Tipp: Ihr könnt das Interesse der Zuhörerinnen und Zuhörer wecken, wenn ihr sie einbezieht, z. B. durch eine einleitende Frage.

Starthilfe

Wie viel Kilogramm Papier verbraucht jeder Einwohner in Deutschland jährlich? ...

10 Überlegt euch einen oder zwei Schlusssätze für euer Referat.
- Formuliert, was euch besonders wichtig ist.
- Ihr könnt auch einen Appell formulieren und die Zuhörerinnen und Zuhörer zu einem bestimmten Verhalten auffordern.

Den Imperativ verwenden ► S. 79

Das Referat medial unterstützen

Mit Hilfe einer Computer-Präsentation könnt ihr euer Referat veranschaulichen. Dazu bereitet ihr am Computer Präsentationsfolien mit Stichworten und Abbildungen vor.

Hier findet ihr zwei Beispiele für Folien.

1 **a.** Vergleicht die beiden Folien:
Welche Folie ist für eine Präsentation besser geeignet?
Diese Fragen helfen euch dabei:
- Sind alle Informationen auf einen Blick zu erfassen?
- Ist die Schrift auch aus der Entfernung gut zu lesen?
- Ist die Folie übersichtlich gestaltet?
- Hilft die Abbildung beim Verständnis des Inhalts?

b. Fasst mit eigenen Worten zusammen, was bei der Erstellung einer Folie wichtig ist.

Nun könnt ihr Folien für euer Referat vorbereiten.

2 Überlegt, welche Informationen ihr mit Folien veranschaulichen wollt.
  a. Lest noch einmal eure Karteikarten.
  b. Überlegt, an welchen Stellen ihr Folien einsetzen möchtet.
  Tipp: Ihr könnt auch Tabellen zur Veranschaulichung erstellen.
  c. Wählt zur Veranschaulichung eurer Folien geeignete Bilder aus. Prüft, ob die Bilder zu euren Informationen passen.

Info

Auch bei Bildern, die ihr verwendet, müsst ihr den Namen des Fotografen oder der Fotografin nennen.

3 Erstellt mit Hilfe der folgenden Arbeitstechnik eigene Folien für euer Referat.

Arbeitstechnik: Eine Präsentation am Computer gestalten

- Wähle eine gut lesbare Schriftgröße (ab 24 Punkt).
- Die Überschrift sollte noch größer sein (36 Punkt).
- Wähle eine gut lesbare Schriftart und Schriftfarbe.
- Wähle einen Zeilenabstand von mindestens 1,5 Punkt.
- Wähle für alle Folien den gleichen Hintergrund. Auf hellen und blassen Farben kann besser gelesen werden.
- Auf den Folien darf nicht zu viel Text stehen. Schreibe Stichworte auf und verwende Aufzählungszeichen.
- Sei sparsam mit Animationen: Sie lenken vom Vortrag ab.
- Füge Materialien zur Veranschaulichung an passenden Stellen ein (z. B. Fotos, Videos oder Tonaufnahmen) und nenne deine Quellen.

4 **a.** Lasst eure Folien von einer anderen Gruppe überprüfen.
  b. Überarbeitet eure Folien, wenn nötig.

Nun habt ihr euer Referat vorbereitet und könnt den Vortrag üben.

5 Überlegt, wie ihr das Kurzreferat aufteilen wollt.

6 Überprüft eure Notizen für das Kurzreferat.
- Markiert wichtige Stichworte.
- Notiert auf den Karteikarten, an welchen Stellen ihr Folien einsetzt.

7 Haltet das Referat probeweise in eurer Gruppe mit Hilfe eurer Karteikarten und eurer Computer-Präsentation.
- Sprecht frei, laut und deutlich.
- Seht die Zuhörenden beim Vortragen an.

Einen Aufruf schreiben

Auf der Schulhomepage hat die Klasse 7 b einen Aufruf veröffentlicht.

1 Lies den Aufruf.

Unser Trinkwasser ist mega kostbar!

Ohne Wasser gäbe es kein Leben auf der Erde. Unser Planet ist zwar zu zwei Dritteln mit Wasser bedeckt, aber das meiste ist ungenießbares Salzwasser. Nur 3 Liter von 100 Litern sind Süßwasser. Und davon ist nur ein Drittel Grund- und Trinkwasser. Damit wir von diesem Wasser nicht krank werden, ist eine kostspielige Aufbereitung notwendig. Trotzdem wird dieses wertvolle Trinkwasser häufig achtlos verschwendet. Bei jeder Toilettenspülung rauschen 8 Liter kostbares Trinkwasser in den Abfluss. Wenn man beim Zähneputzen das Wasser laufen lässt, dann sind das bei drei Minuten Putzzeit etwa 25 Liter. Für ein Vollbad verbraucht man 150 Liter Trinkwasser, beim Duschen nur ein Drittel.

Also denk dran:

- Benutze bei der Toilettenspülung die coole Spartaste!
- Duschen ist krasser als Baden!
- Sei cool und lass beim Zähneputzen nicht das Wasser laufen!

2 An wen richtet sich der Aufruf?

a. Beantworte die folgenden Fragen in Stichworten:
- Wer soll mit dem Text angesprochen werden?
- Warum veröffentlichen die Schülerinnen und Schüler diesen Text auf der Schulhomepage?
- Was möchte die Klasse 7 b mit ihrem Aufruf erreichen?

b. Vergleicht eure Ergebnisse in der Klasse.

3 Untersuche den Aufruf genauer:
- Worüber informieren die Schülerinnen und Schüler?
- Zu welchem Handeln fordert die Klasse 7 b die Leserinnen und Leser auf?

Info

Mit einem Aufruf soll jemand von etwas überzeugt und zu einem gewünschten Verhalten aufgefordert werden. Oft handelt es sich dabei um eine Mischform aus informierenden, argumentierenden und auffordernden Textteilen.

Die Schülerinnen und Schüler der Klasse 7a haben den Aufruf gelesen und sprechen darüber.

4 Lies das Gespräch.

Nico: Das ist eine tolle Idee mit dem Aufruf.
Lia: Vielleicht sollten wir so etwas auch machen, um auf den unnötigen Verbrauch von Papier hinzuweisen.
Paul: Finde ich gut, aber dann sollten wir auch die Erwachsenen ansprechen.
Tarik: Am besten, wir schreiben auch einen Text für die Schulhomepage.
Nico: Wir sollten am Anfang sagen, warum Papier eingespart werden muss.
Lia: Richtig. Ich habe gelesen, dass viele Wälder vernichtet werden, um schließlich irgendwo in der Toilette oder im Papierkorb zu landen.
Paul: Wenn wir Recyclingpapier verwenden, tun wir etwas für die Umwelt.
Hiba: Ja, wir können die Leser dazu auffordern, Papier, Hefte und Blöcke aus Recyclingpapier zu verwenden.
Nico: Oder man spart Papier, statt Küchenpapier kann man ja Lappen verwenden.
Tarik: Beim Toilettenpapier sollten wir alle auf Recyclingpapier achten.
Lia: Und Geschenkpapier kann man auch aufheben und wiederverwenden.
Paul: Jetzt haben wir so viele Ideen, nun müssen wir alles erst mal ordnen.

Nico, Lia, Paul, Tarik und Hiba möchten einen eigenen Text für die Schulhomepage schreiben und dazu aufrufen, den Papierverbrauch zu reduzieren.

5 Erstelle aus den Informationen des Gesprächs eine Mindmap.

Eine Mindmap gestalten
► S. 300

...
Papier verwenden
...
Den Papierverbrauch reduzieren
Recyclingpapier verwenden
Hefte
...

6 Sammle eigene Ideen und Argumente, die dafür sprechen, den Papierverbrauch zu reduzieren, und ergänze die Mindmap.

Argumente formulieren
► S. 16–18

Nico, Lia, Paul, Tarik und Hiba möchten in ihrem Aufruf ihre Mitschülerinnen und Mitschüler sowie die Lehrkräfte informieren und am Schluss zu einem bestimmten Verhalten auffordern (appellieren).

7 Der Aufruf soll Jugendliche, aber auch Erwachsene ansprechen. Worauf müsst ihr beim Schreiben achten? Tauscht euch darüber aus.

Sich adressatenbezogen äußern ► S. 306

8 Überlege:
- Warum sollten in einem Text zur Reduzierung des Papierverbrauchs sowohl informierende als auch auffordernde Sätze stehen?
- Warum ist es hilfreich, die Meinung mit Argumenten zu begründen?

9 Welche sachlichen Informationen möchtest du in den Aufruf aufnehmen? Markiere die Stichworte in deiner Mindmap.

10 Zu welchem Verhalten möchtest du die Leserinnen und Leser auffordern? Was sollen sie tun? Notiere Aufforderungssätze.

Starthilfe
- Verwendet möglichst Recyclingpapier!
- ...

11 Formuliere eine Überschrift, die neugierig macht.

12 Schreibe nun einen Entwurf. Verwende dazu deine Ergebnisse aus den Aufgaben 7 bis 10.

13 **a.** Überprüft eure Entwürfe zu zweit oder gebt euch gegenseitig Rückmeldung in einer Schreibkonferenz.
b. Überarbeite anschließend deinen Entwurf.

Schreibkonferenz ► S. 302

Arbeitstechnik: Einen Aufruf schreiben

Mit einem Aufruf soll jemand von etwas überzeugt und zu einem gewünschten Verhalten aufgefordert werden (Appell).

1. Schritt: Den Aufruf planen
- Für wen oder an wen schreibst du? Was möchtest du erreichen?
- Sammle Informationen. Begründe deine Meinung mit Argumenten.

2. Schritt: Den Aufruf schreiben
- Notiere eine passende Überschrift.
- Formuliere eine Einleitung, die zum Weiterlesen anregt.
- Nenne im Hauptteil wichtige Informationen und Argumente zum Thema.
- Notiere zum Schluss in Aufforderungssätzen, was du dir von den Leserinnen und Lesern wünschst.

3. Schritt: Den Aufruf überarbeiten
- Überprüfe und überarbeite deinen Aufruf. Achte auf die Rechtschreibung.

Den Imperativ verwenden

In einem Aufruf geht es auch darum, andere zu einem reflektierten, nachhaltigen Handeln aufzufordern.

1 Lies den folgenden Aufruf.

Tu etwas gegen den hohen Papierverbrauch in Deutschland!
Denke über deinen Papierverbrauch nach!
Reduziere deinen Papierverbrauch!
Probiere selbst aus, neue Wege zu gehen!

2 Mit welcher Absicht wurden diese Sätze geschrieben?
Zu welchem Handeln fordern die Sätze auf? Tauscht euch darüber aus.

Mit Aufforderungssätzen kannst du an andere appellieren.
Die Aufforderungsform der Verben heißt Imperativ.

Die Satzarten ► S. 311

3 Schreibe die Sätze aus Aufgabe 1 ab und unterstreiche jeweils die Verbform.

4 **a.** Schreibe die Verbformen aus Aufgabe 1 im Imperativ Singular auf.
b. Ergänze jeweils den Infinitiv und den Imperativ Plural.
c. Finde sechs weitere Verben und bilde ihren Imperativ Singular und ihren Imperativ Plural.

Emilia hat sich intensiv mit dem hohen Papierverbrauch in Deutschland auseinandergesetzt und einen Entwurf geschrieben.

Ihr könntet ja mal über euren Papierverbrauch nachdenken. Vielleicht habt ihr Lust, eine Woche lang ein Tagebuch über euren Papierverbrauch zu führen. Eure Eltern und Geschwister könnten auch mitmachen. Vielleicht wollt ihr dann in der nächsten Woche eure Erkenntnisse und Ideen diskutieren.

5 **a.** Untersuche Emilias Aufruf:
Wozu möchte sie die Leserinnen und Leser auffordern?
b. Formuliere Emilias Sätze so um, dass ihr Appell deutlicher wird.
Verwende den Imperativ.

Starthilfe
Denkt über euren ...

6 Schreibe drei eigene Aufforderungssätze auf.

Das Referat präsentieren

Nun könnt ihr überprüfen, ob ihr euer Referat gut präsentieren könnt.

Nach einer Präsentation ist es hilfreich, wenn die Vortragenden eine nützliche Rückmeldung (Feedback) erhalten.

1 **a.** Teilt die zuhörenden Schülerinnen und Schüler in drei Gruppen auf:
- **Gruppe 1** achtet auf die Körperhaltung und die Sprache.
- **Gruppe 2** achtet auf den Inhalt.
- **Gruppe 3** achtet auf die Computer-Präsentation.

b. Jeder überträgt seine Checkliste auf ein Blatt Papier.

Checkliste 1: Die Körperhaltung und die Sprache	*Ja*	*Nein*
– Stehen die Vortragenden so, dass alle sie sehen können?	■	■
– Wird frei, laut und deutlich gesprochen?	■	■
– Sehen die Vortragenden die Zuhörenden an?	■	■
– Wird der Vortrag durch Körpersprache unterstützt?	■	■

Checkliste 2: Der Inhalt	*Ja*	*Nein*
– Enthält der Vortrag alle wichtigen Informationen?	■	■
– Ist die Reihenfolge der Informationen sinnvoll?	■	■
– Werden Fremdwörter so erklärt, dass man sie versteht?	■	■
– Können Nachfragen beantwortet werden?	■	■

Checkliste 3: Die Computer-Präsentation	*Ja*	*Nein*
– Ist die Schrift gut lesbar?	■	■
– Sind die Folien übersichtlich gestaltet?	■	■
– Helfen die Abbildungen beim Verständnis des Inhalts?	■	■
– Sind die Texte fehlerfrei geschrieben?	■	■

2 Präsentiert mit Hilfe eurer Folien gruppenweise euer Referat. Die Zuhörenden machen sich Notizen zur Vortragsweise, zu den Inhalten und zur Gestaltung der Folien.

3 **a.** Gebt nach jeder Präsentation den Vortragenden Feedback: Was ist gut gelungen? Was kann verbessert werden?

b. Die Empfänger des Feedbacks fassen in eigenen Worten zusammen, was sie durch die Rückmeldung erfahren haben.

4 Schreibe in dein Lerntagebuch, was du bei der nächsten Präsentation berücksichtigen möchtest.

Einen Aufruf überarbeiten

Hier überprüfst du, ob du einen Aufruf überarbeiten kannst.

Tristen schreibt einen Aufruf für die Schulhomepage.

1 Lies Tristens Aufruf.

Macht alle mit!
Vielleicht möchtet ihr ja darauf achten, dass eure Hefte und Blöcke aus Recyclingpapier sind.
Beim momentanen Papierverbrauch müssen für eine Schulklasse etwa acht Bäume gefällt werden. Für eine ganze Schule muss also fast ein halber Wald abgeholzt werden. Dabei ist es ganz einfach, weniger Papier zu verbrauchen. Die Menschen, die im Büro arbeiten, sollten weniger ausdrucken. Man könnte sich auch eine Zeitung teilen. Bei Küchenpapier und Toilettenpapier sollten alle darauf achten, nur Recyclingpapier zu kaufen. Das wäre auch besser für unser Klima.

Achtung: Fehler!

2 Überlege:
- Für wen schreibt Tristen?
- Was möchte er mit seinem Aufruf erreichen?

3 Überprüfe Tristens Aufruf:
- Werden Informationen und Argumente zum Thema genannt?
- Werden Verhaltensweisen genannt, die sich Tristen von den Leserinnen und Lesern wünscht?

4 Überprüfe die Sprache: Sind die Aufforderungssätze deutlich formuliert?

5 Überarbeite Tristens Aufruf.
a. Formuliere eine passendere Überschrift.
b. Ergänze wichtige Informationen.
c. Formuliere Tristens Aufforderungssätze so um, dass sein Appell noch deutlicher wird.

6 Schreibe den überarbeiteten Aufruf auf.

7 **a.** Besprich deine Ergebnisse mit einer Partnerin oder einem Partner.
b. Schreibe in dein Lerntagebuch:
- Was gelingt dir gut, wenn du einen Aufruf schreibst?
- Was solltest du noch üben?

Einen Aufruf schreiben

Hier übst du noch einmal, einen Aufruf zu schreiben.

Du entscheidest, ob du die Aufgaben auf den Seiten 82–83 mit mehr Hilfen oder die kniffligeren Aufgaben auf den Seiten 84–85 lösen willst.

1 Lies den Text mit dem Textknacker.

Textknacker ► S. 296

Weltweit steigender Energieverbrauch gefährdet das Klima

Der größte Teil der Energie, die wir verbrauchen, stammt immer noch von fossilen Energieträgern wie Öl, Gas oder Kohle. Diese sind nur begrenzt vorhanden und tragen bei ihrer Verbrennung zur Klimaerwärmung bei. Viele Wissenschaftler sagen voraus, dass es dadurch zu Überschwemmungen und anderen Naturkatastrophen kommen kann.
Wenn wir das Klima schützen wollen, müssen wir unser Verhalten ändern und verstärkt erneuerbare Energiequellen wie Sonne, Wind und Wasser nutzen. Bis auf Weiteres kann aber der gesamte Energiebedarf nicht durch erneuerbare Energieträger gedeckt werden. Deshalb ist es geradezu lebenswichtig, dass wir alles dafür tun, um Energie sparsam zu verwenden und jede Form von Verschwendung zu vermeiden.

2 Worum geht es in dem Text?
Fasse die Informationen in Stichworten zusammen.

Starthilfe
- fossile Energieträger nur begrenzt vorhanden
- ...

Auch in der Schule gibt es viele Möglichkeiten, Energie zu sparen und damit zum Klimaschutz beizutragen. Die Klasse 7c sammelt Ideen.

Wir sollten schauen, dass die Thermostatventile an den Heizungen auf 3 stehen. Dann wird in den Klassenzimmern auf 20 °C geheizt. Das reicht völlig aus.

Wenn wir in die Pause gehen, sollten wir überprüfen, ob alle Lichter im Zimmer aus sind.

Wenn wir die Klassentür im Winter möglichst geschlossen halten, geht nicht so viel Wärme in den Flur verloren.

**Auch ihr könnt etwas für den Klimaschutz tun!
Schreibe für die Schülerzeitung einen Aufruf
an deine Mitschülerinnen und Mitschüler.**

1. Schritt: Den Aufruf planen

3 An wen richtet sich der Aufruf? Tauscht euch darüber aus:
- Wer sind die Leserinnen und Leser?
- Was wissen sie bereits?
- Was macht sie neugierig?
- Was musst du erklären?

Sich adressatenbezogen äußern ► S. 306

4 Worüber möchtest du informieren?
Wähle Informationen aus deinen Stichworten aus Aufgabe 2 aus.

5 Wie könnt ihr selbst in der Schule Energie sparen?
a. Fasse die Vorschläge der Klasse 7a in Stichworten zusammen.
b. Sammelt in der Klasse weitere Ideen, wie ihr Energie einsparen könnt.
c. Ergänze deine Notizen.

6 Formuliere aus deinen Notizen Aufforderungen für den Aufruf.
Verwende Aufforderungssätze.

Die Satzarten ► S. 311

Starthilfe
- Stellt die Thermostatventile an den ...!
- ...

7 Finde eine Überschrift, die das Interesse der Leserinnen und Leser weckt.

2. Schritt: Den Aufruf schreiben

8 Schreibe nun den ersten Entwurf für die Schülerzeitung.
Verwende dafür deine Notizen aus den Aufgaben 3 bis 7.
Tipp: Schreibe deinen Text am Computer. Du kannst ihn dann schneller überarbeiten und digital an die Redaktion eurer Schülerzeitung weiterleiten.

3. Schritt: Den Aufruf überarbeiten

9 Überprüft eure Entwürfe in Partnerarbeit oder gebt euch gegenseitig eine Rückmeldung in einer Schreibkonferenz.

Schreibkonferenz ► S. 302

10 Überarbeite anschließend deinen Entwurf.
Achte auch auf die Rechtschreibung.

Mina und Dejan lesen einen Text über einen Trend zum Thema Kleidung.

1 Lies den Text mit dem Textknacker.

Textknacker ► S. 296

Wegwerfen und neu kaufen

Beinahe täglich eröffnet in Deutschland irgendeine Modekette eine neue Filiale. Und immer wieder folgt darauf ein ähnliches Bild: Kundinnen und Kunden stürmen den Laden, stürzen sich auf die Schuh- und Kleiderregale und packen zusammen, was sie tragen können. Jeans, T-Shirts, Jacken oder Schuhe nach dem neuesten Modetrend sind oft für wenige Euros zu haben und so kaufen wir oft mehr, als wir brauchen.

Ein Problem ergibt sich dann nach dem Shoppen beim Blick in den überfüllten Kleiderschrank. Wohin mit alten, oft noch gut erhaltenen Kleidungsstücken, die den Platz für die neuen versperren? Häufig wird Kleidung, die wenig getragen wurde und nicht mehr gefällt, einfach weggeworfen.

Fast sechs Millionen Tonnen Kleidung werden in Europa jährlich weggeworfen. 75 Prozent davon werden entweder verbrannt oder landen auf Mülldeponien. Dies hat schwerwiegende Konsequenzen für Mensch und Umwelt, denn bei der Produktion der oft in Asien hergestellten Kleidungsstücke werden häufig giftige Chemikalien eingesetzt. Umweltorganisationen warnen vor dem Trend der Wegwerfmentalität.

2 Fasse die Informationen des Textes in Stichworten zusammen.

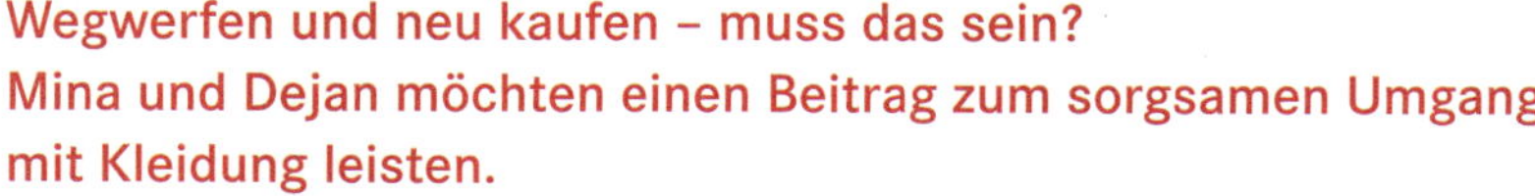

Wegwerfen und neu kaufen – muss das sein?
Mina und Dejan möchten einen Beitrag zum sorgsamen Umgang mit Kleidung leisten.

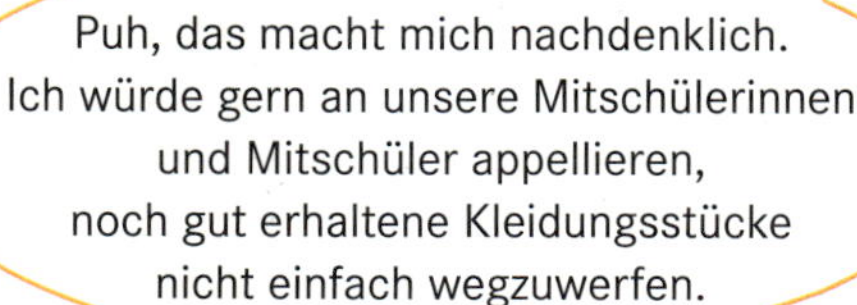

Puh, das macht mich nachdenklich.
Ich würde gern an unsere Mitschülerinnen
und Mitschüler appellieren,
noch gut erhaltene Kleidungsstücke
nicht einfach wegzuwerfen.

Gute Idee,
lass uns einen Aufruf
für die Schulhomepage schreiben.
Vielleicht könnten wir auch
eine Kleidertauschparty
organisieren.

Hilf Mina und Dejan, den Aufruf zu schreiben.

1. Schritt: Den Aufruf planen

3 Für wen möchtest du schreiben? Was möchtest du erreichen? Überlege, worauf du achten musst, damit du dein Ziel erreichst.

4 Was weißt du über Kleidung?
a. Ordne die Informationen des Textes in einer Mindmap.
b. Ergänzt eure Erfahrungen und euer Wissen zum Thema **Kleidung**.

Eine Mindmap gestalten ► S. 300

5 Informiere dich im Internet über die Arbeitsbedingungen von Näherinnen und Nähern in Asien und ergänze die Mindmap.

Im Internet recherchieren ► S. 297

6 Zu welchem Handeln möchtest du deine Mitschülerinnen und Mitschüler auffordern? Notiere drei Wünsche oder Aufforderungen.

2. Schritt: Den Aufruf schreiben

7 Schreibe nun einen Entwurf des Aufrufs für die Schulhomepage.
- Informiere über die Produktion von Kleidung.
- Verwende deine Ergebnisse aus den Aufgaben 4 bis 6.
- Fordere deine Mitschülerinnen und Mitschüler zu einem sorgsamen Umgang mit Kleidung auf. Was könnten sie tun? Nenne Beispiele.

Tipp: Du kannst deinen Text am Computer schreiben. So kannst du ihn schneller überarbeiten und an die Betreuerin oder den Betreuer der Schulhomepage weiterleiten.

3. Schritt: Den Aufruf überarbeiten

8 Überprüfe deinen Entwurf mit Hilfe der Arbeitstechnik „Einen Aufruf schreiben" von Seite 78 oder gebt euch gegenseitig Rückmeldung in einer Schreibkonferenz.

Schreibkonferenz ► S. 302

9 Überarbeite anschließend deinen Entwurf.

Einen Aufruf schreiben

Hier übst du Schritt für Schritt, dich auf eine Probe vorzubereiten.

Stelle dir vor, dies ist die Aufgabe für die Probe:

Eines der größten Probleme in unserer Gesellschaft ist die zunehmende Menge an Abfall. Schreibe für die Schülerzeitung einen Aufruf an deine Mitschülerinnen und Mitschüler, in dem du zur Vermeidung von Müll aufforderst. Nutze dafür auch die Informationen aus dem Internetartikel.

1. Schritt: Die Aufgabe verstehen

Aufgaben verstehen ► S. 297

1 **a.** Lies die Aufgabe mehrmals genau.
b. Was sollst du genau tun? Für wen sollst du schreiben? Schreibe die richtigen Erklärungen ab.

- Du sollst in einem Kurzvortrag über die Probleme bei der Müllbeseitigung informieren.
- Du sollst für die Schulhomepage einen Aufruf an Schüler und Lehrer schreiben.
- Du sollst einen Text für die Schülerzeitung schreiben, der sich an die Schülerinnen und Schüler deiner Schule richtet.
- Du sollst in einem Aufruf über Probleme bei der Müllentsorgung informieren.
- Du sollst in einem Aufruf dazu auffordern, Energie zu sparen.
- Du sollst in einen Aufruf Verhaltensweisen nennen, die zur Müllvermeidung beitragen.

2. Schritt: Die Aufgabe bearbeiten

2 Lies den folgenden Internetartikel mit dem Textknacker.

Textknacker ► S. 296

Die Abfalllawine stoppen

Müll gibt es, seit es Menschen gibt. Aber die Menge, die bei uns gegenwärtig anfällt, hat ein gigantisches Ausmaß angenommen. Wir produzieren in Deutschland mittlerweile über 600 kg Müll pro Kopf im Jahr. Die Abfallentsorgung wird zu einem kaum noch zu bewältigenden Problem. Die fachgerechte Beseitigung ist aufwändig und teuer. Häufig wird Müll aber unsachgemäß entsorgt und verursacht große Probleme für Menschen, Tiere und Pflanzen. Riesige Plastikmüllstrudel sammeln sich im Meer und sind für den grausamen Tod einer Vielzahl von Lebewesen verantwortlich.

Dabei kann jeder zur Müllvermeidung beitragen. In der Schule kann man durch die Verwendung von Recyclingpapier bei Heften und Blöcken die Wiederverwertung unterstützen.
Auch der Verzicht auf Verpackungsmüll durch das Benutzen von Mehrwegflaschen und Brotzeitdosen ist nur eine Frage der Gewohnheit.

3 Ordne die Informationen aus dem Internetartikel in einer Tabelle. Unterscheide dabei Sachinformationen zum Thema **Müll** und sinnvolle Verhaltensweisen, wie man zur Reduzierung der Abfallmengen beitragen kann.

Starthilfe

Sachinformationen	**Sinnvolle Verhaltensweisen**
– gigantische Menge Abfall	– Verwendung von Recyclingpapier
– ...	– ...

4 Ergänze deine Tabelle mit eigenen Gedanken und Ideen.

5 Du schreibst deinen Aufruf für deine Mitschülerinnen und Mitschüler. Überlege, worauf du achten musst, damit du dein Ziel erreichst.

6 Schreibe nun mit Hilfe deiner Notizen den Aufruf für die Schülerzeitung.

3. Schritt: Die Aufgabe überprüfen

7 **a.** Überprüfe deinen Aufruf mit Hilfe der folgenden Checkliste.
b. Überarbeite deinen Aufruf, wenn nötig.

Checkliste: Einen Aufruf schreiben	*Ja*	*Nein*
– Habe ich eine passende Überschrift formuliert?	■	■
– Habe ich wichtige Informationen und Argumente genannt?	■	■
– Habe ich Verhaltensweisen genannt, die ich mir von den Lesenden wünsche?	■	■
– Habe ich Aufforderungssätze verwendet?	■	■
– Habe ich alles richtig geschrieben?	■	■
– Habe ich die Zeichensetzung überprüft?	■	■

4. Schritt: Die Vorgehensweise auswerten

8 Schreibe deine Erfahrungen in dein Lerntagebuch:
- Was ist dir gut gelungen?
- Worauf möchtest du bei deinem nächsten Aufruf stärker achten?

Wir sind online

streamen

Hast du die Privatsphäre-Einstellung geändert? Ich habe keine Lust, dass Juna morgen wieder in der Schule über uns ablästert!

der Chatroom

chatten

O Gott, wenn das meine Eltern sehen!

der Download

die App

Ich suche mal gerade die Spielergebnisse der 1. Liga raus.

das Cybermobbing

die Abo-Falle

Sieh mal nach, wie wir zum Stadion kommen.

Hi Starfish123, heute war die Schule wieder super stressig, jetzt nervt auch mein Bruder schon wieder! ☹

bloggen

Juhu, jetzt habe ich 300 Freunde! Aber warum ist keiner zu meiner Party gekommen?

die AGB

Virtual Reality

Cool, mein Urlaubsvideo hat schon 57 Likes! Wenn die wüssten, wie langweilig es hier eigentlich ist ...

mailen

Nach einer aktuellen Onlinestudie sind in Deutschland nahezu 100 Prozent aller Jugendlichen im Alter von 14 bis 19 Jahren online.

1 **a.** Seht euch die Bilder an.
b. Lest die Begriffe, Sprechblasen und Texte.

2 Erzählt über eure Erfahrungen:
- Wofür nutzt ihr das Internet?
- Was würdet ihr ohne Internet überhaupt nicht tun können?
- Wobei seid ihr im Internet vorsichtig? Wobei unsicher?

3 Welche Wörter verwendet ihr rund um das Thema **Internet**?
a. Erstellt dazu einen Cluster.
b. Welche Wörter kennen nicht alle von euch? Erklärt euch die Wörter gegenseitig.

Einen Cluster anfertigen ► S. 300

In diesem Kapitel denkt ihr über eure Internetnutzung nach. Ihr lest Texte über den Umgang mit dem Internet und begründet eure Meinung dazu schriftlich.

Ich und das Internet

Wie nutzt ihr das Internet?
Hier könnt ihr über eure Erfahrungen nachdenken.

1 Tragt in der Gruppe zusammen, wie ihr das Internet nutzt.
Tipp: Ihr könnt eure Vorschläge in einem Cluster sammeln.

Einen Cluster anfertigen ► S. 300

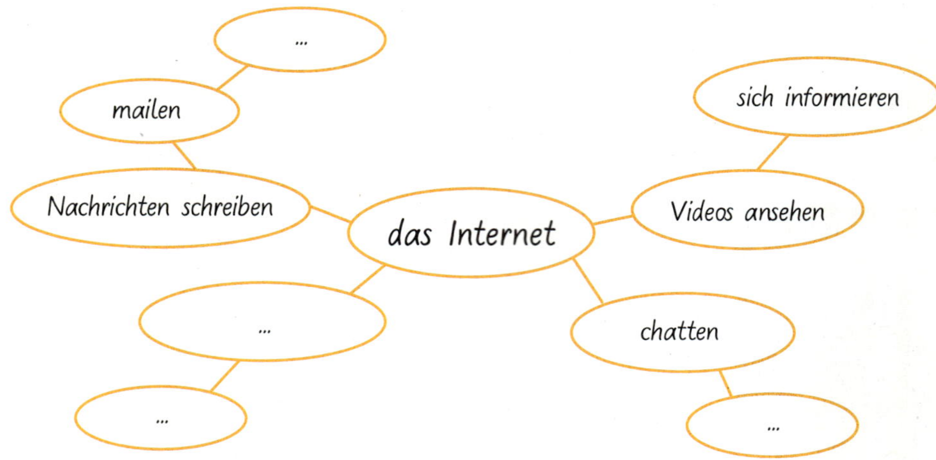

2 Welche Formen der Nutzung sind jedem von euch persönlich am wichtigsten? Tauscht euch darüber aus.

Wie oft und wofür bist du online?
Deine Nutzung kannst du mit Hilfe eines Onlineprotokolls untersuchen.

3 Schreibe für zwei Tage ein Onlineprotokoll.
a. Notiere jeweils, wie oft du online bist und wofür du das Internet nutzt.
b. Trage die Ergebnisse in einer Tabelle zusammen.

Starthilfe

Was?	1. Tag	2. Tag	insgesamt
chatten	80 min.	... min.	... min.
Videos schauen	...	...	...
recherchieren	...	...	...
Onlinespiele spielen	...	...	...
...	...	...	...

4 Erstelle eine Grafik zu deiner Onlinenutzung.
Zeichne für jede Tätigkeit eine Säule mit deiner Minutenangabe.

Arten von Grafiken ► S. 295

Nun könnt ihr eure Onlineprotokolle auswerten.

5 **a.** Vergleicht eure persönliche Mediennutzung in der Gruppe:
- Welche Gemeinsamkeiten könnt ihr feststellen?
- Welche Unterschiede könnt ihr feststellen?

b. Was möchtet ihr vielleicht ändern? Wie könnt ihr das erreichen? Tauscht euch darüber in der Gruppe aus.

6 **a.** Tragt eure Ergebnisse in der Klasse zusammen.

b. Wertet die Ergebnisse aus:
- Womit verbringen die meisten von euch die meiste Zeit online?
- Welche Formen der Onlinenutzung sind insgesamt am häufigsten?
- Welche Ergebnisse überraschen euch vielleicht?

Welche Erfahrungen habt ihr bisher online gemacht?
Eure Erfahrungen könnt ihr in Gruppen zusammentragen.

7 **a.** Jede Gruppe wählt eine Form der Onlinenutzung aus.

b. Nehmt ein großes Blatt Papier und schreibt die gewählte Form in die Mitte.

8 Tauscht euch über eure Form der Onlinenutzung aus:
- Welche guten Erfahrungen habt ihr gemacht?
- Welche schlechten?

Sprachspeicher

Ich habe die Erfahrung gemacht, dass ...
Besonders gut finde ich, dass ...
Einmal ist es mir passiert, dass ...
Dabei habe ich gelernt, dass ...

9 **a.** Notiert die Ergebnisse auf dem Blatt. Schreibt dabei sauber und gut lesbar.

b. Präsentiert anschließend eure Ergebnisse in der Klasse.

Um sich im Umgang mit dem Internet zu schützen,
sind Regeln für den sicheren Umgang wichtig.

10 **a.** Worauf solltet ihr achten, wenn ihr online seid? Sammelt Tipps und Ratschläge.

b. Gestaltet ein Plakat mit den wichtigsten Tipps und Regeln.

c. Präsentiert die Plakate in der Klasse.

Ein Plakat gestalten
► S. 299

Tipp: Ihr könnt eure Plakate anschließend im Klassenzimmer aufhängen.

Den eigenen Umgang mit dem Internet untersuchen

Wie erfahren und vor allem wie sicher bist du selbst im Umgang mit dem Internet? Der folgende Webtest kann dir Auskunft darüber geben.

1 a. Lies die Fragen.
b. Schreibe jede Frage mit der Antwort auf, die jeweils auf dich zutrifft.

Webtest: Wie sicher bist du im Umgang mit dem Internet?

1. Wie gehst du mit deinen persönlichen Daten im Internet um?
A Ich habe nichts zu verbergen – meine Daten können alle lesen.
B Darüber habe ich noch nicht nachgedacht – was gehört alles zu persönlichen Daten?
C Auf jeden Fall benutze ich einen Nicknamen[1] und erzähle keine Geheimnisse.

2. Was denkst du über Internetprofile?
A Was für eine Frage! Ich habe längst eins. So was braucht man doch!
B So richtig trauen kann man einem Profil nicht. Man weiß nie genau, wer dahintersteckt.
C Ich habe eins – so kann ich meine Freunde immer gleich über alles informieren.

3. Wie findest du im Internet neue Freunde?
A Ich adde[2] alle, deren Profil mich interessiert.
B Ich adde möglichst viele und habe schon über 200 Freunde.
C Ich adde erst, wenn ich die andere Person wirklich kenne.

4. Stellst du Fotos von dir ins Netz?
A Klar, die anderen sollen doch wissen, wie ich aussehe.
B Fotos gebe ich nur für meine Freunde frei.
C Ich achte darauf, dass es keine peinlichen Bilder sind.

5. Was passiert mit deinen Daten, wenn du sie löschst?
A Ein Klick und sie sind weg.
B Ich glaube, sie landen im Papierkorb.
C Wenn sie erst mal im Internet sind, kann man nie sicher sein, dass andere sie nicht weiterverbreitet haben.

6. Wie schätzt du dich selber ein?
A Ich habe viel Erfahrung. Mir macht so leicht keiner was vor.
B Ich bin grundsätzlich sehr vorsichtig.
C Ich weiß nicht alles, komme aber gut klar.

[1] der Nickname: der Spitzname [2] adden: hinzufügen

Wenn du alle Fragen beantwortet und die Antworten notiert hast, erfährst du hier, zu welchem Nutzertyp du zählst.

2 Für jede Antwort gibt es Punkte.
  a. Notiere die Punkte für deine Antworten.
  b. Zähle die Punkte zusammen und lies die Auswertung.

	Antwort	Punkte		Antwort	Punkte
Frage 1	A	3	Frage 4	A	3
	B	1		B	2
	C	2		C	1
Frage 2	A	3	Frage 5	A	3
	B	1		B	1
	C	2		C	2
Frage 3	A	2	Frage 6	A	3
	B	3		B	2
	C	1		C	1

Auswertung:

6–9 Punkte
Du bist sehr zurückhaltend im Umgang mit dem Internet, entweder, weil du sehr vorsichtig bist, oder weil du sehr wenig Erfahrung damit hast. Deine Grundeinstellung ist richtig, aber informiere dich gründlich über die Möglichkeiten und Gefahren des Internets, dann kannst du demnächst seine Möglichkeiten besser nutzen.

10–14 Punkte
Du nutzt das Internet und kennst die Vorteile, die es bietet, aber du vergisst nicht, dass nicht nur deine Freunde dort unterwegs sind. Bleibe aufmerksam und behalte deine ganz persönlichen Dinge weiterhin für dich!

15–18 Punkte
Du bist ein Profi – oder hältst dich dafür. Für dich gehört das Internet zum Alltag, und wer das anders sieht, ist für dich von vorgestern. Vergiss aber nicht, dass auch für die erfahrensten Leute gilt: Das Internet vergisst nichts!

3 **a.** Besprich deine Ergebnisse mit einer Partnerin oder einem Partner.
  b. Beurteilt eure Ergebnisse:
  - Seid ihr zufrieden?
  - Wollt ihr in Zukunft etwas ändern?

Meinungen schriftlich begründen

Viele Nutzer verraten im Internet sehr viel über sich.

1 Lies den folgenden Artikel aus einer Zeitschrift mit dem Textknacker.

Textknacker ► S. 296

Alles erlaubt? Constantin Wißmann

Aufklärung auf die brutale Tour: Ein französisches Magazin googelt sich die Porträts[1] seiner Leser zusammen und veröffentlicht sie.

Der Artikel fängt nett an. „Herzlichen Glückwunsch zum Geburtstag", wünscht der Verfasser, aber schon dann wird es gruselig: „Wir dürfen doch du sagen, Michel, nicht wahr? Gewiss, du kennst uns nicht. Aber wir wissen sehr viel über dich. Du bist [...] Single. Im Frühjahr [...] hattest du eine Geschichte mit Claudia [...]". Dazu druckte das Magazin Bilder: Eine Umarmung am 31. Mai, Händchenhalten am 22. Juni.

Als der 29-jährige Michel aus Mérignac[2] seine Geschichte im Magazin „Le Tigre" gelesen hatte, konnte er mehrere Nächte nicht schlafen. Danach entschloss er sich, gegen das Medium, das so ungeniert aus seiner Privatsphäre geplaudert hatte, zu klagen. Doch die Anwälte machten ihm wenig Hoffnung: Denn alles, was „Le Tigre" verbreitet hatte, war zuvor von Michel selbst ins Netz gestellt worden [...]. Aber erst der gedruckte Artikel hatte ihm vor Augen geführt, wie viel er von sich schon preisgegeben hatte.

Michel war nicht der einzige Leser, der im Magazin ein Porträt über sich lesen musste. Die Redakteure von „Le Tigre" haben es sich [...] zur Aufgabe gemacht, ihre Leser für das Thema Datenschutz zu sensibilisieren[3] – auf die brutale Tour.

Bei Michel hat die Lektion auf alle Fälle gewirkt, er versuchte anschließend, im Internet so viel wie möglich von sich zu löschen. Nur eines hatten die Magazin-Redakteure nicht von ihm herausgefunden – seine Adresse, um ihm das Porträt per Post zu schicken. „Aber", so schließt der Artikel, „die brauchen wir auch nicht, um dir dein Porträt zu schicken. Du kennst es ja schon, dein Leben."

Freiwillig löschte „Le Tigre" auf seinen Wunsch zumindest in der Online-Ausgabe die persönlichsten Dinge und anonymisierte[4] die Handynummer. Für Michel sei es ein „heilsamer Schock" gewesen, sagt ein Redakteur des Magazins. [...]*

[1] das Porträt: hier: die Informationen
[2] Mérignac: eine Stadt in Frankreich
[3] sensibilisieren: das Bewusstsein für etwas schaffen
[4] sie anonymisierte: sie veränderte

Sprachspeicher

empört
gedankenlos
leichtsinnig
naiv
peinlich
schuldbewusst
unüberlegt

2 Beantwortet die folgenden Fragen:

- Was haben die Redakteure der Zeitschrift „Le Tigre" getan?
- Wie hat sich Michel wahrscheinlich gefühlt, als er den Artikel las?

Andere Leserinnen und Leser haben diese Meinungen ins Internet gestellt.

3 Lies die Meinungsäußerungen.

Susieque (25.01., 13:48): Das ist eine Gemeinheit von dieser Zeitschrift! Wie kommen die dazu, so etwas zu tun! Michel kann doch nichts dafür, alle haben doch etwas über sich im Internet stehen.

Dick Shoo (24.01., 22:21): Leichtsinnigkeit ist gefährlich und muss bestraft werden. Wenn jemand sich so äußert und seine privaten Fotos ins Netz stellt, dann muss er auch die Folgen tragen können. Deutlicher kann es ja diesem Michel nicht bewusst werden. Wir wissen doch alle nicht, wer unsere Daten lesen kann und womöglich noch die E-Mail-Adressen weiterverkauft!

Megajack (24.01., 21:07): Ich weiß nicht, was ich davon halten soll. Man vergisst auch einfach, was man selbst ins Netz stellt. Ich werde von nun an aufpassen. Normal ist es mir ja egal, was andere von mir denken, aber ich habe voll keine Lust darauf, ein Opfer zu sein.

Luggell (24.01., 23:11): Der ist doch selber schuld, mit so einem Typen habe ich überhaupt kein Mitleid. Wer so gern in der Öffentlichkeit steht, der braucht sich auch nicht wundern, wenn er später mal Probleme bekommt.

4 Welche Meinungen haben die Leserinnen und Leser?
- **a.** Schreibe zu jeder Äußerung einen Satz auf.
- **b.** Wie begründen die Leserinnen und Leser ihre Meinungen? Schreibe die Begründungen dazu. Verwende **denn**- oder **weil**-Sätze.
- **c.** Markiere die Teilsätze mit **denn** oder **weil** farbig.

Was denkst du über das Vorgehen der Zeitschrift?
Schreibe eine E-Mail an die Zeitschrift und begründe deine Meinung.

Dafür brauchst du zunächst starke Argumente.
Ein Argument besteht aus einer Behauptung und einer Begründung.

Argumente formulieren
► S. 18

5 Notiere Argumente, um deine Meinung zu stützen.
- **a.** Schreibe mindestens drei Behauptungen auf.
- **b.** Finde Begründungen, die deine Behauptungen unterstützen.

Mit Beispielen kannst du deine Behauptungen und Begründungen anschaulicher machen und bestärken.

6 Finde Beispiele zu deinen drei stärksten Begründungen.

Nun kannst du deine E-Mail schreiben.

7 **a.** Schreibe eine passende Anrede auf.
b. Schreibe eine kurze Einleitung:
- Worum geht es? Nenne das Thema.
- Formuliere deine Meinung in einem ganzen Satz.

Starthilfe

Sehr geehrte Damen und Herren,
ich möchte mich zum Thema ... äußern.
Ich habe im Artikel „Alles erlaubt?“ gelesen, dass ...
Generell bin ich der Meinung, dass ...

8 Nenne und erkläre im Hauptteil deine Argumente.
Verknüpfe deine Behauptungen und Begründungen mit **da, weil** oder **denn**.

Starthilfe

...
Das Thema Privatsphäre finde ich wichtig, weil ...
...

9 **a.** Schreibe zwei bis drei Schlusssätze:
- Was hat dich besonders beeindruckt?
- Wie wirst du dich zukünftig verhalten?

b. Notiere eine passende Grußformel.

10 Überprüfe und überarbeite deinen Text.
Wende auch den Rechtschreib-Check an.

Arbeitstechnik: Meinungen schriftlich begründen

Wenn du eine Meinung vertreten willst, begründe sie mit Argumenten.
Ein Argument besteht aus einer Behauptung und einer Begründung.

1. Schritt: Den Text planen
- Finde Pro-Argumente, wenn du dafür bist.
- Finde Kontra-Argumente, wenn du dagegen bist.

2. Schritt: Den Text schreiben
- Ordne deine Argumente.
- Begründe deine Meinung mit **denn**- oder **weil**-Sätzen.

3. Schritt: Den Text überarbeiten
- Überprüfe und überarbeite anschließend deinen Text.

Sprachspeicher

zum Beispiel/z. B.

beispielsweise

und zwar

Meine Freundin hat Folgendes gemacht: ...

Eine Umfrage hat gezeigt, dass ...

Konjunktionen in Satzreihen und Satzgefügen ► S. 312

Der Rechtschreib-Check ► S. 303

In Online-Gesprächen die Sprache untersuchen

Chatter haben ihre eigene Sprache entwickelt.

1 a. Überfliege den Text.
b. Überlege, um welche Textsorte es sich handeln könnte.

Teddy11: hey leutz *knuddelz*
Deadly Eye: sers xD
Teddy11: der zeitungsartikel heute war schon krass, oda?
Moodie: geht so ... selbst schuld, was postet er des alles?
ziggel: und des sagst grad du ... lol
freaky: ey deadly, dein letztes video mim bike war echt cool!
Moodie: so a schmarrn ... bin i däbbad?
ziggel: freilich ^^
Deadly Eye: thx^^ samstag gehts wieder biken *froi*
Moodie: schleich di!
ziggel: nur spaß, sry!! :-(

2 Untersuche das Chatgespräch genauer: Wie viele Personen sind an diesem Chat beteiligt? Welche Themen sind in diesem Chat erkennbar?

Beim Chatten hat sich eine besondere Sprache entwickelt, eine Mischform von mündlicher und schriftlicher Sprache.

3 Chatsprache unterscheidet sich von der „normalen“ Sprache.
a. Beschreibe die Besonderheiten.
b. Nenne Beispiele aus dem Chat.
c. Finde zu jeder Besonderheit eigene Beispiele.

Starthilfe

geht so – verkürzte Sprache
knuddelz – ...
xD – ...

4 Hat ein Chat mehr Ähnlichkeit mit einem Gespräch oder mit einer E-Mail? Tauscht euch darüber aus und begründet eure Meinung.

Info

Der Chat ist eine Art geschriebenes Gespräch, das elektronisch übermittelt wird. Beiträge im Chat sind meist nicht in der Standardsprache verfasst. Häufig enthalten sie Ausdrücke in der Umgangssprache und in der Mundart (Dialekt). Auch werden beim Chatten oft Emojis und Abkürzungen verwendet. So kann man Gefühle ohne Worte ausdrücken.

Sich adressatenbezogen äußern ► S. 306

Meinungen und Argumente unterscheiden

Zum sicheren Verhalten im Internet gibt es viele Meinungen.
Nicht immer werden diese Meinungen mit Argumenten begründet.

1 Lies die Meinungen und Argumente.

Suza [02-05]
Vorsicht beim Nicknamen
Es fängt doch schon mit dem Nicknamen an: Daran kann man ja oft schon sofort sehen, ob derjenige weiblich oder männlich ist.

Jim-yo [02-05]
Top secret
Ja, ich bin immer total vorsichtig mit meinem Namen im Chat. Denn der kann schon so viel über mich verraten. Zum Beispiel verrät ein Geburtsdatum im Nicknamen ja auch mein Alter! Das will ich Fremden auf keinen Fall mitteilen.

Lanz222 [02-05]
Sei nicht blöd
Genauso blöd ist es, jedem die eigene E-Mail-Adresse zu geben. Das habe ich noch nie gemacht.

Katzepink [02-05]
!!!
Ich möchte meinen Freundinnen schon gern E-Mails schreiben, auch den neuen. Ich lass mir doch nicht alles verbieten!!!

Matze [02-05]
Sicher
Du kannst doch E-Mails schreiben. Verwende doch einfach deinen Nicknamen in der E-Mail-Adresse und nicht deinen echten Namen.

2 **a.** Untersuche die Aussagen genauer:
- Wer schreibt nur seine Meinung?
- Wer begründet seine Meinung auch mit Argumenten?
- Wer nennt auch ein Beispiel?

b. Schreibe es für die einzelnen Namen auf.
Tipp: Du kannst zunächst eine Folie über die Sätze legen.
So kannst du unterschiedliche Meinungen und Argumente markieren.

Das Internet nutzen und Meinungen schriftlich begründen

Hier kannst du überprüfen, wie sicher du im Umgang mit dem Internet bist und ob du deine Meinung zu einem Thema begründen kannst.

In diesem Kapitel hast du unterschiedliche Möglichkeiten des Umgangs mit dem Internet untersucht.

1 Erstelle einen Ratgeber für den sicheren Umgang mit dem Internet.

a. Mache dir zunächst Notizen zu den folgenden Fragen:
- Wie gestalte ich ein Profilbild von mir?
- Wie viele persönliche Daten darf ich freigeben?
- Wie gehe ich mit Fotos um?
- Wie gehe ich mit Verabredungen um?
- Wie ist das, wenn ich mit unbekannten Personen Kontakt aufnehme?
- Was mache ich, wenn mich jemand belästigt?
- Wie gehe ich selbst mit anderen in einem Chatroom um?
- Wie gehe ich mit unerwünschten E-Mails um?

b. Schreibe die wichtigsten Antworten auf.

2 Gestalte einen Flyer mit zehn wichtigen Regeln für den sicheren Umgang mit dem Internet.

Es gibt viele Vorurteile über das Chatten.

Jugendliche sind in den Chatrooms nur oberflächlich.
Chatten ist reine Zeitverschwendung.
Beim Chatten hat man viele Freunde, die man aber nie wirklich kennen lernt.

3 Was denkst du darüber?
Schreibe deine Meinung zu einer der Äußerungen in einem kurzen Text für die Schulhomepage, in dem du dich auf die Äußerung beziehst.
- Nenne zuerst das Thema.
- Schreibe dann deine Meinung in einem Satz auf.
- Finde überzeugende Argumente, die deine Meinung stützen.
- Schreibe einen Schlusssatz auf.

4 **a.** Besprich deine Arbeitsergebnisse mit deiner Lehrkraft.

b. Schreibe in dein Lerntagebuch:
- Was ist gut gelungen?
- Was kannst du noch verbessern?

Meinungen schriftlich begründen

Hier übst du noch einmal, deine Meinung schriftlich zu begründen. Du entscheidest, ob du die Aufgaben auf den Seiten 100-101 mit mehr Hilfen oder die kniffligeren Aufgaben auf den Seiten 102-103 lösen willst.

1 Lies den folgenden Artikel mit dem Textknacker.

Textknacker ► S. 296

Raus aus der Zeitfalle
Neues Internet-Tool[1] verspricht kontrolliertes Surfen

Wie Wissenschaftler feststellten, verbringen immer mehr Jugendliche immer mehr Zeit im Internet. Beim Surfen passiert es nicht selten, dass der Überblick über die Zeit vollkommen verloren geht. Und so sind einige User[2] häufig viel länger online, als sie eigentlich wollen. Für Familie, Freunde, Hobbies und auch wichtige Aufgaben bleibt manchmal keine Zeit mehr. Abhilfe kann ein neues Internet-Tool schaffen. Damit kann man den Internetzugang für mehrere Stunden täglich unterbrechen und nur noch E-Mails empfangen. So kann man das eigene Surfverhalten kontrollieren und beschränken.

[1] das Tool [sprich: tuhl]: ein Computerprogramm
[2] der User [sprich: juser]: der Nutzer im Internet

Vier Jugendliche haben zu dem Artikel ihre Meinung geschrieben.

Alex (13): Ich verbringe jeden Nachmittag in meinem Online-Rollenspiel. Mit dem Tool könnte es sein, dass ich mitten im Spiel rausfliege – schrecklich!
Janis (14): Beim Online-Spielen vergesse ich oft die Zeit. Ich bin oft länger online, als ich darf. Dann gibt es immer Stress mit meiner Mutter. Das Tool würde für weniger Ärger sorgen!
Mailin (14): Ich finde das Tool total blöd! Wenn ich nicht jeden Tag bis zum Abend im Chat bin, verliere ich den Kontakt mit Freunden und bin nicht mehr angesagt.
Sinem (12): Ich klicke mich manchmal sehr lange durchs Internet. Hinterher ärgere ich mich dann, weil ich so keine Zeit mehr habe, meine Freunde zu treffen. Das Tool wäre für mich ganz gut.

2 **a.** Welche Meinung haben die Jugendlichen zu dem Internet-Tool? Schreibe zu jedem Jugendlichen einen Satz auf.
b. Wie begründen sie ihre Meinungen? Schreibe in eine Tabelle.

Starthilfe

Argumente für das Tool	Argumente gegen das Tool
– ...	– mitten im Spiel nicht mehr online

Was hältst du von dem neuen Internet-Tool?
Du kannst deine Meinung schriftlich begründen.
Dafür brauchst du starke Argumente.

3 Welche Argumente passen zu deiner Meinung?
Wähle aus Aufgabe 2 überzeugende Argumente aus, die deine Meinung unterstützen. Markiere sie in deiner Tabelle.

Hier werden noch weitere Argumente genannt.

Man kann auch ohne Tool über das eigene Surfverhalten bestimmen.
Freunde sind nicht immer zur gleichen Zeit online, ein Tool schränkt ein.
Mit dem Tool bleibt mehr Zeit für Sport.
Das Tool einrichten und löschen ist aufwendig.
Langes Internetsurfen macht müde und unkonzentriert.
Ich habe schon öfter Freunde versetzt, weil ich beim Surfen die Zeit vergessen habe.

4 Wähle passende Argumente aus und schreibe sie auf.
Tipp: Du kannst dir auch eigene Argumente ausdenken und aufschreiben.

Mit deinen Ergebnissen kannst du nun einen eigenen Text verfassen.

5 Schreibe eine kurze Einleitung.
a. Nenne kurz das Thema.
b. Welche Meinung hast du? Formuliere sie in einem vollständigen Satz.

Starthilfe
Ich möchte mich zum Thema … äußern. Ich finde, dass …

6 Schreibe im Hauptteil deine Argumente auf.
Erkläre mindestens drei Argumente in vollständigen Sätzen.

7 Schreibe zwei bis drei Schlusssätze.
- Was empfiehlst du den anderen?
- Welche Tipps hast du gegen zu langes Surfen?
- Wie wirst du deine freie Zeit künftig nutzen?

Sprachspeicher
Ich empfehle …
Man könnte …
Mein Tipp ist: …

Anschließend kannst du deinen Text überarbeiten.

8 Überprüft eure Texte gegenseitig und gebt euch eine Rückmeldung.

9 Überarbeite anschließend deinen Text.
Wende auch den Rechtschreib-Check an.

Der Rechtschreib-Check
► S. 303

„Man kann Chatten nicht sicherer machen"? – „Doch, ich kann!"
Zu dieser Aussage kannst du für die Schulhomepage Stellung nehmen.

Dafür brauchst du zunächst starke Argumente.

1 Lies die folgenden Argumente.

Ich gebe keine Telefonnummer heraus.
Ich mache keine Fotos öffentlich.
Ich nenne nicht den richtigen Namen.
Ich verabrede mich niemals mit einem Unbekannten.
Ich nenne nicht die Adresse.
Ich chatte nur mit Bekannten.
Ich bitte bei Unsicherheiten Erwachsene um Hilfe.
Ich nehme zu Partys immer eine „echte" Freundin oder einen Freund mit.

2 Welche Argumente überzeugen dich?

a. Schreibe die Argumente untereinander auf: das schwächste zuerst, das stärkste zuletzt.

b. Schreibe drei weitere Argumente auf.

Starthilfe

Ich kann Chatten sicherer machen, weil ...

Mit Beispielen kannst du Argumente anschaulicher machen und bestärken.

3 Finde Beispiele zu deinen vier stärksten Argumenten. Schreibe sie auf.
Du kannst diese Fragen beantworten:
- Welche Erwachsenen können dir zum Beispiel helfen?
- Welche Telefonnummern solltest du niemals nennen?
- Was für Freunde könntest du mitnehmen?

Sprachspeicher

zum Beispiel / z. B.

beispielsweise

und zwar

Meine Freundin hat Folgendes gemacht: ...

Eine Umfrage hat gezeigt, dass ...

Du kannst nun einen eigenen Text für die Schulhomepage schreiben. Schreibe zunächst einen Entwurf.

Tipp: Du kannst deinen Text am Computer schreiben. So kannst du ihn schneller überarbeiten und anschließend an die Betreuerin oder den Betreuer der Schulhomepage weiterleiten.

4 Schreibe eine kurze Einleitung:
- Nenne das Thema, zu dem du deine Meinung äußern möchtest.
- Schreibe auch auf, wie du auf das Thema gekommen bist.
- Formuliere deine Meinung in einem vollständigen Satz.

Starthilfe

„Ich finde, man kann Chatten sicherer machen!"
von ...

Ich möchte mich heute zum Thema ... äußern.
In einem Internetforum habe ich gelesen, dass man ...
Ich bin anderer Meinung: ... / Dem möchte ich widersprechen: .../
Meine Meinung dagegen ist ...
...

5 Nenne und erkläre im Hauptteil deine Argumente.
Verwende deine Arbeitsergebnisse der Aufgaben 2 und 3.
- Schreibe mindestens vier Behauptungen in vollständigen Sätzen auf.
- Erkläre deine Behauptungen mit passenden Begründungen.
- Unterstütze deine Begründungen mit Beispielen.
- Verknüpfe deine Sätze sinnvoll.

6 Schreibe zwei bis drei Schlusssätze auf.
- Welche Schlussfolgerungen ziehst du für dich?
- Was wirst du selbst beim Chatten ändern?
- Was empfiehlst du den anderen?

Sprachspeicher

Meine Erfahrungen haben mir gezeigt, dass ...
Für die Zukunft nehme ich mir vor, dass ich ...
Ihr solltet unbedingt beachten, dass ...

W **Nun könnt ihr eure Entwürfe überprüfen. Wählt Aufgabe 7 oder 8.**

7 Überprüft eure Entwürfe in Partnerarbeit.

8 Gebt euch gegenseitig eine Rückmeldung in einer Schreibkonferenz.

Schreibkonferenz
► S. 302

9 Überarbeite anschließend deinen Entwurf.
Achte auch auf die Rechtschreibung.

Meinungen schriftlich begründen

Hier übst du Schritt für Schritt, dich auf eine Probe vorzubereiten.

Stelle dir vor, dies ist die Aufgabe für die Probe.

Wie weit gehe ich im Internet für Likes?
Begründe deine Meinung zu dieser Frage und schreibe einen Text für die Schulhomepage darüber, wie sinnvoll es ist, Bilder und private Informationen zu posten, um möglichst viele Likes zu erhalten.

1. Schritt: Die Aufgabe verstehen

Aufgaben verstehen
► S. 297

1 a. Lies die Aufgabe mehrmals genau.
b. Welche wichtigen Wörter sagen dir genauer, was du tun sollst? Schreibe sie auf.
c. Was sollst du genau tun?
Für wen sollst du schreiben?
Schreibe die richtigen Erklärungen ab.

- Du sollst über Vorteile und Nachteile im Umgang mit dem Internet informieren.
- Du sollst Argumente für oder gegen das Posten von Bildern und privaten Informationen sammeln.
- Du sollst die Leserinnen und Leser davon überzeugen, Informationen im Internet zu posten.
- Du sollst einen Text für Jugendliche und Erwachsene schreiben.
- Du sollst einen Text schreiben, der sich nur an Jugendliche richtet.

2. Schritt: Die Aufgabe bearbeiten

Plane deinen Text für die Schulhomepage.

2 Bist du für (pro) oder gegen (kontra) das Posten von persönlichen Informationen im Internet? Wovon möchtest du die Leserinnen und Leser deines Artikels überzeugen? Schreibe deine Meinung auf.

3 Sammle überzeugende Argumente, die deine Meinung stützen.
a. Schreibe mindestens vier Behauptungen auf, die zu deiner Meinung passen.
b. Finde zu jeder Behauptung eine passende Begründung.
c. Verbinde die Behauptungen und die Begründungen mit passenden Konjunktionen.

Mit Hilfe deiner Notizen kannst du die Aufgabe der Probe lösen und deinen Text schreiben.

4 Schreibe eine kurze Einleitung auf.

5 Überzeuge im Hauptteil mit deinen Argumenten. Verknüpfe deine Sätze sinnvoll.

6 Schreibe zwei bis drei Schlusssätze auf.

3. Schritt: Die Aufgabe überprüfen

7 Überprüfe deinen Text mit Hilfe der folgenden Checkliste.

Checkliste: Meinungen schriftlich begründen	Ja	Nein
– Habe ich in der Einleitung das Thema genannt?	■	■
– Habe ich meine Meinung aufgeschrieben?	■	■
– Habe ich mindestens vier Argumente genannt?	■	■
– Habe ich meine Behauptungen und Begründungen mit Konjunktionen verbunden?	■	■
– Habe ich einen passenden Schluss aufgeschrieben?	■	■
– Habe ich alles richtig geschrieben?	■	■

8 Überarbeite anschließend deinen Text, wenn nötig.

4. Schritt: Die Vorgehensweise auswerten

9 Schreibe deine Erfahrungen in dein Lerntagebuch:
- Worauf achtest du, wenn du andere von deiner Meinung überzeugen möchtest?
- Was hat dir geholfen, die Aufgabe zu lösen?

10 Vergleiche deine Erfahrungen mit deinen letzten Einträgen:
- Was hat sich verändert?
- Was gelingt dir jetzt gut oder besser?
- Wie kannst du dich noch verbessern?

Die Vielfalt der Medien erkennen und verstehen

Jeden Tag nutzt ihr verschiedene Medien in unterschiedlichen Situationen.

1 Seht euch die Fotos genau an.
- Welche Medien sind dargestellt?
- Welche Medien nutzt ihr?
- Wofür nutzt ihr die Medien? Nennt Beispiele und überlegt, ob ihr euch dabei informieren oder unterhalten wollt.

Die Klasse 7b unterhält sich über ihre eigene Mediennutzung.

Mia: Einfach nur Videos anschauen finde ich völlig langweilig. Ich will selber was gestalten können. Das mache ich gerne digital, aber nicht nur.
Kevin: Mit einem Buch kann man sich am besten entspannen. Und die Geschichten sind nicht so oberflächlich. Ich kann mich mit den Hauptfiguren wirklich identifizieren.
Leyla: Ich schaue Serien, da gibt es so viele, die mir gefallen. Ich will mich einfach unterhalten lassen. Oft sind sie sogar so spannend, dass ich direkt weiterschauen möchte.
Jessica: Ich will vor allem über meine Freunde informiert sein und ihnen auch selber zeigen, was ich gerade mache.
Maximilian: Ich spiele am liebsten Computerspiele. Manche denken ja, dass das nur blödes Geballer ist, aber das stimmt nicht. Ich brauche Taktik und Köpfchen, und jedes Spiel verläuft anders. Besonders das Spielen in Teams finde ich toll.
Chris: Mit Zeitschriften kann man sich am besten informieren. Denen vertraue ich am ehesten, weil sie gut recherchiert sind.
Murat: Ich lese zu Hause die Tageszeitung, die meine Eltern abonniert haben, da finde ich jeden Tag, was alles in der Welt passiert ist, und es wird gut erklärt.
Zahra: Ich höre Podcasts, die sind gratis, und die kann ich mir einfach herunterladen und wann und wo ich will mit meinem Handy hören. Da gibt es unzählige interessante Sendungen.
Sanna: Ich höre Musik. Ohne Musik fühlt sich alles gleich langweiliger an. Und mit Musik habe ich gute Laune.
Anna: Ich nutze eigentlich alles, aber natürlich nicht gleichzeitig. Computerspiele mit Freunden, die Zeitung meiner Eltern am Morgen und ein Buch abends im Bett.

2 Die Jugendlichen sprechen über ihre Erwartungen an Medien.

a. Welche Medien nutzen die Jugendlichen wofür? Tauscht euch darüber aus.

b. Ordnet die Aussagen den Funktionen **Information**, **Unterhaltung** und **Kommunikation** zu.

3 Sammelt gemeinsam weitere Bespiele für eure Mediennutzung. Achtet dabei darauf, mit welcher Erwartung ihr die Medien jeweils auswählt.

In diesem Kapitel untersucht ihr verschiedene Medien.
Ihr vergleicht den Aufbau eines informierenden Zeitschriftenartikels mit einem Audio-Podcast und lernt, wie spannende Serien gestaltet werden.

Den Aufbau eines Artikels in einer Zeitschrift untersuchen

Zeitschriften enthalten viele Artikel zu verschiedenen Sachgebieten.
Dies ist eine Doppelseite aus einer Zeitschrift für Kinder und Jugendliche.

1 a. Seht euch die Doppelseite an und tauscht euch darüber aus: Worauf fällt euer Blick zuerst? Was fällt euch auf?
b. Was ist das Thema der Doppelseite? Formuliert es mit eigenen Worten.

Politik

AUFGABE FÜR POLITIKER:
KLIMA RETTEN

1

Zur Weltklimakonferenz reisen Politiker fast aller Länder. Gemeinsam sollen sie eines der größten Probleme der Welt in den Griff kriegen: den Klimawandel. Aber wie bloß?

2

Sorge 1: Es gibt Dürren und Hitzewellen.
Bis zum Jahr 2100 wird es auf der Erde bis zu fünf Grad Celsius wärmer – wenn weiter so viele schädliche Gase in die Luft gelangen. Das klingt nicht nach viel, hätte aber große Auswirkungen. Wenn es wenig regnet und gleichzeitig sehr warm ist, können Dürren entstehen, bei denen ohnehin schon trockene Gegenden völlig austrocknen. Das könnte für Afrika und die Mittelmeerländer gefährlich werden.

Sorge 2: Die Gletscher schmelzen.
Gletscher bestehen aus Eis. Fast die Hälfte davon könnte bis 2100 weggeschmolzen sein, befürchten die Forscher. Gletscher sind die größten Speicher für Süßwasser auf der Welt – also für Wasser, das man trinken kann. Allein in Asien nutzen 1,4 Milliarden Menschen das Wasser der Flüsse aus den Gletschern des Himalaya. Schmelzen die Gletscher, fehlt das Trinkwasser.

Wie wird das Klima im Jahr 2100? In der Regel deutlich wärmer, fürchten die Forscher des Klimareports. Das sind ihre größten Sorgen:

3

Sorge 3: Der Meeresspiegel steigt.
Durch die Erwärmung der Luft schmelzen die Gletscher, und das Schmelzwasser fließt ins Meer. Aber auch das Meer erwärmt sich und dehnt sich dadurch aus. Beides führt dazu, dass der Meeresspiegel steigt. Bisher war das noch nicht so viel, aber bis zum Jahr 2100 könnte es ein Meter werden.

Sorge 4: Viele Meerestiere sterben.
CO_2 löst sich im Wasser und bildet Kohlensäure. Das Meerwasser wird dadurch saurer und kann mehr Kalk auflösen – und das ist sehr gefährlich für Tiere mit Kalkschale wie Muscheln und Schnecken. Sie würden sterben. Das gefährdet auch größere Meerestiere: Sie ernähren sich ja von den kleinen. Besonders bedroht sind auch die Korallenriffe, die die Küsten schützen. Es ist schwierig, genau zu sagen, was in den Ozeanen in 90 Jahren passieren wird. Forscher befürchten aber, dass viele Tierarten aussterben.

Dicke Luft: Auf der Weltklimakonferenz trifft sich der Generalsekretär der Uno, Ban Ki Moon, mit Experten aus vielen Kontinenten. Denn der Klimawandel betrifft alle.

4

Die schlechte Nachricht zuerst: Inseln versinken im Meer, es herrscht eine tropische Hitze, Gletscher schmelzen, heftige Stürme wüten. In Afrika gibt es Dürren, die Ernte fällt immer schlechter aus.

Die gute Nachricht: Noch sind das alles nur Befürchtungen, noch ist es nicht so weit. Wissenschaftler haben ihre Sorgen in einem mehr als tausend Seiten langen Klimareport aufgeschrieben. 840 Forscher aus 38 Ländern arbeiteten daran mit.

Darin steht, dass sich das Klima in den vergangenen hundert Jahren stark verändert hat. Die Luft ist fast ein Grad wärmer geworden, Schnee und Eis sind an manchen Orten geschmolzen, und der Meeresspiegel ist um 20 Zentimeter gestiegen. Dieser Wandel könnte für viele Länder gefährlich werden.

Einen Klimawandel hat es in der Geschichte der Erde schon häufiger gegeben, die letzte Eiszeit ist gerade mal 10 000 Jahre her.

Der Klimawandel jetzt ist aber besonders schnell, und an ihm sind die Menschen schuld. Sie haben zu lange zu viele Abgase von Autos, Fabriken und Kraftwerken in die Luft gepustet. Die enthalten CO_2, auch Kohlendioxid genannt. Gelangen große Mengen davon in die Luft, legt es sich wie eine Glasglocke über die Erde. Darunter wird es wärmer.

Es klingt wie eine schlechte Nachricht, dass die Menschen den Klimawandel verursachen. Aber man kann es auch als gute Nachricht sehen: Gegen einen natürlichen Wandel wie bei der Eiszeit wären wir machtlos. Unsere eigenen Fehler aber können wir korrigieren.

Im November treffen sich Zehntausende Forscher, Minister und Staats-Chefs aus fast 200 Ländern bei der Weltklimakonferenz in Polen.

Dieses Treffen findet einmal im Jahr statt. Jedes Mal wird dabei viel gestritten. Manche Länder wollen keine Verträge unterschreiben, in denen sie sich verpflichten, weniger CO_2 in die Luft zu blasen. Ihnen ist es wichtiger, dass ihre Bürger reicher werden, neue Fabriken bauen und mehr Autos fahren können – und die jagen eben Abgase in die Luft.

Andere Staaten sagen zu, die Umwelt weniger zu verschmutzen. Vor 16 Jahren unterschrieben die Länder bei einem Klimatreffen in der japanischen Stadt Kyoto einen Vertrag. Darin versprachen sie, viel weniger CO_2 auszustoßen.

Heute weiß man: Das Versprechen haben sie nicht gehalten. Wenn sie das Klima retten wollen, müssen sie sich künftig mehr anstrengen.

Antonia Bauer

10 Dein SPIEGEL 12/2013

Dein SPIEGEL 12/2013 11

Zeitschriftenartikel setzen sich aus unterschiedlichen Elementen zusammen.

der Teaser, die Überschrift, der Fließtext, die Bilder

2 Wie ist der Artikel aufgebaut?
Ordnet die Begriffe den nummerierten Elementen der Doppelseite zu.

Info

Ein Teaser ist ein sehr kurzer Textteil, der am Anfang steht. Er ist so formuliert, dass er vor allem Lust macht, den folgenden Text zu lesen.
Der Fließtext ist der normale Text. Er ist oft durch Absätze und Überschriften gegliedert.

Bilder stützen die Informationen eines Artikels. Sie erfüllen verschiedene Funktionen.

3 a. Seht euch die Fotos im Artikel noch einmal genau an.
b. Beschreibt, was auf den Fotos abgebildet ist.

4 a. Übertragt die folgende Tabelle in euer Heft.
b. Wie wirkt das Foto mit dem Pinguin auf der Eisfläche? Sprecht darüber.
c. Tragt in die Tabelle ein, welche Funktionen das Foto erfüllt.

Starthilfe

	macht neugierig auf den Text	**erzeugt eine bestimmte Stimmung**	**bietet zusätzliche Informationen**	**verdeutlicht die Aussage des Textes**
Pinguin auf Eisfläche	...	ja	...	nein
...	...	...	...	...

5 Wie wirken die weiteren Fotos? Untersucht die Fotos genauer und tragt auch ihre Funktionen in die Tabelle ein.

6 Vergleicht eure Zuordnungen mit einem anderen Lernpaar und begründet eure Auswahl.

Jedes Element eines Zeitschriftenartikels hat eine bestimmte Funktion.

7 Untersuche die weiteren Elemente auf der abgebildeten Doppelseite.
a. Lies die Überschrift und den Teaser.
b. Welche Funktion könnten die Überschrift und der Teaser haben? Notiere deine Gedanken.
c. Vergleicht eure Ergebnisse.

8 Begründe, warum alle vier Elemente (Bilder, Überschrift, Teaser, Fließtext) wichtig für die Gestaltung eines Zeitschriftenartikels sind.
Tipp: Denke an die Sicht der Leserinnen und Leser, aber auch an die Sicht derjenigen, die die Zeitschrift erstellen.

9 a. Bringt verschiedene Zeitschriften mit und untersucht daraus Artikel mit Hilfe der folgenden Fragen:
- Worum geht es in dem Artikel?
- Wie ist der Artikel aufgebaut?
- Welche Funktion haben Bilder, Überschrift, Teaser jeweils?

b. Vergleicht die Artikel miteinander.

Einen Audio-Podcast untersuchen

Jonah hört sich einen Audio-Podcast zum Thema **Klimawandel** an.

1 **a.** Sieh dir die Bilder an.
b. Lies den Text des Audio-Podcasts.

Eisiger Wind pfeift.
Die Schneeflocken fallen so dicht, dass man kaum bis zur Haube des Motorschlittens sehen kann, auf dem zwei Personen knirschend und holprig durch die weiße Landschaft fahren. Es sind die deutschen Klimaforscher Ute Berling und Thomas Kanoldt, die sich von Nuuk aus ins Landesinnere von Grönland kämpfen.
Die beiden suchen Belege für ihre Forschungsergebnisse, die sich immer mehr bestätigen: Trotz des Klimaabkommens von Kyoto schmelzen Grönlands Gletscher weiter.
Ihr Wasser – Süßwasser – strömt in das Meer.
Dieses Abschmelzen ist ein Ergebnis des Klimawandels.
Aber auch das entstehende Schmelzwasser trägt zur Veränderung des Klimas bei.
[...]

Info

Ein Podcast bezeichnet eine Mediendatei, die du abonnieren und downloaden kannst.
Ein „Audio-Podcast" ist ein Beitrag, den man nur hören kann.
Ein Video-Podcast ist ein Film. Einen Video-Podcast kann man hören und sehen.

2 Welche Informationen erhält Jonah? Schreibe Stichworte auf.

Audio-Podcasts und Zeitschriftenartikel sind sehr verschiedene Medien. Beide enthalten unterschiedliche Elemente.

der Teaser, der Ton, die Überschrift, die Bilder, die Absätze, die Bildunterschrift, die Sprecher-/Sprecherinnenstimme, die Bilderklärung

3 Untersucht den Audio-Podcast:
Welche Begriffe könnt ihr dem Audio-Podcast zuordnen?

4 Vergleicht den Aufbau eines Zeitschriftenartikels mit dem Aufbau des Audio-Podcasts.

a. Übertragt die Tabelle in euer Heft oder an die Tafel.

b. Ordnet die Elemente den beiden Medien zu.

Starthilfe

der Zeitschriftenartikel	der Audio-Podcast
Überschrift, ...	Ton, ...
...	...

5 Habt ihr schon einmal Podcasts genutzt? Tauscht euch aus:

- Welche Anbieter kennt ihr?
- Welche Podcasts hört ihr?
- Was gefällt euch daran, wo und wann nutzt ihr sie?

6 Recherchiere Podcasts, die zu deinen Hobbys und Interessen passen.

a. Höre oder sieh dir die Podcasts an.

b. Stelle in der Klasse die Podcasts vor, die du gehört hast, und erkläre, was du gut an ihnen findest oder warum sie dir nicht gefallen haben.

Im Internet recherchieren
► S. 297

7 Wo könnt ihr euch sonst noch informieren und unterhalten?

a. Sammelt gemeinsam alle Medien, die ihr kennt und nutzt.

b. Überlegt, für wen sie jeweils geeignet sind.
Wer soll sie sich anhören oder ansehen?

c. Diskutiert über die Vor- und Nachteile der jeweiligen Medien.

8 Informiert euch in unterschiedlichen Medien zu einem aktuellen Thema.

a. Lest einen Artikel in einer Zeitung.

b. Hört euch zum gleichen Thema einen Podcast an.

c. Recherchiert im Internet einen kurzen Film zu diesem Thema und schaut ihn euch an.

d. Notiert für jedes Medium, welche Informationen ihr erhaltet.

9 **a.** Vergleicht die Informationen und sprecht über Gemeinsamkeiten und Unterschiede.

b. Womit könnt ihr euch am besten informieren? Begründet eure Auswahl.

Darstellungsmittel einer Serie untersuchen

Viele Menschen sehen Serien, wenn sie unterhalten werden wollen und weil sie spannende Geschichten mögen. Die folgende Szene stammt aus dem Drehbuch einer Serie.

1 Lies die Szene.

Tom und Sara sind seit einem Jahr zusammen. Eines Abends betritt Tom die WG[1], in der er, Sara und ihr bester Freund Ben wohnen. Sara kommt ihm in ihrem neuen Tanzkleid entgegen. Ben verlässt gerade eilig die Wohnung.

Tom: *(verwundert)* Was war denn mit dem los?
Sara: Der wollte ins Kino. *(Sara begrüßt ihren Freund freundlich lächelnd.)*
Sara: Wo warst du eben die ganze Zeit?
Tom: *(ausweichend)* Im Extra. *(Tom wendet sich von seiner Freundin ab.)*
Sara: Bist du deshalb nicht ans Handy gegangen?
Tom: *(bedrückt)* Ja ... Wie bist denn du eigentlich angezogen?
Sara: *(strahlend)* Du hast mir heute auf die Mailbox gesprochen, dass wir essen gehen. *(Sara umarmt ihn.)*
Tom: *(abweisend)* Ich weiß. Ich hab da ein bisschen Quatsch geredet.
Sara: Schön. Ich weiß. Deswegen hab ich auch was viel Besseres vorbereitet.
Tom: *(verunsichert)* Was denn? *(Sara läuft zielstrebig zum CD-Player.)*
Sara: *(auffordernd)* Komm, wir tanzen!
Tom: *(abweisend)* Ich bin total verschwitzt.
(Sara tanzt vor Tom, der still dasteht. Tom beginnt widerwillig, mit seiner Freundin zu tanzen. Sie freut sich.)
Sara: *(glücklich tanzend)* Du bist einfach der beste und tollste Schnuffel der ganzen Welt. *(Plötzlich bricht Tom den Tanz ab und lässt Sara los.)*
Tom: Sara, hör auf! *(Er dreht sich weg.)* Ich kann das nicht mehr ...
Sara: *(verunsichert und ängstlich)* Was?
Tom: Ich hätte es dir schon viel früher sagen sollen ...
Sara: *(bestimmt)* Was?
Tom: *(bedrückt)* Du musst mir glauben, ich hab echt alles versucht. Ich ...
Sara: *(unterbricht Tom und schreit plötzlich verzweifelt)* Nein! *(kopfschüttelnd)*
Tom: *(leise)* Ich hab mich in Steffi verliebt.
(Sara ist geschockt, erstarrt und rührt sich nicht. Sie weint.)

[1] die WG: Abkürzung für Wohngemeinschaft

2 **a.** Beschreibt die Handlungsbausteine der Szene.
b. Sprecht darüber, wodurch die Spannung am Ende der Szene entsteht.

Handlungsbausteine
► S. 297

3 Welche Serien kennt ihr? Was gefällt euch an diesen? Diskutiert darüber.

Die Darstellung von Gefühlen in Serien untersuchen

Gerade in Serien ist die Darstellung von Gefühlen wichtig. So können sich die Zuschauerinnen und Zuschauer leichter in die Figuren hineinversetzen und mit ihnen mitfühlen und mitfiebern.

1 Lest die Serienszene mit verteilten Rollen vor.
Tipp: Ihr könnt auch die Rollen tauschen, um herauszufinden, welche Rolle euch leichter fällt.

a. Probiert verschiedene Stimmlagen aus: laut und kräftig, leise, weinerlich, ängstlich, ruhig, hastig, hoch, tief.
b. Wie wirkt es, wenn ihr mit der Stimme über- oder untertreibt? Sprecht darüber.
c. Welche Art des Sprechens ist überzeugend? Welche weniger? Begründet eure Meinung.

Betont vorlesen ► S. 298

Gefühle werden nicht nur durch die Stimme, sondern auch durch Gestik und Mimik deutlich gemacht.

2 Seht euch die Fotos an.

3 Besprecht, wie ihr die Gefühle der Figuren auf den Fotos wahrnehmt.

Den Aufbau von Serien untersuchen

Die Produzenten einer Serie bauen die Spannung immer wieder neu auf, damit die Zuschauerinnen und Zuschauer auch die nächste Folge wieder ansehen.

1 **a.** Sammelt Serien, bei denen euch interessiert, wie sie weitergehen.
b. Begründet, warum eure Neugier geweckt ist.
Diese Fragen können euch helfen:
- Was gefällt euch an der Serie?
- Wie ist die Handlung aufgebaut?
- Wie endet eine Folge jeweils?

Damit die Zuschauerinnen und Zuschauer auf die nächste Folge gespannt sind, endet eine Folge mit einem Cliffhanger.

2 Lest den folgenden Text.

Der Cliffhanger

Der Begriff „Cliffhanger" steht für das Abbrechen einer Folge an dem spannendsten Punkt. Die Lösung der Spannung erfolgt dann erst in der nächsten Folge. Cliffhanger bedeutet übersetzt „jemand, der an einer Klippe hängt", und stammt aus einem Fortsetzungsroman des englischen Schriftstellers Thomas Hardy aus dem Jahr 1873: Die Hauptfigur gerät an den Rand einer Steilklippe und kann sich nur noch mit den Händen an einem Grasbüschel festhalten. Wird er abstürzen oder überleben? Dies konnten die Leserinnen und Leser erst einen Monat später in der nächsten Ausgabe der Zeitschrift erfahren.

3 Was ist ein Cliffhanger? Erklärt es euch gegenseitig.

4 Welche Folgen mit Cliffhanger fallen euch ein?
Nennt Beispiele.

W **Es gibt noch weitere Mittel, um eine Serie spannend aufzubauen. Wähle Aufgabe 5 oder 6.**

5 Sieh dir eine Folge einer Serie an und untersuche ihren Aufbau:
- Mit welchen Mitteln wird Spannung erzeugt?
- Warum werden diese verschiedenen Mittel wohl verwendet?

6 **a.** Sammelt gemeinsam weitere Mittel, mit denen Serien spannend aufgebaut werden können. Nennt Beispiele.
b. Erklärt euch ihre Funktion gegenseitig.

Kameraeinstellungen untersuchen

Auch ohne Worte erzeugen die Bilder eine Stimmung.

1 a. Seht euch die Bilder genau an.
b. Wie fühlen sich die Figuren jeweils? Beschreibt es.

Totale | Halbnah | Nah | Detail

2 a. Wie wirken die Bilder auf euch? Erklärt die Unterschiede.
b. Warum haben die Bilder jeweils eine unterschiedliche Wirkung? Sprecht darüber.

Mit der Kameraeinstellung wird der Ausschnitt einer Szene gewählt. Man unterscheidet verschiedene Kameraeinstellungen.

3 Für die Bilder wurden verschiedene Kameraeinstellungen ausgewählt.
a. Aus welcher Entfernung wurden die Motive jeweils aufgenommen? Beschreibt es.
b. Lest die Fachbegriffe unter den Bildern.
c. Was könnten sie jeweils bedeuten? Erklärt es euch gegenseitig.

4 a. Seht euch die Bilder von Seite 113 noch einmal an.
b. Welche Kameraeinstellung wurde jeweils gewählt? Sprecht darüber.

Merkwissen

In Filmen und Serien werden verschiedene Kameraeinstellungen verwendet. Je nachdem, wie nah die Kamera an das Dargestellte heranführt oder wie weit sie entfernt bleibt, entstehen unterschiedliche Wirkungen.
Die Totale: Die Kamera ist so weit weg, dass man einen guten Überblick über das ganze Geschehen hat.
Die Halbnahaufnahme: Die Figuren werden etwa vom Knie an aufwärts gezeigt. Die nahe Umgebung ist erkennbar.
Die Nahaufnahme: Man sieht nur Kopf und Schultern der Figuren. Diese Einstellung wird häufig verwendet, wenn die Figuren sprechen, da der Gesichtsausdruck gut zu erkennen ist.
Das Detail: Ein bestimmter Ausschnitt wird groß dargestellt, z. B. Augen, Mund oder ein Gegenstand. Das Gezeigte hat eine besondere Bedeutung.

Projektidee: Eine Serienszene schreiben und drehen

Nun könnt ihr eine eigene Szene schreiben und mit der Kamera aufnehmen.

 **1** **a.** Bildet Gruppen mit vier bis fünf Schülerinnen und Schülern.
b. Sammelt Ideen für eure Szene: Überlegt euch einen Schauplatz, die Figuren und eine geeignete Handlung. Sie sollte nicht zu kompliziert sein.

Für die Hauptfiguren helfen euch Rollenkarten. Auf Rollenkarten könnt ihr wie in einem Steckbrief die Eigenschaften und Daten notieren.

Figur 1 Hauptrolle

Name: Florian Meyer
Alter: 15
Beruf: Schüler
Aussehen:
– dunkelbraune, längere Haare
– dunkelbraune Augen
– trägt am liebsten Jeans und Kapuzenshirts
– groß, dünn, etwas schlaksig

 **2** Welche Figuren übernehmen in eurer Szene die Hauptrollen?
a. Überlegt, welche Figuren in eurer Szene auftreten sollen. Wählt nicht mehr als drei Figuren.
b. Schreibt für jede Figur eine Rollenkarte.

Noch genauer als eine Rollenkarte könnt ihr mit einem Rollenprofil die Eigenschaften der Figuren beschreiben.

Die Figur ist eher so ⟵⟶ oder so:								
	1	2	3	4	5	6	7	
aktiv								passiv
freundlich								…
optimistisch								…
…								ängstlich
…								schüchtern

3 Schreibt die Tabelle ab und ergänzt die fehlenden Eigenschaften in den äußeren Spalten.

4 Erstellt Rollenprofile für eure Figuren.
a. Überlegt, welche Eigenschaften eure Figuren haben sollen.
b. Notiert sie zu jeder Figur als Tabelle.

Adjektive ► **S. 309**

5 Probiert eure Figuren aus. Verteilt dafür die Rollen.
a. Spielt kurze Begrüßungsszenen zwischen jeweils zwei Figuren.
b. Die Zuschauerinnen und Zuschauer prüfen, ob die Figuren gelungen sind.
c. Überarbeitet eure Rollenkarten, wenn nötig.

Die Dialoge einer Szene werden in einem Drehbuch festgehalten.

6 Schreibt den Dialoganfang für eure Szene auf.

Tipps:
- Lasst Platz für spätere Regieanweisungen.
- Die Szene soll spannend sein. Denkt beim Schreiben immer ans Publikum.

Starthilfe

Florian: „Hey, Sina! Ich dachte, ich schau mal bei dir vorbei ...“
Sina: „Florian, das ist ja nett! Ich freu mich. Ach, Florian ...“

In Regieanweisungen steht, worauf die Schauspielerinnen und Schauspieler achten müssen. So ist es leichter, sich in die Rolle hineinzufinden.

7 Welche Regieanweisungen sind nötig?

a. Lest euren Dialog noch einmal.

b. Überlegt, an welchen Stellen die Schauspielerinnen und Schauspieler Informationen zum Verhalten der Figuren brauchen.
Folgende Fragen helfen euch dabei:
- Wo befindet sich die Figur?
- Was tut die Figur gerade?
- Wie fühlt sie sich?
- Wie spricht sie?

c. Ergänzt die Regieanweisungen.

Starthilfe

(Florian klingelt an Sinas Tür, sie öffnet.)
Florian: *(fröhlich)* „Hey, Sina! Ich dachte, ich schau mal bei dir vorbei.“
Sina: *(verweint)* „Florian, das ist ja nett! Ich freu mich. *(bricht plötzlich in Tränen aus)* Ach, Florian ...“

8 Schreibt den Dialog der gesamten Szene.
Denkt euch einen spannenden Cliffhanger für den Schluss aus.

Ihr könnt diese Szene mit einer Kamera drehen.

9 Besprecht nun die Bilderfolge.

a. Legt dazu die Kameraeinstellungen fest.

b. Tragt die Kameraeinstellungen in das Drehbuch ein.

10 Bereitet die Szene für die Aufnahme vor.

a. Verteilt die Rollen.

b. Probiert die Szene und die Kamera aus.

Szenisches Spiel
► S. 298

11 Dreht die Szene.

Was für ein Theater!

Sprachspeicher
- die Bühne
- die Regisseurin
- der Regisseur
- die Kostüme
- die Schauspielerinnen
- die Schauspieler
- die Requisiten
- das Bühnenbild
- der Vorhang
- die Zuschauerinnen
- die Zuschauer

1 Wart ihr schon einmal im Theater? Berichtet euch gegenseitig über eure Erfahrungen mit Theaterstücken.
- Welches Theaterstück habt ihr schon einmal erlebt?
- Was hat euch besonders beeindruckt?

2 Was wisst ihr schon über das Theater?
a. Erklärt die Begriffe, die neben dem Bild stehen.
b. Ordnet die Begriffe dem Bild zu.

Beim Theaterspielen drückt man sehr viel mit dem Körper und der Stimme aus. Um das richtig gut hinzubekommen, wärmen sich Schauspielerinnen und Schauspieler durch ein sogenanntes „Warm-up“ auf. Probiert es selbst einmal aus.

3 Probiert die Übung „Spiegelbild“ zu zweit aus.
- Stellt euch gegenüber.
- Eine oder einer von euch zieht Grimassen oder vollführt Bewegungen mit Kopf, Oberkörper und Armen. Achtung, die Bewegungen müssen langsam, fast wie in Zeitlupe ausgeführt werden.
- Der Partner/die Partnerin imitiert getreu, so als wenn er oder sie das Spiegelbild wäre.
- Danach könnt ihr die Rollen wechseln.

Dies ist eine Illustration zu dem Theaterstück „Prinz und Bettelknabe“.

4 Was fällt euch an der Illustration auf?
Beschreibt die beiden Jungen. Was unterscheidet sie?

Info

Die Vorlage für „Prinz und Bettelknabe“ stammt aus einem Roman von Mark Twain, der 1881 veröffentlicht wurde. Mark Twain lebte von 1832 bis 1910 in den USA. Sein bekanntestes Buch ist „Tom Sawyer“. Er schrieb aber auch Bücher für Erwachsene. Peter Klusen hat den Roman „Prinz und Bettelknabe“ 1996 als Theaterstück umgeschrieben. Es spielt im Jahr 1547 und handelt von einem Prinzen namens Edward und einem sehr armen Jungen namens Tom.
Die Zeit, in der „Prinz und Bettelknabe“ spielt, liegt also auch lange vor der echten Lebenszeit von Mark Twain.

5 Worum könnte es in dem Theaterstück „Prinz und Bettelknabe“ gehen?
Stellt Vermutungen an.

6 Wie unterscheiden sich Prinzen von Bettelknaben?
Nennt Beispiele und überlegt, wie man sie in einem Theaterstück unterschiedlich darstellen könnte.

7 **a.** Spielt jeweils einen Prinzen und einen Bettelknaben vor.
b. Gebt euch gegenseitig Feedback, ob die Figuren gut getroffen sind.

In diesem Kapitel lernt ihr das Theaterstück „Prinz und Bettelknabe“ kennen. Zu diesem Stück gibt es auch einen Jugendroman von Kirsten Boie. Einen Auszug daraus stellt ihr im szenischen Spiel dar.

Ein Theaterstück kennen lernen

Auf den folgenden Seiten lernst du das Theaterstück „Prinz und Bettelknabe“ näher kennen.

Textknacker ► S. 296

1 Lies den Auszug aus dem Theaterstück.

Prinz und Bettelknabe Peter Klusen

Tom ist ein Junge aus einer sehr armen Familie. Er wird von seinem Vater zum Betteln in einer Gegend von reichen Leuten geschickt. Tom zieht los …

3. Szene

Eingangstor zum Palast mit Blick auf den königlichen Park. Im fernen Hintergrund ist ganz oder teilweise der Westminsterpalast zu sehen. Das mächtige Eingangstor hat goldene Gitterstäbe und steht im Bühnenvordergrund. Es wird flankiert[1] von zwei Wachleuten in schicken roten Uniformen […]. Von der Seite bummelt Tom heran und bleibt mit offenem Mund staunend vor dem Tor stehen, während die Wachleute ihn skeptisch und abweisend fixieren[2].

Tom: *(schüchtern)* Wohnt hier etwa der Prinz?
1. Wachmann: Das ist das englische Herrscherhaus, Junge! Hier residiert der König!
Tom: Der König?
2. Wachmann: Der Prinz natürlich auch! Die ganze königliche Familie wohnt hier! Aber jetzt verschwinde, wir sind im Dienst und dürfen keine Auskünfte geben!

(Hinter dem Gitter erscheint Prinz Edward in Begleitung Lord Hertfords, seines Onkels. Der Prinz ist ein ausgesprochen hübscher Junge, der Tom sehr ähnlich sieht. Ganz im Gegensatz zu diesem ist er allerdings ganz in Samt und Seide gekleidet. Über einem weißen Rüschenhemd trägt er einen prachtvollen, ärmellosen Umhang. Seine Hose sitzt hauteng und ist aus golddurchwirktem Brokat[3]. An der Seite trägt er einen kleinen, mit Edelsteinen besetzten Degen, und seine Füße stecken in eleganten Stiefeletten mit roten Absätzen. Ein purpurrotes[4] Barett[5], dessen Federn bei jeder Bewegung leicht schwanken, schmückt seinen Kopf. Der Prinz und der Lord sind offensichtlich ins Gespräch vertieft und spazieren hinter dem Tor auf und ab.)

Tom: *(Stürzt zum Tor und presst sein Gesicht an die Gitterstäbe. Mit lauter Stimme.)* Der Prinz von Wales – er lebe hoch! Hoch lebe der Prinz von Wales!

[1] flankiert: begleitet
[2] fixieren: sehr fest anschauen
[3] der Brokat: ein edler, teurer Stoff
[4] purpurrot: dunkelrot
[5] das Barett: eine flache Kopfbedeckung

1. Wachmann: *(Reißt ihn unsanft zurück und stößt ihn brutal zu Boden.)* Bist du wahnsinnig, Bursche? Mach das nicht noch einmal! *(Dem Prinzen ist dies nicht entgangen. Er stürzt sofort an das Tor und baut sich vor dem 1. Wachmann auf.)*
Edward: *(zornig)* Wie kannst du es wagen, den armen Jungen so grob zu behandeln? Er ist schließlich ein Untertan meines Vaters, so arm er auch sein mag! Öffne sofort das Tor, und lass ihn herein! [...] *(freundlich)* Du siehst aber gar nicht gut aus, mein Freund. Völlig abgemagert bist du! Man scheint dich schlecht behandelt zu haben. Na, komm mit!*

4. Szene

Im Palast lässt Edward für Tom den Tisch decken und viel Essen bringen. Tom isst gierig, dann unterhalten sich die beiden.

Edward: Wie heißt du?
Tom: Tom Canty, Majestät.
Edward: Komischer Name. Wo wohnst du?
Tom: In der Altstadt, Sir, im Elendsviertel, in der Nähe der Pudding Lane[6].
Edward: Elendsviertel? Seltsame Bezeichnung für eine Wohngegend! [...] Erzähl mir von deinem Elendsviertel! Lebt es sich dort angenehm?
Tom: Und ob, Sir, wenn man nicht gerade tierischen Hunger hat! Wir Jungen fechten manchmal mit Knüppeln[7] gegeneinander, nur so zum Spaß.
Edward: *(lehnt sich seufzend zurück)* Das würde mir auch gefallen! Und was macht ihr noch so?
Tom: Im Sommer schwimmen wir in den Kanälen und in der Themse [...] und kraulen um die Wette.
Edward: *(begeistert)* Das Königreich meines Vaters würde ich dafür geben, wenn ich dabei einmal mitmachen dürfte! Erzähl weiter!
Tom: Wenn wir keine Lust mehr zum Schwimmen haben, veranstalten wir Schlammschlachten und backen Schlammkuchen! Also, ich sage Euch, Sir, Schlamm ist überhaupt das Größte! Schlamm, also, Schlamm, wie soll ich sagen, Schlamm ist halt einzigartig schlammig ...!
Edward: *(noch begeisterter)* Ja, ja! Schlamm! Toll! Mann, so eine richtige Schlammschlacht muss fantastisch sein! Ich wünschte, ich könnte dabei einmal mitmachen und dürfte mich einmal so anziehen wie du! Dann würde ich wie du barfuß laufen, im Matsch spielen, und niemand würde mir etwas verbieten! Niemand würde mir eine Gardinenpredigt[8] halten! Ach, wenn ich das nur ein einziges Mal erleben dürfte! Meine verdammte Krone würde ich dafür hergeben!

[6] the lane (englisches Wort): heißt: die Straße, der Weg
[7] der Knüppel: ein dicker Stock
[8] die Gardinenpredigt: eine strenge, strafende Rede

Tom: Und ich träume davon, mich einmal so zu kleiden wie Ihr, Sir, nur ein einziges Mal ein Prinz sein …!

Edward: *(zieht seinen Umhang aus)* Was? Das würde dir gefallen? Kein Problem! Los, zieh deine Fetzen aus, und behäng dich mit meinen fürstlichen Klamotten! Wir tauschen unsere Kleider! Der Spaß ist zwar nur von kurzer Dauer, aber immerhin: Wir haben ihn einmal gehabt! Bevor jemand kommt, haben wir uns längst wieder umgezogen!

(Die beiden springen gleichzeitig auf, verschwinden hinter dem Paravent[9] *und tauschen ihre Kleider. Augenblicke später steht der Prinz in Toms Lumpen vor dem Spiegel und betrachtet sich fasziniert. Dann kommt auch Tom hinter dem Schirm hervor – die königlichen Kleidungsstücke passen ihm wie angegossen. Die beiden Jungen stehen nebeneinander vor dem Spiegel und kommen aus dem Staunen nicht heraus: Der Prinz sieht nun exakt so aus wie zuvor Tom und Tom wie der Prinz! Sie starren sich an, starren in den Spiegel, schütteln ungläubig die Köpfe. Der Prinz in Toms Lumpen findet als Erster die Sprache wieder.)*

Edward: Wie kann das sein?

Tom: Fragt mich nicht, Sir, es wäre unhöflich, wenn ich Euch dieses Phänomen erklären würde.

Edward: Ich weiß es selbst! Du hast das gleiche Haar wie ich, die gleichen Augen, die gleiche Stimme, die gleiche Figur, du bewegst dich wie ich, aber du hast das Pech gehabt, nicht in meiner Wiege geboren worden zu sein! Wenn wir beide hier nackt zur Tür hinausgingen, könnte niemand sagen, wer der Prinz und wer Tom Canty ist! In deinen Sachen kann ich übrigens nun richtig nachempfinden, wie dir vorhin am Tor zumute gewesen sein muss, als der Soldat dich gepackt hatte. *(stutzt)* He, du hast dich ja an der Hand verletzt!

Tom: Nur eine kleine Schramme, Sir, der arme Wachmann …

Edward: *(Stampft mit dem nackten Fuß wütend auf den Boden.)* Hör auf! Er ist nicht arm und hat sich unmöglich benommen! Wüsste der König …*(unterbricht sich)* Warte hier, und rühr dich nicht von der Stelle, bis ich wiederkomme!*

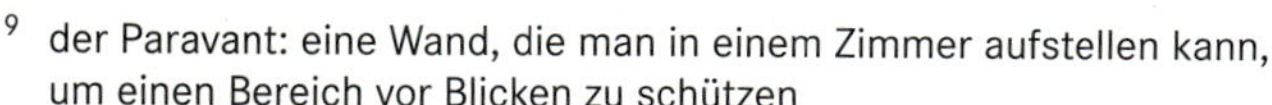
[9] der Paravant: eine Wand, die man in einem Zimmer aufstellen kann, um einen Bereich vor Blicken zu schützen

2 Was hast du bis jetzt über die Handlung des Theaterstücks erfahren? Fasse sie in eigenen Sätzen zusammen.

3 Was erfährst du über die beiden Hauptfiguren?

a. Notiere ihre Namen jeweils auf eine Rollenkarte.

b. Was erfährst du über ihre Lebensbedingungen? Notiere auf die jeweilige Rollenkarte auch passende Adjektive.
Tipp: Beachte das Verhalten der Figuren, ihre Art, zu sprechen, und ihre Eigenschaften.

Starthilfe

Edward: reich, mitfühlend, …
Tom: muss betteln gehen, …

4 Wie sprechen Tom und Edward miteinander? Arbeitet gemeinsam heraus, wie sich die Sprache der beiden unterscheidet.
Tipp: Achtet darauf, wie sie sich ansprechen.

Während Tom in der Kleidung des Prinzen in dem Zimmer im Schloss bleibt, läuft Edward in Toms Kleidung hinaus zu den Wachen am Eingangstor.

5. Szene

Eingangstor zum Palast. Vor dem Tor, von den Wachen auf Distanz gehalten, stehen einfache Leute vom Lande und bewundern ehrfürchtig und staunend den Park und den entfernten Palast. Plötzlich kommt aus dem Bühnenhintergrund der Prinz in Toms Kleidern angerannt. Die Leute treten neugierig näher.

Edward: *(Rüttelt an den Gitterstäben.)* Aufmachen! Macht sofort das Tor auf! *(Derselbe Soldat, der mit Tom so grob umgesprungen war, öffnet bereitwillig das Tor. Wenn sich der Prinz nun wütend durch das Portal auf den Wachmann stürzt, versetzt dieser ihm eine schallende Ohrfeige und der Prinz landet unsanft vor den Füßen der Leute im Straßenstaub.)*

1. Wachmann: Das war ein kleiner Dank für den Ärger, den ich wegen dir noch mit seiner Hoheit kriegen werde, du rotznäsiger Bettelbalg! *(Die Leute haben sichtlich ihren Spaß und umringen den Prinzen neugierig. Dieser erhebt sich benommen und will sich gleich wieder auf den Wachmann stürzen. Die Leute halten ihn jedoch zurück und ziehen ihn mit sich fort.)*

Edward: *(wütend)* Loslassen! Ich bin der Prinz von Wales! Meine Person ist heilig! Der Wachmann hat Hand an mich gelegt! Dafür wird er hängen! *(Die Leute brüllen vor Lachen, schieben den Prinzen immer weiter vom Tor weg, während der Wachmann lachend seine Hellebarde[10] präsentiert.)*

[10] die Hellebarde: eine Hieb- und Stichwaffe

1. Wachmann: *(ruft spöttisch)* Ich vergehe vor Ehrfurcht und Angst, durchlauchtigste Hoheit! Und jetzt mach dich vom Acker, du verrückter Schreihals! Und lass dich nie wieder hier blicken!
(Die Leute nehmen den fassungslosen Prinzen johlend in ihre Mitte, drängen ihn unbarmherzig immer weiter weg, und noch aus dem Off[11] ertönen ihre spöttischen Rufe.)
Leute: Platz für Seine königliche Hoheit! Platz für den Bettelprinzen! Achtung! Der Prinz kommt!*

6. Szene

Kabinett[12] des Prinzen. Tom steht vor dem Spiegel, dreht sich hin und her und bewundert sich in den prächtigen Kleidern. Noch summt er vergnügt vor sich hin, spaziert im Zimmer herum und probiert alle Sessel aus. Allmählich wird ihm die Situation jedoch unheimlich.

Tom: *(besorgt)* Wo bleibt er denn nur? Wenn mich jemand hier in seinen Kleidern erwischt! Was soll ich dann erzählen? Das glaubt mir doch keiner! Man wird mich auf der Stelle verhaften! Hängen werden sie mich, den armen Tom Canty! Heiliger Bimbam, Prinz! Wo steckst du denn?!
(Er läuft zur Tür, öffnet sie, riskiert einen Blick nach draußen und knallt die Tür erschrocken wieder zu.)
Der Page[13] hat mich gesehen! Er wird gleich Alarm schlagen! Ach, wie konnte ich mich auch nur auf dieses Spielchen einlassen! Das wird mich noch Kopf und Kragen kosten! […]*

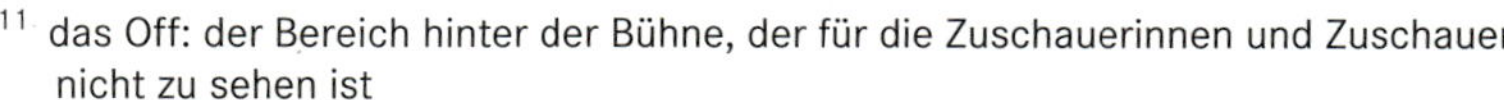

[11] das Off: der Bereich hinter der Bühne, der für die Zuschauerinnen und Zuschauer nicht zu sehen ist

[12] das Kabinett: ein kleines Hinterzimmer

[13] der Page: der Diener

5 Was ist passiert? Wo ist Tom, wo ist Edward?
Wie sind sie in diese Situation geraten? Sprecht darüber.

6 Einen Abschnitt in einem Theaterstück nennt man Szene.
a. Übertragt die Tabelle in euer Heft.
b. Lest die Szenen noch einmal und füllt die Tabelle aus.
Tipp: Lest auch die Regieanweisungen.
c. Was fällt euch auf? Sprecht darüber.

Szene	Wer tritt auf?	Wo spielt es?	Was passiert?
3	Tom, Edward, 1. Wachmann, 2. Wachmann	am Schlosstor	…
4	…	…	…

7 a. Lest die Regieanweisungen in *kursiver* Schrift auf den Seiten 120–124 noch einmal genauer. Diese werden nicht mitgesprochen.
b. Tauscht euch über die folgenden Fragen aus:
- Welche Informationen enthalten die Regieanweisungen?
- Für wen sind sie gedacht?
- Wer hat sie geschrieben?

c. Ergänzt eure Rollenkarten mit Informationen über Sprechweise, Mimik (Gesichtsausdruck) und Gestik (Körpersprache) der jeweiligen Figuren.

8 Spricht jemand mit sich selbst oder redet eine längere Zeit für sich allein, dann hält er einen Monolog.
a. Nennt die Textstelle, an der Tom einen Monolog hält.
b. Lest den Monolog von Tom ausdrucksvoll vor. Achtet dabei auf die Hinweise in den Regieanweisungen.

Betont vorlesen ► S. 298

Tom und Edward tauschen in der 4. Szene die Kleidung und machen dabei eine Entdeckung.

9 Übt die 4. Szene ein und spielt sie vor.
a. Bereitet euch mit Hilfe der Rollenkarten und der Regieanweisungen vor.
b. Jeweils zwei von euch spielen die Szene.
c. Sprecht über euer Spiel. Gebt euch gegenseitig Feedback.

Szenisches Spiel ► S. 298

10 Wie geht die Geschichte von Tom und Edward weiter? Notiere deine Ideen dazu in dein Heft.

11 a. Recherchiere, wie die Geschichte tatsächlich zu Ende geht.
b. Vergleiche sie mit deinen Ideen.
c. Welche Variante gefällt dir besser? Begründe.

Im Internet recherchieren ► S. 297

Merkwissen

Ein Theaterstück (Drama) ist für das Spiel auf der Bühne gedacht.
Die Handlung wird durch **Dialoge** (Gespräche) oder durch **Monologe** (Selbstgespräche) ausgedrückt.
Die Schauspielerinnen und Schauspieler nutzen ihre Stimme, ihre Gestik und ihre Mimik, um die Gefühle und Stimmungen der Figuren auszudrücken.
Eine **Szene** ist ein kurzer, abgeschlossener Teil eines Theaterstücks.
Regieanweisungen sind im Text zusätzlich zu den Rollentexten bereits mitgelieferte Anregungen, wie die Bühne eingerichtet werden sollte, z. B. das mächtige Eingangstor hat goldene Gitterstäbe, oder wie die Figuren handeln und sprechen sollen, z. B. rüttelt an den Gitterstäben.
Requisiten sind Gegenstände, die im Spiel verwendet werden, z. B. die Hellebarde in der Hand des Wachmanns.

Eine Szene aus einem Jugendbuch spielen

Kirsten Boie hat das Jugendbuch „Der Prinz und der Bottelknabe“ geschrieben.

1 Worum wird es in diesem Buch gehen? Stellt Vermutungen an.

2 **a.** Lest die Inhaltsangabe des Jugendbuchs.
b. Überprüft eure Vermutungen aus Aufgabe 1.

Sie waren so verschieden, wie zwei Jungen nur sein können, aber äußerlich glichen sie sich wie ein Ei dem anderen: Calvin Prinz, Fabrikantensohn und verwöhntes Einzelkind, und Kevin Bottel, der mit Mutter und drei Geschwistern am Rande des Existenzminimums[1] lebte. Beide waren im Streit von zu Hause abgehauen und streiften ziellos in der Stadt umher, bis sie sich zum ersten Mal begegneten. [...] Sie tauschen ihre Kleidung und ihre Rollen. Was wie ein Spaß begann, wurde mehr als das, denn alle –Lehrer und Mitschüler eingeschlossen – fielen auf den Schwindel herein. [...]*

[1] das Existenzminimum: die Menge an Geld, die man benötigt, um eine Wohnung, Kleidung und Essen zu bezahlen

3 Welche Gemeinsamkeiten erkennt ihr zwischen Peter Klusens Theaterstück und Kirsten Boies Jugendbuch? Sprecht darüber.

In dem folgenden Auszug kehrt Calvin als Kevin unangekündigt zur Villa zurück. Dieser Teil der Geschichte ist aus Calvins Sicht erzählt.

Erzählperspektiven ► S. 297

4 Lest den Auszug mit dem Textknacker.

Textknacker ► S. 296

Der Prinz und der Bottelknabe — Kirsten Boie

Unter meinem Fenster blieb ich stehen.
„Kevin, he, Kevin!“, flüsterte ich und versuchte, durch die Zähne zu pfeifen. Aber Bottel hatte einen tiefen Schlaf. Wenigstens hatte er die Jalousien nicht runtergelassen, darum konnte ich mit kleinen Zweigen gegen die Scheiben schmeißen: [...]
Als Kevin das Fenster öffnete, sah er ziemlich panisch aus. „Hallo?“, rief er in die Dunkelheit. „Ist da einer?“ Er hatte den Hockeyschläger in der Hand, und weil ich nicht wusste, ob er ihn nur zum Draufschlagen oder auch als Schleudergeschoss verwenden wollte, verzögerte sich meine Reaktion.

„Leise, Bottel, du weckst doch alle auf!", flüsterte ich. „Ich bin's, ich komm jetzt mal hoch." „Calvin?", flüsterte Kevin. „Mann, ich fass es nicht! Warum hast du denn nicht vorher angerufen?" Ich zog mich an der Regenrinne zum Fenstersims und bei den letzten fünfzig Zentimetern half er mir. „Komm rein", sagte er völlig blödsinnig, als ob ich die Absicht gehabt hätte, vor meinem eigenen Zimmer die Nacht auf dem Sims zu verbringen. [...] Mein Zimmer sah aus wie immer, nur dass zwischen den PC-Tischen Stapel von Zeitschriften lagen. „Wie ich sehe, geht's dir gut." „Ich kann nicht klagen", sagte Kevin. [...] „Wie geht es Nisi[2]?", fragte er und schloss das Fenster. Dann kam er zu mir aufs Bett. „Will sie immer noch so viele Bücher?" „Nis?", sagte ich. „Ja, will sie. Kriegt sie auch, übrigens. Dein Deutschlehrer würde mich am liebsten täglich küssen. Wegen Nisi bin ich übrigens hier, Mann. Ich will gar nicht bleiben, du kannst ganz beruhigt sein." [...] „Willst du nicht?", fragte Bottel verblüfft. „Du willst gar nicht bleiben?" [...] Ich lachte leise. „Es ist wegen Nisis Geburtstag", sagte ich. „Ich brauch Kohle von dir, Bottel. Und dann muss ich auch noch auf dem Dachboden stöbern." „Auf unserem Dachboden?", fragte Kevin verblüfft. „Auf *unserem* Dachboden", sagte ich. Vielleicht sollte hier doch das eine oder andere klargestellt werden. „Genau. Da sind noch Kisten mit Kinderkram von mir. Vielleicht finde ich da was für Nisi." „Gratulier ihr von mir", sagte Bottel, aber dann begriff er wohl selber, dass das Blödsinn war. „Wie viel brauchst du? Ich hab, glaub ich, ungefähr vierhundert in der Kassette." „*Ich* hab vierhundert in der Kassette", sagte ich. „Das reicht locker." Dann holte ich den Schlüssel aus der schwarzen Blumenvase, in der Bottel ihn offenbar auch schon gefunden hatte. „Das Kind kriegt ein rauschendes Fest." Kevin guckte skeptisch. „Und wie willst du das erklären?", fragte er. „Wo plötzlich die Knete herkommt?" Über solche Kleinigkeiten machte ich mir keine Gedanken. [...] Ich fand einen Riesenbären, der so gut wie nicht benutzt aussah, und eine Kiste mit Lego und das Playmobil-Krankenhaus. Wenn ich für mein Geld jetzt noch ein paar Bücher kaufte, war das für Nisi bestimmt ein schöner Geburtstagstisch. [...]*

[2] Nisi: Kevins Schwester

5 Sprecht über den Auszug:

- Welche Figuren kommen vor?
- Wo und wann spielt die Geschichte?
- Beschreibt, was passiert ist.

Ihr könnt nun zu dem Romanauszug eine Szene entwickeln und gestaltend spielen.

Szenisches Spiel
► S. 298

6 Was sprechen die beteiligten Figuren?
a. Lass dir eine Kopie des Textes geben oder lege eine Folie über den Textauszug.
b. Markiere die wörtlichen Reden mit unterschiedlichen Farben.
c. Fertige für die einzelnen Figuren eine Rollenkarte an.

Informationen auf einer Rollenkarte:

Rolle
Auftreten/Gang/
Gestik/Mimik
Stimme
Kostüm

7 **a.** Suche im Text nach Hinweisen, die für Regieanweisungen wichtig sind.
- In welcher Situation sind die Figuren?
- Wie fühlen sie sich?
- Welche Gegenstände sind für die Handlung bedeutsam?

b. Schreibe die Antworten ebenfalls auf die Rollenkarten.

8 Teilt euch in Gruppen von drei bis sieben Personen auf.
a. Schreibt auf, was die Figuren in der Szene sagen.
b. Schreibt auf, was die Figuren in der Szene tun.
c. Ergänzt die Regieanweisungen:
- Auf welche Art tun die Figuren etwas?
- Welche Gefühle sollen dabei zum Ausdruck kommen.
- Überlegt, welche Geräusche die Szene begleiten sollen.

Tipp: Orientiert euch an den Hinweisen, die ihr auf der Rollenkarte gesammelt habt.

d. Überlegt nun, welche Gegenstände (Requisiten) ihr benötigt, um die Szene darzustellen.

Nun kann es losgehen.

9 Gestaltet nun in jeder Gruppe euer Theaterstück.
- Legt eine Regisseurin/einen Regisseur fest.
- Verteilt die Rollen, ernennt auch jemanden, der Geräusche macht.
- Probt alles mehrmals, tauscht auch die Schauspieler, sodass jede/jeder drankommt.

10 Spielt euch die kurzen Theaterstücke gegenseitig vor.

11 Reflektiere dein eigenes Spiel:
- Wie bist du mit deiner Rolle zurechtgekommen?
- Wie empfandest du das Spiel vor der Klasse?
- Was möchtest du noch weiter üben?

12 Gebt euch gegenseitig Feedback:
- Was hat dich an der Aufführung besonders beeindruckt?
- Was könnte die Gruppe noch verbessern?

Feedback geben
► S. 299

Projektidee: Eine Aufführung vorbereiten und durchführen

Nun könnt ihr selbst ein Theaterstück szenisch umsetzen und aufführen.

W **1** Welches Stück wollt ihr aufführen?
- Ihr könnt Szenen aus dem Theaterstück „Prinz und Bettelknabe“ vorbereiten.
- Ihr könnt den Jugendroman „Der Prinz und der Bottelknabe“ ausleihen und Szenen daraus vorbereiten.

2 Teilt euch in Gruppen auf und verteilt die Szenen.

3 Jede Gruppe fertigt sich nun ihre eigene Textfassung an.
a. Lest den Text mehrmals genau und stellt euch das Geschehen ganz genau vor.
b. Schreibt auf, was die Figuren sagen, denken und fühlen.
c. Schreibt in Regieanweisungen auf, wie ihr euch die Stimme, Bewegungen, Gesichtsausdruck und Körpersprache vorstellt.
d. Notiert auch, welche Requisiten ihr benötigt.

Tipps:
- Schreibt eure Szenen am Computer.
- Ihr könnt die Handlung von längeren Szenen auch als Monolog von einer Figur auf der Bühne erzählen lassen oder eine Erzählerstimme sprechen lassen.

4 Prüft, ob alle Szenen gemeinsam eine zusammenhängende Geschichte ergeben. Falls es nötig ist, schreibt einzelne Szenen um oder fügt zusätzliche Szenen ein.

5 Bereitet eine Theateraufführung vor.
a. Teilt ein, wer welche Rolle spielen soll.
b. Lernt eure Rollen auswendig und übt.
c. Besorgt Kostüme. Ihr könnt sie ausleihen oder selbst nähen.
d. Gestaltet eure Bühne. Welche Orte aus dem Buch werden in euren Szenen dargestellt? Welche Requisiten benötigt ihr dafür?

Nun könnt ihr euer Theaterstück vor Publikum aufführen.

6 Spielt eure Szenen ohne Unterbrechung und mit allen Requisiten vor.

7 Lasst euch von den Zuhörerinnen und Zuhörern ein Feedback geben:
- Sind die Gefühle der einzelnen Figuren deutlich geworden?
- Sind die Geräusche passend eingesetzt worden?

Spannung pur – Kriminalgeschichten

In Kriminalgeschichten werden knifflige Fälle gelöst.

1 Die Bilder gehören zu verschiedenen Kriminalgeschichten.
- **a.** Beschreibt, was ihr auf den Bildern erkennen könnt.
- W **b.** Worum könnte es in den Kriminalgeschichten gehen? Wählt ein Bild aus und erzählt dazu eine spannende Geschichte.

2
- **a.** Welche Kriminalgeschichten kennt ihr? Denkt an Kriminalgeschichten, die ihr vielleicht gelesen oder angesehen oder von denen ihr gehört habt.
- **b.** Erzählt, worum es in den Kriminalgeschichten geht.

3
- **a.** Sprecht darüber, was typisch für Kriminalgeschichten ist. Erklärt auch, warum es so wichtig ist.
- **b.** Überlegt, welche Aufgaben ein Ermittler hat und welche Hilfsmittel er für die Aufklärung eines Falles benötigt.

In dem folgenden Rätsel geht es um die Aufklärung eines Verbrechens. Durch genaues Lesen und logisches Schlussfolgern könnt ihr den Täter ermitteln.

In einem entsetzlichen Schloss lebte ein entsetzlicher Herzog mit seiner entsetzlichen Frau und ihren entsetzlichen Bediensteten. Eines Morgens fand man den Herzog tot – ermordet von einer der anderen entsetzlichen Personen, die das Schloss bewohnten. Als die Bewohner des Schlosses von der Polizei befragt wurden, gab jede Person zwei richtige Antworten und erzählte eine Lüge:

1. Die Herzogin
a. Ich habe den Herzog nicht umgebracht.
b. Der Gärtner hat meinen Mann umgebracht.
c. Ich bin nicht schuldig.

2. Der Butler
a. Ich bin nicht der Mörder.
b. Das Zimmermädchen ist meine Zeugin, wir haben letzte Nacht in der Küche Karten gespielt.
c. Der Herzog wurde von dem Koch umgebracht.

3. Der Koch
a. Ich war es nicht.
b. Ich bin hier der Koch.
c. Der Butler weiß, wer es getan hat.

4. Das Zimmermädchen
a. Ich war es nicht.
b. Ich war letzte Nacht gar nicht hier.
c. Der Gärtner war's.

5. Der Gärtner
a. Die Herzogin lügt, wenn sie sagt, dass ich es war.
b. Ich bin unschuldig.
c. Der Butler ist der Mörder.

4 Wer war es wirklich?
- **a.** Vergleicht die Aussagen und ermittelt den Mörder des Herzogs.
  Tipp: Beginnt mit der Herzogin und dem Gärtner.
- **b.** Tauscht euch über eure Lösungswege aus.

In diesem Kapitel untersucht ihr, wie Kriminalgeschichten spannend gestaltet werden. Anschließend erzählt ihr selbst eine spannende Kriminalgeschichte.

Einen Auszug aus einem Ratekrimi untersuchen

Der Ratekrimi „Der Mönch ohne Gesicht" spielt im Jahr 801.

1 Lies den Textauszug mit dem Textknacker.

Textknacker ► S. 296

Der Mönch ohne Gesicht Fabian Lenk

Aus der Klosterbibliothek werden wertvolle Schriften gestohlen. Die Freunde Anna, Jakob und Benni machen sich auf die gefährliche Suche nach dem Täter. Benni, der als Novize[1] im Kloster lebt, befürchtet, dass sich der Dieb unter die Mönche gemischt hat. Eines Abends beobachtet er einen Unbekannten im Kloster ...

Der Mönch war am Speisesaal vorbeigegangen und steuerte nun auf das Badehaus zu. Benni rannte hinterher, spähte um die Ecke. Der Mönch lief zügig Richtung Friedhof. Der Novize hielt gebührenden Abstand. Jetzt verschwand der Unbekannte zwischen den Bäumen, die die Grabstellen säumten. Dem Jungen fuhr der Schreck in die Glieder: Was wollte der Mönch dort in der Nacht? Mit klopfendem Herzen schlich Benni weiter. Plötzlich hörte er ein Flüstern. Ein unterdrücktes Lachen. Vorsichtig bog Benni die Zweige eines Strauches auseinander.

Da war der Mönch! Groß ragte seine Gestalt im fahlen[2] Mondlicht auf. Er war in ein Gespräch mit einem anderen Mönch vertieft. Beide standen mit dem Rücken zu Benni an einem Grab. Unmöglich zu erkennen, um wen es sich bei den Männern handelte! Atemlos lauschte der Novize, konnte aber kein Wort verstehen. Etwas flatterte dicht an Bennis Kopf vorbei, der Junge stieß einen leisen Schrei aus. Die Mönche fuhren herum, der Junge warf sich flach auf den Bauch. Schritte wurden laut, kamen direkt auf ihn zu. Benni schloss die Augen und betete, dass sie ihn nicht fanden. [...]*

[1] der Novize: jemand, der sich darauf vorbereitet, ein Mönch zu werden

[2] fahl: blass, mit wenig Farbe

Worum geht es in dem Fall?

2 **a.** Verschaffe dir einen Überblick über den Fall und beantworte die folgenden Fragen in Stichworten:
- Wie heißt die Hauptfigur?
- Wo und wann spielt die Geschichte?
- In welcher Situation befindet sich die Hauptfigur?
- Wo lebt Benni?
- Wen verfolgt er?
- Warum verfolgt er jemanden?
- Was geschieht bei der Verfolgung?

b. Vergleicht eure Notizen und ergänzt fehlende Informationen.

c. Stellt weitere Fragen an die Kriminalgeschichte und beantwortet sie.

Gute Kriminalgeschichten sind sehr spannend gestaltet.

3 **a.** Lies den Text noch einmal.

b. Schreibe drei Sätze aus dem Text auf, die du besonders spannend findest.

c. Vergleicht eure Sätze. Habt ihr die gleichen Sätze aufgeschrieben?

d. Warum wirken die Sätze spannend? Begründet eure Auswahl.

4 Schreibe Nomen und Adjektive aus dem Text auf, die Spannung erzeugen.

Nomen ► **S.307**
Adjektive ► **S.309**

a. Übertrage die folgende Tabelle in dein Heft.

b. Lege eine Folie über den Text und markierte passende Nomen, Adjektive und Wortgruppen.

c. Trage die markierten Wörter und Wortgruppen in deine Tabelle ein.

Starthilfe

Nomen	Adjektive	Wortgruppen (Adjektive + Nomen)
der Friedhof, ...	gefährlich, ...	das fahle Mondlicht, ...

5 **a.** Vergleicht eure Einträge und ergänzt eure Tabelle, wenn nötig.

b. Findet weitere Beispiele und tragt sie in die Tabelle ein.

Oft wird Spannung dadurch erzeugt, dass die Leserinnen und Leser die Gedanken und Gefühle der Hauptfigur nachempfinden können.

6 „Was wollte der Mönch dort in der Nacht?" (Z. 6)
Die Frage, die sich Benni stellt, steigert die Spannung.

a. Notiere weitere Gedanken, die Benni in dieser Situation haben könnte.

b. Finde eine weitere Textstelle, in der Bennis Gedanken oder Gefühle deutlich werden. Schreibe die Zeilenangabe auf.
Tipp: Achte auf kurze Sätze und Ausrufe.

Auch die Gestaltung von Zeit und Ort trägt dazu bei, Spannung zu erzeugen.

7 Untersuche die Zeit und den Ort in dem Textauszug.
Schreibe Stichworte zu den folgenden Fragen auf:
- Zu welcher Tageszeit spielt die Geschichte?
- Wo spielt die Geschichte? Ist der Ort ungewöhnlich? Warum?
- Wie wirken die Zeit und der Ort auf dich?

Starthilfe

Die Geschichte spielt ...
Der Ort ist ..., weil ...
Durch die Zeit und den Ort wirkt die Situation ...

Sprachspeicher

entspannt
bedrohlich
unheimlich
gefährlich
fröhlich
düster

Wie könnte die Geschichte weitergehen?

8 Schreibe Stichworte für das Ende auf.
Die folgenden Fragen helfen dir dabei:
- Warum haben sich die Mönche nachts getroffen?
- Konnte Benni unentdeckt bleiben?
- Was hat Benni unternommen, als er ins Kloster zurückgekehrt ist?
- Was ist mit den gestohlenen Schriften geschehen?
- Wer ist der Täter?

9 **a.** Erzählt euch gegenseitig eure Fortsetzungen.
b. Gebt euch anschließend jeweils eine Rückmeldung:
Passt das Ende gut zur Geschichte?

**Den Ratekrimi „Der Mönch ohne Gesicht" gibt es auch als Hörbuch.
Du kannst untersuchen, wie in einem Hörbuch Spannung erzeugt wird.**

10 **a.** Leihe dir den Ratekrimi in einer Bibliothek als Hörbuch aus.
b. Höre dir das Hörbuch an.
c. Wie wirken die Worte auf dich? Beschreibe die Stimmung.
d. Mit welchen Mitteln wird Spannung erzeugt? Notiere Beispiele.

Merkwissen

In vielen Texten wird durch die Verwendung sprachlicher Mittel Spannung erzeugt:
- Treffende Adjektive und Nomen beschreiben die Situation genau und verdeutlichen Gedanken oder Gefühle.
- Durch Gedanken und wörtliche Rede wird die Geschichte lebendiger.
- Kurze oder verkürzte Sätze, viele Ausrufe und Fragen können z. B. das Gefühl von Angst und Panik vermitteln.
- Ort und Zeit: Die Wahl des Ortes und der Zeit beeinflussen die Stimmung, z. B. gefährliche oder unheimliche Orte, nächtliche Situationen.

Eine Kriminalgeschichte mündlich erzählen

Auch kurze Kriminalgeschichten können sehr spannend sein.

1 Lies die folgende Kriminalgeschichte mit dem Textknacker.

Textknacker ► **S.296**

Tödlicher Aperitif[1] Veit Bronnenmeyer

„Es muss einer dieser Eiszapfen gewesen sein“, sagte Monsieur Herault und deutete auf die Reling[2], wo in einer Reihe von Eiszapfen genau einer fehlte. Der leblose Leib des Lord von Burtonhill lag zu ihren Füßen. Er hatte offensichtlich aus einer Wunde in Herznähe stark geblutet, bis die schneidende Kälte in der subpolaren Atlantikregion[3] den austretenden Lebenssaft[4] gefrieren ließ.

„Aber ich bin es nicht gewesen, Monsieur Herault“, rief die junge Witwe des Lords, die von zwei Vollmatrosen festgehalten wurde, „so helfen Sie mir doch!“ – „Es bleibt keine andere Erklärung“, erklärte der Kapitän, „wir haben Sie über die Leiche gebeugt gefunden, alle anderen Personen waren zum fraglichen Zeitpunkt im Salon.“ – „Nicht so schnell, Kapitän“, mahnte Herault, „der Lord war doch sehr empört wegen der zu hohen Temperatur seines Sherrys. Als er den Salon mit dem Glas in der Hand verließ, dachte ich zuerst, dass er den Inhalt ins Meer schütten wolle. Stattdessen hat er hier draußen einen Eiszapfen abgebrochen, um ihn zu zerkleinern und damit den Aperitif zu kühlen. Als der Lord dann auf dem Weg zurück zur Tür das Deck überquerte, stolperte er über dieses achtlos liegen gelassene Tau hier und fiel so unglücklich, dass er sich den Eiszapfen ins Herz bohrte.“ – „Sie könnten sich irren“, gab der Kapitän zu bedenken. Herault ging zur Salontür, schritt eilends über das Deck, brach einen Eiszapfen von der Reling ab, machte kehrt, stolperte über das Tau, fiel und bohrte sich den Eiszapfen ins Herz. „Ich irre mich nie“, röchelte er, bevor auch sein Blut gefror.

„Lasst die Lady los“, befahl der Kapitän den beiden Matrosen, „und räumt dieses Tau weg!“

1 der Aperitif: Getränk, das den Appetit anregen soll

2 die Reling: Geländer um das Schiffsdeck

3 die Atlantikregion: kalte Region ohne deutlichen Jahreszeitenwechsel

4 der Lebenssaft: das Blut

Worum geht es in dem Fall?

2 **a.** Verschaffe dir zunächst einen Überblick über den Fall:
- Wo spielt die Geschichte?
- Wer ist die Hauptverdächtige?

b. Stelle weitere Fragen an die Kriminalgeschichte und beantworte sie.

c. Vergleicht eure Notizen und ergänzt fehlende Informationen, wenn nötig.

Starthilfe

Welches Verbrechen ...?
...

3 Untersuche die Kriminalgeschichte mit Hilfe der Handlungsbausteine. Notiere Stichworte zu jedem Handlungsbaustein.

Handlungsbausteine ► S. 297

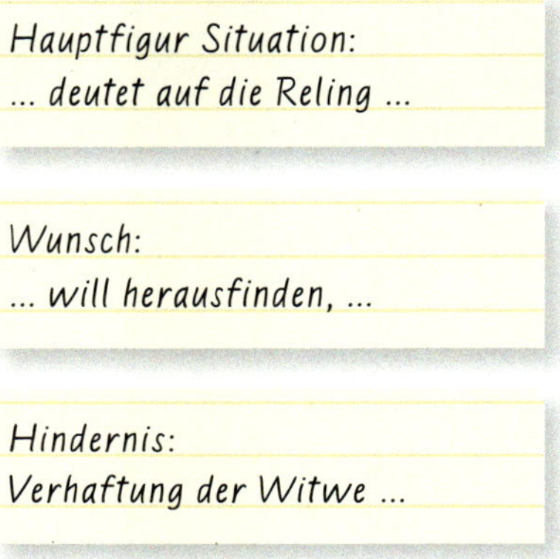

Hauptfigur Situation:
... deutet auf die Reling ...
Wunsch:
... will herausfinden, ...
Hindernis:
Verhaftung der Witwe ...

Diese kurze Kriminalgeschichte kannst du gut mündlich erzählen.

4 Bereite deine Erzählung vor.

a. Mache dir Notizen zum Fall. Schreibe Stichworte auf Karteikarten.

b. Überlege, was du wann erzählen möchtest.
Lege eine passende Reihenfolge für deine Geschichte fest.

das Verbrechen
das Opfer
die Tatwaffe
die Ermittler
Spuren und Hinweise

5 Wie kannst du die Geschichte besonders spannend erzählen?

a. Mache dir auf deinen Karteikarten Notizen:
- Treffende Nomen und Adjektive beschreiben die Situation genau.
- Durch wörtliche Rede kannst du Gedanken du Gefühle verdeutlichen.

b. Überlege, an welchen Stellen du die Geschichte mit Hilfe deiner Stimme, Betonung und deinem Sprechtempo spannender gestalten kannst.

6 **a.** Erzähle die Kriminalgeschichte mit Hilfe deiner Karteikarten einer Partnerin oder einem Partner. Die oder der andere macht sich Notizen.

b. Gebt euch gegenseitig eine Rückmeldung.

Nun kannst du eine eigene kurze Kriminalgeschichte planen und erzählen.

W **7** Wähle einen der beiden Anfänge aus.

Anfang 1:
Die Nacht war ideal. Neblig und bitterkalt. Das einzige Geräusch machten seine Sneakers, als er über den feuchten Rasen zum Haus schlich. Rob ging kein Risiko ein, der Bruch war todsicher.
Die Alte schlief wie ein Stein und außerdem war sie stocktaub. …

Anfang 2:
„Wir sollten glauben, dass es sich nur um eine gefährliche Mutprobe handelte", erklärte Kommissar Biermann, nachdem der schwer verletzte Paul D. aus dem Eisbärengehege abtransportiert worden war. „Aber der Täter hat etwas übersehen …"

8 Welche Informationen sind wichtig, damit die Geschichte spannend wird? Notiere Stichworte auf Karteikarten.

mein Täter:	*das Verbrechen:*	*die Zeugen:*
…	…	…

9 Wie kannst du deine Kriminalgeschichte spannend erzählen? Notiere auf den Karteikarten Ideen zur sprachlichen Gestaltung: Nomen und Adjektive, wörtliche Rede, Gestaltung von Ort und Zeit.

Sprachspeicher
ängstlich
konzentriert
nachdenklich
überrascht
geräuschlos
fragend

10 Ordne deine Karteikarten in einer sinnvollen Reihenfolge. Gib die Auflösung erst zum Schluss.

Du kannst nun deine Kriminalgeschichte möglichst spannend vortragen.

11 **a.** Erzählt euch gegenseitig eure Kriminalgeschichten.
b. Gebt euch anschließend eine Rückmeldung:
- Warum war der Vortrag spannend?
- Was kann noch verbessert werden?

Feedback geben ► S. 299

Arbeitstechnik: Eine Kriminalgeschichte spannend erzählen

- Beschreibe die Figuren, ihre Gedanken und Gefühle ausführlich.
- Durch Gedanken und wörtliche Rede wird die Geschichte lebendig.
- Baue Spannung auf. Verrate nicht zu viel auf einmal.
- Verwende unterschiedliche Satzanfänge.
  Verändere deine Stimme beim Erzählen.
- Sieh deine Zuhörerinnen und Zuhörer beim Erzählen an.

Projektidee: Ein Hörspiel gestalten

Hörspiel ► S. 294

Ein Hörspiel erzählt eine Geschichte mit verteilten Sprecherrollen und Geräuschen. In Gruppenarbeit könnt ihr eine Kriminalgeschichte als Hörspiel umsetzen.

W **1** Wählt eine Kriminalgeschichte aus, die ihr als Hörspiel vertonen möchtet.
- Ihr könnt eine Geschichte aus diesem Kapitel umsetzen.
- Ihr könnt eine andere Geschichte auswählen, z.B. aus der Bibliothek.

2 **a.** Lest die Kriminalgeschichte.
b. Teilt den Text in Szenen ein.

Ein Szenenplan hilft euch, die einzelnen Szenen gut zu planen.

3 Übertragt die folgende Tabelle auf ein großes Blatt. Verwendet für jede Szene einen eigenen Plan.

Starthilfe

Tödlicher Aperitif
1. Szene: Auf der Reling (Z. 1–9)

Figur/Erzähler	Sprechweise	gesprochener Text	Geräusch
Monsieur Herault (Max)	nachdenklich, bestimmend	Es muss einer dieser Eiszapfen gewesen sein,	Meeresrauschen (Murat und Sabine)
Erzähler (Ali)	neutral	sagte Monsieur Herault und deutete auf die Reling, wo ...	leise weinende Witwe (Mia)

4 Tragt in die Tabelle ein, welche Figuren vorkommen, was sie sagen und wie sie sprechen.

Tipps:
- Aus den Handlungen und Äußerungen der Figuren lassen sich die Gefühle ableiten, die sie in diesem Moment haben, und die Eigenschaften der Figuren.
- Überlegt auch, in welcher Stimmung, mit welcher Betonung und in welcher Tonlage die Redeanteile gesprochen werden.
- Manche Teile der Handlung können von einem Erzähler zusammengefasst oder auch kommentiert werden.

Geräusche machen ein Hörspiel lebendig und spannend.

5 Welche Geräusche passen zu der Szene?
Schreibt es in die vierte Spalte der Tabelle.

6 **a.** Überlegt, wie ihr die Geräusche erzeugen könnt.
Tipps:
- Meeresrauschen erzeugt ihr mit einer weichen Bürste, die über einen Karton oder ein Blech gestrichen wird.
- Wind erzeugt ihr, indem ihr in den Rand einer leeren Flasche pustet.
- Türknarren erzeugt ihr, indem ihr über Gitarrensaiten streicht.

b. Schreibt auf, welche Materialien ihr für die Aufnahme noch besorgen müsst.

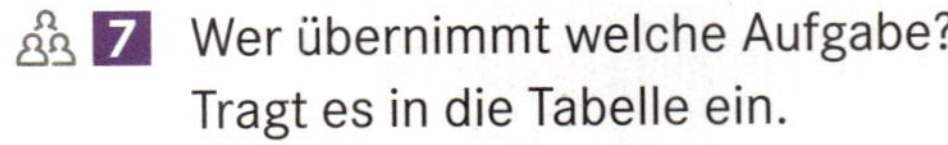

7 Wer übernimmt welche Aufgabe?
Tragt es in die Tabelle ein.

8 Übt die einzelnen Szenen mehrmals, bis ihr euren Text und eure Aufgaben gut kennt.

Betont vortragen ► S. 298

Nun könnt ihr euer Hörspiel aufnehmen.

9 Überprüft, ob alles für die Aufnahme vorbereitet ist:
- Funktioniert die Technik?
- Haben alle Sprecherinnen und Sprecher eine Sprechprobe gemacht? (Abstand vom Mikrofon, Lautstärke aufeinander abgestimmt)
- Sind alle Nebengeräusche verringert? (Tür geschlossen, Warnschild an Tür angebracht, dass niemand während der Aufnahme stört, Handys ausgeschaltet)

10 Nehmt die Szenen als Hörspiel auf.
Wiederholt die Aufnahme, bis ihr mit dem Ergebnis zufrieden seid.
Tipp: Mit einem kostenlosen Computerprogramm könnt ihr eure Aufnahmen bearbeiten, z. B. Fehlerstellen löschen, Geräusche ein- und ausblenden. Ihr könnt auch passende Musik auswählen und einsetzen.

11 **a.** Spielt eure Aufnahme in der Klasse vor.
Die Zuhörenden machen sich Notizen zum Inhalt und zur Gestaltung.

b. Wertet anschließend aus:
- Konnten die Zuhörenden dem Fall gut folgen?
- Was ist gut gelungen?
- Welche Verbesserungsvorschläge gibt es?

Feedback geben ► S. 299

Geschichten in Gedichten: Balladen

Balladen erzählen aufregende und dramatische Geschichten.

1 **a.** Seht euch die Bilder an und beschreibt sie.

W **b.** Wählt ein Bild aus und erzählt dazu eine Geschichte.

Die Bilder gehören zu den folgenden Auszügen aus Balladen.

2 Lest die beiden Auszüge.

Und nun komm, du alter Besen!
Nimm die schlechten Lumpenhüllen[1]!
Bist schon lange Knecht[2] gewesen;
Nun erfülle meinen Willen!
Auf zwei Beinen stehe,
Oben sei ein Kopf!
Eile nun und gehe
Mit dem Wassertopf!

1 die Lumpenhüllen: alte Kleider

2 der Knecht: der Diener

Und brennt der Himmel, so sieht man's gut:
Ein Wrack[3] auf der Sandbank! Noch wiegt es die Flut;
Gleich holt sich's der Abgrund.

Nis Randers lugt[4] – und ohne Hast
Spricht er: „Da hängt noch ein Mann im Mast;
Wir müssen ihn holen."

Da fasst ihn die Mutter: „Du steigst mir nicht ein:
Dich will ich behalten, du bliebst mir allein,
Ich will's, deine Mutter!

Dein Vater ging unter und Momme, mein Sohn;
Drei Jahre verschollen ist Uwe schon.
Mein Uwe, mein Uwe!"

3 das Wrack: ein stark beschädigtes Schiff

4 er lugt: er schaut vorsichtig

3 Welches Bild passt zu welchem Textauszug?
Ordnet die Bilder zu.

4 Um welches Ereignis könnte es in der jeweiligen Ballade gehen?
a. Sprecht darüber.
b. Vergleicht mit euren Ideen von Aufgabe 1b.

In diesem Kapitel lernt ihr spannende Balladen kennen.
Ihr untersucht ihre Merkmale, tragt Balladen vor und schreibt zu ihnen.

Merkmale einer Ballade untersuchen

Textknacker ► S. 296

Balladen erzählen Geschichten in Form eines Gedichtes.

1 Lies die Ballade mit dem Textknacker.

Der Zauberlehrling Johann Wolfgang von Goethe

Hat der alte Hexenmeister
Sich doch einmal wegbegeben!
Und nun sollen seine Geister
Auch nach meinem Willen leben.
Seine Wort' und Werke
Merkt' ich und den Brauch[1]
Und mit Geistesstärke
Tu' ich Wunder auch.

Walle! walle!
Manche Strecke,
Dass zum Zwecke
Wasser fließe
Und mit reichem, vollem Schwalle
Zu dem Bade sich ergieße.

Und nun komm, du alter Besen!
Nimm die schlechten Lumpenhüllen[2]!
Bist schon lange Knecht[3] gewesen;
Nun erfülle meinen Willen!
Auf zwei Beinen stehe,
Oben sei ein Kopf!
Eile nun und gehe
Mit dem Wassertopf!

Walle! walle!
Manche Strecke,
Dass zum Zwecke,
Wasser fließe
Und mit reichem, vollem Schwalle
Zu dem Bade sich ergieße.

Seht, er läuft zum Ufer nieder;
Wahrlich! ist schon an dem Flusse,
Und mit Blitzesschnelle wieder
Ist er hier mit raschem Gusse.
Schon zum zweiten Male!
Wie das Becken schwillt![4]
Wie sich jede Schale
Voll mit Wasser füllt!

Stehe! stehe!
Denn wir haben
Deiner Gaben
Voll gemessen![5]
Ach, ich merk' es! Wehe! wehe!
Hab ich doch das Wort vergessen!

Ach, das Wort, worauf am Ende
Er das wird, was er gewesen.
Ach, er läuft und bringt behände[6]!
Wärst du doch der alte Besen!
Immer neue Güsse
Bringt er schnell herein,
Ach! und hundert Flüsse
Stürzen auf mich ein.

Nein, nicht länger
Kann ich's lassen;
Will ihn fassen.
Das ist Tücke[7]!
Ach! nun wird mir immer bänger[8]!
Welche Miene! welche Blicke!

[1] der Brauch: hier: die Zauberkunst
[2] die Lumpenhüllen: alte Kleider
[3] der Knecht: der Diener
[4] es schwillt: es wird voll
[5] voll gemessen: genug
[6] behände: schnell
[7] die Tücke: die Schwierigkeit
[8] bänger: ängstlicher (Steigerung von bang = ängstlich)

O du Ausgeburt der Hölle!
Soll das ganze Haus ersaufen?
Seh ich über jede Schwelle
Doch schon Wasserströme laufen.
Ein verruchter[9] Besen,
Der nicht hören will!
Stock, der du gewesen,
Steh doch wieder still!

Willst's am Ende
Gar nicht lassen?
Will dich fassen,
Will dich halten
Und das alte Holz behände
Mit dem scharfen Beile spalten

Seht, da kommt er schleppend wieder!
Wie ich mich nur auf dich werfe,
Gleich, o Kobold, liegst du nieder;
Krachend trifft die glatte Schärfe[10].
Wahrlich! brav[11] getroffen!
Seht, er ist entzwei!
Und nun kann ich hoffen
Und ich atme frei!

Wehe! wehe!
Beide Teile
Stehn in Eile
Schon als Knechte
Völlig fertig in die Höhe!
Helft mir, ach! ihr hohen Mächte!

Und sie laufen!
Nass und nässer
Wird's im Saal und auf den Stufen.
Welch entsetzliches Gewässer!
Herr und Meister! hör mich rufen! –
Ach, da kommt der Meister!
Herr, die Not ist groß!
Die ich rief, die Geister,
Werd ich nun nicht los.

„In die Ecke,
Besen! Besen!
Seid's gewesen.
Denn als Geister
Ruft euch nur zu seinem Zwecke
Erst hervor der alte Meister."

[9] verrucht: gemein
[10] die glatte Schärfe: hier: das Beil
[11] brav: hier: sehr gut

Welche Geschichte erzählt die Ballade? Mit Hilfe der Handlungsbausteine kannst du die Ballade besser verstehen.

Handlungsbausteine
► S. 297

2 Lege für jeden Handlungsbaustein eine Karteikarte an.

3 Wer ist die Hauptfigur in dieser Ballade? In welcher Situation befindet sie sich? Schreibe es auf die erste Karteikarte.

Starthilfe

Hauptfigur in Situation:
Der Zauberlehrling ist allein, da der ...

Hauptfigur in Situation:

4 Welchen Wunsch hat der Zauberlehrling. Was hat er vor?

a. Lies noch einmal die Zeilen 1–22.

b. Schreibe mit eigenen Worten auf die zweite Karte, welchen Wunsch der Zauberlehrling ausspricht. Notiere die Zeile.

Wunsch:

5 „Eile nun und gehe mit dem Wassertopf!" (Z. 21–22)
Welche Aufgabe soll der Besen für den Zauberlehrling erledigen? Sprecht über eure Vermutungen.

6 Der Besen macht sich an seine Arbeit, doch nicht so, wie es sich der Zauberlehrling gewünscht hat.

a. Notiere auf der dritten Karteikarte mit deinen eigenen Worten, wie der Besen handelt.

b. Warum kann der Zauberlehrling den Besen nicht zurückverwandeln? Schreibe es auch auf das dritte Kärtchen.

Hindernis:

7 Wie reagiert der Zauberlehrling? Was versucht er alles, um den Besen zum Stehen zu bringen? Notiere seine Reaktionen auf der vierten Karteikarte. Schreibe auch die Zeilenangaben hinzu.

Reaktionen:

8 Am Ende gibt es für den Zauberlehrling nur noch eine Lösung. Schreibe auch sie auf die vierte Karte und zitiere die Textstelle.

9 Wie endet die Ballade? Wie wird der Zauber beendet? Schreibe es auf die letzte Karte.

Ende:

10 Erzähle die Ballade mit Hilfe deiner Notizen auf den Karteikarten einer Partnerin oder einem Partner.

Du hast nun die Geschichte der Ballade herausgearbeitet. Das ist das epische Element einer Ballade.

Balladen ähneln in ihrer Form Gedichten: Sie haben lyrische Elemente.

11 a. Lest die Ballade noch einmal.
b. Welche Merkmale von Gedichten erkennt ihr? Sprecht darüber.
c. Schreibt die Merkmale auf.

Merkmale von Gedichten ► S. 292–293

Starthilfe

Die Ballade ist in Versen geschrieben.
...

Balladen sind oft spannend aufgebaut und es gibt wie in einem Drama Dialoge oder Monologe. Das sind die dramatischen Elemente.

Merkmale dramatischer Texte ► S. 293

12 Die Situation des Zauberlehrlings spitzt sich immer mehr zu.
a. Findet spannende Textstellen und lest sie vor.
b. Besprecht, welches die spannendste Stelle in der Ballade ist. Nennt die Verszeile.

Durch wörtliche Rede wird deutlich, dass Gefühle für den Verlauf der Handlung in dieser Ballade eine große Rolle spielen.

überrascht, außer sich, ruhig, gefasst, verblüfft, verwirrt, hilflos, bekümmert, hoffnungsvoll, angsterfüllt, erbost, aufgebracht, beruhigt, bittend, übermütig, entschlossen, erstaunt, panisch, erleichtert, drohend, verzweifelt, besorgt, überlegen, fordernd, kühn, zornig, bettelnd, befreit, sicher, flehend, vermessen, erlöst, wütend

13 Untersucht die Gefühle und Reaktionen des Zauberlehrlings.
a. Welche Schritte unternimmt er, um den Besen zu stoppen? Schreibt sie auf.
b. Wie verändern sich dabei seine Gefühle? Ordnet mit Hilfe der Wörterliste jeder Strophe ein passendes Adjektiv zu.
c. Belegt eure Aussagen mit Textstellen.

Merkwissen

Balladen haben epische, lyrische und dramatische Elemente.
Episches Element: Balladen erzählen Geschichten.
Lyrisches Element: Balladen sind in Versen geschrieben und können ein Reimschema beinhalten.
Dramatisches Element: Balladen enthalten wörtliche Reden oder innere Monologe und sind spannend aufgebaut.

Die Ballade vortragen

Die Ballade „Der Zauberlehrling" kannst du besonders gut vortragen.

1 Lass dir von deiner Lehrkraft eine Kopie der Ballade geben.

2 **a.** Lies die Ballade noch einmal. Wer spricht?
b. Markiere auf der Kopie die Stelle, an der der Sprecher wechselt.

3 Die Situation des Zauberlehrlings spitzt sich von Strophe zu Strophe immer mehr zu. Du kannst es hörbar machen.
a. Lies die Strophen und probiere verschiedene Sprechweisen aus.
b. An welcher Stelle ist die Verzweiflung des Zauberlehrlings am größten? Markiere diese Textstelle und überlege, wie du sie vortragen willst.

Sprachspeicher
ruhig
ängstlich
verzweifelt
panisch
fröhlich
geheimnisvoll
aufgeregt

4 Überlege, mit welchem Gefühl der Meister seine Worte sprechen könnte.

Du hast verschiedene Möglichkeiten, mit deiner Stimme Gefühle und Stimmungen auszudrücken.

5 Kennzeichne auf der Kopie, wie du die Ballade vortragen möchtest. Verwende die Betonungszeichen vom Rand.
- Füge Sprechpausen vor besonders spannenden Stellen ein.
- Verändere das Sprechtempo und die Lautstärke passend zur Handlung.

↗ lauter
↙ leiser
→ schneller
← langsamer
|| Pause

Einige Textstellen kannst du zusätzlich durch Gesten unterstützen.

6 **a.** Markiere Stellen, die du durch Gesten verstärken möchtest.
b. Notiere auch, welche Gesten du jeweils einsetzen möchtest.

Nun kannst du den Balladenvortrag üben.

7 Übe, die Ballade ausdrucksstark vorzutragen. Beachte dabei deine Markierungen.

Betont vortragen ► S. 298

8 **a.** Tragt euch die Ballade gegenseitig vor. Die oder der Zuhörende macht sich Notizen zur Betonung, zur Lautstärke, zum Sprechtempo, zur Körpersprache und dazu, ob die Gefühle der Figuren gut wiedergeben werden.
b. Wertet anschließend eure Vorträge aus und gebt einander Rückmeldung.

Feedback geben ► S. 299

Zu einer Ballade schreiben

Die folgende Ballade handelt von einem Schiffsunglück und einer dramatischen Rettung.

1 Lies die Ballade mit dem Textknacker.

Textknacker ► S. 296

Nis Randers Otto Ernst

Krachen und Heulen und berstende[1] Nacht,
Dunkel und Flammen in rasender Jagd –
Ein Schrei durch die Brandung[2]!

Und brennt der Himmel, so sieht man's gut:
Ein Wrack[3] auf der Sandbank! Noch wiegt es die Flut;
Gleich holt sich's der Abgrund.

Nis Randers lugt[4] – und ohne Hast
Spricht er: „Da hängt noch ein Mann im Mast;
Wir müssen ihn holen."

Da fasst ihn die Mutter: „Du steigst mir nicht ein:
Dich will ich behalten, du bliebst mir allein,
Ich will's, deine Mutter!

Dein Vater ging unter und Momme, mein Sohn;
Drei Jahre verschollen ist Uwe schon.
Mein Uwe, mein Uwe!"

Nis tritt auf die Brücke. Die Mutter ihm nach!
Er weist nach dem Wrack und spricht gemach[5]:
„Und seine Mutter?"

Nun springt er ins Boot und mit ihm noch sechs:
Hohes, hartes Friesengewächs[6];
Schon sausen die Ruder.

Boot oben, Boot unten, ein Höllentanz!
Nun muss es zerschmettern …! Nein, es bleibt ganz! …
Wie lange? Wie lange?

[1] berstende Nacht: ein Gewitter in der Nacht
[2] die Brandung: sich an der Küste brechende Wellen
[3] das Wrack: ein stark beschädigtes Schiff
[4] er lugt: er schaut vorsichtig
[5] er spricht gemach: er spricht ruhig und langsam
[6] Friesengewächs: hier: starke und mutige Männer aus Friesland

Mit feurigen Geißeln[7] peitscht das Meer
Die menschenfressenden Rosse[8] daher;
Sie schnauben und schäumen.

Wie hechelnde[9] Hast sie zusammenzwingt!
Eins auf den Nacken des andern springt
Mit stampfenden Hufen!

Drei Wetter zusammen! Nun brennt die Welt!
Was da? – Ein Boot, das landwärts[10] hält –
Sie sind es! Sie kommen! –

Und Auge und Ohr ins Dunkel gespannt ...
Still – ruft da nicht einer? – Er schreit's durch die Hand:
„Sagt Mutter, 's ist Uwe!"

[7] die Geißeln: die Peitschen
[8] die Rosse: die Pferde; hier: die stürmischen Wellen
[9] hechelnd: schnell atmend
[10] landwärts: zum Land hin

2 a. Beantwortet die folgenden Fragen zum Inhalt der Ballade:
- Wie viele Söhne hat die Mutter von Nis Randers?
- Warum möchte die Mutter nicht, dass Nis in das Rettungsboot steigt?
- Warum steigt er trotzdem ein?
- Wer wird gerettet?

b. Könnt ihr das Verhalten von Nis verstehen? Begründet.

3 Nis und die anderen Männer kämpfen sich durch einen furchtbaren Sturm.
a. Finde die passenden Strophen.
b. Lies sie so vor, dass man den Kampf gegen den Sturm hören kann.

Betont vorlesen
► S. 298

4 Erkläre, warum „Nis Randers" eine Ballade ist.

Du kannst die Ballade noch besser verstehen, wenn du dich in die Figuren hineinversetzt.

5 Nis und seine Mutter sprechen miteinander.
Lest die wörtliche Rede mit verteilten Rollen.

6 Versetze dich in die Mutter von Nis: Was könnte sie denken, als Nis in das Boot steigt? Schreibe ihre Gedanken auf.

7 Versetze dich in Nis: Was dachte und fühlte er, während er auf See war? Beschreibe seine Gedanken und Gefühle in einem kurzen Tagebucheintrag.

8 Welches Gespräch könnte Nis mit seiner Mutter nach der Rettung führen? Schreibt ein kurzes Gespräch auf.

Projektidee: Eine Ballade als Rap gestalten

Ihr könnt eine Ballade eurer Wahl in Gruppenarbeit als Rap gestalten. Unter Rap versteht man rhythmisches Sprechen.

1 a. Einigt euch auf eine Ballade.
b. Teilt die Strophen in eurer Gruppe auf.

2 Gestaltet euren Balladen-Rap.
- Klopft mit einem Rhythmusinstrument oder durch Stampfen einen Grundschlag. Wichtig dabei: Haltet das Tempo.
- Sprecht erst jede Silbe eurer Balladenstrophe auf einen Grundschlag.
- Sprecht nun zwei oder sogar vier Silben auf einen Grundschlag. Verändert dabei nicht den Grundschlag.
- Achtet darauf, welche Silben betont gesprochen werden müssen.

3 Verändert die Anzahl der Sprecher.
Zum Beispiel könnten einige von euch jeden zweiten Vers mitsprechen.

4 Durch Bewegungen könnt ihr den Rap noch unterstreichen.
Übt passende Körperhaltungen und Bewegungen ein.

5 Balladen als Rap könnt ihr auch im Internet finden.
a. Recherchiert im Internet verschiedene Tonaufnahmen oder Videos.
b. Hört euch unterschiedliche Versionen an.
c. Welche Versionen gefallen euch besonders gut? Begründet.
d. Gibt es Ideen, die ihr für eure Vorträge nutzen könnt? Schreibt sie auf und setzt sie um.

Im Internet recherchieren
► S. 297

6 Präsentiert euren Balladen-Rap in der Klasse.

Rapper messen in sogenannten Battles (in Wettstreiten) ihre Skills (Fähigkeiten). Das Publikum entscheidet, wer gewinnt.

7 Nach welchen Kriterien wollt ihr eure Auftritte bewerten? Legt sie fest.

der Ausdruck
die Betonung
die Darstellung
der Rhythmus
der Tanz

8 Veranstaltet nun einen Wettbewerb in der Klasse.

9 a. Wie haben euch die Auftritte gefallen? Gebt positives und konstruktives Feedback.
b. Wertet anschließend aus: Welche Gruppe hat den Wettbewerb gewonnen?

Bücher über Freundschaften

Es ist schön, wenn man Freunde hat.

1 **a.** Seht euch die Fotos genau an.
b. Was haben diese Situationen mit dem Thema **Freundschaft** zu tun? Tauscht euch aus.

2 Was bedeutet Freundschaft für euch?
Tauscht euch in der Klasse über die folgenden Aussagen aus:
- „Eine wahre Freundin/ein wahrer Freund ist immer für dich da. Nicht einen Tag, nicht zwei, sondern für immer."
- „Freundschaft ist, wenn man nichts sagen muss, doch ganz genau verstanden wird."

In den folgenden Büchern spielt das Thema **Freundschaft** eine wichtige Rolle.

3 Lest die Buchtitel am Rand.
- Welcher Titel verlockt dich am meisten zum Lesen und welcher eher nicht?
- Worum könnte es in den Büchern gehen?

4 Lest die folgenden Texte über die Bücher.

Schon der Anfang ist unglaublich: Stanley Yelnats geht nichts ahnend unter einer Brücke durch, als ihm die riesigen, übelriechenden Turnschuhe eines berühmten Baseballspielers auf den Kopf fallen. Und weil sein Vater an einem bahnbrechenden Recycling-Verfahren mit gebrauchten Turnschuhen arbeitet, hält Stanley die müffelnden Treter für ein Zeichen und nimmt sie mit. Pech, dass die Polizei schon nach dem Dieb sucht. Der Jugendrichter lässt Stanley die Wahl: Jugendgefängnis oder 18 Monate Camp Green Lake. Er entscheidet sich für das Camp. Die Hitze dort ist unerträglich, der Alltag hart, doch so schnell gibt Stanley nicht auf.

August ist anders. Dennoch wünscht er sich, wie alle Jungen in seinem Alter, kein Außenseiter zu sein. Weil er seit seiner Geburt so oft am Gesicht operiert werden musste, ist er noch nie auf eine richtige Schule gegangen. Aber jetzt soll er in die fünfte Klasse kommen. Er weiß, dass die meisten Kinder nicht absichtlich gemein zu ihm sind. Am liebsten würde er gar nicht auffallen. Doch nicht aufzufallen ist nicht leicht, wenn man so viel Mut und Kraft besitzt, so witzig, klug und großzügig ist – wie August.

Greg hat's eilig mit dem Älterwerden. Aber ist das wirklich eine gute Idee? Schnell stellt er nämlich fest: Erwachsensein ist gar nicht lustig! Denn plötzlich soll Greg „mehr Verantwortung" übernehmen, öfter duschen und Deo benutzen, in der Schule peinliche Aufklärungsvideos ansehen und Bücher über die Pubertät lesen. Und dann verkündet seine Mutter auch noch, dass sie wieder studieren will. Soll Greg sich jetzt etwa seine Pausenbrote selbst schmieren und den ganzen Haushalt allein schmeißen?

5 **a.** Welcher Text könnte zu welchem Buch gehören? Ordnet die Buchtitel den Texten zu.
b. Welches Buch verlockt dich nun am meisten zum Lesen? Begründe.

Raquel J. Palacio: Wunder

Jeff Kinney: Gregs Tagebuch 5. Geht's noch?

Louis Sachar: Löcher. Die Geheimnisse von Green Lake

In diesem Kapitel lest und untersucht ihr Auszüge aus Jugendbüchern über Freundschaft. Damit ihr die Texte besser verstehen könnt, werdet ihr euch mit den Gedanken, Gefühlen, Verhaltensweisen und Wünschen der Hauptfiguren auseinandersetzen.

Einen literarischen Text verstehen

Der folgende Buchauszug erzählt von Stanley, der in ein Strafcamp geschickt wird. Dort soll er gemeinsam mit anderen Jugendlichen Löcher in den Wüstensand graben.

Textknacker ► S. 296

1 Lies den Buchauszug.

Löcher. Die Geheimnisse von Green Lake Louis Sachar

Stanley Yelnats war der einzige Fahrgast im Bus, wenn man den Fahrer und den Wachmann nicht mitrechnete. Der Wachmann saß neben dem Fahrer auf einem umgedrehten Sitz, so dass er Stanley im Blick hatte. Auf seinen Knien lag ein Gewehr. Stanley saß ungefähr zehn Reihen weiter hinten und war mit Handschellen an einer Armlehne festgekettet. Auf dem Sitz neben ihm lag sein Rucksack. Darin waren seine Zahnbürste, Zahnpasta und eine Schachtel mit Briefpapier, die seine Mutter ihm geschenkt hatte. Er hatte ihr versprochen, wenigstens einmal die Woche zu schreiben. Er schaute zum Fenster hinaus, auch wenn es nicht viel zu sehen gab – hauptsächlich Wiesen und Baumwollfelder. Er befand sich auf einer langen Busfahrt nach Nirgendwo. Der Bus hatte keine Klimaanlage und die stickige, heiße Luft war fast ebenso beklemmend wie die Handschellen. Stanley und seine Eltern hatten sich vorzumachen versucht, er würde einfach nur für eine Weile ins Feriencamp gehen, so wie die reichen Kinder. […]

Vielleicht würde er ja auch Freunde finden, dachte er. Zumindest könnte er im See schwimmen gehen. […]

Zu Hause hatte er keine Freunde. Er war übergewichtig und die anderen Kinder in seiner Schule machten sich oft darüber lustig. […]*

Handlungsbausteine ► S. 297

2 Was erfährst du über Stanley? In welcher Situation ist er? Notiere Stichworte.

3 Welchen Wunsch hat Stanley für seine Zeit im Camp? Schreibe es mit eigenen Worten auf.
Tipp: Beachte die Zeilen 16–19.

Im Camp wird Stanley dem Zelt D zugeordnet und seinem Betreuer Mr. Pendanski vorgestellt. Außerdem lernt Stanley die anderen Jungen aus seinem Zelt kennen.

Zwei Jungen, jeder mit einer Schaufel, kamen über das Gelände. Mr. Pendanski rief sie. „Rex! Alan! Kommt bitte her und sagt Stanley Guten Tag. Er ist neu in eurer Mannschaft."

Die Jungen warfen einen müden Blick auf Stanley. Der Schweiß lief ihnen hinunter, und ihre Gesichter waren so dreckig, dass Stanley erst auf den zweiten Blick merkte, dass der eine weiß und der andere schwarz war.

„Was ist denn mit Kotztüte?", fragte der schwarze Junge. „Lewis liegt noch auf der Krankenstation", sagte Mr. Pendanski. „Er kommt nicht mehr zurück." Er forderte die Jungen auf, Stanley die Hand zu geben und sich vorzustellen – „wie Gentlemen". „Hi", brummte der weiße Junge. „Das ist Alan", sagte Mr. Pendanski. „Ich heiß nicht Alan", sagte der Junge. „Ich bin Torpedo. Und der da ist X-Ray." [...]

Mr. Pendanski schickte Alan zum Aufenthaltsraum, die anderen Jungen holen, damit er sie Stanley vorstellen konnte. Dann ging er mit Stanley ins Zelt.

„Welches Bett war das von Lewis?", fragte Mr. Pendanski. „Kotztüte hat hier gepennt", sagte X-Ray und trat gegen eines der Betten. „Gut", sagte Mr. Pendanski, „dann ist das von nun an deins, Stanley." Stanley sah das Bett an und nickte. Er war nicht wahnsinnig scharf darauf, in einem Bett zu schlafen, das vorher von einem Jungen benutzt worden war, den sie Kotztüte nannten. [...]

Torpedo kam mit vier anderen Jungen zurück. Die ersten drei wurden von Mr. Pendanski als José, Theodore und Ricky vorgestellt. Selbst nannten sie sich Magnet, Deo und Zickzack. „Alle haben sie hier Spitznamen", erklärte Mr. Pendanski. [...]

Der letzte Junge hatte entweder keinen richtigen Namen oder er hatte keinen Spitznamen. Sowohl Mr. Pendanski als auch X-Ray nannten ihn Zero.

„Willst du wissen, warum er Zero heißt?", fragte Mr. Pendanski lächelnd und rüttelte Zero spielerisch an der Schulter. „Weil in seinem Kopf absolut nichts drin ist – zero!" Zero schwieg. [...]*

4 Im Jugendcamp angekommen lernt Stanley seine Mitbewohner kennen.

a. Welchen Eindruck habt ihr von den Jungen? Wird Stanleys Wunsch in Erfüllung gehen? Wird er sich mit einem von ihnen anfreunden? Sprecht über eure Vermutungen.

b. Schreibt eure Vermutungen auf.

Am nächsten Tag muss Stanley bei großer Hitze sein erstes Loch graben.

Die Schaufel fühlte sich schwer an in Stanleys weichen fleischigen Händen. Er versuchte, sie in die Erde zu rammen, aber das Schaufelblatt knallte gegen den Boden und prallte dort ab, ohne auch nur eine Spur zu hinterlassen. [...] Mit aller Kraft stieß er die Schaufel wieder gegen den ausgetrockneten Grund des Sees. Die Hände taten ihm weh von der Anstrengung, doch am Boden zeigte sich keine Spur. Er überlegte, ob die Schaufel womöglich kaputt war. Er schaute verstohlen zu Zero hinüber, der etwa fünfzehn Fuß[1] entfernt gerade eine Schaufel voll Erde hochhob und auf einen Haufen warf, der schon fast einen Fuß hoch war. [...]

[1] der Fuß: amerikanische Längeneinheit, 1 Fuß = 30,48 cm

Er sah einen Spalt im Boden. Er platzierte die Schaufel direkt darüber und sprang dann mit beiden Füßen auf die Oberkante des Schaufelblatts. Die Schaufel versank einige Zoll tief in der harten Erde. Stanley grinste. Zum ersten Mal in seinem Leben hatte er etwas davon, dass er übergewichtig war. […] Stanleys Blasen waren aufgeplatzt, neue hatten sich gebildet. Er hielt seine Schaufel immer wieder anders, damit es weniger wehtat. Schließlich nahm er seine Kappe ab und legte sie zwischen den Schaft und das rohe Fleisch seiner Hände. Das half, aber das Graben war mühsamer, weil die Mütze verrutschte. Die Sonne knallte jetzt auf seinen ungeschützten Kopf und Nacken. […] Zero war der Kleinste in Gruppe D, aber er war immer als Erster fertig.*

5 Am Abend im Zelt schreibt Stanley einen Brief an seine Mutter.
- **a.** Was könnte er ihr vom Camp berichten? Schreibe in dein Heft.
- **b.** Lest euch eure Briefe vor. Sprecht über Unterschiede und Gemeinsamkeiten darin.

Das Leben im Camp ist anstrengend. Einige Tages später sitzt Stanley am Nachmittag allein im Zelt und schreibt einen Brief an seine Mutter.

Er hörte auf zu schreiben, als Zero ins Zelt kam, machte dann aber weiter. Was Zero dachte, war ihm egal. Zero war ein Niemand. […] „Es passt mir nicht, dass du mir über die Schulter guckst und mitliest, verstanden?“ Zero schwieg. […] „Ich kann das nicht“, sagte Zero. „Wie?“ „Kannst du's mir beibringen?“ […] „Was?“, fragte Stanley. […] „Ich würde gerne Lesen und Schreiben lernen“, sagte Zero. Stanley entfuhr ein kurzes Lachen. Es war nicht so, als würde er über Zero lachen. Er war einfach überrascht. Die ganze Zeit hatte er geglaubt, dass Zero ihm über die Schulter guckte, um mitzulesen. „Tut mir leid“, sagte er. „Ich weiß nicht, wie man das jemandem beibringt.“ Nachdem er den ganzen Tag lang gegraben hatte, fehlte ihm wirklich die Kraft, Zero Lesen und Schreiben beizubringen. Er musste seine Kräfte für die Leute aufsparen, die zählten. „Schreiben musst du mir nicht unbedingt beibringen“, sagte Zero. „Bloß Lesen. Ich hab sowieso keinen, dem ich schreiben könnte.“ „Tut mir leid“, wiederholte Stanley. […]*

6 Stanley ist es nicht wichtig, was Zero denkt.
- **a.** Finde eine Textstelle, die dies deutlich macht. Nenne die Zeilen.
- **b.** Stanley hat keine gute Meinung von Zero. Tauscht euch darüber aus.

W **7** Was erfährst du über Zero?
- Du kannst vermuten, warum er weder lesen noch schreiben kann.
- Du kannst Zero näher beschreiben. Notiere Stichworte und belege deine Einschätzung mit der entsprechenden Textstelle.

8 „Er musste seine Kräfte für die Leute aufsparen, die zählten.“ (Z. 78–79) Wen könnte Stanley hier meinen? Schreibe deine Vermutungen auf.

Ein paar Tage später hat Stanley in einem Gespräch mit der Chefin des Jugendcamps die Schuld am Diebstahl von Sonnenblumenkernen auf sich genommen, um andere zu decken. Er kehrt zu seinem Loch zurück.

Er ging zu seinem Loch hinüber und sah zu seiner Überraschung, dass es fast fertig war. Er starrte völlig erstaunt hinein. Er verstand überhaupt nichts. Oder vielleicht doch. Er lächelte. Weil er die Schuld auf sich genommen hatte, hatten die anderen Jungen für ihn das Loch gegraben.

„He, danke schön", sagte er.

„Mich brauchst du nicht anzusehen", sagte X-Ray.

Verwirrt blickte Stanley von einem zum anderen – von Magnet zu Deo, dann zu Zickzack und schließlich zu Torpedo. Keiner wollte sich den Schuh anziehen. Zuletzt sah Stanley zu Zero hinüber, der die ganze Zeit, seit Stanley zurückgekommen war, ruhig an seinem Loch weitergegraben hatte. Zeros Loch war weniger tief als die anderen. Stanley war als Erster fertig. Er spuckte in sein Loch, ging dann duschen und zog sich um. [...] Er konnte sich überhaupt nicht vorstellen, wieso Zero für ihn gegraben hatte. Zero hatte ja noch nicht mal was abbekommen von den Sonnenblumenkernen.

„Wahrscheinlich gräbt er einfach gern Löcher", hatte Deo gemeint. [...]

„Danke", sagte er, als Zero ins Zelt kam. Zero warf ihm einen Blick zu und ging dann zu den Kästen hinüber, wo er seine dreckigen Sachen und sein Handtuch verstaute. „Wieso hast du mir geholfen?", fragte Stanley. Zero drehte sich um. „Du hast die Sonnenblumenkerne ja nicht geklaut", sagte er. „Stimmt, du aber auch nicht", sagte Stanley. Zero starrte ihn an. Seine Augen schienen immer größer zu werden, und es war fast, als würde er einfach durch Stanley hindurchsehen. „Du hast auch die Turnschuhe nicht geklaut", sagte er.

Stanley sagte nichts. Er sah Zero nach, als er aus dem Zelt ging. „Warte!", rief er und lief ihm schnell hinterher. Zero war gleich vor dem Zelt stehen geblieben und Stanley rannte ihn fast um. „Wenn du willst, bring ich dir Lesen bei", bot er an. „Ich weiß zwar nicht, ob ich das kann, aber heute bin ich nicht so kaputt, weil du ja schließlich einen großen Teil von meinem Loch gegraben hast."

Ein breites Lächeln ging über Zeros Gesicht. [...]*

9 a. Warum gräbt Zero das Loch für Stanley? Notiere deine Antwort.
b. Was denkt Zero über Stanley? Notiere Adjektive, die Stanley beschreiben.
c. Wie reagiert Stanley auf Zeros Tat? Überlege, warum er das tut, und notiere deine Antwort.

10 a. Lies noch einmal die Zeilen 82–91.
b. Erkläre den Satz „Keiner wollte sich den Schuh anziehen." Schreibe deine Erklärung auf.

Weitere sprachliche Bilder ► **S. 264–265**

11 a. Stanley und Zero werden Freunde. Was könnten die beiden im Camp noch alles erleben? Sammle Ideen und notiere sie.
b. Wie könnte das Buch enden? Sprecht über eure Ideen.

Mit einem literarischen Text produktiv umgehen

August kam mit einem Gendefekt, der sein Gesicht entstellte, auf die Welt. Bislang wurde er von seiner Mutter zu Hause unterrichtet. Doch jetzt steht fest, dass er im neuen Schuljahr eine weiterführende Schule besuchen wird. August sieht darin die Chance, endlich normal zu sein. Dies beschreibt er in dem folgenden Jugenbuchauszug.

1 Lies den Jugenbuchauszug.

Textknacker ► **S. 296**

Wunder Raquel J. Palacio

Normal

Ich weiß, dass ich kein normales zehnjähriges Kind bin. Ich meine, klar, ich mache normale Sachen. Ich esse Eis. Ich fahre Fahrrad. Ich spiele Ball. [...] Solche Sachen machen mich normal. Nehme ich an. Und ich fühle mich normal. Innerlich. Aber ich weiß, dass normale Kinder nicht andere normale Kinder dazu bringen, schreiend vom Spielplatz wegzulaufen. Ich weiß, normale Kinder werden nicht angestarrt, egal, wo sie hingehen. Wenn ich eine Wunderlampe finden würde und einen Wunsch frei hätte, würde ich mir wünschen, ein normales Gesicht zu haben, das nie jemandem auffallen würde. Ich würde mir wünschen, dass ich die Straße entlanggehen könnte, ohne dass die Leute diese Sache machen, sobald sie mich sehen, dieses Ganz-schnell-woanders-Hinschauen. Ich glaube, es ist so: Der einzige Grund dafür, dass ich nicht normal bin, ist der, dass mich niemand so sieht. [...]

Und auch Mom und Dad halten mich nicht für normal. Sie halten mich für etwas ganz Besonderes. Ich glaube, der einzige Mensch auf der Welt, der merkt, wie normal ich wirklich bin, bin ich.

Ich heiße übrigens August. Ich werde nicht beschreiben, wie ich aussehe. Was immer ihr euch vorstellt – es ist schlimmer. Nächste Woche komme ich in die fünfte Klasse. Da ich noch nie auf eine richtige Schule gegangen bin, stehe ich total und komplett neben mir. Die Leute glauben, ich wäre nie zur Schule gegangen, weil ich so aussehe, aber das ist es nicht. Es liegt an all den Operationen, die ich gehabt habe. Siebenundzwanzig seit meiner Geburt. [...]*

2 August fühlt sich normal. Belege dies anhand von Textstellen. Schreibe in dein Heft.

3 Am Abend vor seinem ersten Schultag ist August aufgeregt. Notiere, welche Gedanken ihm möglicherweise durch den Kopf gehen.

Die erste Mittagspause in der Schulkantine verbringt August allein.

Der Sommer-Tisch

„Hey, ist der Platz noch frei?"

Ich schaute auf, und ein Mädchen, das ich noch nie zuvor gesehen hatte, stand mit einem vollen Tablett vor meinem Tisch. [...]

„Äh, ja", sagte ich.

Sie stellte ihr Tablett auf den Tisch, ließ ihren Rucksack auf den Boden plumpsen und setzte sich mir gegenüber. Sie fing an, die Makkaroni mit Käse zu essen, die sie auf ihrem Teller hatte. [...]

„Ich heiße übrigens Summer. Wie heißt du?"

„August."

„Cool", sagte sie.

„Summer!" Ein anderes Mädchen kam mit einem Tablett in den Händen herüber.

„Warum sitzt du hier? Komm doch an unseren Tisch zurück."

„Da war es mir zu voll", erwiderte Summer. „Komm, setz dich zu uns. Hier ist noch Platz." Das andere Mädchen sah einen Moment lang verwirrt aus. [...] „Ne, ist schon gut", sagte das Mädchen und zog ab.

Summer schaute mich an, zuckte lächelnd mit den Schultern und nahm noch einen weiteren Bissen von ihren Käsemakkaroni. [...]*

4 Was könnte August nach der ersten Begegnung mit Summer in sein Tagebuch schreiben?

a. Schreibe einen Tagebucheintrag aus Augusts Sicht.

b. Lest euch gegenseitig die Tagebucheinträge vor und sprecht darüber.

Summer sitzt nun häufiger mit August zusammen in der Schulkantine. In dem folgende Auszug beschreibt Summer ihre Gedanken über August.

Erzählperspektiven

► S. 297

Bloß ein Junge

Einige von den anderen sind tatsächlich zu mir gekommen und haben mich gefragt, warum ich so viel mit dem „Freak" abhänge. Die kennen ihn nicht mal besonders gut. Wenn sie ihn kennen würden, würden sie ihn nicht so nennen. „Weil er nett ist", antworte ich dann immer. „Und nenn ihn nicht so." [...]

Ich habe mich am ersten Tag zu ihm gesetzt, weil er mir leidtat. Das ist alles. Da war er, dieser seltsam aussehende Junge in der fremden Schule. Niemand redete mit ihm. Alle starrten ihn an. [...]

Also bin ich einfach zu ihm rübergegangen und hab mich zu ihm gesetzt. Nichts Besonderes. [...]*

5 **a.** Wie findest du Summers Verhalten? Schreibe ihr einen Brief oder eine E-Mail.

b. Lest euch gegenseitig eure Texte vor und sprecht darüber.

In den folgenden Wochen freundet sich August mit seinem Banknachbarn Jack an. Der folgende Textauszug ist aus der Sicht von Jack geschrieben.

Erzählperspektiven ► S. 297

Vier Punkte

Also erst mal: Man gewöhnt sich an sein Gesicht. Die ersten paar Male denkt man noch: Whoa, daran werde ich mich niemals gewöhnen. Und dann, nach etwa einer Woche, ist es mehr so: Ach, ist gar nicht so schlimm.

Zum Zweiten ist er eigentlich ein echt cooler Typ. Ich meine, er ist ziemlich witzig. Also, der Lehrer sagt zum Beispiel irgendwas, und August flüstert mir irgendwas Lustiges zu, das sonst keiner hören kann, und ich krieg mich echt nicht mehr ein. Außerdem ist er einfach insgesamt total in Ordnung. Also, man kann gut mit ihm abhängen und reden und so weiter.

Drittens ist er echt clever. Ich dachte, dass er hinter allen herhinken würde, weil er ja vorher noch nie zur Schule gegangen war. Aber in den meisten Fächern ist er mir weit voraus. […] Er hat mich auch mal seine Hausaufgaben abschreiben lassen, auch wenn wir dann beide nach dem Unterricht deswegen Ärger bekamen.

„Ihr beide habt in den Hausaufgaben von gestern exakt dieselben Antworten falsch", sagte Miss Rubin und schaute uns an, als warte sie auf eine Erklärung. Ich wusste nicht, was ich sagen sollte, denn die einzige Erklärung wäre natürlich gewesen: Tja, das liegt daran, dass ich die Hausaufgaben bei August abgeschrieben habe. Aber August deckte mich. Er sagte bloß: „Ja, das kommt daher, dass wir unsere Hausaufgaben gestern Abend zusammen gemacht haben", was überhaupt nicht stimmte.

„Nun Hausaufgaben gemeinsam zu machen, ist eine gute Sache", antwortete Miss Rubin, „aber trotzdem muss dabei jeder die Aufgaben selbstständig lösen, okay?" […]

Nachdem wir den Klassenraum verlassen hatten, sagte ich: „Mann, danke dafür." Und er nur so: „Kein Problem."

Das war cool.

Viertens: Jetzt wo ich ihn kenne, würde ich sagen, dass ich wirklich mit August befreundet sein möchte. Zuerst, das geb ich zu, war ich nur nett zu ihm, weil Mr. Potmann mich gebeten hatte, besonders freundlich mit ihm umzugehen und so. Aber jetzt würde ich ganz freiwillig Zeit mit ihm verbringen. Er lacht über all meine Witze. Und irgendwie hab ich das Gefühl, als könnte ich August alles erzählen. Als wäre er ein guter Freund. Also, wenn alle Typen aus dem fünften Jahrgang sich in einer Reihe aufstellen würden und ich irgendeinen von ihnen auswählen sollte, mit dem ich Zeit verbringen will, dann würde ich August wählen.*

6 Jack verbringt gerne Zeit mit August und nennt dafür vier Gründe. Belege diese mit passenden Textstellen.

7 August erzählt seiner Mutter von seinem neuen Freund Jack. Wie könnte er ihn beschreiben? Schreibe einen kurzen Text.

Einige Zeit später hört August zufällig ein Gespräch zwischen Jack und einigen Mitschülern mit. Die Mitschüler fragen Jack, ob er jetzt mit August befreundet sei. Daraufhin behauptet Jack, dass August ihm immer hinterlaufe. August ist geschockt und traurig, er spricht mit niemandem darüber, meidet aber von nun an den Kontakt zu Jack.

In dem folgenden Textauszug beschreibt Jack seine Gedanken.

Keine Freunde

Es ist so komisch, denn eben waren August und ich noch Freunde. Und dann, am nächsten Tag – Zack! – redet er kaum noch mit mir. Und ich hab nicht die geringste Ahnung, warum. Als ich zu ihm sagte: „Hey August, bist du sauer auf mich oder so?", hat er bloß mit den Schultern gezuckt und ist weggegangen. [...]
Na ja, ich hab noch jede Menge andere Freunde in der Schule. Wenn August jetzt offiziell nicht mehr mein Freund sein will, dann bitte schön, ist das okay für mich. Geht total an mir vorbei. Ich hab angefangen, ihn zu ignorieren, so wie er mich ja in der Schule jetzt auch ignoriert. Wobei das ziemlich schwierig ist, weil wir ja praktisch in jedem Fach nebeneinandersitzen. Einigen anderen ist das auch schon aufgefallen, und sie haben angefangen, mich zu fragen, ob August und ich uns gestritten hätten. Niemand fragt August, was los ist. Es spricht ja sowieso kaum einer mit ihm. Ich meine, die Einzige, mit der er abhängt – abgesehen von mir –, ist Summer. [...] Wenn er mich dissen[1] will, ist er derjenige, der was zu verlieren hat – nicht ich. [...]
Das Gute daran ist, dass ich mit viel mehr anderen Leuten abhängen kann. Vorher, als ich die ganze Zeit mit August zusammen rumgelaufen bin, wollten die anderen nicht mit mir abhängen, weil sie dann auch mit ihm hätten abhängen müssen. [...]
Niemand will mit ihm abhängen. Alle sind viel zu sehr darauf aus, zu den Super-Angesagten zu gehören, und weiter als er kann man von denen gar nicht entfernt sein. [...]
Das Blöde daran ist, na ja (erstens), dass es mir gar nicht so besonders viel Spaß macht, mit den Super-Angesagten abzuhängen. Und (zweitens) hab ich gern Zeit mit August verbracht. Das ist alles ziemlich daneben. Und es ist nur Augusts Schuld.*

[1] dissen: jemanden schlecht behandeln, mobben

8 Wie fühlt sich Jack? Beschreibe es mit eigenen Worten.

9 Jack beschließt, August wegen seines ablehnenden Verhaltens anzusprechen. Wie könnte dieses Gespräch verlaufen?

a. Schreibt einen möglichen Dialog der beiden.

b. Tragt eure Dialoge in der Klasse vor.

c. Wertet die Dialoge aus. Welches Gespräch gibt die Situation am besten wieder? Begründet mit Stellen aus dem Text.

Einen Auszug aus einem Comic-Roman erschließen und dazu schreiben

Hier kannst du überprüfen, ob du einen Textauszug erschließen und dazu schreiben kannst.

1 Lies den folgenden Textauszug aus dem Comic-Roman „Gregs Tagebuch".

Info

Die Comic-Romane aus der Reihe „Gregs Tagebuch" von Jeff Kinney sind eine Mischung aus Jugendbuch und Comic. Der Autor selbst hat seine Erzählungen, die zum Teil auf seinen eigenen Erlebnissen beruhen, mit Comiczeichnungen illustriert.

Gregs Tagebuch. Geht's noch? Jeff Kinney

September

Donnerstag

Jetzt ist es fast zweieinhalb Wochen her, dass ich und mein ehemals bester Freund Rupert Jefferson unseren großen Krach hatten. Eigentlich müsste er längst wieder angekrochen gekommen sein, aber aus irgendeinem Grund ist das doch nicht passiert.

Ich mache mir schon ein bisschen Sorgen, denn in ein paar Tagen geht die Schule wieder los, und wenn wir unsere Freundschaft noch rechtzeitig kitten wollen, dann muss schnellstens was geschehen. Falls Rupert und ich WIRKLICH miteinander fertig sein sollten, dann wäre das ziemlich blöd, denn wir hatten doch echt so viel Spaß zusammen.

Seit unsere Freundschaft auf Eis liegt, bin ich auf der Suche nach einem neuen besten Freund. Das Blöde ist nur, dass ich meine ganze Zeit in Rupert investiert hatte, und jetzt ist niemand so plötzlich da, um seinen Platz einzunehmen.

Die heißesten Kandidaten sind im Augenblick Christopher Brownfield und Tyson Sanders. Aber die beiden Typen sind nicht ganz unproblematisch. Mit Christopher habe ich die beiden letzten Ferienwochen viel abgehangen, aber eigentlich nur deshalb, weil er ein echt prima Mücken-Magnet ist. Tyson ist ganz nett, und wir mögen dieselben Videospiele. Aber wenn er pinkeln muss, lässt er die Hose ganz runter, und ich weiß nicht, ob ich damit je klarkommen werde.

Der einzige Junge sonst in meinem Alter, der nicht schon von irgendwem der beste Freund ist, ist Fregley. Aber bei dem weiß ich schon längst, dass er nicht aus dem Holz ist, aus dem beste Freunde geschnitzt sind. Wie auch immer, ich werde Rupert die Tür auf alle Fälle noch ein Stück weit offenhalten. Bloß wenn der unsere Freundschaft wirklich retten will, muss er sich schon ein bisschen beeilen. […]*

Greg hat sich mit seinem ehemals besten Freund Rupert zerstritten. Jetzt erwartet er, dass ihm Rupert etwas entgegenkommt und sie bald wieder befreundet sein können. Dann aber macht er eine Entdeckung.

<u>Samstag</u>

Ich weiß jetzt, warum sich die Dinge zwischen mir und Rupert nicht ändern werden. Er hat bereits einen Ersatzfreund gefunden. Genauer gesagt, seine ELTERN haben ihm einen BESORGT. In den letzten beiden Wochen hat sich ständig ein Teenager namens Brian mit Rupert abgegeben. Jedes Mal, wenn ich an Ruperts Haus vorbeigehe, spielt er nämlich im Vorgarten Fußball oder Frisbee mit diesem Brian. Der sieht aus als wäre er schon auf der Highschool oder im College. Na ja, ich habe ein paar Erkundungen eingeholt und herausgefunden, dass dieser Brian gar kein normaler Junge aus der Nachbarschaft ist. Er gehört zu der Firma „Cool Brian", und bei der kann man sich so Sachen wie einen großen Bruder mieten. Ich würde sogar Geld darauf wetten, dass dieser Kerl überhaupt nicht Brian heißt.

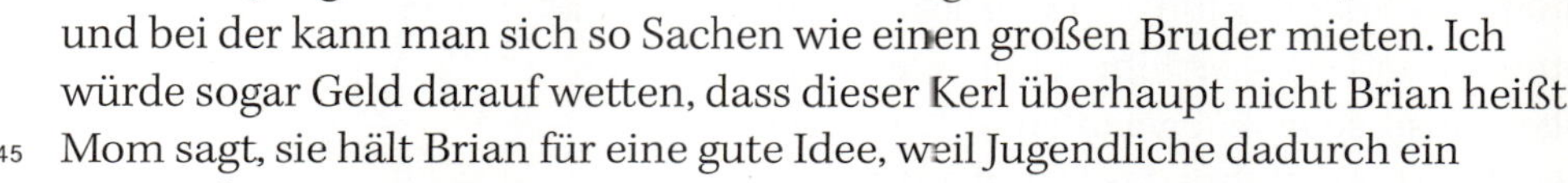

Mom sagt, sie hält Brian für eine gute Idee, weil Jugendliche dadurch ein „Vorbild" bekommen, zu dem sie aufblicken können. Das macht mich richtig sauer, denn so wie ich es sehe, bin ICH eigentlich Ruperts Vorbild. Und jetzt bezahlen Ruperts Eltern irgend so einen Typen, damit der das macht, was ich all die Jahre KOSTENLOS getan habe. [...]*

Du kannst den Textauszug mit Hilfe der Handlungsbausteine untersuchen.

2 Welche Handlungsbausteine findest du in dem Textauszug? Schreibe sie auf.

3 Warum fällt es Greg schwer, einen neuen Freund zu finden? Lege eine Folie über den Text und unterstreiche passende Textstellen.

4 Greg sagt über Fregley, dass er nicht aus dem Holz ist, aus dem beste Freunde geschnitzt sind (Z. 24–25).
- **a.** Erkläre diese Redewendung mit eigenen Worten.
- **b.** Versetze dich in Greg hinein: Wie müsste ein guter Freund sein? Welche Eigenschaften sollte er haben? Schreibe einen kurzen Text.

5 Was könnte Greg tun, um wieder mit Rupert befreundet zu sein? Notiere deine Ideen in dein Heft.

6 Welche Aufgaben fallen dir leicht? Was möchtest du noch weiter üben? Schreibe in dein Lerntagebuch.

Einen Jugendbuchauszug erschließen und dazu schreiben

Hier übst du noch einmal, einen Textauszug zu erschließen und einen eigenen Text dazu zu schreiben.

Mona ist neu in der Stadt und hat sich verlaufen. Marlon hilft ihr.

Eine wunderbare Liebe Kirsten Boie

Rettung aus der Not

Sie kennt die Straßennamen nicht und hat keine Ahnung, wie die Häuser aussehen müssen. Natürlich weiß sie, dass sie nur irgendwen fragen muss und dass sie sich nicht wirklich verlaufen hat und dass sie zurückfinden wird. Das alles ist überhaupt nicht so schlimm, wenn man nicht jammerig ist.

„Warum weinst du denn?", schreit der Junge erschrocken und stellt sich vor sie hin. Da steht er und versperrt ihr schon wieder den Weg mit seiner schlotterigen Hose, seinen abgelaufenen Turnschuhen, und unter seinem Sweatshirt hängt ihm das Hemd aus dem Gürtel.

„Du musst doch nicht weinen! Ich tu dir doch nichts!"

Nun kann man es sich manchmal nicht aussuchen, ob man jammerig sein will. Und auch nicht, ob man weint.

„Ich muss was zu trinken kaufen", flüstert Mona, und da kramt der Junge in seiner Jackentasche und kramt und kramt, sodass Mona schon Angst hat, er gibt ihr ein Taschentuch; aber dann ist es doch nur ein Kaugummi. „Da!", sagt er unglücklich und hält es ihr hin.

„Hör auf, du! Hör auf! Ich bring dich doch hin!" Er packt Monas Ellenbogen und zieht sie hinter sich her. Jetzt redet er nicht mehr und fragt nicht mehr und dreht sich nicht mal nach ihr um.

„Da!", sagt er, als sie angekommen sind. Es ist genau der Supermarkt, den Mama Mona gezeigt hat. Es hat überhaupt keinen Grund gegeben zu weinen.

„Danke schön", flüstert Mona, und es ist doch verrückt, dass sie jetzt immer noch mehr weinen muss. Der große Junge tippt ihr gegen den Arm.

„Nicht mehr weinen", sagt er.

„Wein nicht mehr, Mona. Ich warte auf dich."

Und komischerweise fühlt sich Mona wirklich getröstet.

Zurück verläuft sie sich nicht mehr. Marlon zeigt ihr den Weg. [...]*

Du entscheidest, ob du die Aufgaben auf Seite 163 mit mehr Hilfen oder die kniffligeren Aufgaben auf Seite 164 lösen möchtest.

Die Handlungsbausteine helfen dir, die Geschichte zu verstehen.

Textknacker ► S.296

Handlungsbausteine ► S.297

1 Lies den Jugendbuchauszug.

2 Untersuche den Handlungsbaustein **Hauptfigur in Situation**.
- **a.** Was sieht Mona, als sie durch die Straßen läuft? Schreibe die Zeilenangaben der passenden Textstelle auf.
- **b.** Wie fühlt sie sich? Schreibe es in Stichworten auf. Belege deine Antwort mit einer Textstelle und schreibe die Zeilenangaben auf.

3 Welchen **Wunsch** hat Mona? Schreibe den Wunsch in einem Satz auf.

4 Was hindert Mona an ihrem Vorhaben (Handlungsbaustein **Hindernis**)?
- **a.** Beantworte die Fragen in Stichworten. Hindert der Junge Mona am Weitergehen? Meint er es gut mit ihr?
- **b.** Belege deine Antwort mit einer Textstelle und schreibe die Zeilenangaben auf.

5 Wie hilft Marlon Mona (Handlungsbaustein **Reaktion**)?
- **a.** Beschreibe Marlons Verhalten.
- **b.** „Es ist genau der Supermarkt, den Mama Mona gezeigt hat. Es hat überhaupt keinen Grund gegeben zu weinen." (Z. 21–23) Erkläre diese Textstelle.

6 „Der große Junge tippt ihr gegen den Arm. ‚Nicht mehr weinen', sagt er. ‚Wein nicht mehr, Mona. Ich warte auf dich.' Und komischerweise fühlt sich Mona wirklich getröstet." (Z. 25–28)
- **a.** Erkläre Monas Gefühle (Handlungsbaustein **Ende**).
- **b.** Wähle eine passende Erklärung vom Rand aus und begründe.

A. Mona fühlt sich geborgen in der Nähe von Marlon.

B. Marlon gibt ihr Sicherheit und das Gefühl von Verständnis.

C. Mona kennt nun den Weg und braucht Marlon nicht mehr.

D. Mona ist froh, dass sie Marlon nun nicht mehr braucht.

7 Marlon verhält sich wie ein Freund. Findet die Stellen im Text, die das zeigen, und schreibt die Zeilenangaben auf.

W **Am Abend denken Mona und Marlon über ihre Begegnung nach. Welche Gedanken und Gefühle haben sie? Wähle Aufgabe 8 oder 9.**

8 Was denkt Mona über diesen Tag? Schreibe einen Tagebucheintrag in der Ich-Form.

Starthilfe

Liebes Tagebuch,
ich bin froh, dass der Tag fast vorbei ist. Heute hatte ich Angst. Alles war so fremd ...

9 Wie hat Marlon den Tag erlebt? Schreibe eine E-Mail an Marlons Cousin, in der er von seinen Erlebnissen erzählt.

Die Handlungsbausteine helfen dir, die Geschichte zu verstehen.

1 Lies den Text auf Seite 162.

2 Untersuche die Handlungsbausteine und schreibe zu jedem Baustein Stichworte auf.

3 „Danke schön‘, flüstert Mona, und es ist doch verrückt, dass sie immer noch weinen muss.“ (Z. 24–25)
Überlege, wie Mona sich in der Situation fühlt. Notiere deine Ideen.

4 „Der große Junge tippt ihr gegen den Arm. ‚Nicht mehr weinen‘, sagt er. ‚Wein nicht mehr, Mona. Ich warte auf dich.‘
Und komischerweise fühlt sich Mona wirklich getröstet.“ (Z. 25–28)

a. Versetze dich in Mona hinein: Warum fühlt sie sich getröstet? Notiere deine Ideen.

b. Überlege dir, welche Gedanken Mona in dieser Situation durch den Kopf gehen? Schreibe auf, was sie denken könnte.

5 Marlon verhält sich wie ein Freund. Finde die Stellen im Text, die das zeigen, und schreibe die Zeilenangaben auf.

W **Am Abend denken Mona und Marlon über ihre Begegnung nach. Welche Gedanken und Gefühle haben Mona und Marlon nach ihrer Begegnung? Wähle Aufgabe 6 oder 7.**

6 Was denkt Mona über diesen Tag?
Schreibe einen Tagebucheintrag in der Ich-Form.

7 Wie hat Marlon den Tag erlebt? Schreibe eine E-Mail an Marlons Cousin, in der er von seinen Erlebnissen berichtet.

Ein Freund ist jemand, der dich auffängt, wenn alle Stricke reißen. (Sprichwort)

8 Was bedeutet dieses Sprichwort?

a. Finde eine Erklärung in deinen eigenen Worten.

b. Hast du selbst schon Situationen erlebt, in denen Freunde für dich wichtig waren? Sammle Ideen.

Weitere Sprichwörter
► **S.264**

W **9** Was bedeutet Freundschaft für dich? Stelle es dar.
Wähle aus, ob du dies mit einer Geschichte, einer Collage, einem Comic oder einem Bild darstellen willst.

Einen Jugendbuchauszug erschließen und dazu schreiben

Hier übst du Schritt für Schritt, dich auf eine Probe vorzubereiten.

Stelle dir vor, dies ist die Aufgabe für die Probe.

Erschließe den Auszug aus dem Jugendbuch „Eine wunderbare Liebe" mit Hilfe der Handlungsbausteine. Versetze dich dann in die Figur Mona hinein und schreibe einen Tagebucheintrag aus ihrer Sicht.

1. Schritt: Die Aufgabe verstehen

Aufgaben verstehen ► S.297

1 **a.** Lies die Aufgabe mehrmals genau.
b. Was sollst du tun? Schreibe die richtigen Erklärungen ab.

- Du sollst die Handlungsbausteine untersuchen.
- Du sollst die Geschichte mit eigenen Worten erzählen.
- Du sollst die Geschichte weiterschreiben.
- Du sollst aus Monas Sicht schreiben.
- Du sollst Mona beschreiben.
- Du sollst Marlon beschreiben.

2. Schritt: Die Aufgabe bearbeiten

Mona und Marlon hast du schon kennen gelernt. Der folgende Auszug erzählt davon, wie aus der ersten zufälligen Begegnung eine Freundschaft entstanden ist.

2 Lies den Jugendbuchauszug mit dem Textknacker.

Textknacker ► S.296

Eine wunderbare Liebe Kirsten Boie

Nachdenken über Marlon

Auf dem Rückweg denkt Mona über Marlon nach.

Sie haben lange am Teich gesessen, und es ist ihr kein bisschen peinlich gewesen. Die Fische sind geschwommen, immer andere Wege, und ab und zu hat ein Vogel gezwitschert. Wie auf einem Bild oder wie in einer Geschichte.

Und dass es Marlon nicht langweilig geworden ist!

Die Jungs aus ihrer alten Klasse konnten überhaupt nicht stillsitzen. Bestimmt hätten sie nicht mal gewusst, was so schön ist an diesem Teich und an der Sonne auf seinem Wasser und an den Fischen im Schilf.

Bestimmt hätten sie aus lauter Langeweile längst nach den Fischen geschmissen. „Marlon?“, hat Mona geflüstert. „Danke schön fürs Zeigen!“ Und Marlon hatte gelacht und den Finger auf ihre Lippen gelegt.

Dann haben sie ganz lange nur geguckt.

Erst als sie zurückgegangen sind, hat Mona das Schild gesehen, auf dem steht, dass Betreten verboten ist. „Marlon?“, hat Mona gesagt. „Aber da steht eigentlich ...“ „Ich les die Scheiße nicht!“, hat Marlon böse gesagt, und Mona hat sich gewundert, wie schnell er wütend werden kann. „Kannst du ja lesen, wenn du das willst!“ Aber das will Mona eigentlich auch nicht. Mona will lieber so tun, als ob sie das Schild nicht gesehen hätte. Das hätte schließlich auch passieren können.

Den ganzen Weg reden sie nicht, nur manchmal greift Marlon nach Monas Arm. Vor der Haustür packt er plötzlich ihre Schulter. „Marlon!“, sagt er und rüttelt sie ein bisschen.

„Mona!“, und er lacht, als ob er Mona etwas Wunderbares erzählt.

Mona bekommt einen Schreck.

Das ist das Einzige, was vielleicht nicht so gut ist bei Marlon.

Dass er schnell böse werden kann.

Und dass er manchmal so sonderbar redet. „Du heißt Mona!“, ruft Marlon. „Und ich heiße Marlon! Mann!“ Dann sieht er, dass Mona ihn nicht versteht. „Mmmmona!“, sagt er. „Mmmmarlon! Das ist bei dir ein Mmmm, und das ist bei mir ein Mmmm! Wir sind beide mit Mmmm!“

Mona nickt. Das hat sie schon lange gemerkt. Warum sagt er nicht Em! Warum sagt er wieder Mmmm wie für Babys?

[...]

„Ich kann das Alphabet!“

Und sie will in den Fahrstuhl steigen und nach oben fahren. Aber dann denkt sie, dass es so kein schöner Abschied wäre. „Tschüss, Marlon, bis morgen“, sagt Mona. „Und danke für den Teich.“

Marlon freut sich noch immer. „Ich kann dir noch andere Sachen zeigen!“, ruft er. „Bis morgen!“ Mona winkt. Jetzt kommt ihr das Haus schon ganz bekannt vor.

[...]*

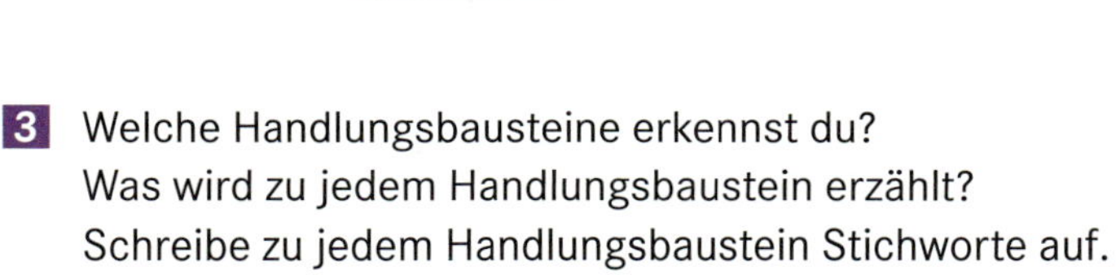

3 Welche Handlungsbausteine erkennst du?
Was wird zu jedem Handlungsbaustein erzählt?
Schreibe zu jedem Handlungsbaustein Stichworte auf.

Am Abend sitzt Mona an ihrem Schreibtisch und denkt darüber nach, was am Nachmittag geschehen ist. Versetze dich in ihre Situation.

4 Notiere Stichworte zu Monas Gedanken und Gefühlen am Nachmittag am See mit Marlon.
Tipp: Verwende lebendige und anschauliche Verben und Adjektive.

5 Welche Schlüsse könnte Mona aus dem Nachmittag ziehen? Wie möchte sie sich zukünftig in Marlons Gegenwart verhalten? Schreibe deine Ideen auf.

6 Schreibe nun einen Tagebucheintrag aus Monas Sicht.
- Erzähle zunächst von dem Nachmittag und wie es dir dabei ergangen ist.
- Was möchtest du Marlon sagen oder wie möchtest du dich zukünftig verhalten? Schreibe es auf.

3. Schritt: Die Aufgabe überprüfen

7 **a.** Überprüfe deine Ergebnisse mit Hilfe der folgenden Checkliste.
b. Überarbeite deinen Text, wenn nötig.

Checkliste: Eine Geschichte verstehen und einen Text dazu schreiben	*Ja*	*Nein*
– Habe ich alle Handlungsbausteine erkannt?	■	■
– Habe ich zu jedem Handlungsbaustein Stichworte geschrieben?	■	■
– Habe ich mögliche Gefühle und Gedanken von Mona aufgeschrieben?	■	■
– Habe ich einen lebendigen Tagebucheintrag verfasst?	■	■
– Habe ich treffende Adjektive und Verben verwendet?	■	■
– Habe ich unterschiedliche Satzanfänge verwendet?	■	■
– Habe ich meine Rechtschreibung kontrolliert und alles richtig geschrieben?	■	■

4. Schritt: Die Vorgehensweise auswerten

8 Schreibe in dein Lerntagebuch:
- Kannst du alle Handlungsbausteine erkennen und beschreiben?
- Wie gut kannst du einen lebendigen Text aus der Sicht einer literarischen Figur schreiben?
- Was hat dir geholfen, deinen Text zu schreiben? Beschreibe deinen Lernweg.
- Was möchtest du noch weiter üben?

Kurze Geschichten aus dem Alltag

Aus alltäglichen Situationen können Geschichten entstehen.

1 a. Seht euch das Bild an.
b. Besprecht, was ihr auf dem Bild seht.
c. Welche Situationen könnt ihr auf dem Bild erkennen? Tauscht euch darüber aus.

2 Habt ihr auch schon einmal etwas erlebt, was auf dem Bild dargestellt ist? Erzählt es euch gegenseitig.

Die folgenden Anfänge gehören zu Geschichten aus diesem Kapitel.

3 Lies die Anfänge.

Peters Hand zittert leicht, als er sie auf die Türklinke legt. Rascher als nötig geht er auf den hintersten, in der rechten Ecke des Cafés stehenden Tisch zu. Dann bleibt er stehen und sagt:
„Ich wusste, dass ich dich hier finden werde."
Der Angeredete blickt überrascht hinter dem großen Zeitungsblatt hervor.
Als er Peter sieht, lässt er das Blatt fallen und ruft:
„Du! Bist du schon wieder …"

Nur Mädchen zanken sich.
Sie sind eifersüchtig, heute dicke Freundinnen, morgen Todfeinde.
Nur Mädchen?
Es war schon November, also mitten im Schuljahr. An einem Donnerstagmorgen in der ersten Stunde brachte die Schulsekretärin einen neuen Schüler herein. Frau Seibold, die Klassenlehrerin, nahm ihn in Empfang.
„Das ist Anton. Er ist jetzt euer Klassenkamerad."

4 Welcher Anfang spricht dich am meisten an? Welche Geschichte möchtest du weiterlesen? Begründe.

W **5** Wähle einen Anfang aus und überlege, wie die Geschichte weitergehen könnte. Notiere Stichworte.

6 Erzählt euch gegenseitig eure Geschichten.

In diesem Kapitel liest du Geschichten aus dem Alltag von Menschen und schreibst eigene anschauliche Texte.

Eine kurze Geschichte lesen und verstehen

In der folgenden Geschichte geht es um das Thema **Eifersucht**.

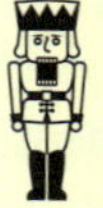

Textknacker ► S. 296

1 Lies die Geschichte.

Eifersucht Lena Richter

Nur Mädchen zanken sich.
Sie sind eifersüchtig, heute dicke Freundinnen, morgen Todfeinde.
Nur Mädchen?

Es war schon November, also mitten im Schuljahr. An einem Donnerstagmorgen in der ersten Stunde brachte die Schulsekretärin einen neuen Schüler herein. Frau Seibold, die Klassenlehrerin, nahm ihn in Empfang. „Das ist Anton. Er ist jetzt euer Klassenkamerad." Sie setzte ihn zu Hendrik, unserem Klassensprecher. Der Platz neben ihm war frei.

„Hendrik, kümmere dich ein wenig um Anton, er kennt sich hier schließlich nicht aus. Zeig ihm in der Pause, wo bei uns der Kiosk, die Toiletten und all das zu finden ist. Wer von euch will, kann ja helfen."

Anton sah eigentlich nett aus. Er war etwas still und schüchtern, aber das ist wohl jeder am ersten Tag in einer neuen Klasse. Etwas Neues macht neugierig und ist überaus interessant. Ein neuer Schüler machte auch neugierig. Also fanden sich in der Pause außer Hendrik noch andere Schüler, auch einige Mädchen, die mit Anton über das Schulgelände zogen. Besonders Tarik fand gleich guten Kontakt zum „Neuen". Sie kamen nämlich beide von derselben Schule, wo sie wegen einiger Probleme nicht bleiben wollten.

Doch gerade, als sie am Kiosk warteten, um sich etwas zu kaufen, da tauchte plötzlich Jakob auf. Klein und drahtig baute er sich vor der Gruppe auf. Er hatte es auf Tarik abgesehen, denn mit vor Wut zitternder Stimme fragte er ihn, nein – bellte er ihn an: „Warum gehst du mit denen? Warum spielst du nicht mit uns?" Fußballspielen war in jeder Pause angesagt.

Tarik war zunächst sprachlos, auch die anderen schwiegen verblüfft. Irgendjemand meinte: „Immer cool bleiben, Mann." Aber keiner lachte.

„Wir zeigen dem Anton die Schule und alles. Das hast du doch gehört", erklärte Tarik schließlich.

„Dann brauchst du auch nicht mehr mein Freund zu sein!", schrie Jakob mit schriller Stimme, ging im selben Augenblick mit den Fäusten auf den Klassenkameraden los und schlug ihm ins Gesicht. Alle, die ringsherum standen, erwachten aus der Erstarrung, griffen nach den schlagenden Armen, zogen Tarik zur Seite und verhinderten Schlimmeres.

In der folgenden Stunde erfuhr die Klassenlehrerin von dem Vorfall. Einige von denen, die dabei gewesen waren, berichteten davon. Das Schlimmste für Jakob war, als ein Mädchen behauptete: „Du bist ja nur eifersüchtig!" Nicht nur die Mädchen kicherten.

Den Rest der Stunde starrte er nur auf sein Heft. Er, Jakob, und eifersüchtig?

2 Beantworte die folgenden Fragen zum Text:
- Warum kümmert sich Hendrik in der Pause um Anton?
- Warum versteht sich Tarik gleich so gut mit Anton?
- Warum ist Jakob so zornig?

3 Ist Jakob eifersüchtig? Formuliere deine Meinung und begründe sie.

4 Für Jakob ist es das Schlimmste, als eifersüchtig bezeichnet zu werden. Besprecht, warum dies für ihn so sein könnte.

5 Jakob hätte sich anders verhalten können.

a. Sammle Ideen, wie Jakob reagieren könnte.

b. Erzähle die Geschichte ab Zeile 19 neu.

Merkmale von Kurzgeschichten

Textknacker ► S. 296

Die folgende Geschichte beginnt, als Peter ein Café betritt.

1 Lies die Geschichte.

Das Wiedersehen Gertrud Schneller

Peters Hand zittert leicht, als er sie auf die Türklinke legt. Rascher als nötig geht er auf den hintersten, in der rechten Ecke des Cafés stehenden Tisch zu. Dann bleibt er stehen und sagt:

„Ich wusste, dass ich dich hier finden werde."

Der Angeredete blickt überrascht hinter dem großen Zeitungsblatt hervor. Als er Peter sieht, lässt er das Blatt fallen und ruft:

„Du! Bist du schon wieder ..."

Das letzte Wort lässt er unausgesprochen.

„Drei Jahre sind genug", meint Peter leise.

Jean nickt, rückt den Stuhl zurecht und heißt ihn, Platz zu nehmen.

Der Kellner kommt. Sein Blick richtet sich suchend auf den Gast. Dann plötzlich scheint ein Erinnern auf sein Gesicht zu kommen.

„Der wusste es auch, nicht wahr?", sagt Peter.

„Ach", erwidert Jean, „Kellner wissen alles. Mach dir nichts daraus."

Sie schweigen.

Dann sagt Peter leise: „Bist du noch immer auf der Bank?"

„Ja."

„Ich wusste es. So sicher, wie ich wusste, dich zu dieser Tageszeit hier beim Lesen der Zeitung anzutreffen."

„Hast du schon Arbeit?", fragt der andere.

„Ja, ja. Dafür hat man gesorgt. Morgen kann ich bereits anfangen. Und du ... du bist Prokurist[1] geworden, nicht wahr?" Jean nickt.

„Ich würde es nie mehr tun", sagt Peter leise. „Nie mehr."

Jean nickt wieder.

„Wirst du wieder bei Frau Ruegg wohnen?"

„Nein! Ich wollte. Aber sie hatte alle möglichen Ausreden. Die wirkliche Strafe, weißt du, die kommt erst jetzt."

„Nein, nein. Das ist es sicher nicht", sagt Jean rasch. „Bedenke, es herrscht ein großer Zimmermangel."

Sie schweigen wieder. Jean spielt mit dem Blatt der Zeitung, während Peter nachdenklich in seinem Schwarzen[2] rührt.

[1] der Prokurist: ein Bevollmächtigter. Er darf Entscheidungen treffen und wichtige Dokumente unterschreiben.

[2] der Schwarze: österreichischer Ausdruck für einen starken Kaffee ganz ohne Milch oder Sahne

Plötzlich blickt Jean auf die Uhr, ruft den Kellner und zahlt.

„Ich muss jetzt gehen. Verzeih bitte. Mein Zug fährt in einer halben Stunde. Ich fahre für drei Wochen aufs Land."

Peter wird blass. Auch der, denkt er bitter, auch der hat Ausreden. Mein einziger Freund. Er gibt Jean die Hand und wünscht ihm gute Erholung. Obwohl er nicht an diese Reise und an seine Erholung glaubt.

Peter sitzt nun allein am Tisch. Sein Blick ist gesenkt. Er sieht deshalb nicht, wie Jean sich bei der Tür entschlossen umwendet und auf den Tisch zusteuert. Erst als er dicht vor ihm steht, blickt er überrascht auf.

„Hast du etwas vergessen?", fragt Peter.

„Ja! Ich habe vergessen, dir den Schlüssel zu geben."

„Den Schlüssel. Welchen Schlüssel?"

„Den Schlüssel zu meiner Wohnung. Du kannst, solange ich weg bin, bei mir wohnen."*

2 Worum geht es in der Geschichte?

a. Wähle eine passende Erklärung aus.

b. Lies die Geschichte noch einmal und begründe deine Entscheidung mit passenden Textstellen.

Die Geschichte handelt von zwei Freunden, die gemeinsam ein Verbrechen begangen haben.

Die Geschichte behandelt den schwierigen Start ins neue Leben eines ehemaligen Häftlings, der vor seiner Entlassung drei Jahre in einem Gefängnis war.

3 Was erfahrt ihr über die Beziehung der Figuren zueinander?
Beantwortet die folgenden Fragen schriftlich:

- In welcher Situation ist Peter? Was braucht er gerade sehr dringend?
- Wie ist das Verhältnis von Peter und Jean? Wie gut kennen sie sich?
- Was denkt Peter über das Verhalten von Frau Ruegg? Wie erklärt Jean ihr Verhalten?

Kurzgeschichten haben bestimmte Merkmale.
Du kannst sie nun genauer untersuchen.

Für einen Augenblick warst du mitten im Geschehen in einem Café.
Dieser plötzliche Anfang ist ein typisches Merkmal für eine Kurzgeschichte.

Merkmal: plötzlich mittendrin

4 **a.** Lies den Anfang der Kurzgeschichte noch einmal genau.
b. Gibt es eine Einleitung, eine Einführung der handelnden Figuren? Notiere, was dir zu dem Anfang auffällt.

Kurzgeschichten handeln oft von alltäglichen Geschehnissen im Leben ihrer Figuren.

Merkmal: ein alltägliches Geschehen

5 Die Situation im Café ist für Jean ganz normal. Er ist oft in diesem Café. Lies die Textstellen vor, mit denen du das belegen kannst.

6 Plötzlich blickt Jean auf die Uhr und sagt, dass er nun gehen müsse.
a. Lies noch einmal die Zeilen 32–37.
b. Beantworte die folgenden Fragen schriftlich:
- Welchen Grund nennt Jean für seinen plötzlichen Aufbruch?
- Was glaubt Peter, warum Jean ihm von der Reise erzählt?

c. Belege deine Antworten mit passenden Textstellen.

Kurzgeschichten haben meist ein offenes oder überraschendes Ende.

Merkmal: ein offenes oder überraschendes Ende

7 **a.** Lies die Zeilen 38–46 noch einmal.
b. Fasse das Ende der Kurzgeschichte mit deinen eigenen Worten zusammen.
c. Was könnte Peter jetzt über Jean denken? Sprecht darüber.

8 Überrascht euch das Ende? Hättet ihr ein anderes Ende erwartet? Tauscht euch darüber aus.

9 Wie, glaubst du, geht es für Peter und Jean weiter? Notiere Ideen.

Du hast nun wichtige Merkmale einer Kurzgeschichte kennen gelernt.

Merkwissen

Eine Kurzgeschichte ist eine knappe, moderne Erzählung.
Kurzgeschichten handeln meist von einem kurzen Ausschnitt aus einem Geschehen aus dem Alltag einer oder mehrerer Figuren.
Weitere Kennzeichen sind ein unvermittelter Anfang (plötzlich mittendrin) und ein offenes oder überraschendes Ende.

Eine Geschichte erzählen

Du kannst nun eine eigene Geschichte planen und schreiben.

1 Sieh dir die beiden Bilder an.

2 Zu welchem Bild möchtest du eine Geschichte erzählen?
W **a.** Wähle ein Bild aus.
b. Lege einen Cluster in deinem Heft an und schreibe alle Ideen hinein, die du zu der Situation auf dem Bild hast.

Einen Cluster anfertigen ► S. 300

3 **a.** Tauscht euch über eure Ideen aus.
b. Möchtet ihr noch etwas ergänzen? Ergänzt eure Ideen.

Die Handlungsbausteine helfen dir, deine Ideen zu strukturieren.

Eine Geschichte mit den Handlungsbausteinen schreiben ► S. 302

4 Wer soll deine Hauptfigur sein?
Schreibe alle Informationen auf eine Karteikarte, z. B. Name, Alter, Aussehen, Charakter.

5 In welcher Situation ist die Hauptfigur?
An welchem Ort ist sie? Was tut sie?
Notiere Stichworte auf einer weiteren Karteikarte.

6 Welchen Wunsch hat deine Hauptfigur?
Notiere ihn auf einer dritten Karteikarte.

7 Welches Hindernis steht dem Wunsch der Hauptfigur im Weg?
Notiere deine Ideen auf einer weiteren Karteikarte.

8 Was könnte deine Hauptfigur tun, um das Hindernis zu überwinden?
Wie reagiert sie darauf? Beschreibe es ausführlich auf einer weiteren Karte.

9 Wie endet die Geschichte?
Notiere deine Ideen auf einer weiteren Karteikarte.
Tipp: Entscheide dich für ein glückliches, trauriges, offenes oder überraschendes Ende.

10 **a.** Plane den Aufbau deiner Geschichte so, dass die Leserin oder der Leser gern weiterlesen möchte.
b. Bringe die Karteikarten in die Reihenfolge, in der du die Geschichte erzählen möchtest.

11 Gestalte nun deine Hauptfigur und die anderen Figuren aus.
Notiere ihre Gedanken und Gefühle.
Verwende auch wörtliche Rede.

Wörtliche Rede ► S. 306

Nun kannst du deine Geschichte schreiben.

12 Schreibe nun deine vollständige Geschichte auf.
- Schreibe eine Einleitung.
- Erzähle lebendig. Verwende wörtliche Rede, um darzustellen, was gesagt wird.
- Erzähle anschaulich. Setze an passenden Stellen Gedanken und Gefühle der Hauptfigur ein.
- Gestalte deine Satzanfänge abwechslungsreich.
- Verwende treffende Adjektive und Verben.
- Schreibe einen passenden Schluss für deine Geschichte.

13 Überlege dir eine Überschrift, die gut zu deiner Geschichte passt.

Zum Schluss kannst du deine Geschichte in einer Schreibkonferenz überarbeiten.

Schreibkonferenz ► S. 302

 **14** **a.** Suche dir zwei oder drei Mitschülerinnen und Mitschüler.
b. Lest noch einmal die Regeln für die Schreibkonferenz.
c. Überarbeitet eure Geschichten gemeinsam.

15 Lest eure überarbeiteten Geschichten in der Klasse vor.

Eine Geschichte überarbeiten

Sheila hat eine Geschichte zu einem der Bilder auf Seite 175 geschrieben. Du kannst ihre Geschichte überprüfen und überarbeiten.

1 Lies den Anfang von Sheilas Geschichte.

Gestern war ich das erste Mal seit dem Winter mit meinem Roller im Park. Jch finde den Frühling schön. Jch mag es, wenn es draußen wärmer ist. Am Kiosk wollte ich mir ein Eis kaufen. Jch freue mich immer auf die neue Eis-Karte. Jch konnte mich nicht entscheiden. Jch wusste nicht, welches Eis ich nehmen wollte. Jch hatte die Jdee, ein Geldstück zu werfen. Kopf oder Zahl - das sollte entscheiden, welches Eis ich nehme. Jch warf mein Geldstück hoch. Jch war gespannt. Jch beobachtete, was passiert. Zack - ein nagelneuer blauer Turnschuh stand auf meinem Geldstück. Jch schaute hoch. Das war Jules. Er ist 14 und wohnt bei mir im Haus. Natürlich waren seine zwei Freunde dabei, wie immer. Sie wollten mir das Geld wegnehmen. „Danke, davon kaufe ich mir ein Eis", rief Jules und lachte noch einmal ...

2 Was geschieht in Sheilas Geschichte?
- Notiere Stichworte zu den Handlungsbausteinen.
- Prüfe: Welche Handlungsbausteine fehlen? Ergänze deine Notizen.

Nun kannst du Sheilas Geschichte überarbeiten und weiterschreiben.

3 Überarbeite Sheilas Geschichte.
- Verwende unterschiedliche Satzanfänge.
- Verwende treffende Verben und Adjektive.
- Beschreibe die Gedanken und Gefühle der Hauptfigur anschaulich.

4 Mache dir Notizen zu den folgenden Fragen:
- Wie reagiert die Hauptfigur, als Jules seinen Fuß auf das Geldstück stellt?
- Wie endet die Geschichte?

5 Schreibe Sheilas Geschichte weiter.
- Schreibe anschaulich und lebendig.
- Verwende wörtliche Rede.
- Verwende passende Zeitformen.

6 Schreibe eine passende Überschrift für deine Geschichte auf.

7 Schreibe in dein Lerntagebuch:
- Welche Tipps helfen dir, anschaulich zu erzählen?
- Was hat dir geholfen, die Geschichte noch besser zu machen?

Anschaulich erzählen

Hier übst du noch einmal, eine Geschichte anschaulich zu erzählen.

Du entscheidest, ob du die Aufgaben auf Seite 178 mit mehr Hilfen oder die kniffligeren Aufgaben auf Seite 179 lösen willst.

1 Plane deine Geschichte.

W **a.** Wähle das Bild aus, zu dem du eine Geschichte erzählen möchtest.

b. Lege einen Cluster an und notiere alle Ideen, die du zu dem Thema hast.

c. Wähle nun deine Hauptfigur aus und notiere auf ein Kärtchen Name, Alter, Geschlecht, Aussehen und Eigenschaften der Figur.

d. Lege für alle Handlungsbausteine Kärtchen an und notiere Stichworte zu jedem Handlungsbaustein.

Einen Cluster anfertigen ► S. 300

Handlungsbausteine:
- Hauptfigur/Situation
- Wunsch
- Hindernis
- Reaktion
- Ende

2 Wie wird deine Geschichte lebendiger?
- Beschreibe die Gedanken und Gefühle der Figuren genau.
- Ergänze treffende Adjektive und Verben.
- Verwende wörtliche Reden der Figuren, um die Geschichte noch anschaulicher zu machen.
- Nutze abwechslungsreiche Satzanfänge.

3 Finde eine passende Überschrift.

4 Schreibe nun deine Geschichte mit Hilfe deiner Notizen auf.

5 **a.** Lies deine Geschichte noch einmal.

b. Überprüfe, ob du an alles gedacht hast, und überarbeite sie.

Du kannst eine eigene Geschichte erzählen.

W **1** Wähle ein Thema für deine Geschichte aus.
- Du kannst eine Geschichte zu einem der Bilder auf Seite 178 erzählen.
- Du kannst eine Geschichte erfinden.
- Du kannst eine Geschichte zu den folgenden Stichworten erzählen.

morgens in der S-Bahn, morgens im Schulbus,
auf dem Weg zum Kino, Jahrmarkt in unserer Stadt,
im Freibad, der erste Ferientag,
mit dem Skateboard unterwegs, Katze entlaufen

2 Sammle nun Ideen für deine Geschichte.
Lege einen Cluster an, in den du alle Ideen einträgst, oder wähle eine andere Darstellungsform.

3 **a.** Sammle auf einer Karteikarte alle Informationen zu deiner Hauptfigur, z. B. Name, Alter, Geschlecht, Aussehen, Charakter.
b. Schreibe zu jedem Handlungsbaustein eine eigene Karteikarte. Trage alles darauf ein, was für den Handlungsbaustein wichtig ist.
c. Nimm eine Karteikarte für den Ort, an dem deine Geschichte spielt. Notiere alles darauf, was den Ort beschreibt und wie du ihn lebendig darstellen kannst.

Eine Geschichte mit den Handlungsbausteinen schreiben ► **S. 302**

4 Ordne nun die Karteikarten in der Reihenfolge, in der du deine Geschichte erzählen willst.

Mit Hilfe deiner Notizen kannst du nun deine Geschichte schreiben.

5 Schreibe deine Geschichte möglichst lebendig.
- Verwende abwechslungsreiche Satzanfänge.
- Finde treffende Verben und Adjektive, um die Orte, die Gedanken und Gefühle der Figuren zu beschreiben.
- Schreibe auch wörtliche Reden für deine Figuren, um alles lebendiger zu gestalten.
- Schreibe eine passende Überschrift auf.

Wörtliche Rede ► **S. 306**

6 Lies deine Geschichte noch einmal und überarbeite sie.
Überprüfe auch die Rechtschreibung.
Ergänze und korrigiere, wo es nötig ist.

7 Schreibe deine überarbeitete Geschichte sauber und ordentlich auf.

Anschaulich erzählen

Hier übst du Schritt für Schritt, dich auf eine Probe vorzubereiten.

Stelle dir vor, dies ist die Aufgabe für die Probe.

Schreibe zu dem Bild eine anschauliche, spannende Erzählung. Verwende dabei passende Verben und Adjektive und achte auf abwechslungsreiche Satzanfänge.

1. Schritt: Die Aufgabe verstehen

Aufgaben verstehen ► S. 297

1 **a.** Lies die Aufgabe mehrmals genau.
b. Was sollst du genau tun? Schreibe die richtigen Erklärungen ab.

- Du sollst über das Bild informieren und verschiedene Satzanfänge nutzen.
- Du sollst treffende Verben und Adjektive verwenden.
- Du sollst das Bild beschreiben.
- Du sollst eine Erzählung schreiben, die du anschaulich gestaltest.
- Du sollst eine Überschrift für das Bild finden.

2. Schritt: Die Aufgabe bearbeiten

Plane zunächst deine Erzählung zu dem Bild.

2 Sammle deine Ideen in einem Cluster.

3 Lege fest, wer deine Hauptfigur ist. Schreibe alle Angaben zur Figur auf ein Kärtchen.

4 Schreibe auf weitere Kärtchen Stichworte zu jedem Handlungsbaustein.

5 Ergänze deine Notizen zu den Figuren:
- Was fühlen und denken sie? Finde treffende Verben und Adjektive.
- Was sagen sie? Verwende wörtliche Reden.

6 Ergänze deine Notizen zu den beschriebenen Orten.
Beschreibe sie lebendig und anschaulich.

7 Ordne die Handlungsbausteine in einer passenden Reihenfolge.

Mit Hilfe deiner Notizen kannst du nun die Aufgabe der Probe lösen.

8 Schreibe nun deine Erzählung auf.
- Schreibe eine Einleitung.
- Erzähle lebendig und anschaulich.
- Gestalte deine Sätze abwechslungsreich, denke besonders an die Satzanfänge.
- Schreibe einen Schluss für deine Erzählung.
- Finde eine passende Überschrift.
- Achte auch auf die Rechtschreibung.

3. Schritt: Die Aufgabe überprüfen

9 Überprüfe deine Geschichte mit Hilfe der folgenden Checkliste.

Checkliste: Eine Geschichte anschaulich erzählen	*Ja*	*Nein*
– Habe ich meine Erzählung verständlich aufgebaut?	■	■
– Habe ich Figuren und Orte mit treffenden Adjektiven beschrieben?	■	■
– Habe ich treffende Verben verwendet?	■	■
– Habe ich wörtliche Reden der Figuren eingebaut?	■	■
– Habe ich Gedanken und Gefühle der Figuren eingefügt?	■	■
– Habe ich unterschiedliche Satzanfänge verwendet?	■	■
– Habe ich eine passende Überschrift gefunden?	■	■
– Habe ich alles richtig geschrieben?	■	■

10 Schreibe deine überarbeitete Erzählung sauber und ordentlich auf.

4. Schritt: Die Vorgehensweise auswerten

11 Lies in deinem Lerntagebuch und vergleiche mit deinen letzten Einträgen.
- Was hat sich verändert?
- Was gelingt dir jetzt gut oder besser?

Gedichte über Liebe und Freundschaft

Schnuppe Kurt Schwitters

Meine süße Puppe,
Mir ist alles schnuppe,
Wenn ich meine Schnauze
Auf die deine bautze.
[...]*

Ein männlicher Briefmark Joachim Ringelnatz

Ein männlicher Briefmark erlebte
Was Schönes, bevor er klebte.
Er war von einer Prinzessin beleckt.
Da war die Liebe in ihm erweckt.
Er wollte sie wiederküssen,
Da hat er verreisen müssen.
So liebte er sie vergebens.
Das ist die Tragik des Lebens!

miä Fitzgerald Kusz

miä könnä si nu su lang
in di augn schauä:
iich siich miich und diich

„Ты" и „вы"
Александр Сергеевич Пушкин

Пустое *вы* сердечным *ты*
Она, обмолвясь, заменила
И все счастливые мечты
В душе влюблённой возбудила.

Пред ней задумчиво стою,
Свести очей с неё нет силы;
И говорю ей: как *вы* милы!
И мыслю: как *тебя* люблю!

„Du" und „Sie" (Übersetzung)
Alexander Sergejewitsch Puschkin

Sie sagte statt des leeren „Sie"
das traute „Du" mir aus Versehen –
Und schon verheißt die Fantasie
Erhörung meines Liebesflehen!

Ich schau sie an glückseliglich,
Nach jedem ihrer Blicke geizend;
Ich spreche laut: „Wie sind Sie reizend!"
Und denke still: „Wie lieb ich dich!"

Dein wahrer Freund Friedrich Rückert

[...]
Dein wahrer Freund ist nicht,
wer dir den Spiegel hält
der Schmeichelei,
worin dein Bild dir selbst gefällt.
Dein wahrer Freund ist,
wer dich sehn lässt deine Flecken
und sie dir tilgen hilft,
eh' Feinde sie entdecken.
[...]*

LOVE LETTERS Lang Leav

Every letter
that she types;
every keystroke
that she strikes-
To spell your name
again and again,
is all she ever
wants to write.

Liebe und Freundschaft werden in Gedichten auf unterschiedliche Art und Weise beschrieben: mal traurig, mal ernst, mal heiter, mal fröhlich.

1 a. Seht euch die Bilder an und lest die Gedichte.
b. Was fällt euch zum Thema **Liebe und Freundschaft** ein? Erstellt einen Cluster.

2 Ihr kennt bereits einige Gedichtmerkmale. Welche findet ihr in den Gedichten? Nennt sie.

3 Das Gedicht „miä" ist in fränkischem Dialekt geschrieben.
a. Versucht, den Text gemeinsam ins Hochdeutsche zu übersetzen.
b. Wie wirkt das Gedicht im Hochdeutschen, wie im Dialekt? Vergleicht.

4 a. Welches der Gedichte spricht euch am meisten an? Sprecht darüber.
b. Kennt ihr weitere Liebes- oder Freundschaftsgedichte? Vielleicht sogar in anderen Sprachen? Stellt sie einander vor.

In diesem Kapitel lest ihr Gedichte über Liebe und Freundschaft. Ihr untersucht die Gedichte und setzt euch produktiv damit auseinander.

Gedichte untersuchen

Liebe und Freundschaft werden seit Jahrhunderten in Gedichten beschrieben. Du kannst nun Schritt für Schritt den Inhalt, die Form und die Sprache des folgenden Gedichts genauer untersuchen.

1 Lies das Gedicht.

Ob ich ihr sag, dass ich sie mag? Christine von dem Knesebeck

Ich mag, wie sie lacht
und wie sie schaut.
Was sie auch macht,
was sie auch tut,
ich seh sie an
und mir geht es gut.
Ob ich ihr sag,
dass ich sie mag?

Ich möchte laut singen,
ich möchte laut pfeifen,
möchte hoch oben
nach Sternen greifen.
Wär es nicht schön,
zusammen zu sein?
Wär es nicht schön,
mit ihr zu gehn?
Ob ich ihr sag,
dass ich sie mag?

Ich möchte laut singen,
möchte vor Freude
am liebsten zerspringen.
Wohin ich schau:
Die Welt steht Kopf
– alles ist neu.
Ob ich ihr sag,
dass ich sie mag?

Ich mag, wie sie lacht
und wie sie schaut,
was sie auch macht,
was sie auch tut.
Sie sieht mich an
und ich fühl mich gut.
Wär es nicht schön,
mit ihr zu gehn?
Sie sieht mich an
und ich fühl mich gut.

Ob ich ihr sag,
dass ich sie mag?

2 Wie gefällt dir das Gedicht?
Schreibe deine Gedanken auf.

3 **a.** Lies das Gedicht noch einmal Strophe für Strophe.
b. Schreibe auf, worum es in dem Gedicht geht.

Du kennst bereits einige Merkmale von Gedichten.

4 Untersuche die Form des Gedichtes genauer (Strophen, Verse, Reime).
a. Übertrage die folgende Tabelle in dein Heft.
b. Lege eine Folie über den Text und markiere die Reimwörter.
c. Trage die Merkmale des Gedichts in die Tabelle ein.

Merkmale von Gedichten ► S. 292

Starthilfe

	Ob ich ihr sag, dass ich sie mag?
die Anzahl der Strophen	...
die Verse pro Strophe	...
die Reimformen	...

5 Welches Metrum verwendet die Dichterin in ihrem Gedicht?
a. Lies das Gedicht laut und betont.
b. Schreibe zwei aufeinanderfolgende Verse ab und kennzeichne die betonten (/) und die unbetonten (v) Silben.
c. Vergleicht eure Ergebnisse.

Metrum ► S. 293

Starthilfe

v /
Ich mag ...

Die Sprache in Gedichten ist oft besonders.
In vielen Gedichten gibt es jemanden, der in der Ich-Form spricht – das **lyrische Ich.**

6 Welche Gefühle werden in dem Gedicht „Ob ich ihr sag, dass ich sie mag?" beschrieben? Nenne sie.

7 Wer spricht in dem Gedicht?
Untersuche das lyrische Ich genauer.
a. Notiere, was das lyrische Ich mag, was es möchte und wie es sich fühlt.
b. Finde passende Adjektive, die das lyrische Ich beschreiben.

8 **a.** Tauscht euch über eure Ergebnisse aus und begründet eure Beschreibungen des lyrischen Ichs.
b. Überlegt, welche Wirkung das lyrische Ich hat.
c. Mit wem spricht das lyrische Ich? Stellt Vermutungen an.

9 Wähle eines der Gedichte von den Seiten 182 und 183 aus und untersuche seine Form und das lyrische Ich genauer.

In dem Gedicht kommen mehrere Wiederholungen vor.
Diese haben eine besondere Wirkung.

10 a. Lies noch einmal das Gedicht auf Seite 184.
b. Welche Wiederholungen entdeckst du in dem Gedicht?
Lege eine Folie über das Gedicht und markiere sie.
Tipp: Vergleiche die einzelnen Strophen, Verse und Reime miteinander.
c. Schreibe die Wiederholungen auf. Ergänze jeweils auch die Versangaben.

Starthilfe

- „Ob ich ihr sag,
  dass ich sie mag?"
  (V. 7–8, 17–18, 25–26, 37–38)
- ...

11 a. Lest das Gedicht noch einmal laut.
b. Wie wirken die Wiederholungen auf euch?
Sprecht über eure Leseeindrücke.

Betont vorlesen
► S. 298

12 Aus welchem Grund könnte die Dichterin die Wiederholungen verwendet haben?
a. Lies die Sprechblasen.
b. Wähle die Vermutung aus, die dir passend erscheint. Schreibe sie auf.
c. Vergleiche die Vermutung mit dem Merkwissen.

Der Autorin fallen keine besseren Wörter und Redewendungen ein.

Die Leserinnen und Leser sollen erkennen, welche Aussage wichtig ist.

Damit wird eine Aussage besonders hervorgehoben.

Merkwissen

Die Sprache in Gedichten ist oft besonders.
Das lyrische Ich ist die Sprecherin oder der Sprecher in einem Gedicht.
Das lyrische Ich ist nicht mit der Autorin oder dem Autor gleichzusetzen.
Bei der Wiederholung wird ein Wort oder eine Wortgruppe in einem Vers oder einer Strophe mehrmals genannt. Manchmal werden auch ganze Strophen oder Verse in einem Gedicht wiederholt. Die Wiederholung hat eine verstärkende Wirkung auf die Hörerinnen und Hörer beziehungsweise Leserinnen und Leser:
Ich möchte laut singen (Vers 9), Ich möchte laut singen (Vers 19)

Sprachliche Bilder untersuchen

Das Gefühl der Liebe kann durch sprachliche Bilder besonders anschaulich dargestellt werden. Du kannst es an den folgenden Gedichten untersuchen.

1 **a.** Lies das folgende Gedicht mehrmals still.
b. Wie wirkt das Gedicht auf euch? Sprecht über eure Leseeindrücke.

Dass du mich liebst … Heinrich Heine

Dass du mich liebst, das wusst ich,
Ich hatt' es längst entdeckt;
Doch als du mir's gestanden,
Hat es mich tief erschreckt.

Ich stieg wohl auf die Berge
Und jubelte und sang;
Ich ging ans Meer und weinte
Beim Sonnenuntergang.

Mein Herz ist wie die Sonne
So flammend anzusehn,
Und in ein Meer von Liebe
Versinkt es groß und schön.

2 Tauscht euch über das Gedicht aus:
- Wer spricht in dem Gedicht? Wie fühlt sich das lyrische Ich?
- Warum kann die Liebe erschrecken? (V. 4)
- Wie kann es sein, dass ein verliebter Mensch abwechselnd jubelt und weint? (V. 5–8)

Heinrich Heine verwendet in seinem Gedicht sprachliche Bilder.

3 Die dritte Strophe enthält einen **Vergleich**.
a. Womit wird das Herz in der dritten Strophe verglichen? Schreibe es auf.
b. Ist dieser Vergleich dazu geeignet, die Gefühle des lyrischen Ichs darzustellen? Begründe deine Meinung.

4 Die dritte Strophe enthält in Vers 11 auch eine **Metapher**.
a. Was könnte die ungewöhnliche Formulierung „ein Meer von Liebe" in diesem Zusammenhang bedeuten? Notiere deine Vermutungen.
b. Wie wirkt diese Metapher auf dich? Schreibe es auf.

Manchmal werden Dinge, Tiere oder Pflanzen in Gedichten auch als Personen dargestellt, also vermenschlicht. Das nennt man Personifikation.

5 **a.** Lies die Überschrift des Gedichts.
b. Welche Vermutungen zum Inhalt hast du? Notiere Stichworte.
c. Lies nun das Gedicht.

Frühlingswelt Christiane Herbst

Der Himmel
trägt dein Augenblau.
Die Blumen
haben dein Parfum geklaut.
Die Luft
verströmt deinen Atem.
Warmer Wind
streicht mich zart wie deine Hände.

Zugvögel
singen deine Lieder
und nehmen mich mit
auf ihren Flug
in einen neuen Frühling.

Es ist ein neues anderes Du
doch es bringt ihn mir zurück
meinen längst verschusselten Traum
vom Glück.

6 **a.** Worum geht es in dem Gedicht? Notiere Stichworte.
b. Wie sieht für das lyrische Ich der Traum vom Glück aus? Beschreibe es.

Lyrisches Ich ► S. 293

7 **a.** Welche Personifikationen findest du in dem Gedicht? Schreibe sie auf.
b. Erkläre die Personifikationen mit eigenen Worten.

Starthilfe

Der Himmel trägt dein Augenblau (V. 1–2): Der Himmel ist so blau wie ...
Die Blumen haben ...

Merkwissen

Sprachliche Bilder wie der Vergleich und die Personifikation machen ein Gedicht besonders anschaulich.
Bei einem Vergleich werden zwei Vorstellungen durch **wie** oder **als** miteinander verknüpft: **Mein Herz ist wie die Sonne**.
Bei einer Personifikation wird ein Gegenstand, ein Tier oder eine Pflanze als Person dargestellt und vermenschlicht:
Die Blumen haben dein Parfum geklaut.

Parallelgedichte schreiben

Mit Gedichten kannst du dich auch produktiv auseinandersetzen.

1 Lies das Gedicht.

Du bist da, und ich bin hier Frantz Wittkamp

Du bist da, und ich bin hier.
Du bist Pflanze, ich bin Tier.
Du bist Riese, ich bin Zwerg.
Du bist Tal, und ich bin Berg.
Du bist leicht, und ich bin schwer.
Du bist voll, und ich bin leer.
Du bist heiß, und ich bin kalt.
Du bist jung und ich bin alt.
Du bist sie, und ich bin er.
Du bist Land, und ich bin Meer.
Du bist dunkel, ich bin hell.
Du bist langsam, ich bin schnell.
Du bist schmal, und ich bin breit.
Du bist Anzug, ich bin Kleid.
Du bist einsam, ich allein.
Komm, wir wollen Freunde sein!

2 Worum geht es in dem Gedicht? Schreibe einen Satz auf.

3 **a.** Schreibe das Gedicht ab.
b. Markiere die Reimwörter.
c. Bestimme die Reimform des Gedichts.

4 **Da – hier, Pflanze – Tier, Riese – Zwerg.** Bis auf den letzten Vers haben alle Verse etwas gemeinsam. Notiere, was jeweils gleich ist.

5 Welche weiteren Gegensatzpaare fallen dir ein, um zwei unterschiedliche Freunde zu beschreiben? Schreibe sie auf.

Trotz aller Unterschiede und Gegensätze sagt das lyrische Ich am Ende des Gedichts: „Komm, wir wollen Freunde sein!“

6 Wie viele Unterschiede und Gegensätze verträgt eine Freundschaft? Sprecht darüber.

In einem Parallelgedicht wird ein Gedicht in derselben Form wie das Original geschrieben.

7 Schreibe ein Parallelgedicht.

a. Lege ein unbeschriebenes Blatt neben das Gedicht.

b. Schreibe das Gedicht mit deinen Gegensatzpaaren aus Aufgabe 5 neu. Behalte dabei möglichst den Aufbau, die Verszahl und die Reimform des Originalgedichts bei.

Du bist da, und ich bin hier

Du bist da, und ich bin hier.
Du bist Pflanze, ich bin Tier.
Du bist …

Du bist Stuhl, und ich bin Tisch

Du bist Stuhl, und ich bin Tisch.
Du bist Vogel, ich bin Fisch.
Du bist …

8 **a.** Lest eure Gedichte in der Klasse vor.

b. Welche Parallelgedichte sind besonders gelungen? Begründet eure Wahl.

Auch zu dem folgenden Gedicht kannst du ein Parallelgedicht schreiben.

9 Lies das Gedicht.

Wen du brauchst Regina Schwarz

Einen zum Küssen und Augenzubinden,
einen zum Lustige-Streiche-Erfinden,
Einen zum Regenbogen-suchen-Gehn
Und einen zum Fest-auf-dem-Boden-Stehn.
Einen zum Brüllen, zum Leisesein einen,
einen zum Lachen und einen zum Weinen.
Auf jeden Fall einen, der dich mag,
heute und morgen und jeden Tag.

10 Wie stellst du dir eine gute Freundin oder einen guten Freund vor? Schreibe zu dem Gedicht ein Parallelgedicht. Behalte die äußere Form des Originalgedichts bei.

Starthilfe

Wen du brauchst
Eine zum Kicken und Bälle schießen,
eine zum …

11 Vergleicht eure Parallelgedichte und sprecht darüber.

- Was gefällt euch besonders gut? Warum gefällt es euch?
- Worin ähneln sich eure Gedichte? Worin unterscheiden sie sich?

Ein Gedicht untersuchen und dazu schreiben

Überprüfe, ob du ein Gedicht untersuchen und dazu schreiben kannst.

1 Lies das Gedicht.

Die Verliebten Peter Maiwald

Anna ist verliebt,
weil es Paule gibt.

Annostraße vier.
Und was ist mit ihr?

Anna geht herum
geht zurück nur um

einmal Paul zu sehn.
Und was ist mit dem?

Paule geht herum
vor dem Fenster um

einmal Anna sehn,
auch nur kurz wär schön.

Annostraße acht.
Was die Anna macht?

Anna geht herum,
geht zurück nur um

einmal Paul zu sehn.
Und was ist mit dem?

Paule geht herum
vor dem Fenster um

einmal Anna sehn,
auch nur kurz wär schön:

Annostraße acht.
Was wohl Anna macht?

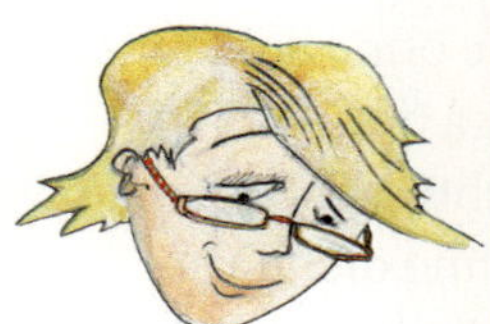

2 Anna und Paul sind verliebt. Notiere zwei Textstellen, die das beweisen. Untersuche die äußere Form des Gedichts: Strophen, Verse, Reime.

Die Stimmung des Gedichts wird mit verschiedenen Mitteln verstärkt.

3 **a.** Lege eine Folie über das Gedicht und kennzeichne die bestimmten und die unbestimmten Silben.
b. Einige Verse werden im Gedicht wiederholt. Finde die Wiederholungen und notiere jeweils die Versangaben.
c. Wie wirkt das Gedicht auf dich? Begründe es in ganzen Sätzen.

4 Wie könnte das Gedicht weitergehen? Schreibe eine weitere Strophe. Behalte die Reimform bei.

5 Schreibe in dein Lerntagebuch, was dir schon gut gelingt und was du noch üben möchtest.

Ein Gedicht untersuchen und dazu schreiben

Hier übst du noch einmal, ein Gedicht zu untersuchen und produktiv dazu zu schreiben.
Du entscheidest, ob du die Aufgaben auf Seite 192 mit mehr Hilfen oder die kniffligeren Aufgaben auf Seite 193 lösen willst.

1 Lies das Gedicht und beschreibe deinen ersten Eindruck.

Was wär … Heinz Erhardt

Was wär ein Apfel ohne -sine,
Was wären Häute ohne Schleim?
Was wär'n die Vita ohne -mine,
Was wär'n Gedichte ohne Reim?
Was wär das E ohne die -llipse[1],
Was wär veränder ohne -lich?
Was wär ein Kragen ohne Schlipse,
Und was wär ich bloß ohne dich?

[1] die Ellipse: eine geometrische Form, oval

2 Was hat das Gedicht mit Liebe und Freundschaft zu tun? Sprecht darüber.

3 Welche Reime erkennst du in dem Gedicht?
a. Schreibe die zusammengehörenden Reime auf.
b. Bestimme die Reimform.

Reimformen ► S. 292

4 Heinz Erhardt spielt in seinem Gedicht mit Wörtern.
Was passiert mit den Wörtern in den Versen 1, 3, 5 und 6?
Sprecht darüber.

5 Untersuche die Versanfänge genauer. Was fällt dir auf?

6 Schreibe ein Parallelgedicht. Beachte dabei die Wiederholungen, die Reimform und das Spiel mit den Wörtern.

Starthilfe
Was wär ein Buch ohne Rücken …

7 **a.** Stelle dein Parallelgedicht deiner Lerngruppe vor.
b. Gebt euch gegenseitig eine Rückmeldung zu euren Gedichten:
- Was ist gut gelungen?
- Wurde die Gedichtform eingehalten?

Du kannst das folgende Gedicht genauer untersuchen.

1 Lies das Gedicht.

Es ist was es ist Erich Fried

Es ist Unsinn
sagt die Vernunft
Es ist was es ist
sagt die Liebe

Es ist Unglück
sagt die Berechnung
Es ist nichts als Schmerz
sagt die Angst
Es ist aussichtslos
sagt die Einsicht
Es ist was es ist
sagt die Liebe

Es ist lächerlich
sagt der Stolz
Es ist leichtsinnig
sagt die Vorsicht
Es ist unmöglich
sagt die Erfahrung
Es ist was es ist
sagt die Liebe

2 Woran erkennst du, dass es sich um ein Gedicht handelt? Schreibe es auf.

3 In jedem zweiten Vers kommt das Personalpronomen **es** vor. Wofür könnte es stehen? Begründe deine Antwort in ganzen Sätzen.

4 Untersuche die Versanfänge genauer.
- **a.** Was fällt dir auf? Schreibe Stichworte auf.
- **b.** Wie wirkt das Gedicht dadurch auf dich? Beschreibe es in wenigen Sätzen.

5 Die letzten zwei Verse in jeder Strophe haben eine besondere Bedeutung. Erkläre, woran man das erkennt.

6 Welches Bild von Liebe wird in dem Gedicht beschrieben? Schreibe deine Gedanken auf.

7 Schreibe das Gedicht so um, dass ein positiveres Bild der Liebe entsteht. Behalte die äußere Form und die letzten beiden Verse in jeder Strophe bei.

Arbeitstechniken

In diesem Teil kannst du gezielt das Handwerkszeug üben, das du zum Lernen benötigst.

Das Lernen organisieren
Hier übst du, Aufgaben besser zu verstehen und richtig zu bearbeiten.

Lesen
Hier trainierst du, einen Sachtext und Grafiken mit dem Textknacker zu erschließen.

Sich informieren
Hier übst du die Recherche im Internet. Du trainierst außerdem, Informationen aus einem Lexikon und einem Sachtext zu entnehmen und dich in den unterschiedlichen Medien zu orientieren.

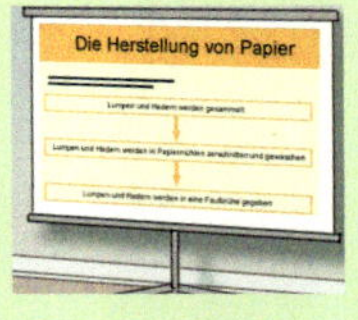

Miteinander arbeiten und präsentieren
Du sammelst verschiedene Möglichkeiten, ein Referat anschaulich zu gestalten, und vergleichst sie miteinander. Außerdem trainierst du, eine Präsentation am Computer zu gestalten. Zudem lernst du das wörtliche Zitieren aus fremden Texten.

Schreiben und überarbeiten
Auf diesen Seiten übt ihr, Texte gemeinsam in einer Schreibkonferenz zu überarbeiten. Außerdem schreibst du einen Antrag und füllst ein Formular aus.

Das Lernen organisieren

Aufgaben verstehen

Aufgaben kannst du in drei Schritten verstehen.

1 Lies die Beispielaufgabe mehrmals genau – Satz für Satz.

> Verfasse einen informierenden Text über das Thema „Müllvermeidung in der Schule“ für die Informationsmappe auf der Grundlage der bereitgestellten Materialien.
> **a.** Beschreibe in der Einleitung, was der Begriff „Müllvermeidung“ bedeutet.
> **b.** Vergleiche dann die Bedeutung der Begriffe „Müllvermeidung“ und „Recycling“.
> **c.** Erkläre, weshalb Müllvermeidung gerade an einer Schule eine wichtige Rolle spielt.
> **d.** Erläutere an drei Beispielen, wie ihr an eurer Schule Müll vermeiden könnt. Nutze die Materialien als Quelle.
> **e.** Belege deine Aussagen mit Textstellen aus den Materialien.

2 Untersuche die ersten drei Zeilen der Aufgabe:
- Was sollst du tun?
- Wofür sollst du es tun?
- Worüber sollst du schreiben?
- Auf welcher Grundlage sollst du schreiben?

3 Die Verben in der Aufgabe sagen dir, was du genau tun sollst.
a. Schreibe die Verben aus den Teilaufgaben **a.** bis **e.** untereinander auf.
b. Ordne den Verben die passenden Erklärungen zu und schreibe die Erklärungen zu den Verben.

> Erklärungen:
> - Ich finde Gründe für etwas und nenne sie.
> - Ich stütze eigene Aussagen durch ein Zitat oder einen Verweis.
> - Ich stelle Zusammenhänge zwischen Sachverhalten her.
> - Ich finde Gemeinsamkeiten und Unterschiede.
> - Ich zeige Vorgänge auf und veranschauliche sie.

4 Was sollst du tun? Wie sollst du die Aufgabe lösen?
Schreibe es in deinen Worten auf.

Starthilfe

> Ich soll einen ... schreiben. Dazu soll ich zuerst genau wiedergeben, was der Begriff ...

Lesen

Den Textknacker anwenden

Hier wiederholst du den Textknacker noch einmal Schritt für Schritt.

Textknacker ► S. 296

Als Erstes siehst du dir den Sachtext mit Grafiken auf den Seiten 196–198 an und verschaffst dir einen Überblick.

1. Schritt:
Vor dem Lesen

1 **a.** Sieh dir den Sachtext als Ganzes an.
b. Schreibe Stichworte auf:
- Was weißt du schon über das Thema?
- Was erzählen dir die Grafiken und die Überschrift?
- Worum könnte es in dem Text gehen? Begründe deine Vermutungen.

Du liest den Sachtext ein erstes Mal.

2. Schritt:
Das erste Lesen

2 **a.** Lies den Sachtext einmal durch.
b. Beantworte die Fragen in Stichworten:
- Welche Wörter oder Wortgruppen fallen dir auf?
- Worum geht es? Überprüfe deine Vermutungen aus Aufgabe 1b.

Das Internet – ein vielseitiges Medium

1 Was seinen Siegeszug erst in den 1990er-Jahren antrat, erscheint uns heute selbstverständlich: das Internet. Ein Leben, ohne online zu sein, können wir uns kaum noch vorstellen. Wissenschaftler untersuchen jährlich in einer Studie, wie Jugendliche im Alter von 12 bis 19 Jahren das Internet und die digitalen Medien[1] nutzen. Und diese Studie zeigt, dass das Internet im Alltag der Jugendlichen immer wichtiger wird. Jugendliche verbringen 2017 so viel Zeit online wie nie zuvor: Durchschnittlich 221 Minuten täglich sind die 12- bis 19-Jährigen im Internet unterwegs.

Nutzung der täglichen Online-Zeit durch Jugendliche	
Tätigkeit	**Zeitaufwand in Prozent**
Kommunikation	38 %
Informationssuche	11 %
Unterhaltung (Musik, Videos, Bilder)	31 %
Spiele	20 %
	Gesamtzeit online: 221 Minuten = 100 %
	Quelle: „JIM 2017“

[1] die digitalen Medien: Computer, Notebooks, Tablet-PCs, Smartphones

2 Einen Großteil der Zeit im Internet nutzen die Jugendlichen, um sich mit anderen in Online-Communitys[2], Chatrooms, E-Mails und sozialen Netzwerken zu unterhalten. Die Kommunikationsfunktion des Internets steht für die Jugendlichen damit an erster Stelle. Doch auch wegen seines Unterhaltungswertes ist das Internet bei den Jugendlichen äußerst beliebt. Die Jugendlichen hören online Musik und sehen sich Videos oder Bilder an. Die restliche Zeit im Internet verbringen die Jugendlichen damit, Spiele zu spielen oder nach Informationen zu suchen.

3 Häufig wird behauptet, das Internet stehle den Jugendlichen Zeit, die ihnen dann zum Lernen fehle. Das kann die Studie so pauschal nicht bestätigen. Immerhin elf Prozent ihrer täglichen Online-Zeit nutzen die Jugendlichen, um sich zu informieren. Je älter die Jugendlichen sind, desto größer ist dieser Anteil. Neben der Kommunikation, der Unterhaltung und dem Spielen sind den Jugendlichen also auch die Informationen wichtig, die das Internet bereithält. Sie wissen durchaus, dass das Internet auch zum Lernen nützlich ist und man sich im Internet umfassend zu bestimmten Sachverhalten informieren kann.

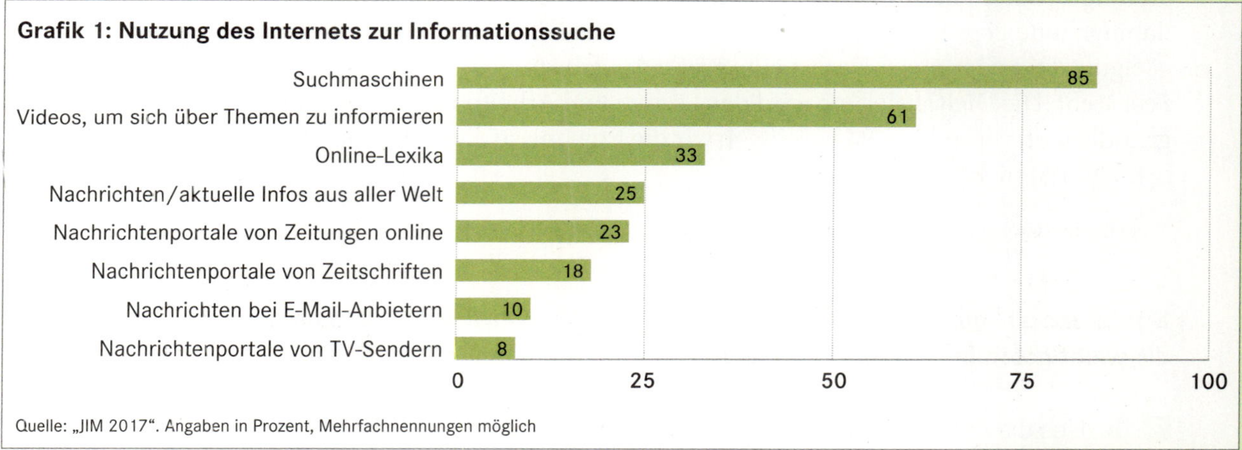

4 Vor allem Suchmaschinen, Videoportale, Online-Lexika und soziale Netzwerke sind beliebte Informationsquellen, die die Jugendlichen täglich oder zumindest mehrmals pro Woche nutzen. Immer mehr Jugendliche wissen dabei auch, wo sie glaubwürdige Informationen finden können und welche Informationen sie lieber noch einmal überprüfen sollten.

5 Auch für die Schule wird das Internet laut der Studie immer wichtiger. Fast die Hälfte der Jugendlichen nutzt das Internet zu Hause bereits täglich oder mehrmals pro Woche für die Schule, zum Beispiel, um Hausaufgaben zu erledigen. Im Unterricht selbst wird das Internet bisher allerdings noch weniger häufig eingesetzt.

[2] die Online-Community: eine Gemeinschaft von Internetnutzern mit gleichen Interessen

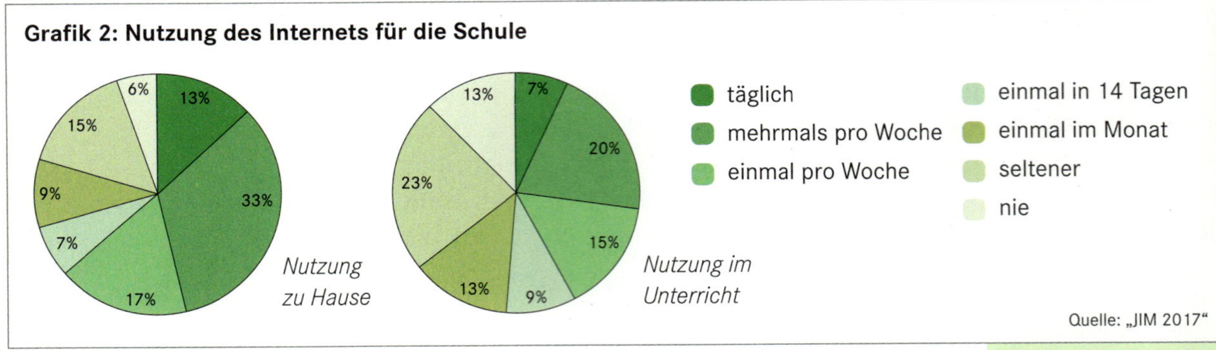

Grafik 2: Nutzung des Internets für die Schule

6 Es bleibt sicherlich spannend zu sehen, wie sich die Digitalisierung[3] auch innerhalb der Klassenzimmer weiterentwickelt. Viele Schulen müssen in den kommenden Jahren mit neuer Technik ausgestattet werden, und auch die Lehrkräfte müssen darin geschult werden, wie sie das Internet und die digitalen Medien sinnvoll im Unterricht einsetzen können. Die digitalen Medien bieten viele Chancen und Möglichkeiten. Man kann beispielsweise eigene Filme und Erklärvideos erstellen oder interaktive Übungen bearbeiten. Ständig kommen neue Apps und Programme auf den Markt, die gründlich dahingehend geprüft werden müssen, ob sie für den Unterricht und die Schule geeignet sind oder nicht. Das ist eine große Aufgabe für alle Beteiligten. Fest steht: Die Digitalisierung wird das Lernen und Arbeiten an den Schulen grundlegend verändern. Wer weiß, ob wir die Ergebnisse dieser Studie in zehn Jahren nicht bereits belächeln.

[3] die Digitalisierung: die Veränderung durch die Nutzung von digitalen Medien

Nun „knackst" du den Text Absatz für Absatz. Schlüsselwörter helfen dir, die wichtigsten Informationen in jedem Absatz zu erkennen.

3. Schritt:
Den Text genau lesen

3 **a.** Lies die Absätze **1** bis **6** genau.
b. Lege eine Folie über den Text und markiere in jedem Absatz die Schlüsselwörter.
Tipp: Im ersten Absatz sind die Schlüsselwörter bereits hervorgehoben.

Absätze gliedern den Sachtext. Was in einem Absatz zusammensteht, gehört inhaltlich zusammen.

4 **a.** Worum geht es in den einzelnen Absätzen? Schreibe für jeden Absatz eine Zwischenüberschrift auf.
b. Notiere deine Schlüsselwörter aus Aufgabe 3b unter die Zwischenüberschriften.

Starthilfe

Absatz 1: Jugendliche sind so viel im Internet wie nie zuvor
Wissenschaftler, untersuchen, jährlich, wie Jugendliche …

Du musst nicht jedes Wort im Text verstehen. Manchmal ist ein unbekanntes Wort allerdings wichtig für das Textverständnis.

5 Klärt gemeinsam unbekannte Wörter und schreibt sie zusammen mit ihrer Bedeutung auf.
- Manche Wörter werden unter dem Text mit Fußnoten erklärt. Lest die Fußnoten.
- Andere Wörter werden im Text selbst erklärt. Ihr könnt sie aus dem Zusammenhang verstehen.
- Schlagt unbekannte Wörter, die ihr weder mit Hilfe der Fußnoten noch aus dem Textzusammenhang heraus erklären könnt, in einem Wörterbuch oder Lexikon nach.

Zu dem Sachtext gehören auch eine Tabelle und zwei Grafiken. Sie erklären Textstellen genauer und liefern zusätzliche Informationen.

6 **a.** Sieh dir die Tabelle auf Seite 196 genau an.
b. Zu welchem Absatz gehört die Tabelle? Schreibe es auf.
c. Worum geht es in der Tabelle? Erkläre die Tabelle mit eigenen Worten.

7 **a.** Erschließe die Grafiken 1 und 2 mit dem Textknacker für Grafiken.
b. Was zeigen die Grafiken? Erkläre es mit eigenen Worten.
c. Zu welchem Textabschnitt gehören die Grafiken jeweils? Lies noch einmal die passenden Sätze im Text und notiere die Zeilenangaben.
d. Was sagen die Grafiken jeweils noch genauer als der Text? Sprecht darüber.

Nach dem Lesen kannst du das Wichtigste im Text wiedergeben.

8 Wie nutzen Jugendliche das Internet und die digitalen Medien? Schreibe einen kurzen informierenden Text für die Schülerzeitung oder die Homepage deiner Schule.

9 Schreibe deine Erfahrungen beim Lesen des Sachtextes mit Grafiken in dein Lerntagebuch:
- Was hast du gemacht, wie bist du vorgegangen?
- Was war neu für dich?
- Was ist dir gut gelungen?
- Wobei brauchst du noch Hilfe?

Starthilfe

Heute habe ich einen Sachtext mit Grafiken Schritt für Schritt ...
Dabei hat mir geholfen, ...
Schwierigkeiten hatte ich damit ...

Sprachspeicher

Die Tabelle zeigt, dass ...

Die Tabelle belegt, dass ...

Sprachspeicher

Die Grafik zeigt, dass ...

Die Grafik verdeutlicht, dass ...

Die Grafik informiert darüber, dass ...

4. Schritt:
Nach dem Lesen

Sich informieren

Sich im Internet informieren

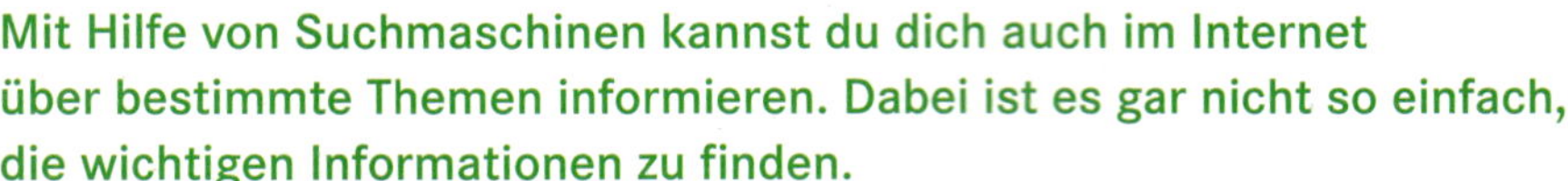

Mit Hilfe von Suchmaschinen kannst du dich auch im Internet über bestimmte Themen informieren. Dabei ist es gar nicht so einfach, die wichtigen Informationen zu finden.

1. Schritt: Treffende Suchbegriffe verwenden

1 Über welches Thema willst du dich informieren?
- **a.** Überlege, was genau du über das Thema wissen möchtest.
- **b.** Notiere passende Suchbegriffe.

2. Schritt: Geeignete Suchmaschinen nutzen

Verwende eine Suchmaschine, die für Schülerinnen und Schüler besonders geeignet ist.

2 Gib ein bis vier Suchbegriffe in das Suchfeld einer Suchmaschine ein.
Tipp: Achte dabei auf die richtige Rechtschreibung, denn sonst kann es sein, dass die Suchmaschine falsche Treffer liefert.

3. Schritt: Die passenden Treffer aus der Trefferliste auswählen

Suchmaschinen zeigen häufig sehr viele Treffer an.

3 Überfliege die Trefferliste:
Welche Seiten könnten geeignete Informationen enthalten?

Bei zu vielen Treffern musst du gezielter nach Informationen suchen.

4 Gib veränderte oder weitere Suchbegriffe in das Suchfeld ein, um die Suche zu verfeinern.

5
- **a.** Wähle die Treffer aus, die vermutlich am besten zu den Suchbegriffen passen.
- **b.** Klicke dann mit dem Cursor (dem Mauszeiger) auf die Treffer, die du dir ansehen möchtest.

4. Schritt: Die Glaubwürdigkeit der Seiten prüfen

**Nicht alle Internetseiten sind vertrauenswürdig.
Überprüfe daher immer, ob die Internetseite glaubwürdig ist.**

6 Lies die folgende Arbeitstechnik.

Arbeitstechnik: Die Glaubwürdigkeit einer Internetseite prüfen

- Überprüfe, wer die Seite erstellt hat. Diese Angabe findest du im Impressum.
- Wenn die Seite von einer vertrauenswürdigen Quelle stammt (z. B. von einer bekannten Organisation, einer bekannten Zeitschrift oder Tageszeitung, einer Gemeinde), kannst du den Informationen normalerweise trauen.
- Überprüfe auch, wann die Internetseite ins Netz gestellt wurde. Ist sie noch aktuell?
- Ziehe auch andere Informationsquellen heran. Überprüfe, was sie zu deinem Thema sagen (z. B. Lexika, Zeitschriften, andere Internetseiten). Vergleiche die Informationen mit denen von der Internetseite.
- Vorsichtig musst du insbesondere bei Seiten sein, die dich zum Kauf von etwas verleiten wollen, die beleidigende oder menschenverachtende Inhalte haben oder zu Gewalt aufrufen.

**Für Internetseiten gibt es die Pflicht, ein Impressum zu führen.
Dort findest du unter anderem Angaben zum Anbieter (Name und Anschrift) und zur Kontaktaufnahme (z. B. E-Mail-Adresse, Telefonnummer).**

7 Überprüfe bei deinen ausgewählten Links jeweils das Impressum:
- Wer hat die Seite erstellt?
- Wann wurde die Seite erstellt bzw. zuletzt aktualisiert?

8 Wähle nur glaubwürdige Internetseiten aus.

5. Schritt: Informationen entnehmen

**Wenn du Texte recherchiert hast, musst du sie genau lesen.
Der Textknacker hilft dir dabei.**

Textknacker ► S. 296

9 **a.** Überfliege die gefundenen Texte mit dem Textknacker. Helfen sie dir tatsächlich, deine Frage zu beantworten?
b. Lies die passenden Texte dann genau.
c. Schreibe die wichtigsten Informationen auf.

6. Schritt: Informationen von einer Internetseite in eigenen Worten darstellen

W **10** Fasse deine gefundenen Informationen in eigenen Worten zusammen.
Wähle eine Darstellungsform aus:
- Gestalte die Informationen als Mindmap.
- Erstelle einen Steckbrief.
- Schreibe einen zusammenhängenden Text.

Eine Mindmap gestalten
► S. 300

7. Schritt: Informationsquellen angeben

Info

Du darfst Informationen und Seiten aus dem Internet nicht einfach weiterverwenden und z. B. fremde Texte als deine eigenen Texte ausgeben. Wenn du Informationen aus dem Internet zusammenfasst, solltest du immer die Autorin/den Autor oder den Namen deiner Quelle bzw. der Internetseite nennen.

11 Notiere unter deine Informationen die Quellen, also die Texte und Internetseiten, die du verwendet hast.

Starthilfe

Für mein Referat über ... habe ich den Text ... von ... von der Internetseite ... vom ... verwendet. ...

Arbeitstechnik: Im Internet recherchieren

1. Schritt: Treffende Suchbegriffe verwenden
- Überlege, was genau du wissen möchtest.
- Verwende treffende Suchbegriffe.

2. Schritt: Geeignete Suchmaschinen nutzen
- Nutze Suchmaschinen, die speziell für Kinder und Jugendliche gemacht sind.

3. Schritt: Die passenden Treffer aus der Trefferliste auswählen
- Durch die Suchmaschine erhältst du eine Trefferliste.
- Wähle die Treffer aus, die am besten zu deinen Suchbegriffen passen.
- Klicke dann mit dem Cursor auf die Treffer, die du dir ansehen möchtest.

4. Schritt: Die Glaubwürdigkeit einer Internetseite prüfen
- Überprüfe, wer die Seite wann erstellt hat.
- Vergleiche die Internetseite mit anderen Informationsquellen zum Thema.

5. Schritt: Informationen entnehmen
- Überfliege die gefundenen Texte.
- Lies die passenden Texte mit dem Textknacker.

6. Schritt: Informationen in eigenen Worten darstellen
- Fasse deine gefundenen Informationen in eigenen Worten zusammen.

7. Schritt: Informationsquellen angeben
- Nenne die Autorin/den Autor oder den Namen deiner Internetseite bzw. Informationsquelle.

Sich in einem Sachbuch orientieren: Inhaltsverzeichnis, Glossar, Stichwortregister

Damit du dich in einem Sachbuch zurechtfindest, gibt es verschiedene Hilfen.

Das Inhaltsverzeichnis dient der Orientierung im Buch.

1 Lies den Ausschnitt aus dem Inhaltsverzeichnis.
- Worüber informiert das Inhaltsverzeichnis?
- Worum könnte es in dem Sachbuch gehen?
- Auf welchen Seiten findest du Informationen zur Baukunst in Ägypten?

Manche Sachbücher enthalten auch ein Glossar und ein Stichwortregister.

Papyrusrolle: Schriftrolle aus aneinandergeklebten Papyrusbögen
Papyrusstaude: Pflanze der Gattung Zyperngras, die an Flussufern wächst; in der Antike auch am Nil in Ägypten, in der Gegenwart dort aber verschwunden

2 **a.** Lies die folgenden Worterklärungen für Glossar und Stichwortregister.
b. Ordne die Worterklärungen den Ausschnitten passend zu.

> Glossar: Wörterverzeichnis mit Erklärungen
> Stichwortregister: Verzeichnis von Namen, Sachen, Orten mit Seitenangaben

3 **a.** Was schlägst du wo nach – im Glossar oder im Stichwortregister?
- Du möchtest unbekannte Wörter verstehen.
- Du möchtest wissen, wo du etwas zu einem bestimmten Thema/Fachbegriff erfährst.

b. Begründe deine Entscheidung.

Sich gezielt informieren: Informationen aus verschiedenen Medien vergleichen

Du möchtest mehr über die Vorläufer des heutigen Papiers erfahren und dich genauer über Papyrus informieren. Diese Fragen hast du bereits notiert.

Mehr über Papier ► S. 68–87

- *Welche Bedeutung hatte Papyrus in der Antike?*
- *Welche Eigenschaften hatte Papyrus?*
- *Wie wurde es verwendet?*

1 Lies die Fragen.

Wenn du dich über ein Thema informieren möchtest, kannst du in unterschiedlichen Medien recherchieren. Zum Thema Papyrus hast du zwei Texte gefunden: einen Sachtext und einen Lexikonartikel.

Der Textknacker hilft dir, die beiden Texte zu verstehen.

Textknacker ► S. 296

2 **a.** Überfliege die beiden Texte auf dieser und der nächsten Seite.
b. Welcher Text könnte deine Fragen beantworten? Begründe.

Papyrus – das Papier der Antike

Papyrus wurde zu Beginn des zweiten Jahrtausends v. Chr. in Ägypten erfunden und war in der Antike lange der wichtigste Schreibuntergrund. Es war ein sehr wertvolles Produkt und keine Massenware wie das heutige Papier. Bereits die Herkunft des Wortes deutet auf seinen Wert hin: Das griechische Wort „papyrus" ist vom altägyptischen Wort „pa per aa" abgeleitet. Übersetzt bedeutet das so viel wie „was dem Pharao gehört". Papyrus benutzten die Schreiber nur für wichtige Angelegenheiten. Einfache Notizen oder Rechnungen wurden auf Scherben aus Ton oder Kalkstein (sogenannte Ostraka) geschrieben. Papyrus eignete sich hervorragend zum Beschreiben: Die Schreibblätter waren sehr robust, und Schreibfehler konnten einfach abgewaschen werden. Außerdem konnten Schreiber bereits beschriebene Papyrusblätter abwaschen oder abschaben, um sie erneut zu benutzen. Für längere Texte wurden einzelne Papyrusblätter zu einer Schriftrolle aneinandergeklebt, einer sogenannten Papyrusrolle. Die Papyrusrollen wurden seitenweise beschrieben und gelesen: von rechts nach links und von oben nach unten. Zum Lesen wurde immer eine Seite von links abgerollt und anschließend nach rechts wieder aufgerollt. Die längste heute noch erhaltene Papyrusrolle misst ca. 41 Meter. Man kann sie sich im Britischen Museum in London ansehen.

Nachbildung einer Papyrusrolle

Papyrus

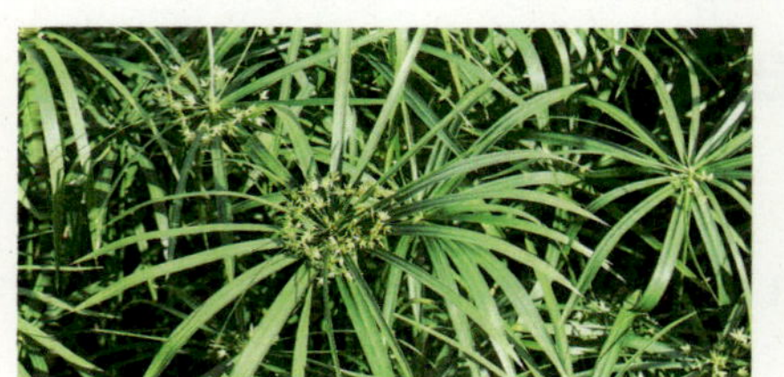

Papyrus, ein Beschreibstoff im antiken → Ägypten. Papyrus wurde aus der schilfähnlichen → Papyrusstaude hergestellt, welche an den sumpfigen Ufern des → Nils[1] wuchs. Bei der Ernte wurden die Stängel der Papyruspflanzen vom Boot aus abgeschnitten. Anschließend wurden sie für den schnellen Weitertransport zu Bündeln geschnürt. Für die Qualität des Papyrus war es wichtig, dass die abgeschnittenen Stängel der Papyrusstaude frisch verarbeitet wurden. Die anschließende → Papyrusherstellung war sehr aufwändig und erfolgte in Spezialwerkstätten.

P

das Stichwort

der Verweis auf ein anderes Stichwort

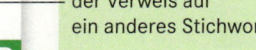

[1] der Nil: der längste Fluss der Welt; fließt durch Ägypten und viele andere Länder Afrikas

3 Lies nun den Sachtext genau und beantworte die Fragen von Seite 204.

4 Welche Fragen beantwortet der Lexikonartikel?
- **a.** Lies den Lexikonartikel genau.
- **b.** Formuliere Fragen an den Lexikonartikel und beantworte sie schriftlich.
- **c.** Unter welchen Stichwörtern kannst du weitere Informationen nachschlagen? Woran hast du das erkannt? Begründe.

5 **a.** Recherchiert im Internet weitere Informationen zur Herstellung von Papyrus. Verwendet die Stichwörter aus Aufgabe 4c als Suchbegriffe.
- **b.** Prüft: Welche Stichwörter sind hilfreich, um passende Informationen zu finden, welche nicht? Überfliegt die Trefferliste.
- **c.** Wählt die Treffer aus, die am besten über die einzelnen Schritte bei der Herstellung von Papyrus informieren könnten.
- **d.** Überfliegt die Texte am Bildschirm: Helfen sie euch tatsächlich weiter?
- **e.** Druckt nur geeignete Texte aus und lest diese mit dem Textknacker.

Im Internet recherchieren ► S. 297

Nun kannst du die Informationen aus dem Sachtext, dem Lexikonartikel und den Internettexten darstellen.

W **6** Informiere über das Thema **Papyrus** und den Herstellungsprozess.
- Du kannst eine Mindmap erarbeiten.
- Du kannst einen kurzen informierenden Text schreiben.
- Du kannst in einem Kurzreferat über Papyrus informieren.

Miteinander arbeiten und präsentieren

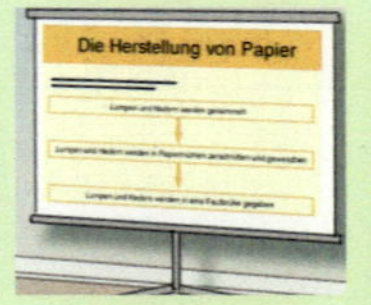

Mögliche Themen für Referate: „Dem Papier auf der Spur“ ► S. 68–87

Informationen in einem Referat veranschaulichen

Informationen, die gehört und gesehen werden, lassen sich leichter einprägen als Informationen, die man nur hört. Deshalb ist es hilfreich, wenn ihr in einem Referat wichtige Informationen visualisiert, das heißt Informationen veranschaulicht.

Auf diesen Seiten lernt ihr unterschiedliche Möglichkeiten kennen, wie ihr wichtige Informationen in eurem Vortrag veranschaulichen könnt.

1 Wie könnt ihr ein Referat zum Thema **Papier** anschaulich gestalten?

a. Sammelt zunächst in der Gruppe Ideen und schreibt sie auf ein Blatt.

b. Tauscht euch über eure Ideen aus und notiert eure Ergebnisse an der Tafel.

Starthilfe

- Zeitleiste
- Bilder und Fotos
- …

Die verschiedenen Möglichkeiten, Informationen zu veranschaulichen, nennt man auch Visualisierungsformen. Jede Visualisierungsform lässt sich für bestimmte Inhalte verwenden.

2 Wofür eignet sich welche Visualisierungsform?
Erstellt eine Tabelle und ordnet die nachfolgenden Stichworte euren gesammelten Visualisierungsformen zu.
Tipp: Es dürfen auch mehrere Stichworte einer Visualisierungsform zugeordnet werden.

- zeitliche Abläufe verdeutlichen
- Aufbau des Referats veranschaulichen
- Ablauf eines Vorgangs erläutern
- wichtige Inhalte verknüpfen, um Zusammenhänge zu verdeutlichen
- die Beschaffenheit eines Produkts/Materials verdeutlichen
- das Aussehen eines Produkts zeigen
- Zahlenwerte übersichtlich darstellen

Starthilfe

Visualisierungsform	Verwendung
Zeitleiste	zeitliche Abläufe verdeutlichen
…	…

Wenn ihr Anschauungsmaterialien einsetzt, achtet darauf, dass die Materialien unterstützenden Charakter haben und nicht den Vortrag ersetzen.

3 Mit welchen Anschauungsmaterialien könnt ihr euer Referat zum Thema **Papier** am besten visualisieren?

a. Wählt Anschauungsmaterial für euer Referat aus.
b. Welche Visualisierungsformen eignen sich für euer Referat? Begründet.
c. Überlegt, an welchen Stellen ihr die Materialien einsetzen wollt.
Tipp: Auf der dazugehörigen Karteikarte solltet ihr euch einen Vermerk machen, welches Material ihr hier einsetzen wollt.

4 Überprüft mit folgenden Fragen vor eurem Vortrag, ob ihr eure Anschauungsmaterialien sinnvoll einsetzt.

- Helfen die ausgewählten Materialien beim Verstehen der Inhalte?
- Sind die Materialien gut erkennbar bzw. lesbar?
- Werden die Materialien an den passenden Stellen eingesetzt?
- Ist der Zeitpunkt für den Materialeinsatz vermerkt?

Nachdem ihr euch entschieden habt, mit welchen Materialien ihr eure Informationen visualisiert, müsst ihr euch überlegen, mit Hilfe welcher Medien ihr euer Referat präsentiert.

5 Notiert, welche Medien ihr aus dem Unterricht kennt.

Starthilfe

Tafel, Folie ...

Mit einem Medium macht ihr Informationen für andere sichtbar. Jedes Medium hat Vorteile und Nachteile und eignet sich daher für bestimmte Präsentationsformen.

6 Erstellt eine Tabelle, in der ihr die Vor- und Nachteile der einzelnen Medien aufführt.

Starthilfe

Medium	Vorteile	Nachteile
Tafel	...	...
Plakat	...	...
eine Computer-Präsentation mit Präsentationsfolien	...	...
...	...	...

7 **a.** Vergleicht eure Tabellen in der Klasse und ergänzt sie.
b. Welches Medium gefällt euch am besten? Diskutiert darüber.

Eine Präsentation am Computer gestalten

Zu deinem Referat kannst du am Computer eine Präsentation mit Hilfe eines Präsentationsprogramms gestalten.

Ein Präsentationsprogramm arbeitet mit Folien.

1 Wie hast du dein Referat gegliedert?
Lege für jede Karte oder Zwischenüberschrift eine Folie an.

2 Sieh dir die folgende Folie an.

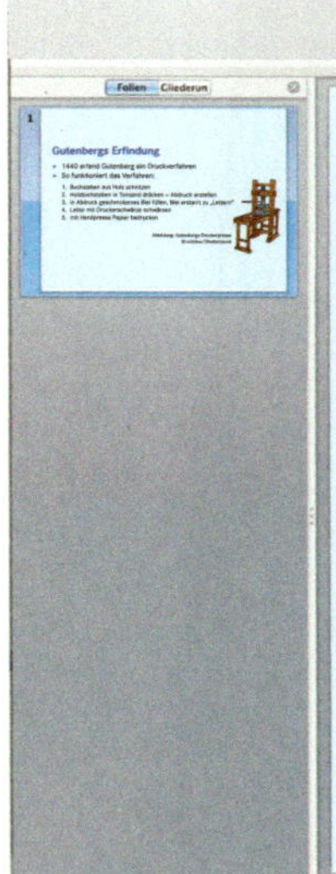

Gutenbergs Erfindung

- 1440 erfand Gutenberg ein Druckverfahren.
- So funktioniert das Verfahren:
  1. Buchstaben aus Holz schnitzen
  2. Holzbuchstaben in Tonsand drücken = Abdruck erstellen
  3. in Abdruck geschmolzenes Blei füllen, Blei erstarrt zu „Lettern“
  4. Lettern mit Druckerschwärze schwärzen
  5. mit Handpresse Papier bedrucken

Abbildung: Gutenbergs Druckerpresse
Quelle: Shutterstock.com/crixtina

3 Bewerte die Folie mit Hilfe der folgenden Arbeitstechnik.
Ist sie gut gelungen? Was würdest du ändern?

Arbeitstechnik: Eine Präsentation am Computer gestalten

- Wähle eine gut lesbare Schriftgröße (ab 24 Punkt).
- Die Überschrift sollte noch größer sein (ab 36 Punkt).
- Wähle eine gut lesbare Schriftart und Schriftfarbe.
- Wähle einen Zeilenabstand von mindestens 1,5 Punkt.
- Wähle für alle Folien den gleichen Hintergrund.
  Auf hellen und blassen Farben kann besser gelesen werden.
- Auf den Folien darf nicht zu viel Text stehen.
  Schreibe Stichworte auf und verwende Aufzählungszeichen.
- Sei sparsam mit Animationen: Sie lenken vom Vortrag ab.
- Füge Materialien zur Veranschaulichung an passenden Stellen ein
  (z. B. Fotos, Videos oder Tonaufnahmen).
- Du darfst Materialien nicht einfach weiterverwenden.
  Notiere bei den Materialien den Namen oder die Quelle, woher du sie hast.

Nun kannst du eine eigene Präsentation am Computer gestalten.

4 Gestalte nun deine Folien am Computer.
Beachte die Arbeitstechnik auf Seite 208.

5 Gestalte eine Startfolie und eine Schlussfolie.
- Auf der Startfolie sollte Folgendes stehen: das Thema deines Referats, das Unterrichtsfach, dein Name, das Datum des Referats.
- Auf der Schlussfolie kann eine kurze Zusammenfassung des Referats stehen, oder du kannst dich darauf bei deinen Zuhörerinnen und Zuhörern für ihre Aufmerksamkeit bedanken.

6 Überprüft eure Präsentationen mit Hilfe einer Checkliste.
a. Übertrage die folgende Checkliste auf ein Blatt.
b. Einer spricht seine Präsentation einmal durch. Der andere hört aufmerksam zu und macht sich Notizen.
c. Wertet die Präsentation aus:
- Was war gut?
- Was kann verbessert werden?

Feedback geben ► S. 299

Checkliste: Präsentation	*Ja*	*Nein*	*Notizen*
– Ist die Reihenfolge der Karteikarten und Folien sinnvoll?	■	■	?
– Sind die Stichworte auf den Karteikarten verständlich? Passen die Stichworte zu den Folien?	■	■	?
– Sind die Informationen auf den Folien verständlich?	■	■	?
– Ist die Schrift auf den Folien gut lesbar?	■	■	?
– Ist der Hintergrund der Folien immer gleich?	■	■	?
– Sind bei den Materialien die Quellen genannt?	■	■	?
– Ist auf den Karteikarten notiert, ob Fotos, Tondateien oder Videos gezeigt werden sollen? Wenn ja, welche?	■	■	?
– Ist die Rechtschreibung auf den Folien richtig?	■	■	?
– Ist die Rechtschreibung auf den Karteikarten richtig?	■	■	?

7 Überarbeite deine Präsentation, wenn nötig.

8 Überprüfe die Technik und den Raum, bevor du deine Präsentation vor der Klasse hältst:
- Sind eine Projektionsfläche oder eine Leinwand vorhanden?
- Sind genügend Steckdosen im Raum?
- Funktionieren der Computer und der Beamer?
- Muss der Raum verdunkelt werden?
- Sind die Folien auch aus der Entfernung gut lesbar?

Urheberrecht von Wörtern – richtig zitieren

Wenn du anderen Informationen präsentierst, musst du deutlich machen, woher du diese Informationen hast. Hier übst du daher das richtige Zitieren.

Michael will auf einer Stellwand über Bienen informieren. Dafür will er einen informierenden Text darüber schreiben, wie Bienen ihre Waben bauen. Er findet in der Bibliothek in zwei Büchern die folgenden Informationen.

1 Lies die beiden Texte.

Eine der wichtigsten Aufgaben im Bienenstock ist der Wabenbau. Tausende neuer Zellen können von den Baubienen täglich gebaut werden. Dazu brauchen sie Wachs, das sie in Form kleiner Plättchen aus Drüsen am Hinterleib absondern [...]. Sie führen die Wachsplättchen sofort zum Mund und kneten sie mit den Kiefern zu kleinen Klümpchen. Aus vielen, vielen Wachsklümpchen entsteht schließlich eine Wabe mit zahlreichen sechseckigen Zellen, die zwischen 0,5 cm breit und 1,2 cm tief sind. Oft bilden die Arbeitsbienen eine Baukette, damit die Baubienen über diese „Brücke" schneller zum Bauplatz kommen.*

(Im Bienenstock, Wunderwelt der Honigbienen. H. und A. Fischer-Nagel, Kinderbuchverlag Reich, Luzern 1982, S. 25)

Baubienen arbeiten stets im Team, um einander zu helfen. Jede Baubiene stellt in ihrem Körper ein wenig Wachs her, das in Plättchen am Hinterleib herauskommt. Aus diesem Wachs formen die Bienen Zellen. Die Zellen werden zu einer Platte aneinandergebaut. Das ist die Wabe. [...] Die Baubienen klammern sich aneinander und geben die kleinen Wachskügelchen als Baumaterial für die Waben weiter. Die Waben sind immer sechseckig, und ihre Form ist sehr gleichmäßig. So kann man sie bequem aneinanderbauen, ohne Material und Platz zu verschenken.*

(Alles über Bienen, Von der Blüte bis zum Honig. P. Hédelin. Esslinger Verlag, Esslingen 2008, S. 14-15)

Michael hat diesen informierenden Text verfasst:

Bienen bauen Waben

Jn einem Bienenstock gibt es viel zu tun. Eine der wichtigsten Aufgaben im Bienenstock ist der Wabenbau. Besondere Arbeitsbienen, die sogenannten Baubienen, sind nur dafür zuständig. Und das geht so: Jede Baubiene stellt in ihrem Körper ein wenig Wachs her, das in Plättchen am Hinterleib herauskommt. Aus diesem Wachs formen die Bienen Zellen. Die Zellen werden zu einer Platte aneinandergebaut. So entsteht langsam Wabe für Wabe. Oft bilden die Arbeitsbienen eine Baukette, damit die Baubienen über diese „Brücke" schneller zum Bauplatz kommen.

Achtung: Fehler!

Einige Sätze hat Michael wörtlich aus den Büchern übernommen, ohne sie als Zitate zu kennzeichnen.

2 Lege eine Folie über Michaels Text und markiere die Sätze, die Michael wörtlich aus einem der Bücher abgeschrieben hat.

3 Ordne die markierten Sätze aus Aufgabe 2 den Quellen zu.
a. Übertrage die Tabelle in dein Heft.
b. Notiere in der ersten Zeile der Tabelle alle Angaben zu den Quellen, die unter den Texten auf Seite 210 genannt werden (Titel, Autoren, Verlag, Erscheinungsort und Erscheinungsjahr, Seite).
c. Ergänze darunter jeweils die Zitate aus dem Text. Setze die Zitate in Anführungszeichen und notiere dahinter in Klammern die Zeilenangaben.

Starthilfe

Im Bienenstock, Wunderwelt der Honigbienen. H. und A. Fischer-Nagel. ...	...
...	„Jede Baubiene stellt in ihrem ...“ (Z. ...)
...	...

Wörtliche Zitate müssen gekennzeichnet werden. Michael muss seinen informierenden Text noch einmal überarbeiten.

4 Schreibe Michaels Text mit Hilfe des folgenden Merkwissens noch einmal richtig auf.
a. Setze die Zitate in Anführungszeichen.
b. Gib dahinter in Klammern die Quelle und die genaue Textstelle an.

Starthilfe

Bienen bauen Waben
In einem Bienenstock gibt es viel zu tun: „Eine der wichtigsten ...

5 Überprüft gegenseitig eure Texte.

Merkwissen

Beim wörtlichen Zitieren übernimmst du aus anderen Texten (z. B. aus Büchern, Zeitungen oder Internettexten) Wörter, Wortgruppen oder Sätze in deinen Text, ohne sie zu verändern. Damit die fremden Textteile zu erkennen sind, musst du sie in Anführungszeichen setzen. Gib in Klammern die Quelle und die Textstelle (Seiten- und Zeilenzahl) an, die du zitierst.
„Eine der wichtigsten Aufgaben im Bienenstock ist der Wabenbau.“ (Im Bienenstock, Wunderwelt der Honigbienen. H. und A. Fischer-Nagel. Kinderbuchverlag Reich, Luzern 1982, S. 25, Z. 1-2)

Schreiben und überarbeiten

Eine Geschichte in einer Schreibkonferenz überarbeiten

In einer Schreibkonferenz könnt ihr eure Texte gemeinsam inhaltlich und sprachlich überarbeiten.

1 Wiederholt gemeinsam die Regeln zur Durchführung einer Schreibkonferenz. Lest dazu noch einmal die Arbeitstechnik in „Wissenswertes auf einen Blick".

Schreibkonferenz
► S. 302

Malte hat eine fantastische Geschichte über eine Reise zum Mond geschrieben. Zunächst wird die Geschichte vorgelesen und jede/r sagt nacheinander, was ihr oder ihm an der Geschichte bereits gefällt.

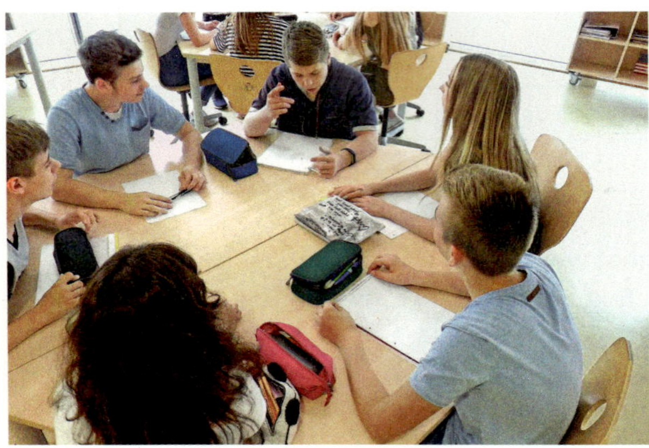

2 Einer aus der Gruppe schlüpft in die Rolle von Malte und liest den Text vor. Die anderen Gruppenmitglieder hören aufmerksam zu.

Die Reise

Jch fuhr vor einigen Wochen ins Weltall. Jch war angeschnallt und konnte aus dem Fenster die Erde sehen. Jch fuhr immer weiter und kam auf dem Mond an. Der Mond hatte viele Berge und Krater. Vorher hatte ich noch Geister im Weltall gesehen. Dann sah ich viele Riesen. Jch will meine Aufgabe lösen und suche den Troll mit den zwei Hörnern. Dann habe ich ihn gefunden und befreid. Jch habe auch noch Lebewesen mit sechs Beinen und ein Ungeheuer gesehen. Jch war froh, als ich wieder zurückfligen konnte.

Achtung: Fehler!

3 Sprecht darüber, was euch an der Geschichte gefällt.

4 **a.** Überlegt, ob etwas nicht gut verständlich ist.
b. Klärt gemeinsam, woran gearbeitet werden sollte.

Die folgenden Tipps helfen euch, Maltes Geschichte zu überarbeiten.

Tipps für eine gelungene Geschichte:
Tipp 1: Verwendet abwechslungsreiche Satzanfänge.
Tipp 2: Verwendet treffende und abwechslungsreiche Verben und Adjektive.
Tipp 3: Schreibt die Handlung vollständig und in der richtigen Reihenfolge auf.
Tipp 4: Überlegt euch eine passende Überschrift. Damit weckt ihr Neugier für eure Geschichte.
Tipp 5: Schreibt im Präteritum.
Tipp 6: Vermeidet Rechtschreibfehler. Sie stören beim Lesen.

Malte verwendet in seiner Geschichte häufig die gleichen Satzanfänge.

Ich fuhr vor einigen Wochen ins Weltall. Ich war angeschnallt und konnte aus dem Fenster die Erde sehen. Ich fuhr immer weiter und kam auf dem Mond an.

Tipp 1: abwechslungsreiche Satzanfänge verwenden

5 Wie könnte man die Satzanfänge abwechslungsreicher gestalten? Wählt unterschiedliche Satzanfänge oder stellt einzelne Sätze um.

Sprachspeicher

Vor einigen Wochen ...	Neulich ...
Im Traum ...	Zum Glück ...
Natürlich ...	Dabei ...
Aus Angst ...	Schließlich ...

Satzglieder umstellen ► S. 311

Das Verb **sehen** kommt in Maltes Text sehr oft vor.

Ich war angeschnallt und konnte aus dem Fenster die Erde sehen. [...]
Dann sah ich viele Riesen. [...]
Ich habe auch noch Lebewesen mit sechs Beinen und ein Ungeheuer gesehen.

Tipp 2: treffende Verben und Adjektive verwenden

6 Abwechslungsreiche Verben machen einen Text interessanter.
a. Probiert aus, welche treffenderen Verben ihr einsetzen könnt.
b. Schreibt die Sätze ab und ersetzt die Verben.

Sprachspeicher

beobachten, entdecken, bemerken, erblicken, bewundern, betrachten

Gegenstände, Orte und Personen können mit treffenden Adjektiven noch genauer beschrieben werden. Die Leserinnen und Leser der Geschichte können sich diese dann noch besser vorstellen.

Ich war angeschnallt und konnte aus dem Fenster die Erde sehen. [...] *Der Mond hatte viele Berge und Krater. Vorher hatte ich noch Geister im Weltall gesehen.*

7 Wie könnte man die Erde, Geister, Berge und Krater noch besser beschreiben? Schreibt die Sätze ab und ergänzt treffende Adjektive.

Sprachspeicher
herrlich, merkwürdig, dunkel, erschreckend, glänzend, riesig, leuchtend blau, tief

In Maltes Geschichte fehlen einige Informationen, die für die Leserinnen und Leser wichtig wären.

Tipp 3:
die Handlung vollständig und in der richtigen Reihenfolge aufschreiben

8 Welche Fragen stellt ihr euch beim Lesen von Maltes Geschichte? Notiert sie.

Weshalb war der Troll auf dem Mond eingesperrt?
Wer ist der Troll mit den zwei Hörnern?
...

9 Überlegt euch gemeinsam mögliche Antworten auf die Fragen aus Aufgabe 8 und schreibt sie auf.

Einige Sätze stehen außerdem in der falschen Reihenfolge.

Der Mond hatte viele Berge und Krater. Vorher hatte ich noch Geister im Weltall gesehen. Dann sah ich viele Riesen.

10 Was ist nacheinander passiert? Schreibt die Sätze in der richtigen Reihenfolge auf.

Auch Maltes Überschrift könnte noch aussagekräftiger sein.

Die Reise selbst ist doch gar nicht das Wichtigste in deiner Geschichte. Das Spannendste ist doch eigentlich, was du, auf dem Mond angekommen, erlebst.

...

„Die Reise“ finde ich als Überschrift irgendwie langweilig. Die Überschrift müsste interessanter klingen, um meine Neugier zu wecken.

Ich habe erst gedacht, du schreibst über eine echte Reise in den Ferien. Es sollte deutlicher werden, dass eine fantastische Geschichte folgt.

Tipp 4:
passende Überschrift wählen

11 **a.** Sammelt Vorschläge für eine passende Überschrift oder wählt einen der folgenden Vorschläge aus.
b. Notiert eure Überschrift.

Eine unglaubliche Geschichte
Allein unterwegs im Weltall
Aufgabe erfolgreich gemeistert
Abenteuer auf dem Mond

An einer Stelle schreibt Malte in der falschen Zeitform.

Ich will meine Aufgabe lösen und suche den Troll mit den zwei Hörnern.

Tipp 5:
im Präteritum schreiben

12 **a.** In welcher Zeitform steht der Satz? Unterstreicht die gebeugten Verbformen.
b. Schreibt den Satz ab und setzt die Verbformen ins Präteritum.

Verben im Präteritum
► S. 308

Ganz zum Schluss überprüft ihr die Rechtschreibung in Maltes Text. Zwei Wörter hat Malte falsch geschrieben.

Dann habe ich ihn gefunden und befreid.
Ich war froh, als ich wieder zurückfligen konnte.

Tipp 6:
Rechtschreibfehler verbessern

Achtung: Fehler!

13 **a.** Überlegt gemeinsam, welche Rechtschreibstrategien und Regeln man bei den Fehlerwörtern beachten muss.
b. Schreibt die Wörter richtig auf.

Rechtschreibstrategien und Regeln
► S. 304–305

Gemeinsam habt ihr Maltes Geschichte überarbeitet.

14 Schreibe die überarbeitete Geschichte nun vollständig auf.
Tipp: Du kannst den Text auch am Computer schreiben.

Einen Antrag stellen

Sila hat einen Aufruf zu einem bundesweiten Schulwettbewerb entdeckt:

KLIMA-GENIE – SPART ENERGIE!

Jury belohnt Deutschlands beste Klimaschutz-Schule mit 2000 Euro.

Die Klasse 7 b möchte an dem Schulwettbewerb teilnehmen. Mit einem Antrag soll der Schulleiter Herr Huber überzeugt werden, die Teilnahme zu unterstützen.

1 a. Wie können die Schülerinnen und Schüler die Teilnahme am Klimaschutz-Wettbewerb begründen? Sammelt Informationen und Argumente.
b. Recherchiert im Internet weitere Argumente für den Klimaschutz.

2 Mit welchen Klimaschutz-Aktionen im Klassenzimmer und an der gesamten Schule könntet ihr den Schulwettbewerb gewinnen? Sammelt Ideen in einem Cluster.

3 Welche Argumente könnten Herrn Huber überzeugen?
a. Diskutiert eure Argumente. Formuliert auch passende Begründungen.
b. Einigt euch auf die überzeugendsten Argumente.

4 Überlegt gemeinsam, welche Vorteile die Teilnahme am Wettbewerb für jeden Einzelnen, für die Klasse, aber auch für die gesamte Schule bietet. Notiert Stichworte.

Sila möchte nun den Antrag an den Schulleiter schreiben.

5 Schreibe nun den Antrag mit Hilfe deiner Notizen aus den Aufgaben 1 bis 4. Du kannst den Antrag auf Seite 217 ergänzen oder einen eigenen Text schreiben.
- Beginne mit den Angaben zu Absender, Adressat, Ort und Datum.
- Formuliere einen aussagekräftigen Betreff.
- Formuliere eine höfliche Anrede.
- Nenne in der Einleitung deinen Schreibanlass.
- Formuliere Behauptungen, Begründungen und Vorteile des Vorhabens.
- Schreibe die Anredepronomen groß.
- Schreibe höflich und sachlich.
- Beende deinen Antrag mit einer Grußformel und deiner Unterschrift.

Mehr zum Thema Klimaschutz ► S. 48–49, 82

Einen Cluster anfertigen ► S. 300

Überzeugend argumentieren ► S. 301

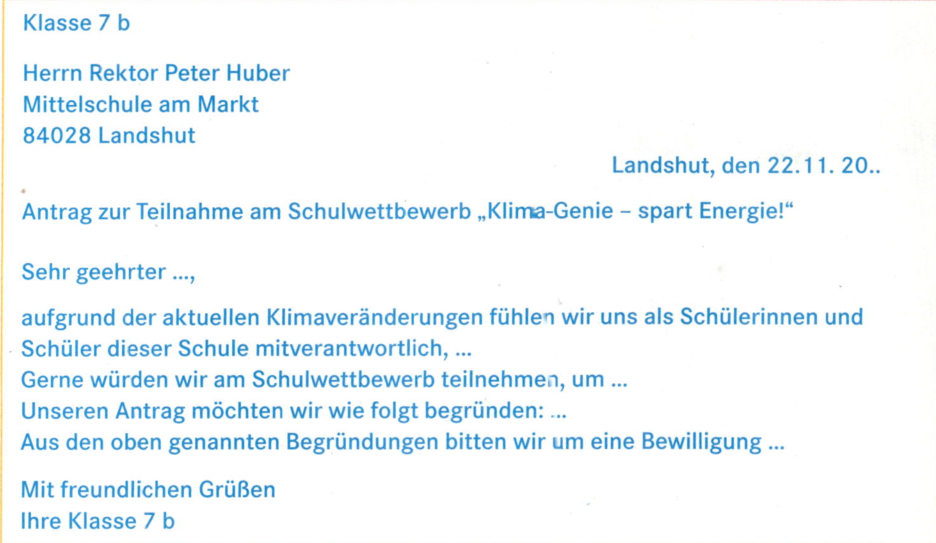
Klasse 7 b

Herrn Rektor Peter Huber
Mittelschule am Markt
84028 Landshut

Landshut, den 22.11. 20..

Antrag zur Teilnahme am Schulwettbewerb „Klima-Genie – spart Energie!“

Sehr geehrter ...,

aufgrund der aktuellen Klimaveränderungen fühlen wir uns als Schülerinnen und Schüler dieser Schule mitverantwortlich, ...
Gerne würden wir am Schulwettbewerb teilnehmen, um ...
Unseren Antrag möchten wir wie folgt begründen: ...
Aus den oben genannten Begründungen bitten wir um eine Bewilligung ...

Mit freundlichen Grüßen
Ihre Klasse 7 b

6 Überprüft und überarbeitet eure Anträge.
Überprüft auch die Rechtschreibung.

Rechtschreib-Check
► S. 303

Herr Huber stimmt dem Antrag zu. Nun kann sich die Klasse mit einem Online-Formular offiziell für den Schulwettbewerb anmelden.

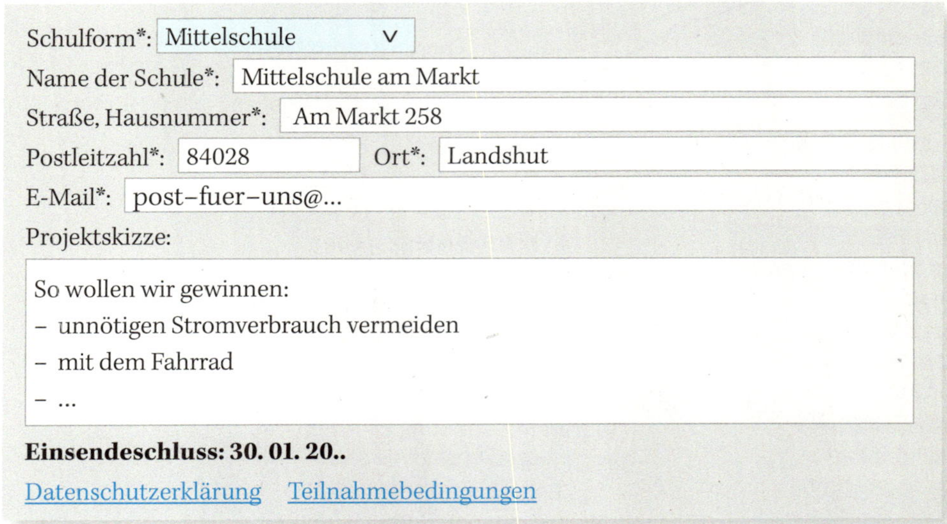
Schulform*: Mittelschule ∨
Name der Schule*: Mittelschule am Markt
Straße, Hausnummer*: Am Markt 258
Postleitzahl*: 84028 Ort*: Landshut
E-Mail*: post–fuer–uns@...
Projektskizze:

So wollen wir gewinnen:
– unnötigen Stromverbrauch vermeiden
– mit dem Fahrrad
– ...

Einsendeschluss: 30. 01. 20..

Datenschutzerklärung Teilnahmebedingungen

7 Untersucht das Online-Formular genauer:
- Welche Informationen werden zur Anmeldung benötigt?
- Was bedeuten die mit * gekennzeichneten Felder?

8 **a.** Übertrage das Formular in dein Heft und ergänze die Daten deiner Schule.
b. Dem Formular soll eine Projektskizze beigefügt werden.
Beschreibe euer Projekt kurz in Stichworten mit Hilfe der Argumente aus den Aufgaben 3 und 4.

Rechtschreiben

Es gibt verschiedene Wege, die Rechtschreibung zu trainieren.
Übe jeden Tag, dann wirst du sicherer beim Schreiben.
Tipp: Lege dir ein Übungsheft für die Rechtschreibung an.

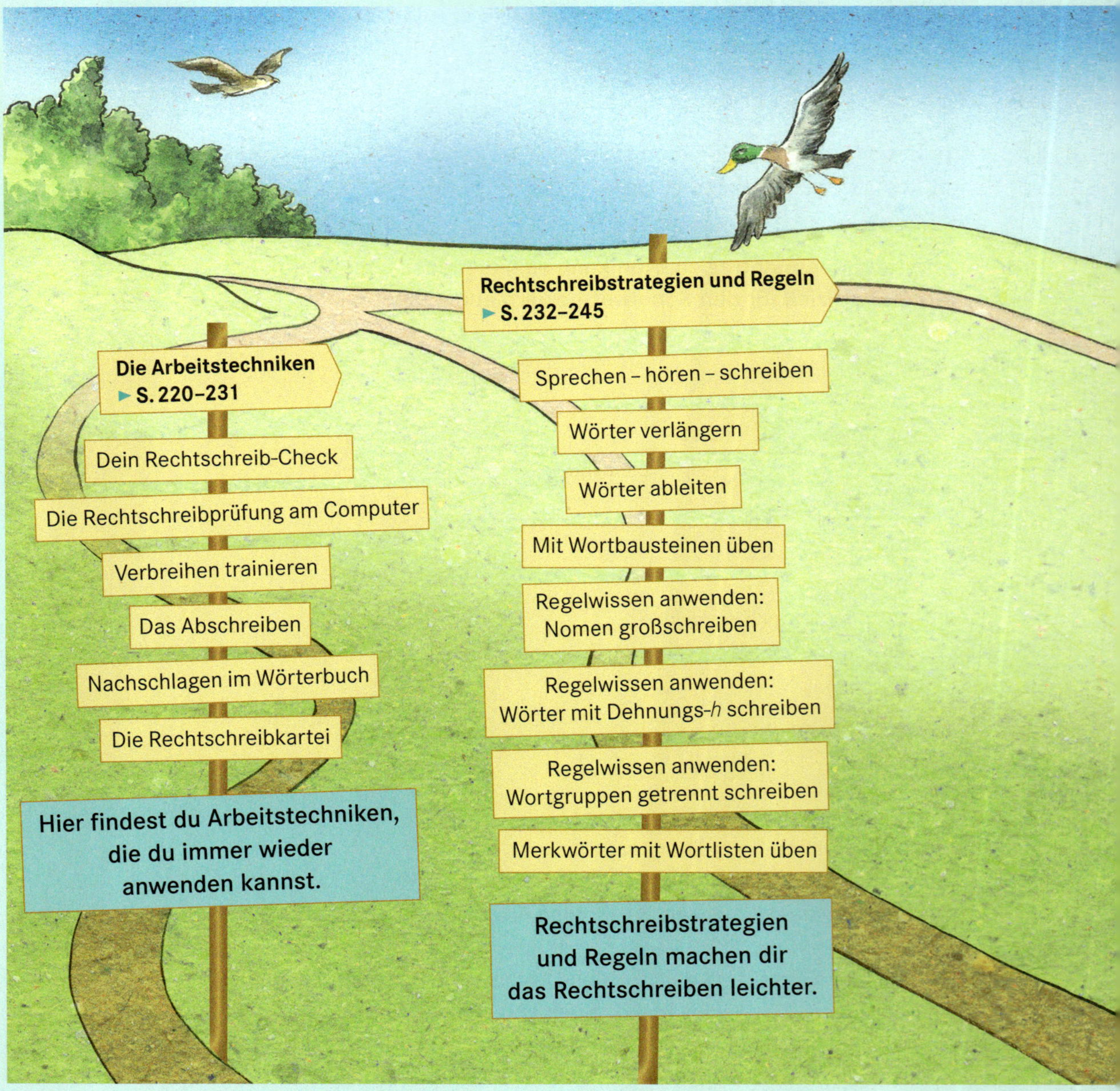

Die Arbeitstechniken
► S. 220–231

- Dein Rechtschreib-Check
- Die Rechtschreibprüfung am Computer
- Verbreihen trainieren
- Das Abschreiben
- Nachschlagen im Wörterbuch
- Die Rechtschreibkartei

Hier findest du Arbeitstechniken, die du immer wieder anwenden kannst.

Rechtschreibstrategien und Regeln
► S. 232–245

- Sprechen – hören – schreiben
- Wörter verlängern
- Wörter ableiten
- Mit Wortbausteinen üben
- Regelwissen anwenden: Nomen großschreiben
- Regelwissen anwenden: Wörter mit Dehnungs-*h* schreiben
- Regelwissen anwenden: Wortgruppen getrennt schreiben
- Merkwörter mit Wortlisten üben

Rechtschreibstrategien und Regeln machen dir das Rechtschreiben leichter.

Texte lesen – üben – richtig schreiben
► S. 246–257
Dort gibt es viele Texte und
Übungen zu Wörtern, die du
häufig schreibst.
So kannst du an deinen
Fehlerschwerpunkten üben.

Die Arbeitstechniken

Dein Rechtschreib-Check

Mit dem Rechtschreib-Check kannst du selbstständig Fehler finden.
Du prüfst und korrigierst damit Wörter in deinen eigenen Texten.

1 Lies die Punkte 1 bis 6 des Rechtschreib-Checks.

Checkpunkt 1: Deutlich sprechen – genau hinhören

Sprich dir das geschriebene Wort vor.
Sprich es besonders langsam und deutlich.
Lies das Wort dabei Buchstabe für Buchstabe mit.
So kannst du Flüchtigkeitsfehler und fehlende Buchstaben erkennen.

Checkpunkt 2: Lang oder kurz?

Sprich das Wort leise vor dich hin:

Ist der Vokal lang?

Langer Vokal:
- Meist folgt nur ein Konsonant: ge**b**en.
- Langes **i** ist meist i**e**: d**ie** D**ie**be.
- Vor **m**, **n**, **l**, **r** kommt häufig ein h: ho**h**l.

Ist der Vokal kurz?

Kurzer Vokal:
Meist folgen zwei Konsonanten,
- zwei gleiche: ro**ll**en, re**tt**en, oder
- zwei verschiedene: ha**lt**en, se**lt**en.

Checkpunkt 3: Verwandtes Wort?

Findest du ein Wort schwierig?
Dann finde ein verwandtes Wort, das du sicher schreiben kannst.
Denn den Wortstamm in verwandten Wörtern schreibst du immer gleich:
f**äll**en mit **ä** und **ll** so wie f**all**en mit **a** und **ll**;
das Geb**äu**de mit **äu** so wie b**au**en mit **au**;
wegfa**h**ren mit **h** so wie fa**h**ren.

Checkpunkt 4: b oder **p**, **d** oder **t**, **g** oder **k** am Wortende?

Verlängere das Wort. Dann hörst du, wie es endet:
der Kor**b** – die Kör**b**e; das Schil**d** – die Schil**d**er; der Erfol**g** – die Erfol**g**e.

Checkpunkt 5: Groß oder klein?

Nomen schreibst du groß. Mit diesen Fragen erkennst du Nomen:
- Hat das Wort einen oder mehrere Begleiter?
  Die Begleiter können z. B. bestimmte oder unbestimmte Artikel, Adjektive, Pronomen oder Zahlwörter sein.
  der **V**ogel, ein **F**ahrrad, eine **F**rau, die **S**chüler, eure **H**efte, dieser **H**und, drei **M**änner, eine lange **L**eine, das dritte **T**or
- Endet das Wort mit der Nachsilbe **-ung**, **-heit**, **-keit**, **-schaft**, **-nis** oder **-tum**?
  die **H**eiz**ung**, die **D**unkel**heit**, die **E**insam**keit**, die **F**reund**schaft**, das **H**inder**nis**, der **R**eich**tum**
- Gibt es vor dem Wort Wörter wie **am**, **beim**, **zum**, **alles**, **nichts**, **viel**?
  beim Essen, **alles G**ute, **etwas N**eues

Checkpunkt 6: Komma – ja oder nein?

Ein Komma steht bei Aufzählungen:
Er isst am liebsten Spaghetti, Pizza, Obst und Pudding.
Ein Komma steht zwischen Haupt- und Nebensätzen z. B. mit den Konjunktionen **dass**, **weil**, **wenn**, **als**, **bevor**, **nachdem**, **obwohl** oder mit einem **Relativpronomen**:
Ich glaube, **dass** ich die Aufgaben geschafft habe.
Weil ich mit dem Bus fahre, brauche ich eine Fahrkarte.
Der Mann, **der** die grüne Jacke trägt, wohnt nebenan.
Ein Komma steht bei wörtlicher Rede vor (und nach) dem Begleitsatz:
„Ich mag Blumen“, sagt sie.
„Sie war gestern zu Hause“, sagte er, „und sie hat ferngesehen.“
„Kommst du morgen wieder?“, fragt ihre Freundin.

Hast du den Rechtschreib-Check verstanden? So kannst du es überprüfen:

2 **a.** Lies die Checkpunkte **1** bis **6** noch einmal Satz für Satz.
b. Schreibe mit eigenen Worten auf, wie du beim Überprüfen deiner Texte vorgehen musst.

Starthilfe

Checkpunkt 1:
Ich soll das Wort besonders langsam und deutlich aussprechen.
Dabei lese ich Buchstabe für …

Auf den folgenden Seiten kannst du die einzelnen Punkte des Rechtschreib-Checks üben.

Checkpunkt 1: Deutlich sprechen – genau hinhören

3 Wende Checkpunkt 1 bei dem folgenden Text an.
- **a.** Entscheide: Sind die Wörter im Text richtig oder falsch geschrieben?
- **b.** Schreibe den verbesserten Text fehlerfrei auf.

Im Museum

Die Klasse 7 c bsuchte am Montag das Deutsche Schifffahrtsmuseum in Bremerhaven. Carlo fand die historschen Schiffsmodelle total interessant. Er vertiefte sich ganz in die Betrachtung einer Hansekogge. Das Musem wurde geschlossen. Als die Klasse sich zur verabredten Zeit am Ausgang traf, fehlte Carlo. Alle suchtn sehr lange. Dabei wrtete Carlo schon am Bus.

Achtung: Fehler!

Checkpunkt 2: Lang oder kurz?

4 **a.** Lies die Wörter der folgenden Wortliste halblaut. In welchen Wörtern sprichst du einen kurzen Vokal, in welchen Wörtern einen langen Vokal?
b. Schreibe die Wörter ab.
- Setze unter kurze Vokale einen Punkt.
- Unterstreiche lange Vokale.
- Markiere die Konsonanten nach den Vokalen.

der Koffer, der Hase, schnell, die Bahn, wohl, die Nummer, wahr, spannend, tragen, der Stuhl, die Treppe, der Name, passen, das Obst, glatt, der Nebel, hören, das Wissen, leben, rennen, der Sturm, fallen

5 Wende Checkpunkt 2 bei dem folgenden Text an.
- **a.** Sprich die hervorgehobenen Wörter langsam und deutlich. Achte dabei auf die Länge des Vokals.
- **b.** Entscheide: Sind die Wörter im Text richtig oder falsch geschrieben?
- **c.** Schreibe den verbesserten Text fehlerfrei auf.

Die Hafenrundfahrt

Die Klase machte eine Hafenrundfahrt auf einer Barkasse. Das ist ein kleines Schif zur Personenbeförderung. Vom Anleger aus ging die Fart über die Weser und durch verschidene Hafenbecken. Neben den riesigen Containerschiffen kamm den Jugendlichen die Barkasse wie eine Nussschale vor. So ein Rise ist 350 Meter lang, eine Barkasse bringt es nur auf 15 Meter!

Achtung: Fehler!

Checkpunkt 3: Verwandtes Wort?

6 a. Schreibe zu jedem Wort aus der Wortliste ein verwandtes Wort auf.
b. Markiere in jedem Wort den Wortstamm.

> aufräumen, träumen, die Kälte, die Unendlichkeit, der Stängel, das Rätsel, schäumen, endlich, säubern, er hält, der Bäcker, das Geräusch, sie fährt

7 Wende Checkpunkt 3 bei dem folgenden Text an.
a. Finde zu jedem hervorgehobenen Wort ein verwandtes Wort.
b. Entscheide: Sind die Wörter im Text richtig oder falsch geschrieben?
c. Schreibe den verbesserten Text fehlerfrei auf.

Fußballbegeistert

Mit seuerlicher Miene räumte Lara den Abendbrottisch in der Jugendherberge ab. Sie beeilte sich nach Kreften, weil sie auf alle Fälle noch wie jeden Abend Fußball spielen wollte. Bisher hatte sie häufiger Tore geschossen als die Jungen. Beim Frühstück erzehlte sie immer begeistert davon. Selbst die bläulichen Flecken an den Beinen machten ihr nichts aus. Fußball war einfach ihre Sterke.

Achtung: Fehler!

Checkpunkt 4: b oder p, d oder t, g oder k am Wortende oder am Ende des Wortstammes?

8 a. Verlängere die Wörter aus der folgenden Wortliste.
b. Schreibe die Wörter und ihre Verlängerungen auf.
Setze vor die Nomen den bestimmten Artikel.

> der Schrank, tragbar, spannend, der Bescheid, unerträglich, das Staubtuch, die Tat, täglich

9 Wende Checkpunkt 4 bei dem folgenden Text an.
a. Verlängere die hervorgehobenen Wörter.
b. Entscheide: Sind die Wörter im Text richtig oder falsch geschrieben?
c. Schreibe den verbesserten Text fehlerfrei auf.

In der Stadt

Am nächsten Nachmittag machten alle einen Spaziergank durch die Stadt. Die Jugendlichen hatten die Erlaupnis, in kleinen Gruppen unterwegs zu sein. Obwohl sie fremt in der Stadt waren, fanden sich alle gut zurecht. Für einen Rundgang durch die Geschäfte war genug Zeit. Carlo gap viel Geld für Süßigkeiten aus, Aylin kaufte sich ein Buch über Raubtiere, und Lara fant einen kleinen Leuchtturm.

Achtung: Fehler!

Checkpunkt 5: Groß oder klein?

10 **a.** Schreibe die folgenden Wortgruppen ab.
b. Woran erkennst du, dass es Nomen sind? Markiere es.

die Erlaubnis, der Unfall, viel Gutes, zum Schreiben, drei Rosen, eine Blume, das neue Fahrrad, die Einigkeit, das Eigentum, beim Lesen

11 Wende Checkpunkt 5 bei dem folgenden Text an.
a. Finde Merkmale von Nomen bei den hervorgehobenen Wörtern.
b. Entscheide: Sind die Wörter im Text richtig oder falsch geschrieben?
c. Schreibe den verbesserten Text fehlerfrei auf.

Der Fasan

Während der fahrt zur Jugendherberge sprang plötzlich ein prächtiger fasan auf die Straße. Beim bremsen flog Carlo auf den Boden. Zum Glück war weder ihm noch dem Tier etwas schlimmes passiert. Dafür hatten alle das erste mal einen lebenden Fasan gesehen.

Achtung: Fehler!

Checkpunkt 6: Komma – ja oder nein?

12 In den folgenden Sätzen stehen Kommas in Aufzählungen und zwischen Haupt- und Nebensätzen.
a. Schreibe die Sätze ab und markiere alle Kommas.
b. Markiere in den Nebensätzen die Konjunktionen und die Relativpronomen.

Makrelen, Kabeljau, Schellfisch und Schollen leben in der Nordsee. Mit einem Schleppnetz, das von einem Schiff durchs Wasser gezogen wird, werden sie gefangen. Obwohl die Fangmengen begrenzt sind, geht der Fischbestand in der Nordsee zurück.

13 Wende den Checkpunkt 6 bei dem folgenden Text an.
Schreibe den Text ab und setze die Kommas:
- Findest du eine Aufzählung?
- Findest du Satzgefüge mit **weil** und **obwohl**?
- Findest du einen Relativsatz?

Am Strand

Weil es so heiß war gingen wir an den Strand. Wir breiteten Decken Handtücher und Matten aus. Wir bauten eine Sandburg obwohl wenig Platz dafür war. Wir verzierten sie mit Muscheln die wir gesammelt hatten.

Achtung: Fehler!

An diesem Text kannst du den Rechtschreib-Check ausprobieren. Überlege selbst, welchen Checkpunkt du jeweils anwenden musst.

Unsere Wattwanderung

Wenn man eine Klasenfahrt an die Nordsee macht ist eine Wanderung durch das Watt[1] Pflicht. Bei Ebbe ziet sich das Wasser nämlich von diesem teil des Meeresbodens zurück. Da es im Watt nicht ganz ungefehrlich ist ließen wir uns füren. Ein Wattfürer war ausgerüstet mit einem langen Seil einem Handy einer Signalpistole und einem spaten. Der andere gap uns eine einführung über das Wattenmeer.

[1] das Watt: der Meeresboden im Küstenbereich, von dem sich das Wasser bei Ebbe zurückzieht

Achtung: Fehler!

14 Welche Wörter sind richtig geschrieben? Welche falsch?
- **a.** Überprüfe jedes blau markierte Wort mit den Checkpunkten 1 bis 5.
- **b.** Ordne die Wörter in eine Tabelle ein. Schreibe die Nomen mit dem bestimmten Artikel oder mit den anderen Begleitern auf.

Starthilfe

richtig geschrieben	verbessert
eine Wanderung	eine Klassenfahrt
...	...

15 Prüfe die unterstrichenen Wörter mit dem Checkpunkt 6. Lege eine Folie über den Text und setze fehlende Kommas.

Im zweiten Teil des Textes kannst du die Fehler selbst finden.

Unsere Füße sanken bis zu den Knöchln ein. Aylin fil der Lenge nach in den Matsch. Na, die sah vielleicht aus! Ein Wattführer grup ein Loch und zog allerlei Getier hervor. Der Mann der den Vortrak gehalten hatte, erklärte uns die Lebensweise der Tiere. Beinahe hätten wir nicht bemerkt dass das Wasser zurückkam.

Achtung: Fehler!

16 Lege eine Folie über den Text und wende den Rechtschreib-Check an.
- Markiere zunächst die Wörter, bei denen du unsicher bist.
- Prüfe jedes markierte Wort mit den Checkpunkten.
- Setze fehlende Kommas.

17 Schreibe den ganzen Text in richtiger Schreibung und Kommasetzung fehlerfrei und gut lesbar in dein Heft.

Tipp: Wende den Rechtschreib-Check in Zukunft bei allen deinen Texten an.

Die Rechtschreibprüfung am Computer

Der folgende Text wurde am Computer geschrieben.
Das Rechtschreibprogramm hat mehrere Wörter als Fehler markiert.

Der erste Papierhersteller war eine Wespe

Die Wespe baut ihr Nest aus einer Art Karton zusamen. Hierfür reißt sie kleine Hozfasern ab und weicht sie mit ihrem Speichel zu einem Brei auf. Die Wände aus diesem baumaterial werden fest, sobald es getrocknet ist.
Man glaupte sehr lange, dass der Chinese Tsai Lun im Jahre 105 nach Christus das Papier erfunden hat, nachdem er Wespen beobachtet hatte.

Heute weiß man aber, dass die Chinesen das Papier schon 2000 Jahre vor Christus kannten. Sie verwendeten zumeist einen Brei aus den Fasern des Maulbeerbaums und des Bambus. Die Bletter wurden abgeschöpft, gepresst und getrocknet.

Achtung: Fehler!

1 a. Findet in Partnerarbeit heraus, was an den markierten Wörtern falsch geschrieben ist.
Tipp: Das Rechtschreibprogramm markiert einen Namen als falsch, weil es den Namen nicht kennt.
b. Schreibt die falsch geschriebenen Wörter korrigiert auf.
c. Welche Strategie oder Regel hilft euch dabei? Schreibt sie jeweils dazu.

Rechtschreib-Check ► S.303

2 a. Schreibe den Text am Computer.
b. Hat das Rechtschreibprogramm Fehler markiert? Überprüfe es und verbessere die Fehler.

Arbeitstechnik: Texte am Computer überarbeiten

- Überprüfe die Rechtschreibung mit dem Rechtschreibprogramm.
- Es öffnet sich ein Fenster, in dem Vorschläge zur Verbesserung gemacht werden.
- Willst du das Wort verbessern, klicke auf ÄNDERN.
- Manchmal markiert das Rechtschreibprogramm Wörter als falsch, weil es diese Wörter nicht kennt (z. B. Namen).
  Du kannst diese Wörter zum Wörterbuch hinzufügen. Dann werden diese Wörter in Zukunft nicht mehr als Fehler markiert.

Das Rechtschreibprogramm erkennt nicht alle Rechtschreibfehler.

3 In dem folgenden Text sind Fehler, die hat das Programm als Rechtschreibfehler (rot) erkannt und markiert.
Die Fehler in den Zeilen 4, 12 und 15 hat das Programm allerdings nicht erkannt. Finde diese Fehler und unterstreiche sie auf einer Folie.

Das Papier geht um die Welt

Über viele Jahrhunderte bewahrten die Chinesen ihr Geheimnis.
Im Jahr 751 aber geriten chinesische Papiermacher in arabische Gefangenschaft. So lernte man auch in Arabien die Kunst der Papierherstellung kennen und Verfeinerte sie weiter.
Für die Herstellung verwendete man mittlerweile auch Baumwole und alte Stoffe.
Im Mittelalter brachten Kreuzfarer die Kunde vom Papier mit nach Europa und Handelsschiffe segelten bald von Italien und Frankreich nach arabien, um dort Papier einzukaufen.
Schließlich fand man es billiger, das Papier selbst herzustellen.
Das Gewerbe des Lumpensammlers entstand. er zog über die Dörfer und kaufte Alte Lumpen auf, die er dann an die Papiermühlen weiterverkaufte.
Heutzutage stellen riesige Maschinen das papier her. Manche sind über zweihundert Meter lang und Erzeugen zweitausend Meter Papier in der Minute.

4 Wie werden die markierten Wörter richtig geschrieben?

a. Korrigiere alle Fehler auf einer Folie.

b. Schreibe die Fehler nach Fehlerarten geordnet in eine Tabelle in dein Heft.

c. Welche Strategie oder Regel kannst du zur Fehlervermeidung anwenden? Trage diese in die dritte Spalte ein.

d. Sprecht in Partnerarbeit über eure Ergebnisse.

Rechtschreibstrategien und Regeln
► S. 304–305

Starthilfe

die Art des Fehlers	die Wörter aus dem Text	die Strategie oder die Regel
Groß- und Kleinschreibung	verfeinerte ...	Regelwissen: Verben kleinschreiben
Wörter mit Doppelkonsonanten	...	...
Wörter mit -ie	...	...
Wörter mit Dehnungs-h	...	...

Verbreihen trainieren

Verbtabelle: unregelmäßige Verben
► S. 313–314

Bei den unregelmäßigen Verben ändert sich der Wortstamm, wenn du sie in die Vergangenheit setzt. Diese Verben musst du dir merken und die richtige Schreibweise immer wieder üben.

Ein ganz normaler Tag?

In unserer Straße ? ein Haus lichterloh. Überall sah man das Blaulicht flackern. Unter Lebensgefahr ? der Feuerwehrmann Jonas Mann eine ohnmächtige Person aus dem brennenden Haus.
Währenddessen ? der Dieb in ein Juweliergeschäft ? .
Er ? alle Vitrinen ? und entwendete wertvollen Schmuck und teure Uhren. Die Polizei ? sofort zum Einsatzort.
Nach langem Suchen ? die Polizei das verloren geglaubte Diebesgut in einer Sporttasche in der Nähe des Brandhauses wieder.

fahren – sie fuhr
brennen – es brannte
tragen – er trug
einschlagen – er schlug ein
finden – sie fand
einbrechen – er brach ein

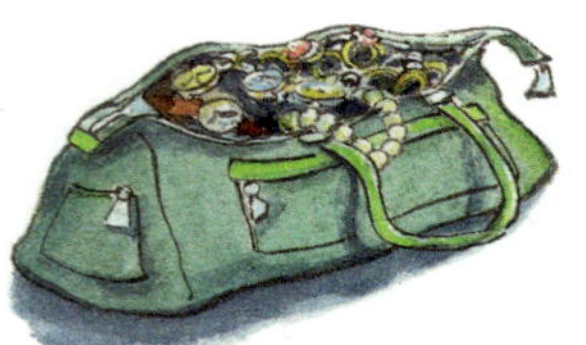

1 In dem Text fehlen sechs Verben. Schreibe den Text ab und ergänze die Verben.

Bei den unregelmäßigen Verben ist es zum Einprägen hilfreich, wenn du sie in eine Tabelle schreibst und die Veränderungen des Wortstamms markierst.

2 **a.** Schreibe die Tabelle ab.
b. Trage die Verben aus Aufgabe 1 in die Infinitiv-Spalte ↓ ein und ergänze die Reihen →. Wähle für jedes Verb ein anderes Personalpronomen aus.
c. Markiere die Veränderungen des Wortstamms farbig.

Starthilfe

Infinitiv	Präsens	Präteritum	Perfekt
brennen	es brennt	es brannte	es hat gebrannt
tragen	wir trugen	...	...
...	...	...	...

3 Bilde mit jedem Verb einen sinnvollen Satz.

Das Abschreiben 

Abschreibübungen sind sehr wichtig für richtiges Schreiben. Richtiges Abschreiben will jedoch gelernt sein. Du brauchst deine ganze Konzentration und eine ordentliche Schrift.

1 Schreibe den Text von Seite 228 nach den Schritten 1 bis 7 ab.

1. Schritt: Lies den Text langsam und sorgfältig.
Lies ihn laut, wenn du niemanden störst.

lesen ↓

2. Schritt: Gliedere den Text in Sinneinheiten.
Mache dazu Striche nach zusammengehörenden Wortgruppen.

gliedern ↓

3. Schritt: Präge dir die Wörter einer Sinneinheit genau ein.
Lies dazu nochmals Silbe für Silbe,
Wort für Wort.

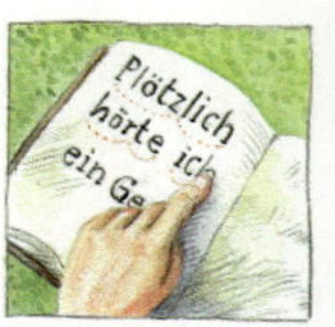

einprägen ↓

4. Schritt: Schreibe die Wörter auswendig auf.
Schreibe nur in jede zweite Zeile.
Schreibe langsam.
Schreibe ordentlich.
Schreibe nicht zu eng aneinander.

schreiben ↓

5. Schritt: Nun kontrolliere deine Abschrift mit dem Text. Vergleiche Wort für Wort.

kontrollieren ↓

6. Schritt: Hast du einen Fehler entdeckt,
streiche das Wort mit dem Lineal durch.
Schreibe es richtig darüber.

korrigieren ↓

7. Schritt: Schreibe deine Fehlerwörter auf Lernkärtchen.
Die Fehlerwörter kommen in
deine Rechtschreibkartei.

in die Rechtschreibkartei eintragen

Rechtschreibkartei
► **S. 230**

Die Rechtschreibkartei

Die Wörter, die du häufig falsch schreibst, sind deine Fehlerwörter. In deiner Rechtschreibkartei sammelst du sie auf Lernkärtchen.

1 Lege zu deinen Fehlerwörtern Lernkärtchen an.
- **a.** Lies das Wort laut. Sprich es in Silben.
- **b.** Beschrifte das Lernkärtchen.
  Beachte dabei die Arbeitstechnik (Tipps 1-6).

Arbeitstechnik: Fehlerwörter sammeln in der Rechtschreibkartei

1. Schreibe dein Fehlerwort in die Mitte der ersten Zeile.
2. Schreibe gut lesbar und fehlerlos.
3. Markiere die schwierige Stelle.
4. Schreibe bei Verben das Personalpronomen (**er**, **es** oder **sie**) und den Infinitiv (die Grundform) dazu.
5. Schreibe bei Adjektiven die Steigerungsformen dazu.
6. Schreibe die Nomen mit Artikel im Singular und im Plural auf.
7. Schreibe zu dem Fehlerwort einen passenden Rechtschreibtipp auf.

2 Ergänze zu dem Fehlerwort einen passenden Rechtschreibtipp (Tipp 7).

Rechtschreibstrategien und Regeln ► S. 304–305

die Ähnlichkeit
Ich achte auf die Nachsilbe -keit:
→ Großschreibung

ängstlich
Ich suche ein verwandtes Wort:
die Angst

sie fand
Ich verlängere das Wort:
finden

der Fallschirm
Ich erkenne den Wortstamm „fall“:
→ Doppelkonsonant

3 Ordne deine Lernkärtchen nach dem Alphabet.
Bewahre deine Lernkärtchen in einem Karteikasten auf.

Wiederholung macht den Meister!
So kannst du immer wieder mit den Lernkärtchen üben:

4 Arbeite nun mit deinen Lernkärtchen:
- Lies das Fehlerwort und den Rechtschreibtipp.
- Präge dir das Fehlerwort gut ein.
  Achte dabei auf die schwierige Stelle.
- Drehe das Kärtchen um und schreibe das Wort richtig auf.
- Kontrolliere, ob du das Fehlerwort richtig geschrieben hast.

Nachschlagen im Wörterbuch 

Im Wörterbuch kannst du nachschlagen, wie ein Wort geschrieben wird. Du findest unter einem Stichwort weitere Angaben, Worterklärungen und Beispiele.

1 Sieh dir die Wörterbuchseite an.

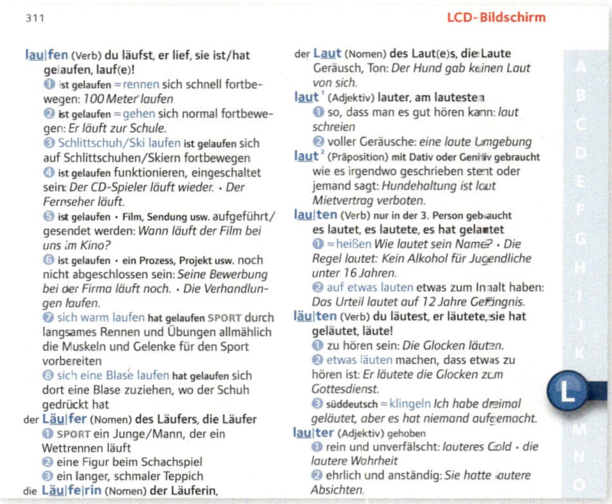

311 **LCD-Bildschirm**

lau|fen (Verb) **du läufst, er lief, sie ist/hat gelaufen, lauf(e)!**
① **ist gelaufen** ≈ rennen sich schnell fortbewegen: *100 Meter laufen*
② **ist gelaufen** ≈ gehen sich normal fortbewegen: *Er läuft zur Schule.*
③ Schlittschuh/Ski laufen **ist gelaufen** sich auf Schlittschuhen/Skiern fortbewegen
④ **ist gelaufen** funktionieren, eingeschaltet sein: *Der CD-Spieler läuft wieder. · Der Fernseher läuft.*
⑤ **ist gelaufen · Film, Sendung usw.** aufgeführt/gesendet werden: *Wann läuft der Film bei uns im Kino?*
⑥ **ist gelaufen · ein Prozess, Projekt usw.** noch nicht abgeschlossen sein: *Seine Bewerbung bei der Firma läuft noch. · Die Verhandlungen laufen.*
⑦ sich warm laufen **hat gelaufen** SPORT durch langsames Rennen und Übungen allmählich die Muskeln und Gelenke für den Sport vorbereiten
⑧ sich eine Blase laufen **hat gelaufen** sich dort eine Blase zuziehen, wo der Schuh gedrückt hat

der **Läu|fer** (Nomen) **des Läufers, die Läufer**
① SPORT ein Junge/Mann, der ein Wettrennen läuft
② eine Figur beim Schachspiel
③ ein langer, schmaler Teppich

die **Läu|fe|rin** (Nomen) **der Läuferin,**

der **Laut** (Nomen) **des Laut(e)s, die Laute**
Geräusch, Ton: *Der Hund gab keinen Laut von sich.*

laut[1] (Adjektiv) **lauter, am lautesten**
① so, dass man es gut hören kann: *laut schreien*
② voller Geräusche: *eine laute Umgebung*

laut[2] (Präposition) **mit Dativ oder Genitiv gebraucht**
wie es irgendwo geschrieben steht oder jemand sagt: *Hundehaltung ist laut Mietvertrag verboten.*

lau|ten (Verb) **nur in der 3. Person gebraucht**
es lautet, es lautete, es hat gelautet
① ≈ heißen *Wie lautet sein Name? · Die Regel lautet: Kein Alkohol für Jugendliche unter 16 Jahren.*
② auf etwas lauten etwas zum Inhalt haben: *Das Urteil lautet auf 12 Jahre Gefängnis.*

läu|ten (Verb) **du läutest, er läutete, sie hat geläutet, läute!**
① zu hören sein: *Die Glocken läuten.*
② etwas läuten machen, dass etwas zu hören ist: *Er läutete die Glocken zum Gottesdienst.*
③ **süddeutsch** ≈ klingeln *Ich habe dreimal geläutet, aber es hat niemand aufgemacht.*

lau|ter (Adjektiv) **gehoben**
① rein und unverfälscht: *lauteres Gold · die lautere Wahrheit*
② ehrlich und anständig: *Sie hatte lautere Absichten.*

2 Du findest auf der Wörterbuchseite das Nomen **Läufer**.

a. Notiere den Artikel des Nomens.

b. Gib den Plural des Nomens an.

c. Schreibe den Genitiv des Nomens heraus.

3 Das Wort **Läufer** hat mehrere Bedeutungen

a. Schreibe die verschiedenen Worterklärungen 1 bis 3 ab.

b. Formuliere zu jeder Bedeutung einen Satz.

4 Auf der Wörterbuchseite findest du außerdem das Verb **laufen**. Notiere jeweils die 3. Person Singular im Präsens, im Präteritum und im Perfekt.

Starthilfe

laufen: er läuft, er …

5 Schlage in einem Wörterbuch die Vergangenheitsformen (Präteritum und Perfekt) der Verben vom Rand nach und schreibe sie in eine Tabelle. Notiere jeweils auch die Seitenzahl, auf der du das Wort gefunden hast.

Starthilfe

Grundform (Infinitiv)	Präteritum	Perfekt	Wörterbuch
beginnen	er begann	er hat …	S. …
…	…	…	…

beginnen
essen
liegen
sinken
schlafen

Nachschlagen ► S. 304

Rechtschreibstrategien und Regeln

Sprechen – hören – schreiben 

Deutliches Sprechen und genaues Hinhören helfen dir beim richtigen Schreiben. Viele Wörter schreibst du so, wie du sie sprichst und hörst. Diese Wörter sind Mitsprechwörter.

die Blume, die Tomate, der Rasen, das Fenster

1 Schreibe die Wörter Silbe für Silbe auf. Sprich dazu so langsam, wie du schreibst.

Wenn du Wörter Silbe für Silbe sprichst, hörst du bei manchen Wörtern ein **h** am Anfang einer Silbe: das silbenöffnende **h**.

2 Lies die Wörter mit dem silbenöffnenden **h** halblaut vor.

ste-hen, die Hö-he, der Fern-se-her

3 a. Schreibe den folgenden Text ab und setze die Verben mit **h** an den passenden Stellen ein.
b. Markiere das silbenöffnende **h**.

mähen, drehen, ziehen, blühen, sehen, geschehen, stehen, gehen

Am Fenster

Wir ? am Fenster und ? in unseren Garten.
Überall ? rote, gelbe und blaue Blumen. Vögel ? vorüber.
Auf einmal beginnt jemand, den Rasen zu ? .
Ausgerechnet jetzt muss das ? !
Wir ? uns um und ? in ein anderes Zimmer.

4 Schreibe die Verben aus Aufgabe 3 in der 3. Person Singular Präsens auf.

5 a. Schreibe die folgenden Wörter in Silben getrennt auf.
b. Markiere das silbenöffnende **h**.

beinahe, früher, nahe, die Reihe, die Ruhe, die Schuhe, frohe

Wörter verlängern 

Wörter mit **b**, **d**, **g** am Ende sind Nachdenkwörter.
Du kannst nicht hören, mit welchem Buchstaben das Wort oder die Silbe endet. Dann hilft dir das Verlängern.

1 a. **b** oder **p**? **d** oder **t**? **g** oder **k**?
Überprüfe die Schreibweise der Nomen, indem du den Plural bildest.
Schreibe die Nomen im Plural auf.
b. Schreibe die Nomen ab und ergänze die richtige Endung.
c. Diktiert euch die Wörter gegenseitig.

das Lan ?	das Ba ?	der Zwei ?	der Zu ?
der Ber ?	der Sta ?	das Kin ?	der Wal ?
der Ran ?	das Hem ?	der Hun ?	das Ban ?

Starthilfe

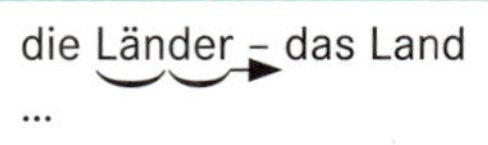

2 Auch bei den folgenden Verben fehlen die Endungen des Wortstamms.
a. Leite die Schreibweise der Verben her:
Bilde von den Verben eine andere Personalform und den Infinitiv (die Grundform).
b. Schreibe die Wörter auf.
c. Diktiert euch die Wörter gegenseitig.

le ? t, glau ? t, gi ? t, lie ? t, sa ? t, wie ? t, fra ? t

Starthilfe

3 **b** oder **p**? **d** oder **t**? **g** oder **k**?
Leite die Schreibweise mit Hilfe des Verlängerns her.
a. Verlängere die Wörter mündlich, indem du sie laut sprichst.
b. Schreibe die Wörter dann richtig auf.

erlau ? t, bie ? t, der Erfol ?, frem ?, hal ?, hän ? t, der Krie ?, er kle ? t, stren ?, die Wan ?, die Schul ?, run ?, sie verschwan ?, wüten ?, wichti ?, schwieri ?, hungri ?, der Urlau ?

4 Welche Wörter kennst du noch, bei denen du die Schreibweise durch Ableiten erklären kannst?
a. Sammle möglichst viele Wörter.
b. Vergleicht eure Wörter in Partnerarbeit.

Wörter ableiten 

Wenn du unsicher bist, ob ein Wort mit ä oder e, mit äu oder eu geschrieben wird, dann hilft dir die Ableitungsprobe.

Diese Wörter mit ä oder äu sind Nachdenkwörter.

1 a. Schreibe die Wörter ab.
b. Markiere das **a/ä**.
c. Leite die Schreibweise der Wörter mit **ä** oder **äu** her, indem du ein verwandtes Wort mit **a** oder **au** findest.

die Wälder, älter, träumen, die Länder, wächst, zählen, bräunlich, sie fällt, die Sätze

2 Gehe nun umgekehrt vor. Finde zu den folgenden Wörtern verwandte Wörter mit **ä** oder **äu**.
a. Schreibe die Wörter ab.
b. Markiere in den Wörtern das **a** oder **au**.
c. Finde ein verwandtes Wort mit **ä** oder **äu**.

waschen, die Nacht, warm, jagen, der Strand, das Blatt, der Stab, der Tag, der Zahn, alt, grau

Im folgenden Text fehlen einige Wörter.

3 Schreibe den Text ab und ergänze die passenden Wörter vom Rand in der richtigen Schreibweise. Das Verlängern und Ableiten hilft dir dabei.

Fahrrad fahren im Schnee

Trotz der kalten Jahreszeit möchten Till und Paula im Januar mit ihren ? einen ? machen. Trotz der ?, der ? und der ? packen sie ihre ?. „Es ist nicht ?, auf feuchten oder mit Schnee bedeckten Fahrbahnen zu fahren, aber durch die frische Luft werdet ihr sicher ?", ruft Paulas Mutter ihnen zu. „Fahrt ? und viel Spaß."

Rucks ? cke
Ausflu ?
Fahrr ? dern
K ? lte
N ? sse
ungef ? hrlich
Eisgl ? tte
abgeh ? rtet
vorsichti ?

Mit Wortbausteinen üben 

Viele Wörter sind aus mehreren Teilen zusammengesetzt: aus dem Wortstamm und anderen Wortbausteinen. Wortbausteine helfen dir, Nachdenkwörter richtig zu schreiben.

Wortfamilien

Wörter sind miteinander verwandt und bilden Familien. Jede Wortfamilie hat einen Wortstamm. Gleiche Wortstämme schreibt man in der Regel gleich.

1 a. Sortiere die Familienmitglieder der Wortfamilien mit dem Wortstamm **-fühl-**, **-führ-** und **-fass-** und schreibe sie auf.
b. Markiere den Wortstamm farbig.

das Gefühl, der Anführer, die Entführung, anfassen, das Mitgefühl, die Verfassung, verführerisch, fassbar, einfühlen, umfassen, durchführbar, zufassen, befühlen, fühlen, führen, fassen, abführen, unfassbar, gefühllos, der Verfasser, einfühlsam, die Überführung, wetterfühlig, vorführen

Starthilfe

Wortfamilien		
-fühl-	**-führ-**	**-fass-**
das Gefühl ...	der Anführer ...	anfassen ...

2 Erklärt euch gegenseitig die Wörter aus Aufgabe 1.

3 a. Ordne die Wörter nun nach Wortarten. Lege für jede Wortfamilie eine Tabelle an.
b. Ergänze die Nomen im Plural.

Starthilfe

Wortstamm -fühl-			
Nomen		**Verben**	**Adjektive**
das Gefühl ...	die Gefühle ...	einfühlen ...	verführerisch ...

4 a. Finde weitere Familienmitglieder und ergänze deine Tabelle.
b. Überprüft die von euch gefundenen Familienmitglieder. Haben die Wörter denselben Wortstamm?

5 Wähle fünf Wörter aus den Aufgaben 1 und 4 aus. Bilde mit den Wörtern Sätze und markiere den Wortstamm.

Wortbildung: Baustelle Verben

Die Vorsilben **ver-**, **be-**, **ent-** und **er-** verbinden sich gerne mit Verben. So entstehen neue Verben mit einer anderen Bedeutung.

6 Bilde neue Verben.

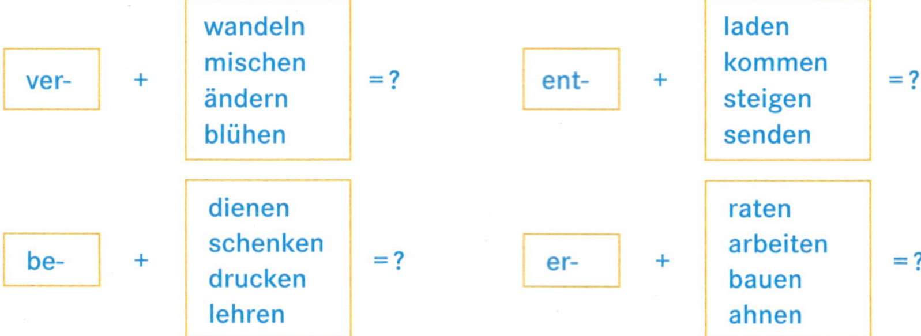

7 a. Bildet weitere neue Verben mit den Vorsilben **ver-**, **be-**, **ent-** und **er-** und schreibt sie auf.
b. Wie verändert sich die Bedeutung der Verben durch das Hinzufügen der Vorsilben **ent-** und **er-**? Sprecht darüber.

Aus Nomen werden Verben: Ein Sturm beginnt. – Es stürmt (stürmen).

8 Schreibe die Sätze ab und füge die Verbform hinzu.

Kinder machen Lärm. – Sie ? .	Sie spielt auf der Flöte. – Sie ? .
Wir empfinden Trauer. – Wir ? .	Ich habe einen Traum. – Ich ? .
Hagel fällt. – Es ? .	Der Ofen gibt Qualm ab. – Er ? .
Aus der Wunde läuft Blut. – Es ? .	

Starthilfe

Kinder machen Lärm. – Sie lärmen.
...

Auch mit der Nachsilbe **-ieren** können Nomen zu Verben werden.

9 a. Bilde Verben mit der Endung **-ieren** und schreibe sie auf.
b. Bilde mit den Verben jeweils einen Satz.

eine Kontrolle durchführen – ?	eine Fotokopie anfertigen – ?
eine Skizze machen – ?	Interesse zeigen – ?

Starthilfe

eine Kontrolle durchführen – kontrollieren
...

Wortbildung: Baustelle Nomen

Merkwissen

Verben und Adjektive können mit einem Nomen ein neues zusammengesetztes Nomen bilden. Das Nomen muss dabei an zweiter Stelle stehen.

Verb		Nomen		zusammengesetztes Nomen
spielen	+	der Platz	=	der Spielplatz
Adjektiv		Nomen		zusammengesetztes Nomen
voll	+	der Mond	=	der Vollmond

Zusammengesetzte Nomen ► S. 307

10 Bilde neue zusammengesetzte Nomen.
Schreibe die Nomen mit Artikel auf.

singen, braten, putzen, baden, auffahren, lehren, rennen, schlagen + der Vogel, das Verbot, der Unfall, die Frau, die Wurst, der Stoff, die Bahn, die Sahne = ?

Starthilfe
der Singvogel, ...

blau, süß, schwer, fremd, dick, falsch, hoch, fern + der Körper, das Wasser, das Licht, das Geld, das Glas, der Sommer, die Kraft, der Schädel = ?

Starthilfe
das Blaulicht, ...

11 **a.** Bilde neue Nomen mit dem Adjektiv **voll**.
b. Bilde mit drei zusammengesetzten Nomen jeweils einen Satz.

voll + der Bart, das Waschmittel, die Bremsung, der Automat, die Milch, die Verpflegung, die Beschäftigung, das Bad, die Sperrung, der Dampf, die Macht, der Mond = ?

Starthilfe
der Vollbart, ...

12 **a.** Bilde neue Nomen mit dem Adjektiv **halb**.
b. Wie verändert sich die Bedeutung der Nomen durch das Hinzufügen des Adjektivs **halb**?
Sprecht darüber.

halb + die Insel, die Pension, das Schwergewicht, der Mond, der Schlaf, der Kreis, das Finale, der Schatten, der Schuh, das Jahr, die Zeit = ?

Starthilfe
die Halbinsel, ...

Wortbildung: Baustelle Adjektive

Zusammengesetzte Adjektive ► S. 309

Merkwissen

Nomen können mit einem Adjektiv ein neues zusammengesetztes Adjektiv bilden. Das Adjektiv muss dabei an zweiter Stelle stehen.

Nomen		Adjektiv		zusammengesetztes Adjektiv
der Finger	+	dick	=	fingerdick (dick wie ein Finger)
das Messer	+	scharf	=	messerscharf (scharf wie ein Messer)

13 Bilde neue zusammengesetzte Adjektive.
Tipp: Einmal musst du ein **n** und viermal ein **s** einfügen.

bereit zur Hilfe	– ?	hart wie ein Stein	– ?
schwer wie eine Tonne	– ?	reich an Sauerstoff	– ?
voll von Sehnsucht	– ?	blau wie der Himmel	– ?
rot wie Feuer	– ?	groß wie eine Faust	– ?
weich wie Butter	– ?	weiß wie Schnee	– ?
stark in der Leistung	– ?	bereit zum Frieden	– ?

Die Vorsilbe **un-** verbindet sich gerne mit Adjektiven.
So entstehen neue Adjektive mit einer anderen Bedeutung.

14 **a.** Bilde neue Adjektive und schreibe die Adjektivpaare auf.
b. Welche Bedeutungsveränderung bewirkt die Vorsilbe **un-**? Sprecht darüber.

un- + fair, befriedigend, verdächtig, giftig, auffällig, sauber, kompliziert, ehrlich, ordentlich, abhängig, gerade, erfreulich, aufmerksam, motiviert, bekannt, benutzbar, fruchtbar, empfindlich, scharf, gefährlich = ?

Starthilfe
fair – unfair
...

Viele Adjektive kannst du an ihrer Nachsilbe **-ig**, **-lich**, **-sam**, **-bar**, **-haft**, **-los**, **-isch** erkennen.

15 **a.** Lege eine Tabelle mit den Spalten **-ig**, **-lich**, **-sam**, **-bar**, **-haft**, **-los**, **-isch** an.
b. Trage die Adjektive in die Tabelle ein und markiere jeweils die Nachsilbe.
c. Erklärt euch gegenseitig die Bedeutung der Adjektive.

lustig, arbeitsam, sonnig, wendig, wunderbar, achtsam, brauchbar, austauschbar, sorgsam, traurig, folgsam, teilbar, faulig, barfüßig, widerwillig, willig, sonderbar, einsam, zahlbar, hilflos, himmlisch, traumhaft, freundlich, grenzenlos, glücklich, schreckhaft, herzlich

Regelwissen anwenden: Nomen großschreiben

Die Tipps zum Erkennen von Nomen wiederholen

Nomen schreibt man groß.
Einige Tipps zum Erkennen von Nomen kennst du schon.

1 Lies die Tipps zum Erkennen von Nomen.

Tipp 1: Prüfe, ob mit dem Wort Lebewesen, Gegenstände oder Dinge bezeichnet werden.
Tipp 2: Prüfe, ob das Wort einen bestimmten oder einen unbestimmten Artikel bei sich hat.
Tipp 3: Prüfe, ob vor dem Wort ein Adjektiv steht.
Tipp 4: Prüfe, ob vor dem Wort ein Pronomen steht.
Tipp 5: Prüfe, ob das Wort die Nachsilbe **-ung**, **-heit**, **-keit**, **-schaft**, **-nis** oder **-tum** hat.
Tipp 6: Prüfe, ob vor dem Wort eine Präposition wie **im**, **beim**, **zum** steht.
Tipp 7: Prüfe, ob vor dem Wort ein Zahlwort steht.

2 a. Lies die Wörter und wende **Tipp 1** an.
b. Schlage unbekannte Wörter im Wörterbuch nach.
c. Schreibe die Wörter nach Lebewesen/Personen, Gegenständen und (vorgestellten) Dingen geordnet auf.
d. Ergänze die Artikel bei jedem Nomen.

Nachschlagen ► S. 304

Sturm, Unglück, Wetter, Wind, Schnee, Eis, Polarforscher, Roald Amundsen, Robert Falcon Scott, Expedition, Gletscher, Küste, Antarktis, Frost, Sorge, Eisbrecher, Südpol, Wahnsinn, Tour, Schwaden, Eisschollen, Orkan, Schlitten, Hund, Ausrüstung

Starthilfe

Lebewesen/Personen	Gegenstände	(vorgestellte) Dinge
der Hund, Roald Amundsen …	der Schlitten …	der Sturm, das Unglück …

3 Bei den meisten Wörtern aus Aufgabe 2 kannst du den Plural bilden. Schreibe die Nomen im Plural auf.

4 a. Erklärt euch die Nomen aus Aufgabe 2 gegenseitig.
b. Bildet mit drei ausgewählten Nomen jeweils einen Satz.
c. Findet weitere Nomen zum Thema und ordnet sie mit ihren Artikeln in die Tabelle.

Du kannst die Tipps zum Erkennen von Nomen an den folgenden Texten selbstständig anwenden.

5 **a.** Lies den folgenden Text.
b. Finde im Text mit Hilfe der Tipps 1 bis 7 von Seite 239 alle Nomen. Schreibe die Nomen mit den Artikeln auf.
Tipp: Es sind 23 Nomen.
c. Notiere dazu den Tipp oder die Tipps, die du beachtet hast.

Ein Wahnsinnsplan

Im Winter 1911/1912 peitscht der Wind dichte Schwaden von kleinen Eiskristallen über die Antarktis. In der Schneehölle befinden sich der Engländer Scott und der Norweger Amundsen auf einem Schlittenrennen: Die Expeditionen kämpfen darum, als Erste den Südpol zu erreichen. Todesmutig überwinden sie eisige Küstengletscher und große Eisschollen. Immer wieder erleben sie auf ihrem Höllenweg zum Südpol böse Überraschungen wie heftige Orkane und Stürme – eine Wahnsinnstour. Und nur ein Team wird zurückkehren.

Captain Robert Falcon Scott (1868–1912)

Roald Amundsen (1872–1928)

6 **a.** Schreibe den Text „Ein Wahnsinnsplan“ ab.
b. Markiere die Nomen und ihre Begleiter.

Abschreiben ► S. 303

7 **a.** Schreibe den folgenden Text in der richtigen Groß- und Kleinschreibung auf.
Tipp: Wende die Tipps an, wenn du dir unsicher bist, ob ein Wort großgeschrieben wird.
b. Unterstreiche die Nomen in deinem Text und markiere ihre Begleiter.
c. Überprüfe, ob du alles richtig geschrieben hast.
d. Sammle deine Fehlerwörter in der Rechtschreibkartei.

Rechtschreibkartei ► S. 304

URSPRÜNGLICH WOLLTE AMUNDSEN ALS ERSTER MENSCH AM NORDPOL SEIN. WÄHREND ER SICH AUF SEINE TOUR ZUM NORDPOL VORBEREITETE, BEHAUPTETEN ALLERDINGS DIE FORSCHER FREDERIK COOK UND ROBERT EDWIN PEARY, SIE SEIEN BEREITS DORT GEWESEN. AUS DIESEM GRUND VERLOR AMUNDSEN SEIN INTERESSE FÜR DEN NORDPOL UND WOLLTE STATTDESSEN NUN ALS ERSTER DEN SÜDPOL ERREICHEN.
IM JAHR 1910 MACHTE ER SICH MIT DEM SCHIFF AUF DEN WEG.
KURZE ZEIT VORHER WAR AUCH SEIN KONKURRENT ROBERT FALCON SCOTT GESTARTET. DAS WETTRENNEN HATTE BEGONNEN.

Nominalisierte Verben und Adjektive

Du weißt bereits, dass auch Verben und Adjektive zu Nomen werden können. Du erkennst es an ihren Begleitern.

Verben und Adjektive werden zu Nomen ► S. 305

Die Wörter **das**, **beim**, **vom** und **zum** machen Verben zu Nomen.

8 a. Schreibe den Text ab.
b. Finde und unterstreiche in deinem Text die Nominalisierungen.
c. Markiere die Begleiter **das, beim, vom, zum.**

Während Amundsen zum Tragen der Ausrüstung Hundeschlitten mitführte, nahm Scott sibirische Ponys und Motorschlitten mit auf seine Expedition. Die Ponys allerdings waren vom Laufen im Schnee schnell erschöpft, und auch das Ausfallen der Motorschlitten bereitete Scott Probleme. Amundsen konnte beim Erreichen des Südpols sein Glück kaum fassen: Er war Erster.

Die Wörter **etwas**, **nichts** und **alles** machen Adjektive zu Nomen.

9 a. Schreibe den Text in der richtigen Groß- und Kleinschreibung auf.
b. Unterstreiche in deinem Text die Nominalisierungen.
c. Markiere die Begleiter **etwas, nichts** und **alles.**

FÜR AMUNDSEN GAB ES NICHTS SCHÖNERES. ER HINTERLIEß SEINEM KONKURRENTEN SCOTT AM SÜDPOL EINEN BRIEF UND WÜNSCHTE IHM ALLES GUTE FÜR DEN HEIMWEG. SCOTT SOLLTE DURCH DIE VERSPÄTUNG AUF DEM RÜCKWEG ALLERDINGS ETWAS TRAGISCHES WIDERFAHREN: DER WINTEREINBRUCH KOSTETE IHN UND SEIN GESAMTES TEAM DAS LEBEN.

Achtung: Fehler!

Großschreibung von Eigennamen

Merkwissen

Eigennamen wie die Namen von Personen (z. B. Vornamen, Nachnamen), Lebewesen und Orten (z. B. Länder, Straßen) werden großgeschrieben. Bestehen Eigennamen aus mehreren Wörtern, werden alle Adjektive und Nomen großgeschrieben.
Johann Wolfgang von Goethe, der Bayerische Wald

10 Im Text findest du Eigennamen, die großschrieben werden.
Schreibe den Text ab und markiere die Eigennamen.

Roald Amundsen kehrte im Januar 1912 zurück zur Bucht der Wale, dem Ausgangspunkt seiner Südpol-Expedition. Es war bereits sein zweiter Erfolg. Zuvor hatte er schon als Erster die sogenannte Nordwestpassage durchquert, ein Seeweg, der den Atlantischen Ozean mit dem Pazifischen Ozean verbindet.

Regelwissen anwenden: Wörter mit Dehnungs-*h*

Manche Wörter haben einen lang gesprochenen Vokal. Diese Dehnung wird häufig durch ein h gekennzeichnet.

ahnen, fahren, die Gebühr, ohne, hohl, sehr, der Lehrer, die Sohle, verwöhnt, die Mühle, belohnen, zahm, berühmt, das Ohr, der Befehl, der Fahrer, lehrreich, die Aufzählung, die Lehre, der Rahmen, die Bohne, die Stühle, jährlich, die Belohnung, ernähren, der Ruhm, strahlen, kühl, die Höhle, die Zähne, die Bahn, mehr

1 a. Schreibe die Wörter nach Wortarten geordnet in eine Tabelle.
b. Ergänze bei den Nomen die Pluralform und den Artikel.
c. Markiere das Dehnungs-**h**.

Starthilfe

Nomen	Verben	Adjektive	andere Wortarten
die Gebühr – Gebühren ...	ahnen ...	hohl ...	ohne ...

2 Bilde mit drei Wörtern jeweils einen Satz.

Häufig steht ein Dehnungs-h vor bestimmten Konsonanten.

3 a. Sieh dir die Wörter in deiner Tabelle aus Aufgabe 1 an. Welche Konsonanten stehen nach dem Dehnungs-**h**? Unterstreiche sie.
b. Wann wird in der Regel ein Wort mit Dehnungs-**h** geschrieben? Schreibe das Merkwissen ab und ergänze die Regel.

Merkwissen

Manche Wörter werden mit einem ? geschrieben.
Das Dehnungs-**h** steht dann nach einem ? .
Häufig steht das Dehnungs-**h** vor den Konsonanten ? , ? , ? und ? :
der **Stuhl**, **nehmen**, **ohne**, **ehrlich**.

4 Im folgenden Text fehlen Wörter mit Dehnungs-**h**.
a. Schreibe den Text ab und ergänze die passenden Wörter vom Rand.
b. Markiere das Dehnungs-**h**.

ohne
hohl
Befehle
fahren
Ohr

Wie uns das Innenohr im Gleichgewicht hält

Unser Gleichgewichtsorgan ist ähnlich wie bei Vögeln gebaut. Es besteht aus drei Ringen in jedem ? und zwei Kämmerchen. Dieses Mini-Labyrinth ermöglicht uns, Fahrrad zu ? oder zu gehen, ? zu torkeln. Die Ringe sind innen ? und mit Flüssigkeit gefüllt. In einer puddingartigen Masse wachsen feine Haare. Bei Bewegungen verbiegen sich die Haare. Unser Gehirn berechnet blitzschnell die Bewegung und erteilt die erforderlichen ? .

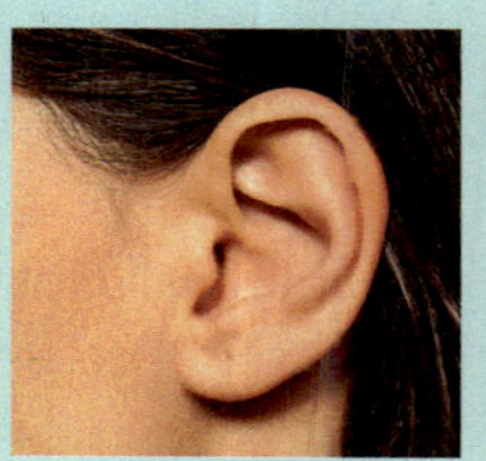

Regelwissen anwenden: Wortgruppen getrennt schreiben

Wortgruppen schreibst du in der Regel getrennt.

1 a. Schreibe die beiden Wortlisten ab.
b. Erkläre die Bedeutung der Wortgruppen.
c. Bilde mit jeder Wortgruppe einen kurzen Satz und schreibe ihn auf.

Liste 1: auf einmal, zu früh, zu spät, zu kurz, allzu weit, zu lange

Liste 2: gar nichts, wie sehr, wie viele, zu wenig, darüber hinaus, gar kein

Auch Wortgruppen aus Nomen + Verb schreibst du in der Regel getrennt.
Beispiel: Kuchen backen

2 Welche Beschäftigungen mag Jana in ihrer Freizeit?
Welche mag sie nicht so gern? Formuliere jeweils einen Satz.

Rad fahren
Eishockey spielen
Karten spielen

Trompete üben
Wäsche waschen
Geschirr abwaschen

Starthilfe
Jana mag gern Rad fahren ...

3 In dem folgenden Text fehlen die Worttrennungen.
Außerdem sind alle Buchstaben großgeschrieben.
a. Zeichne mit Hilfe einer Folie zunächst Trennstriche in den Text.
b. Schreibe den Text in der richtigen Groß- und Kleinschreibung auf.
c. Markiere in deinem Text die Wortgruppen aus Verb + Nomen.

AMWOCHENENDEMÖCHTEJANAMITIHRENFREUNDINNENSCHLITTSCHUH
LAUFEN.DIESEIDEEHATTENLEIDERVIELE.DIEDREI MÄDCHENMÜSSEN
ANDERKASSELANGESCHLANGESTEHENUNDAUFDEREISBAHNISTESSEHRVOLL.
EINIGEJUNGSSPIELENEISHOCKEYUNDMANMUSSRICHTIGANGSTHABEN,
DASSMANINDIESCHUSSLINIEGERÄT.NURJANA,DIESELBSTGERNEEISHOCKEY
SPIELT,ISTBEGEISTERT.

Achtung: Fehler!

4 Schreibe abschließend das Merkwissen ab und ergänze es.

Merkwissen
Wortgruppen aus Nomen + Verb schreibt man in der Regel ? .
Beispiele: Kuchen backen, ? , ?

Merkwörter üben 

Wörter, deren Schreibung du nicht durch Strategien oder Regeln herleiten kannst, sind Merkwörter. Diese Wörter musst du dir merken und die richtige Schreibung immer wieder üben.

In deutschen Wörtern wird das **V** in der Regel wie **F** gesprochen.

1 **a.** Sortiere die Wörter nach dem Alphabet und schreibe sie auf.
b. Erklärt euch abwechselnd die Bedeutung der Wörter.

> das Volk, vorsichtig, das Vieh, der Vorrat, der Vater, der Vogel, vergessen, verschieben, die Verletzung, verlassen

2 **a.** Bilde möglichst viele sinnvolle Sätze mit den Wörtern aus Aufgabe 1.
b. Diktiert euch gegenseitig eure Sätze.

Bei einigen Wörtern wird das **V** wie der Laut **W** gesprochen. Meist handelt es sich bei diesen Wörtern um Fremdwörter.

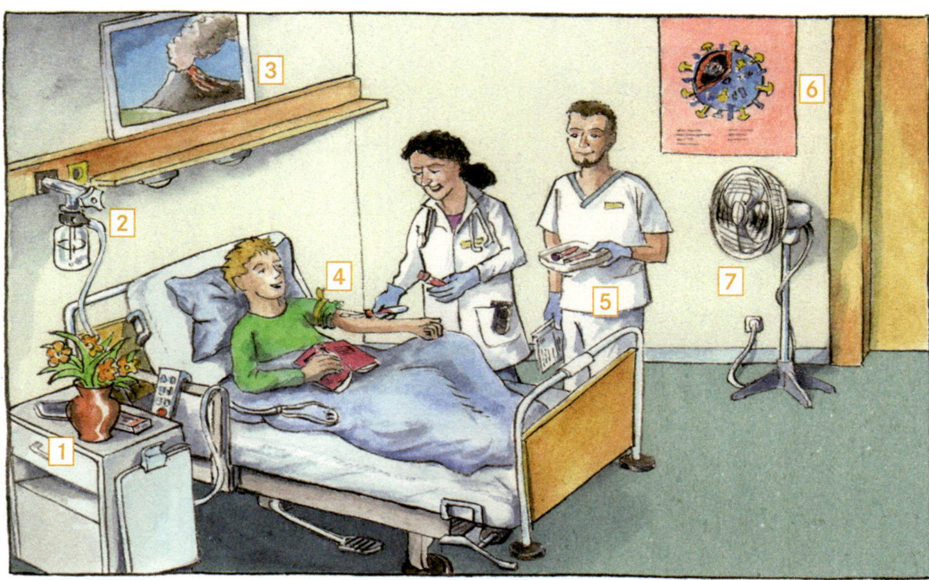

3 **a.** Ordne die Fremdwörter den passenden Nummern auf dem Bild zu.
Tipp: Das Wörterbuch kann dir helfen.
b. Erklärt euch gegenseitig die Bedeutung der Fremdwörter.

> die Vene, das Ventil, das Virus, der Ventilator, die Visite, der Vulkan, die Vase

4 **a.** Ordne die Wörter nach dem Alphabet und schreibe sie auf.
b. Schreibe mit jedem Wort einen Satz auf.

Auch die folgenden Merkwörter mit ä, mit langem i und mit aa, ee und oo musst du dir merken und immer wieder üben.

Merkwörter mit **ä**	Merkwörter mit langem **i**	Merkwörter mit **aa, ee** und **oo**
der Käfer	das Benzin	der Tee
das Geländer	dir	der Kaffee
die Träne	der Kamin	der See
der Lärm	die Musik	der Schnee
gähnen	der Igel	das Meer
ähnlich	das Klima	die Idee
allmählich	der Biber	leer
das Märchen	die Mandarine	der Zoo
während	die Praline	das Boot
das Mädchen	die Gardine	das Moos
erklären	das Krokodil	die Armee
ärgern	die Nektarine	der Teer
lässig	die Maschine	der Staat
der März	das Klima	die Waage
die Verspätung	der Tiger	die Allee

W **5** Wähle eine der Wortlisten aus und trainiere sie mit einer Tabelle.
Tipp: Mit der zweiten Tabelle kannst du gut an verschiedenen Tagen üben.

Starthilfe

das Merkwort	die schwierige Stelle	ein Satz	ein verwandtes Wort	im Wörterbuch
der Käfer	*der Käfer*	*Der Käfer krabbelte über den Boden.*	*die Käfersammlung*	*S. ...*
...	...	...	...	...

Starthilfe

1. Tag		2. Tag	3. Tag
Merkwort	**Silben bunt aufgeschrieben**	**ein Satz**	**beim Partnerdiktat aufgeschrieben**
das Benzin	*das Benzin*	*Das Auto benötigt Benzin.*	*das Benzin*
...	...	...	...

6 Sammle deine Fehlerwörter in deiner Rechtschreibkartei.

Rechtschreibkartei
► S. 304

Texte lesen – üben – richtig schreiben

1. Trainingseinheit: Verben mit den Vorsilben *be-* und *er-*, Fremdwörter mit der Nachsilbe *-ent*, Wörter ableiten, Eigennamen großschreiben, Komma bei Aufzählungen

1 Lies den Text.

Ozeane

Zwei Drittel der Erde sind vom Meer bedeckt. Das übrige Drittel besteht aus den Kontinenten Amerika, Europa, Asien, Afrika, Australien und der Antarktis. Die drei großen Ozeane sind der Pazifische, der Atlantische und der Indische Ozean. Im Süden bilden die drei zusammen das Südpolarmeer und im Norden das Nordpolarmeer. In den Ozeanen befinden sich 97 Prozent des Wassers der Erde. In einem Kubikmeter Ozeanwasser sind circa 35 Kilogramm Salz gelöst. Das Salz war bei der Entstehung der Erde schon vorhanden und befand sich überwiegend im Gestein. Durch Niederschläge wurde es aus dem Gestein gewaschen. Bäche und Flüsse transportierten es ins Meer.
An der Oberfläche der Ozeane schwanken die Temperaturen zwischen minus 2 Grad und plus 35 Grad. Während es im Küstenbereich der Antarktis am kältesten ist, erwärmt die Sonne die Ozeane am Äquator am stärksten.

2 Beantworte die Fragen schriftlich.
- Wie viel Prozent des gesamten Wassers befinden sich in den Ozeanen?
- Wo erwärmt die Sonne die Ozeane am stärksten?

Im Text gibt es Verben mit den Vorsilben be- und er-.

3 **a.** Schreibe die Verben mit **be-** und **er-** aus dem Text auf.
b. Bilde neue Verben mit diesen Vorsilben und schreibe sie auf.

be-	+	denken, enden, leuchten, deuten, erben, rechnen, dienen, fördern, rufen, drohen, greifen, fassen, eilen, heben
er-	+	fahren, nennen, staunen, drücken, tönen, stellen, gehen, schaffen, reichen, kennen, setzen, steigern, lernen, sparen

Mit Wortbausteinen üben ► S. 304 

4 Welche Verben können mit beiden Vorsilben neue Verben bilden? Schreibe die Verben auf.

Das Wort **Kontinent** aus dem Text ist ein Fremdwort mit der Endung **-ent.**

5 Welches Fremdwort mit der Endung **-ent** findest du noch im Text? Schreibe es auf.

6 a. Schlage die Fremdwörter vom Rand in einem Wörterbuch nach.
b. Schreibe die Fremdwörter und ihre Bedeutung in dein Heft.
c. Schreibe die Sätze ab und ergänze passende Fremdwörter vom Rand.
d. Bilde mit den übrigen Fremdwörtern vom Rand jeweils einen Satz.

Der größte ? unserer Erde ist Asien.
Nur drei ? des gesamten Wassers auf der Erde befinden sich auf den Kontinenten.
Der ? der Vereinigten Staaten von Amerika besucht den deutschen Bundes ? in Berlin.
? werde ich mein begonnenes Training einhalten.
Der ? im Krankenhaus bekommt Besuch von seiner Familie.

der Kontinent
konsequent
der Präsident
permanent
der Student
das Element
der Patient
das Prozent
das Instrument

Im Trainingstext findest du einige Wörter mit **ä**.
Aber wann schreibt man **ä** und wann **e**? Das Ableiten hilft dir dabei.

Wörter ableiten ► S. 234

7 a. Schreibe die Wörter mit **ä** aus dem Text heraus.
b. Schreibe auf, von welchem Wort du die Schreibweise ableiten kannst.
Tipp: Zwei Wörter mit **ä** kannst du nicht ableiten. Es sind Merkwörter.

Merkwörter ► S. 304

Im Trainingstext kommen die Namen von Kontinenten und Ozeanen vor.
Es sind Eigennamen, die großgeschrieben werden.

Eigennamen großschreiben ► S. 305

8 Finde die Eigennamen im Text und schreibe sie auf.
- Wie heißen die sechs Kontinente?
- Wie heißen die drei großen Ozeane?

Der Trainingstext enthält zwei Aufzählungen.

Komma bei Aufzählungen ► S. 306

9 Schreibe die Sätze mit den Aufzählungen ab.

10 Wann setzt du ein Komma? Schreibe das Merkwissen ab und ergänze es.

Merkwissen
Die Teile einer Aufzählung, die nicht durch **und** verbunden sind, werden durch ? voneinander ? .

11 Schreibe den Text „Ozeane" ab.

Abschreiben ► S. 303

2. Trainingseinheit: Adjektive mit den Nachsilben *-los* und -isch, Zusammenschreibung mit *-mal*, *-falls*, *-teils*, *-wegs*, *-weise*, unregelmäßige Verbformen mit *ss/ß*, wörtliche Rede

1 Lies den Text.

Zwitschern

Peter macht gerade Ferien bei seinen Großeltern und genießt sorglose Sommertage. Sie sitzen gemeinsam im Garten und lauschen dem Zwitschern der Vögel. Plötzlich sieht sein Großvater Emil ihn mit einem Augenzwinkern von der Seite an: „Peter, zwitscherst du auch manchmal?“ Peter versteht nicht, was Großvater meint. „Nun, im weltweiten Netz – world wide web –, da wird doch auch viel gezwitschert. Ich habe mal nachgelesen, woher der Ausdruck kommt: Das englische Wort für ‚zwitschern‘ ist ‚to twitter‘“, entgegnet der Großvater. „Schluss jetzt, ihr habt genug gezwitschert!“, unterbricht Peters Großmutter die beiden. „Emil, der Rasen muss noch gemäht werden“, erklärt sie.

2 Beantworte die Fragen schriftlich in ganzen Sätzen.
- Welche Ferien verbringt Peter bei seinen Großeltern?
- Welche Frage stellt der Großvater Peter?
- Wie heißt das englische Wort für **zwitschern**?

Der Trainingstext enthält ein Adjektiv mit der Nachsilbe -los.

Mit Wortbausteinen üben ► S. 304

3 Schreibe das Adjektiv aus dem Text auf.

4 **a.** Bilde aus den Nomen weitere Adjektive mit der Nachsilbe **-los**.
b. Welche Bedeutung erhält ein Wort durch die Nachsilbe **-los**? Sprich mit einer Lernpartnerin oder einem Lernpartner darüber.

die Ruhe, die Schuld, die Mühe, die Freude, die Wolken, die Liebe, die Kinder, der Fahrer

\+

-los

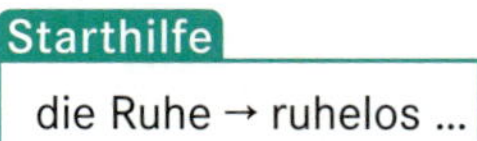

Starthilfe
die Ruhe → ruhelos ...

Von Ländernamen abgeleitete Adjektive mit der Nachsilbe -isch wie englisch werden kleingeschrieben.

5 Schreibe die Adjektive ab und füge die Ländernamen hinzu.

englisch, griechisch, türkisch, italienisch, spanisch, französisch, dänisch, russisch

Starthilfe
englisch – England ...

Das Wort **manchmal** wird immer zusammengeschrieben.
Auch die folgenden Wörter werden immer zusammengeschrieben:

diesmal, keinesfalls, probeweise, geradewegs, einesteils, klugerweise, keineswegs, großenteils, anderenfalls, einmal, keinmal, schlauerweise, unterwegs, meistenteils, schlimmstenfalls

6 **a.** Übertrage die Tabelle in dein Heft.
b. Schreibe die Wörter in die entsprechenden Spalten.

Starthilfe

-mal	-falls	-teils	-wegs	-weise
diesmal, …	…	…	…	…

Im Trainingstext gibt es die Verbform **(Peter) genießt**.
Das Verb **genießen** ist ein unregelmäßiges Verb.
Langer Vokal: **ß** – kurzer Vokal: **ss**
Peter gen**ie**ßt – aber: er gen**o**ss (Präteritum)
↑ lang ↑ kurz

Verbtabelle: unregelmäßige Verben ► S. 313–314

Hier kannst du diese unregelmäßigen Verbformen üben.

7 Schreibe die Verbreihen nacheinander auswendig auf.
Gehe so vor:
Eine Verbreihe lesen – zudecken – schreiben – kontrollieren.

Verbreihen trainieren ► S. 228

Infinitiv	Präsens	Präteritum	Perfekt
genießen	sie genießt	er genoss	sie hat genossen
gießen	er gießt	sie goss	er hat gegossen
schließen	sie schließt	er schloss	sie hat geschlossen
schießen	er schießt	sie schoss	er hat geschossen

Im Trainingstext kommt wörtliche Rede vor.

8 **a.** Schreibe die Sätze mit dem Redebegleitsatz auf.
b. Unterstreiche in deinen Sätzen die Begleitsätze mit Rot und kreise die Anführungszeichen ein.
c. Markiere die Kommas und die Doppelpunkte.
d. Erklärt euch gegenseitig die Kommasetzung bei wörtlicher Rede. Gleicht eure Erklärungen anschließend mit dem Merkwissen in „Wissenswertes auf einen Blick“ ab.

Wörtliche Rede ► S. 306

9 Schreibe den Text „Zwitschern“ ab.

Abschreiben ► S. 303

3. Trainingseinheit: zusammengesetzte Nomen, Nominalisierungen, Adjektive mit den Nachsilben *-ig* und *-lich*, Komma bei Nebensätzen

1 Lies den Text.

Ermutigung

Solange es in der Schule Bewertungen gibt, werden Schülerinnen und Schüler Angst und Freude erleben. Das Erreichen einer guten Bewertung stärkt das Selbstbewusstsein, sodass beim Schreiben des nächsten Testes weniger Angstgefühle entstehen. Weil gute Bewertungen Lust und Interesse am Unterricht erhöhen, ist der weitere Erfolg fast immer garantiert. Ein Schüler einer 7. Klasse sagte kürzlich etwas Entscheidendes: „Nachdem ich zum zweiten Mal nur eine Vier im Test hatte, war ich vor dem nächsten Test ganz schön verunsichert." Diese Aussage macht deutlich, dass mehrere schlechte Bewertungen in Folge erhebliche Auswirkungen haben können. Für diesen Schüler war es wichtig, dass Menschen in seiner Nähe ihn ermutigten. Und tatsächlich: Mit etwas Zuspruch klappte es dann auch wieder mit einem besseren Test.

2 **a.** Im Text wird ein Schüler der 7. Klasse zitiert. Schreibe seine Aussage auf.
b. Was benötigt dieser Schüler, um wieder Erfolg zu haben? Notiere es.

Im Trainingstext kommen zusammengesetzte Nomen vor.

Zusammengesetzte Nomen ► S. 307

3 Bilde zusammengesetzte Nomen. Schreibe die Nomen auf und ergänze den Artikel.
Tipp: Zweimal musst du ein **s** einfügen.

die Angst der Unterricht die Ferien die Geburt	+	das Gefühl die Stunde der Tag der Beginn	= ?	

Starthilfe
das Angstgefühl ...

Der Trainingstext enthält zwei nominalisierte Verben. Du erkennst sie an den Wörtern das und beim.

Nominalisierung ► S. 305

4 **a.** Schreibe die beiden Nominalisierungen aus dem Text auf.
b. Ergänze drei weitere Nominalisierungen.
c. Bilde mit den Nominalisierungen jeweils einen Satz.

Im Trainingstext kommen Adjektive mit den Nachsilben **-ig** und **-lich** vor.

Mit Wortbausteinen üben ► S. 304

5 Schreibe die Adjektive aus dem Text auf.

6 **a.** Schreibe die Adjektive vom Rand nach dem Alphabet geordnet ab.
b. Markiere die Endungen **-ig** und **-lich**.
c. Bilde mit fünf Adjektiven jeweils einen Satz und schreibe ihn auf.

vorsichtig
lustig
fertig
schwierig
ruhig
endgültig
ehrlich
freundlich
glücklich
peinlich
empfindlich
gemütlich

Im Trainingstext wird ein Adjektiv als Nomen verwendet.

7 **a.** Schreibe die Nominalisierung mit ihrem Begleiter aus dem Text auf.
b. Bilde mit fünf Adjektiven aus Aufgabe 6 Nominalisierungen und verwende sie in Sätzen.

Im Trainingstext gibt es viele Satzgefüge.

8 **a.** Finde zu jedem der folgenden Satzbilder das passende Satzgefüge im Text und schreibe es auf.
b. Unterstreiche die Hauptsätze und die Nebensätze unterschiedlich.
c. Markiere die gebeugten Verbformen.
Tipp: Im Hauptsatz steht die gebeugte Verbform an zweiter Stelle und im Nebensatz an letzter Stelle.

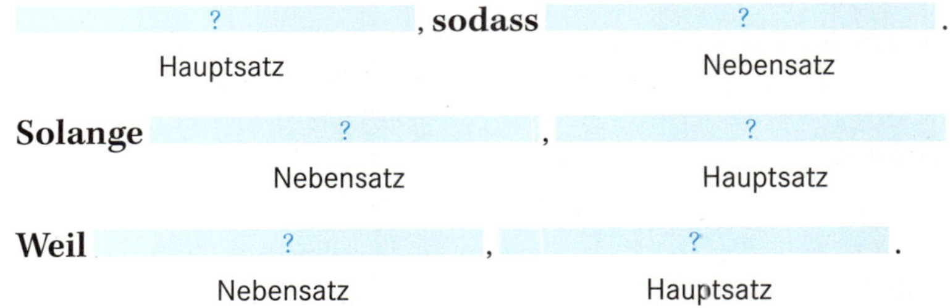

9 **a.** Schreibe die folgenden Sätze ab.
b. Schreibe die Satzgefüge so um, dass der Nebensatz am Ende steht.

Als ich den Schulhof betrat, klingelte es bereits zur ersten Stunde.
Wenn es nicht regnet, werden wir morgen einen Ausflug machen.
Dass mir das nächste Referat gut gelingen wird, daran glaube ich fest.
Obwohl Lena beim Überqueren der Straße aufmerksam war, übersah sie einen Radfahrer.

10 Schreibe den Text „Ermutigung“ ab und kreise die Konjunktionen ein.

Abschreiben ► S. 303

4. Trainingseinheit: zusammengesetzte Adjektive, Adjektive mit der Nachsilbe *-sam*, Merkwörter mit langem *i*, Nominalisierungen, Komma bei *dass*-Sätzen

1 Lies den Text.

Ein Rätsel

Wer kennt einen Wurm, der fliegen kann? Er ist grauschwarz, aber in dunklen Sommernächten besonders gut zu sehen. Das gibt es nicht, meint ihr? Doch! Biologisch gesehen ist es nicht wirklich ein Wurm. Es handelt sich um einen Käfer, der ein grünlich glimmendes Dauerlicht vom Hinterleib aussendet. Untersuchungen haben ergeben, dass keine auf der Welt künstlich hergestellte Lichtquelle einen so hohen Wirkungsgrad erreicht. 95 Prozent der entstehenden Energie werden zu Licht. So können sich die Tiere beim Leuchten nicht überhitzen. Und was ist der Sinn dieses Naturschauspiels? Das Licht ist ein Lockmittel, um paarungswillige Partner auf sich aufmerksam zu machen. Wisst ihr nun den Namen dieser winzigen durch die Sommernacht schwirrenden Lichter?

2 Beantworte die Frage am Schluss des Textes in einem ganzen Satz.

Das Aussehen des fliegenden Wurms wird mit einem zusammengesetzten Adjektiv beschrieben.

Zusammengesetzte Adjektive ► S. 309

3 **a.** Schreibe das Adjektiv aus dem Text auf.
b. Bilde weitere zusammengesetzte Adjektive.

hell, nass, bitter, tief, früh, süß, dunkel	+	kalt, sauer, blau, böse, reif, schwarz, rot	= ?

Starthilfe
hellblau …

Im Trainingstext kommt ein Adjektiv mit der Nachsilbe -sam vor.

Mit Wortbausteinen üben ► S. 304 

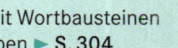

4 **a.** Schreibe das Adjektiv aus dem Text auf.
b. Bilde aus den Verben Adjektive mit der Nachsilbe **-sam**.
Tipp: Die Infinitivendung **-en** entfällt.

biegen, arbeiten, folgen, fügen, mitteilen, sparen, sorgen, achten, wirken, gehorchen, unterhalten	+	-sam	= ?

Starthilfe
biegsam …

Im Trainingstext kommt ein Merkwort mit lang gesprochenem **i** vor.

Merkwörter ► S. 304 (M)

5 Finde das Wort im Trainingstext und schreibe es auf.

Dies sind weitere Merkwörter mit langem **i**.

die Margarine, lila, die Maschine, mir, der Tiger, das Krokodil, dir, die Apfelsine, wir, das Kilo, die Bibel, prima, der Ski, das Kino, das Kaninchen, die Turbine

6 **a.** Übertrage die Tabelle in dein Heft.
b. Ordne die Merkwörter aus dem Kasten entsprechend ein.

Starthilfe

eine Silbe	zwei Silben	drei Silben	vier Silben
mir ...	...	...	die Margarine ...

Im Trainingstext findest du eine Nominalisierung, die du an dem Wort **beim** erkennst.

Nominalisierung ► S. 305

7 **a.** Schreibe die Nominalisierung auf.
b. Bilde vier weitere Nominalisierungen.
Verwende die Wörter **das**, **beim**, **zum** und **vom**.
c. Bilde mit den Nomen jeweils einen Satz und schreibe ihn auf.

Starthilfe

Das Licht wird zum Anlocken eines paarungswilligen Partners genutzt.
...

Im Trainingstext gibt es ein Satzgefüge, das diesem Satzbild entspricht.

Komma bei Hauptsätzen und Nebensätzen ► S. 306

? , **dass** ? .
Hauptsatz Nebensatz

8 **a.** Schreibe das Satzgefüge ab.
b. Markiere die Konjunktion **dass** und kreise das Komma ein.

9 Bilde Satzgefüge mit **dass**-Sätzen und schreibe sie auf.

Ich weiß genau,
Ich glaube ganz fest daran,
Ich denke,
Ich freue mich sehr,
Ich wünsche dir von Herzen,

dass du wieder gesund wirst.
dass du mich morgen besuchen wirst.
dass ich mein Deutschbuch eingepackt habe.
dass ich die Prüfung bestehen werde.
dass du mich nicht angelogen hast.

10 Schreibe den Text „Ein Rätsel" ab.

Abschreiben ► S. 303 

5. Trainingseinheit: Adjektive mit *-iv*, Wörter trennen, Fremdwörter auf *-tion*, *-ie*, *-ist*, *-ieren*, Komma bei Infinitivgruppen

1 Lies den Text.

Gefahren im Netz

Obwohl heute fast jeder das Internet nutzt, werden die Gefahren oft übersehen. Betrüger knacken mit viel Aufwand und Energie die Passwörter, zum Beispiel beim bargeldlosen Bezahlen mit Karte oder beim Online-Bankkonto. Sie können dann auf fremde Konten zugreifen und Geld an sich selbst überweisen. Meist wird der Schaden erst entdeckt, wenn es zu spät ist, zu reagieren. Oft benutzen die Betrüger aggressive Computerviren. Als „Trojaner" bezeichnet man beispielsweise ein Programm, das als einfache Anwendung getarnt ist, aber in Wirklichkeit eine andere Funktion erfüllt. Wenn jemand den Anhang einer E-Mail mit einem Trojaner öffnet, kann er sich auf der Festplatte einnisten und dort aktiv werden. Er löscht zum Beispiel unbemerkt Daten und richtet dadurch massiven Schaden an. Am besten lässt man sich von einem Spezialisten beraten, um seinen Computer richtig zu schützen.

2 Was wird „Trojaner" genannt? Schreibe die Antwort ab.

Im Trainingstext kommen drei Adjektive mit der Endung -iv vor.

Mit Wortbausteinen üben ► S. 304

3 **a.** Schreibe die Adjektive mit **-iv** auf.

b. Findet weitere Adjektive mit der Endung **-iv**. Schreibt sie auf.

Sprechsilben helfen dir, Wörter am Zeilenende richtig zu trennen.

Silben sprechen ► S. 232

4 **a.** Sprich die folgenden Wörter aus dem Trainingstext so, dass man die Sprechsilben deutlich hört.

b. Schreibe die Wörter Silbe für Silbe mit Trennstrichen auf.
Tipp: Denke daran, dass ein einzelner Vokal am Wortanfang nicht getrennt wird und **ck** immer zusammenbleibt.

b. Überprüfe deine Ergebnisse mit Hilfe eines Wörterbuchs.

das Internet, die Gefahren, die Betrüger, knacken, der Aufwand, die Energie, das Bankkonto, entdecken, die Computerviren, die Wirklichkeit, die Festplatte, (sich) einnisten, unbemerkt, die Daten, der Schaden, anrichten, schützen

Starthilfe

das In-ter-net, ...

Wörter mit den Endungen **-tion**, **-ie**, **-ist** und **-ieren** sind häufig Fremdwörter. Du musst dir merken, wie sie geschrieben werden.

5 Im Text findest du vier Wörter mit den Endungen **-(t)ion**, **-ie**, **-ist** und **-ieren**.
- **a.** Übertrage die Tabelle in dein Heft.
- **b.** Ordne die Wörter aus dem Text in die Tabelle ein. Ergänze bei den Nomen den bestimmten Artikel.

Starthilfe

-tion	-ie	-ist	-ieren
die ...	die Energie	...	...

6 Ordne auch die folgenden Wörter nach ihren Endungen in die Tabelle ein.

gratulieren, der Artist, die Demokratie, die Organisation, ruinieren, die Theorie, die Argumentation, funktionieren, der Polizist, die Produktion, der Tourist, die Industrie

Merkwissen

Fremdwörter kann man oft an ihren Endungen erkennen.
- Fremdwörter mit der Endung **-ieren** sind Verben: gratulieren.
- Fremdwörter mit den Endungen **-tion**, **-ie** und **-ist** sind Nomen. Nomen mit den Endungen **-tion** und **-ie** haben den Artikel die, Nomen mit der Endung **-ist** den Artikel der: die Reaktion, die Theorie, der Tourist.

Im Trainingstext gibt es einen Infinitivsatz, der mit Komma vom Hauptsatz abgetrennt wird.

Merkwissen

Infinitivsätze beginnen häufig mit den Signalwörtern **um**, **ohne**, **anstatt**, **außer** und **statt** und enden immer mit einem Infinitiv mit **zu**. Sie werden mit Komma vom Hauptsatz abgetrennt.

7
- **a.** Schreibe das Satzgefüge mit dem Infinitivsatz aus dem Text ab.
- **b.** Kreise das Signalwort ein und unterstreiche die Infinitivgruppe.

8 Schreibe die folgenden Satzgefüge ab und setze das Komma vor den Infinitivsätzen.

Viele nutzen das Internet ohne ihren Computer ausreichend zu sichern.
Betrüger nutzen dann Trojaner um an persönliche Daten zu kommen.

Achtung: Fehler!

9 Schreibt den Trainingstext „Gefahren im Netz“ ab.

Abschreiben ► S. 303

Richtig schreiben

Am Ende der nächsten Seite steht ein Text mit Fehlern.
Bearbeite alle Aufgaben und du bist fit für die Fehlersuche.

1 a. Schreibe die Wörter in Silben getrennt auf.
b. Markiere das silbenöffnende **h**.

nähen, ruhig, verstehen

Sprechen – hören – schreiben ► S. 232 

2 **b** oder **p**? **d** oder **t**? **g** oder **k**?
Schreibe die Wörter mit Hilfe der Verlängerungsprobe richtig auf.

sie le ? t, das Ba ? , er sa ? t

Wörter verlängern ► S. 233 

3 **a** oder **e**? **äu** oder **eu**?
Wende die Ableitungsprobe an, um die Wörter richtig zu schreiben.

tr ? men, aufr ? men, der J ? ger

Wörter ableiten ► S. 234 

4 Bilde neue Verben mit der Vorsilbe **ver-** und schreibe sie auf.

ver- + tauschen, sprechen, teilen

Mit Wortbausteinen üben ► S. 304 

5 a. Schreibe die Adjektive ab und markiere die Nachsilbe **-lich**.
b. Bilde mit fünf Adjektiven jeweils einen Satz.

wirklich, ähnlich, eigentlich,
endlich, hoffentlich, wahrscheinlich,
ziemlich, ordentlich

6 Schreibe die hervorgehobenen Wörter aus dem Text ab und schreibe jeweils dazu, welche Strategie dir bei der richtigen Schreibung hilft.

In der Steinzeit lebten die Menschen in Höhlen und bemalten deren Wände. Durch die Höhlenmalereien erfahren wir heute viel über das Leben in der Steinzeit und können uns zum Beispiel die Jagdmethoden zu dieser Zeit gut vorstellen. Forscher sehen sich solche Malereien daher sehr sorgfältig an.

7 Schreibe die folgenden Sätze ab und ergänze die Eigennamen in der richtigen Schreibweise.

Meine beste Freundin wohnt in der MÜNCHENER STRAßE 13.
Das ZWEITE DEUTSCHE FERNSEHEN sendete gestern eine interessante Reportage zur weltweiten Trinkwasserversorgung.

Eigennamen großschreiben ► S. 305 

8 **a.** Schreibe die Wörter mit Dehnungs-**h** nach dem Alphabet geordnet ab.
b. Markiere das Dehnungs-**h**.

der Fehler, wahr, fühlen, das Jahr, der Verkehr

Wörter mit Dehnungs-**h** 
► **S. 242**

9 Setze passende Wortgruppen vom Rand ein.

Wir verließen das Kino, bevor der Film ? war,
Als es still wurde, hörten sie ? ein Geräusch.
Damit hatten sie ? gerechnet.

Wortgruppen getrennt schreiben R
► **S. 243**

auf einmal
zu Ende
gar nicht

10 **a.** Schreibe die Sätze ab und setze die fehlenden Kommas.
b. Unterstreiche die gebeugten Verbformen und kreise **als** und **weil** ein.

Weil ich sehr müde war ging ich früh zu Bett.
Als ich die Bushaltestelle erreichte fuhr der Bus gerade ab.

Komma bei Haupt- und Nebensätzen ► **S. 306**

Der folgende Text enthält acht Rechtschreibfehler und zwei Zeichensetzungsfehler.

11 **a.** Lies den Text. In den Zeilen mit Ausrufezeichen am Rand findest du Fehler.
Tipp: Die Anzahl der Ausrufezeichen verrät dir die Anzahl der Fehler.
b. Schreibe die Fehlerwörter richtig auf. Markiere die Fehlerstelle und schreibe – wenn möglich – dazu, welche Strategie dir hilft.
c. Schreibe den Text korrigiert auf und setze die fehlenden Kommas.

Glück gehabt!

Als ich gestern Nachmittag mit meinen Freunden Marc, Jovan und Tom
eine Fahrradtour machte, erlebten wir beinae ein Unglück. Wir fuhren !
gerade eine Bergstraße hinauf, die steil und kurvik war, dabei mussten !
wir kreftig in die Pedale treten. Zur Belonung würde es gleich eine !!
rasante Abfahrt geben. Weil die regensburger Straße schnurgerade !
hinab ins Tal führte erhöhte sich unsere Geschwindigkeit zunehmend. !
Wir ferließen uns darauf, dass die Straße leer ist. Plötzlich schrie Marc: !
„Vorsicht! Da vorne biegt ein Traktor in die Straße ein!" Weil es zum Glück
keinen Gegenverkehr gap, konnten wir dem Traktor gerade noch !
ausweichen. Als wir nun deutlich langsamer fuhren meinte Tom: !
„Da haben wir nocheinmal Glück gehabt." !

12 **a.** Besprich deine Arbeitsergebnisse mit deiner Lehrkraft.
- Was beherrschst du sicher?
- Wo liegen deine Fehlerschwerpunkte?

b. Sammle deine Fehlerwörter in der Rechtschreibkartei.

Rechtschreibkartei
► **S. 304**

Sprache und Stil

Wortfelder rund um den Beruf kennen lernen

Manche Berufe kannst du an typischen Gegenständen erkennen.

Sprachspeicher

der Feuerwehrschlauch
der Föhn
der Haartrockner
der Pressluftbohrer
der Putzlappen
der Schraubenschlüssel
das Verbandszeug:
– das Pflaster
– die Binde
– die Schere
die Haarschneideschere
die Harke
die Kasse
die Kochmütze
die Malerrolle

1 **a.** Welche Gegenstände erkennst du?
Schreibe ihre Namen mit den bestimmten Artikeln untereinander auf.
b. Zu welchen Berufen gehören die Gegenstände?
Schreibe die Berufsbezeichnungen daneben: für Frauen und für Männer.

Alle Berufe bezeichnen Personen, die eine bestimmte Tätigkeit ausüben. Sie bilden ein gemeinsames Wortfeld.

2 Finde weitere Wörter aus dem Wortfeld **Berufe**. Schreibe die Wörter mit den bestimmten Artikeln in der weiblichen und männlichen Form auf.

Starthilfe

die Kauffrau/der Kaufmann für Büromanagement, ...

Besonders in Handwerksberufen benötigt man viele Werkzeuge.

der Schraubendreher, der Handbohrer, der Schaukelstuhl, der Steckschlüssel, das Sofa, der Schemel, die Gartenbank, der Vorschlaghammer, die Flachzange, die Stichsäge, der Seitenschneider, der Ledersessel

3 **a.** Welche Wörter gehören zum Wortfeld **Werkzeuge**? Schreibe sie auf.
b. Zu welchem Wortfeld gehören die übrigen Wörter?
Finde einen Namen für das Wortfeld und schreibe die Wörter auf.

Wortfelder können dir helfen, wenn du dich mit einem Thema genauer beschäftigen möchtest, z. B. mit einem bestimmten Beruf.

Gärtnerin/Gärtner der Fachrichtung Garten- und Landschaftsbau

Du arbeitest gerne im Freien? Du kannst körperlich „anpacken" und bringst technisches Verständnis mit? Du interessierst dich für Biologie und Chemie? Du hast einen „grünen Daumen[1]"?
Du suchst eine abwechslungsreiche Arbeit? Dann ist der Beruf der Gärtnerin/des Gärtners der Fachrichtung Garten- und Landschaftsbau genau der richtige für dich.
Diese gestalten, bepflanzen, sanieren und pflegen z. B. Gärten, Parkanlagen, Terrassen oder Sportplätze. Daneben pflastern sie Wege, bauen Treppen und Mauern im Freien. Sie fällen Bäume, planieren Flächen und sorgen für die optimale Bewässerung von Pflanzen.
Neben der Fachrichtung Garten- und Landschaftsbau gibt es noch weitere interessante Fachrichtungen, z. B. Obstbau oder Friedhofsgärtnerei.

[1] einen „grünen Daumen" haben: ein besonderes Talent im Umgang mit Pflanzen haben

4 Welche Wörter auf dieser Internetseite gehören zum Wortfeld **die Gärtnerin – der Gärtner**?

a. Schreibe die Wörter auf. Schreibe dabei Nomen mit Artikeln auf.

b. Welche Wörter und Wortgruppen gehören noch zu diesem Wortfeld? Ergänze deine Liste selbstständig.

Starthilfe

Wortfeld: die Gärtnerin – der Gärtner
im Freien, „grüner Daumen" …
gestalten, bauen, pflastern …

5 **a.** Lege für das Wortfeld **die Köchin – der Koch** einen Cluster an.

b. Finde Wörter rund um dieses Wortfeld: Du kannst Nomen (mit Artikeln), Verben und auch Adjektive aufschreiben.

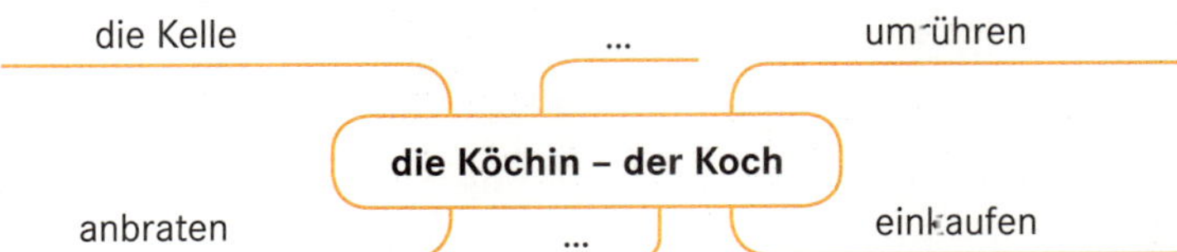

6 **a.** Wähle einen Beruf aus, der dich interessiert.

b. Finde Informationen zu diesem Beruf, z. B. im Internet.

c. Gestalte einen Cluster oder eine Mindmap mit Wörtern zu dem Beruf.

Im Internet recherchieren
► S. 297

Den Wortschatz erweitern

In informierenden Texten wie z. B. Berufsbeschreibungen werden oft Fachbegriffe verwendet.

Mina informiert sich über das Berufsbild der Industriemechanikerin/ des Industriemechanikers.

1 Lies den Text mit dem Textknacker.

Textknacker ► S. 296

Die Einweisung von Kunden und Kollegen in die Bedienung und Handhabung von Fertigungsanlagen und Maschinen ist nur eine der vielfältigen Aufgaben einer Industriemechanikerin oder eines Industriemechanikers. Zu deren Tätigkeitsprofil gehört die Herstellung von Geräteteilen und Maschinenbauteilen. Sie montieren diese zu Maschinen und technischen Systemen. Beim Einrichten der Anlagen sorgen sie dafür, dass diese betriebsbereit sind und alle Funktionen abgerufen werden können. Regelmäßige Wartung und Instandhaltung der Anlagen sowie das Ermitteln von Störungsursachen zählen ebenso zu ihren Aufgaben. Im Zuge dieser Montage- und Prüfarbeit müssen Reparaturen durchgeführt oder passende Ersatzteile gefertigt oder bestellt werden.

Der Text enthält einige Fachbegriffe.

die Fertigungsanlagen, montieren, die Funktion, die Wartung, die Instandhaltung, betriebsbereit, die Geräteteile, die Störungsursachen, die Handhabung

2 **a.** Schlage die Fachbegriffe in einem Lexikon nach.
b. Schreibe die Bedeutung mit eigenen Worten auf.
c. Gibt es weitere Wörter, die du nicht verstehst?
Schlage sie nach und schreibe sie mit ihrer Bedeutung auf.

Nachschlagen ► S. 304

Welche Aufgaben und Tätigkeiten hat eine Industriemechanikerin oder ein Industriemechaniker?

3 Schreibe den folgenden Text vollständig auf.
Ergänze dabei die Wörter vom Rand.

Industriemechanikerinnen und Industriemechaniker stellen ? her.
Bevor sie ein Gerät reparieren, suchen sie zunächst nach ? . Wenn einzelne Geräteteile kaputt sind, ersetzten sie diese durch ? . Ist ihre Arbeit erledigt, erklären sie ihren Kunden ? .
Die wichtigste Aufgabe von Industriemechanikerinnen und Industriemechanikern ist, dass Maschinen und Fertigungsanlagen ? sind.

(die) Störungsursache
betriebsbereit
(die) Geräteteile
(die) Handhabung
(die) Ersatzteile

Wörter im Wandel

Viele Wörter wurden früher nicht nur anders gesprochen und geschrieben. Sie hatten auch andere Bedeutungen.

1 **a.** Lest den Text mit dem Textknacker.
b. Lasst euch die hervorgehobenen Wörter von eurer Lehrkraft vorlesen.

Frau – Weib – Fräulein – Magd

Vor etwa 1200 Jahren sprach man althochdeutsch. Damals sagte man zum Beispiel zu einer Burgherrin frouwa. Die allgemeine Bezeichnung für eine verheiratete Frau war wib und eine unverheiratete Frau nannte man magad.

Vor mehr als 600 Jahren sprach man mittelhochdeutsch. In dieser Zeit änderten sich nicht nur die Schreibweise und die Aussprache vieler Wörter, sondern auch die Bedeutung. Eine verheiratete Herrin nannte man vrouwe, eine unverheiratete Herrin vrouwelin. Die allgemeine Bezeichnung für eine verheiratete Frau war wîp. Mit maget bezeichnete man eine unverheiratete Frau, aber auch eine junge Herrin.

Der Text erzählt die Geschichte von vier Wörtern. Wie hat sich die Bedeutung dieser Wörter bis heute verändert?

2 Sprecht über den Text mit Hilfe dieser Fragen:
- Zu welchen Personen sagt man heute **Frau**?
- Wie unterscheidet sich die Bedeutung von **wîp** und **Weib**?
- Was passiert, wenn ihr heute das Wort **Weib** verwendet?

3 Beschreibt mit eigenen Worten, wie sich das Wort **Magd** verändert hat.
- Was verstand man vor 1200 Jahren unter **magad**?
- Wie veränderte sich die Bedeutung dann im Mittelhochdeutschen?
- Was versteht ihr heute unter **Magd**?
- Wann könnt ihr heute dieses Wort lesen oder verwenden?

4 Das Wort **Fräulein** entstand aus dem Wort **vrouwelin**. Heute wird es kaum noch verwendet. Überlegt, warum das so sein könnte.

5 Du sprichst noch eine weitere Sprache. Gibt es in dieser Sprache verschiedene Bezeichnungen für das Wort **Frau**?

Sprachebenen erkennen und richtig verwenden

Unsere Art zu sprechen passen wir der jeweiligen Situation an. Dazu wählen wir eine bestimmte Sprachebene aus, z. B. Standardsprache, Jugendsprache, Fachsprache oder Dialekt.

Sich adressatenbezogen äußern ► **S. 306**

1 Seht euch die abgebildeten Szenen an.

Isso.
Sie sind ja krass der Smombie.

Meister-betrieb
Hey Babo! Läuft bei dir?

Der will doch nur wieder voll Fly sein.

Was ist das denn für'n Tintling?

2 **a.** Überlegt, warum die Sprechblasen nicht zu den jeweiligen Situationen passen. Begründet.
b. Formuliert die Sprechblasen neu, sodass sie zu den Personen und der Situation passen.

3 Welcher Sprachebene gehören die Aussagen in den Sprechblasen an?
a. Begründet, woran man die Sprachebene erkennen kann.
b. Nennt weitere Beispiele für diese Sprachebene.

4 **a.** In welchen Situationen ist es wichtig, den „richtigen Ton“ zu wählen? Besprecht diese in der Klasse.
b. Begründet, warum es so wichtig ist, die passende Sprachebene in bestimmten Situationen zu verwenden.

Englische Wörter bei uns

Marco und Ayse treffen sich zufällig in einem Music Store.

1 Lies das Gespräch zwischen Marco und Ayse.

Marco: Hey Ayse, schön, dich zu sehen. Ich habe „Picture for you" gestern backstage getroffen. Anschließend war ich noch beim Soundcheck dabei.
Ayse: Hallo Marco, das ist ja cool! Ich mag die Band auch. Die neue LP ist echt toll. Darauf sind auch coole Remixes und ein Bonustrack enthalten.
Marco: Sie haben mir auch eine Special Edition geschenkt und das Booklet unterschrieben.
Ayse: Das sind doch die Newcomer aus Manchester! Die möchte ich auch mal live sehen …

Im Alltag verwenden wir viele Wörter aus der englischen Sprache.

2 **a.** Notiere alle englisch klingenden Wörter aus dem Gespräch.
b. Übersetze jedes englische Wort ins Deutsche.
Tipp: Du kannst ein englisch-deutsches Wörterbuch verwenden.

Starthilfe
backstage: hinter der Bühne
…

3 Kennt ihr weitere englisch klingende Wörter aus dem Bereich **Musik**? Schreibt sie auf.

4 Welche englischen Wörter verwendet ihr selbst oft im Alltag?
a. Sammelt diese Wörter in der Klasse.
b. Erklärt ihre Bedeutung.

5 Warum werden im Deutschen so viele Fremdwörter aus dem Englischen verwendet? Sprecht darüber.

6 Warum werden aus anderen Sprachen nur wenige Wörter übernommen? Diskutiert darüber.

7 Geht es auch ohne englische Wörter?
a. Schreibt das Gespräch zwischen Marco und Ayse um. Ersetzt dabei die englischen Wörter durch deutsche Wörter.
Tipp: Nutze deine Ergebnisse aus Aufgabe 2b.
b. Wie wirkt das umgeschriebene Gespräch nun? Sprecht darüber.

Sprachliche Bilder verstehen

Sprichwörter verstehen

Über Freundschaft gibt es viele Sprichwörter.

Gute Freunde findet man nicht am Wege.
Ein Freund ist jemand, der dich auffängt, wenn alle Stricke reißen.
Es sind nicht alles Freunde, die uns anlachen.
Gute Freunde kommen ungebeten.
Wer ohne Freund lebt, lebt nur halb.

1 **a.** Versucht, die Sprichwörter zu erklären. Was könnten sie bedeuten?
b. Sammelt weitere Sprichwörter zum Thema **Freundschaft**.

Auch in anderen Sprachen gibt es Sprichwörter über Freundschaft. Dieses Sprichwort hat in vielen Sprachen eine ähnliche Bedeutung.

Böyle arkadaşı olanın, düşmanı olmaz.

With friends like these, who needs enemies?

който има таива приятели, няма нужда от врагове.
(*gesprochen:* Koito ima takiva priateli, niama nuzda ot vragove.)

Wer solche Freunde hat, braucht keine Feinde mehr.

עם חברים כאלה מי צריך אויבים
(*gesprochen:* Im chawerim ka´ele mi zarich oiwim?)

Pored takvih prijatelja ne trebaju ti neprijatelji.

2 **a.** Lest das Sprichwort in den verschiedenen Sprachen laut.
b. Tauscht euch über das Sprichwort aus: Was ist damit gemeint?
c. Habt ihr schon einmal ähnliche Erfahrungen gemacht? Erzählt.

3 Die Wörter mit der gleichen Bedeutung sind farbig hervorgehoben.
a. Ordnet jedem Satz die richtige Sprache vom Rand zu.
b. Schreibt die Wörter mit der gleichen Bedeutung zusammen auf.
c. Besprecht, welche Besonderheiten euch auffallen.
d. Kennt ihr das Sprichwort noch in einer weiteren Sprache?

Bulgarisch
Deutsch
Englisch
Hebräisch
Serbisch
Türkisch

4 Welche Sprichwörter über Freundschaft kennt ihr in anderen Sprachen? Sammelt sie in der Klasse.

Redewendungen verstehen

Für das Verliebtsein gibt es viele Redewendungen mit sprachlichen Bildern.

1
2
3
A Sie schwebt auf Wolke sieben!
B Die beiden sind ja schon ganz blind vor lauter Liebe.
C Sie trägt ihn auf Händen.

1 Was bedeuten die Redewendungen?
- **a.** Ordnet die Sprechblasen den Abbildungen zu.
- **b.** Erklärt die Redewendungen. Schreibt Sätze auf.

Auch in anderen Sprachen wird die Liebe bildhaft beschrieben.

	Redewendung	Übersetzung	Bedeutung
Englisch	to fall in love	in Liebe fallen	sich verlieben
Türkisch	birisine vurulmak	von jemandem getroffen sein	in jemanden verliebt sein
Italienisch	avere un colpo di fulmine	einen Blitzschlag erleiden	sich auf den ersten Blick verlieben

2 **a.** Sammelt weitere Redewendungen zum Verliebtsein aus anderen Sprachen.
- **b.** Schreibt sie auf und übersetzt sie wörtlich.
- **c.** Stellt sie der Klasse vor und erklärt die Bedeutung.

Auch in Dialekten gibt es oft sprachliche Bilder.
Diese sprachlichen Bilder werden in bayerischen Dialekten verwendet.

oan iban Tisch ziagn
Do legst di nieda.
Des is ghupft wia gsprunga.
Oide Liab rost' ned.

3 **a.** Lest die sprachlichen Bilder laut oder lasst sie euch vorlesen.
- **b.** Versucht, sie gemeinsam ins Hochdeutsche zu übersetzen.
- **c.** Was bedeuten die sprachlichen Bilder? Erklärt sie euch gegenseitig.

Wortarten verwenden

Spinnennetze sehen nicht nur faszinierend aus – sie sind es auch.

Ein erstaunliches Kunstwerk

Wenn du ein Spinnennetz vorsichtig mit Wasser besprühst, funkelt es in der Sonne und du kannst es gut erkennen. Die Fäden bestehen aus einer hauchdünnen Spinnenseide. Sie wird in den Spinndrüsen der Spinne hergestellt und ist ein ganz besonderes Material. Spinnenseide ist sehr leicht, aber trotzdem reißfest. Auch ein heftiger Regenschauer kann ein Netz aus so einer Seide nicht zerstören, denn sie ist wasserfest. Ein Museum in London stellte im Jahr 2012 einen Umhang aus echten Spinnfäden aus. Fünf Jahre lang hatten 80 Mitarbeiter dafür unzählige Spinnennetze eingesammelt. Auch Wissenschaftler interessieren sich für die einmaligen Eigenschaften von Spinnenseide. Ihnen ist es nun gelungen, künstliche Spinnenseide zu produzieren. Damit möchten sie zum Beispiel eine kugelsichere Weste herstellen, die so zart wie ein Seidenhemd ist.

1 Sprecht über die folgenden Fragen zum Text:
- Welche besonderen Eigenschaften hat Spinnenseide?
- Was stellte ein Museum in London im Jahr 2012 aus?
- Was für eine Weste wollen Wissenschaftler herstellen?

Wenn du die Fragen zum Text beantwortet hast, hast du bereits einige Wortarten verwendet, um die es in diesem Kapitel geht.

2 Was wisst ihr bereits über Nomen, Pronomen, Verben und Adjektive? Fertigt zu jeder Wortart eine Karteikarte an.

a. Notiert als Überschrift die Wortart.
b. Schreibt auf, welche Funktion die Wortart hat.
c. Notiert drei Beispiele für die Wortart.
d. Überprüft eure Karteikarten mit Hilfe der Erklärungen in „Wissenswertes auf einen Blick“.

Nomen ► S. 307
Pronomen ► S. 307
Verben ► S. 308–309
Adjektive ► S. 309

das Nomen
Nomen bezeichnen ...
Beispiele: das Spinnennetz, die Sonne, der ...

Die Wortarten wiederholen

Hier wiederholst du noch einmal die wichtigsten Wortarten.

1 Finde im Text auf Seite 266 passende Adjektive zu den Nomen vom Rand. Schreibe die Wortgruppen vollständig auf.

ein ? Regenschauer
ein ? Kunstwerk
eine ? Weste

2 Wie könnte der Umhang aus echten Spinnfäden aussehen? Beschreibe die einzelnen Bestandteile des Umhangs
Tipp: Du kannst die Namen und Adjektive vom Rand verwenden.

Starthilfe
Der Umhang ist federleicht ...

Sprachspeicher
der Kragen
die Kapuze
die Taschen
der Stoff
der Umhang
die Knöpfe

Sprachspeicher
rund
eckig
goldfarben
federleicht
dünn
zart
groß
durchsichtig

3 Finde im Text vier zusammengesetzte Nomen mit **Spinne**. Schreibe sie mit dem bestimmten Artikel auf.

Starthilfe
das Spinnennetz, die ...

4 Welcher Artikel passt? Schreibe die Sätze ab und setze entweder den bestimmten oder den unbestimmten Artikel ein.

Forscher haben außerdem ? Umhang aus Spinnenseide und Gold entwickelt, der ? Träger unsichtbar machen soll. ? Stoffgewebe funktioniert nur bei bestimmtem Licht, das für ? menschliches Auge nicht zu erfassen ist.

5 **a.** Schreibe den Text von Seite 266 ab.
b. Markiere alle Verben. Achte dabei auch auf trennbare Verben.
c. Schreibe fünf der Verben im Infinitiv sowie in der 3. Person Singular im Präsens, Präteritum, Perfekt, Plusquamperfekt und Futur I auf.
Tipp: Du kannst in der Verbtabelle in „Wissenswertes auf einen Blick“ oder in einem Wörterbuch nachschlagen.

Verbtabelle: unregelmäßige Verben ► S. 313–314

Starthilfe
besprühen – er besprüht, er besprühte, er hat besprüht, er hatte besprüht, er wird besprühen ...

6 Schreibe die Sätze ab und ergänze die Possessivpronomen im richtigen Fall.

Possessivpronomen ► S. 307

Eine Spinne fängt ? Nahrung in ? Spinnennetz. Jede Spinnenart webt ? eigene Netzart. Eine besonders schöne Form ist das Radnetz, das man morgens oft draußen sieht. Eine Spinne klebt nie in ? eigenen Netz fest. Sie hat am Ende ? Beine drei Klauen. Wie auf Stelzen läuft sie damit über ? Spinnfäden.

Präpositionen verwenden

Mit Präpositionen kannst du ausdrücken, wo sich etwas befindet (Dativ) oder wohin etwas kommt (Akkusativ). Auf dieser Seite übst du noch einmal ihren Gebrauch.

Heuernte

Ein Bauer träumte von einem großen Gewitter. Am nächsten Morgen wollte er deshalb schnell sein Heu in die Scheune bringen. Nun musste das Heu auf den Leiterwagen geladen werden. Der Bauer beeilte sich, denn über ihm zogen tatsächlich erste Gewitterwolken auf. Endlich war alles verladen. Die Pferde zogen schwer schnaufend an, doch sie brachten den Wagen nicht fort. Der Bauer ärgerte sich über die Pferde. Ein Grashüpfer saß oben auf dem Heu und beobachtete alles. Er dachte: „Den Pferden zuliebe will ich den Wagen verlassen und ihn leichter machen." Daraufhin sprang er hinab. Tatsächlich wurde der Wagen nun fortgezogen. Hinter dem Wagen rief der Grashüpfer dem Bauern nach: „Aber ich freue mich schon auf eine gemütliche Fahrt beim nächsten Mal!"

1 Im Text sind Wortgruppen mit Präpositionen blau hervorgehoben.
- **a.** Schreibe sie untereinander auf.
- **b.** Welche Wortgruppen erfragt man mit **Wo?** Welche Wortgruppen erfragt man mit **Wohin?** Markiere sie mit unterschiedlichen Farben.

Auf einige Verben folgt eine feste Präposition.

2
- **a.** Schreibe die Sätze mit den unterstrichenen Wörtern aus dem Text „Heuernte" ab.
- **b.** Unterstreiche die Verbformen und die Präpositionen.
- **c.** Markiere die Nomen mit Artikeln im Dativ und im Akkusativ.

Starthilfe

Ein Bauer träumte von einem großen Gewitter. …

3 Auch auf die folgenden Verben folgt eine feste Präposition.
- **a.** Schreibe mit jedem Verb einen Satz auf.
- **b.** Unterstreiche die Verbformen und die Präpositionen.
- **c.** Markiere die Wortgruppen im Dativ und im Akkusativ mit unterschiedlichen Farben.

Verben mit Dativ: sich unterscheiden von, träumen von, sprechen über, erzählen von, beginnen mit
Verben mit Akkusativ: bitten um, sich wundern über, warten auf, sich freuen auf, sich ärgern über

Demonstrativpronomen verwenden

An Elenas und Adrians Schule findet ein Fußballturnier statt. Gemeinsam schauen sie sich das Finale an.

1 **a.** Lest den kurzen Dialog zu zweit.
Achtet auf die hervorgehobenen Wörter. Überlegt, wie ihr sie betont.
b. Welche Funktion haben diese Wörter? Sprecht darüber.

Hast du dieses Foul gesehen?

Der Schiedsrichter muss diesem Spieler die rote Karte zeigen.

Adrian berichtet anschließend seinem Freund Emre.

An dieses Finale und jenen großartigen Kampf unserer Mannschaft werde ich noch lange zurückdenken. Zwar sah es zunächst so aus, als ob wir dieses Spiel haushoch verlieren würden. Wir lagen nämlich schon nach fünf Minuten mit einem Tor zurück.
Die gegnerische Mannschaft stürmte unentwegt auf unser Tor.
Jene Spielerin, die das Tor geschossen hatte, war kaum zu halten.

2 Adrian verwendet einige Demonstrativpronomen.
a. Schreibe Adrians Text ab.
b. Unterstreiche in deinem Text jeweils das Demonstrativpronomen und das dazugehörige Nomen.

Merkwissen

Demonstrativpronomen weisen auf eine Person, eine Sache oder ein Ereignis hin. Sie können vor einem Nomen stehen oder anstelle eines Nomens. Mit Demonstrativpronomen kann man etwas hervorheben und besonders betonen.
Dieser Spieler gewinnt jeden Zweikampf.

Auch der, das, die können Demonstrativpronomen sein.

3 Schreibe den Text ab und ergänze die Demonstrativpronomen.

Doch dann wechselte der Trainer zwei Spieler. ? Spielzüge, die vorher nicht geklappt hatten, waren nun erfolgreich. ? Spieler, der bald darauf das erste Tor schoss, wurde genauso gefeiert wie ? , welcher den Ausgleich schaffte. ? Tor war klasse.

Den Konjunktiv I verwenden

Die Klasse 7a hat das Theaterstück „Das Herz eines Boxers" gesehen. Die Redaktion der Schülerzeitung möchte über den Theaterbesuch berichten. Tina befragt dazu die Schülerinnen und Schüler.

Tina: Hat dir das Theaterstück gefallen?
Riccardo: Ich bin bislang eigentlich nicht gern ins Theater gegangen. Aber dieses Theaterstück hat mir sehr gut gefallen.
Tina: Warum?
Riccardo: Es ist ein sehr interessantes Stück gewesen. So hat es zum Beispiel die Vorteile einer Freundschaft zwischen jungen und alten Menschen gezeigt.
Tina: Haben deine Mitschülerinnen und Mitschüler das auch so empfunden?
Riccardo: Ja, das Theaterstück hat den anderen auch gefallen.

In der Redaktionskonferenz berichtet Tina von Riccardos Eindrücken.

Ich habe ein paar Schülerinnen und Schüler zum Theaterbesuch interviewt. Riccardo sagte, er sei bislang eigentlich nicht gern ins Theater gegangen. Aber dieses Theaterstück habe ihm sehr gut gefallen. Es sei ein sehr interessantes Stück gewesen. Es habe die Vorteile einer Freundschaft zwischen jungen und alten Menschen gezeigt. Das Theaterstück habe den Mitschülerinnen und Mitschülern auch gefallen.

1 Vergleicht das Interview zwischen Tina und Riccardo mit Tinas Bericht über Riccardos Aussagen. Sprecht über Gemeinsamkeiten und Unterschiede.

2 **a.** Stelle Riccardos Aussagen im Interview und in Tinas Bericht in einer Tabelle gegenüber.
b. Markiere jeweils die Verbformen und unterstreiche die Pronomen.
c. Vergleicht die Sätze miteinander. Worin unterscheiden sie sich?
d. Begründet, weshalb sich die Pronomen an einigen Stellen unterscheiden.

Starthilfe

Interview	Tinas Bericht
Riccardo: Ich bin bislang eigentlich nicht gern ins Theater gegangen.	Riccardo sagte, er sei bislang eigentlich nicht gern ins Theater gegangen.
Riccardo: Aber dieses Theaterstück …	Aber dieses Theaterstück …
…	

Tina berichtet in der Redaktionskonferenz auch von Dilaras Eindrücken. Sie gibt Dilaras Sätze in der indirekten Rede wieder und macht so deutlich, dass es nicht ihre Aussagen sind.

Auch Dilara war dieser Meinung. Ihr ? vor allem gefallen, wie sich Jojo verändert ? . Er ? am Anfang eigentlich wenig Perspektiven gesehen und zum Schluss ? er glücklich gewesen.

3 Die Verbformen im Konjunktiv I sind noch nicht vollständig. Schreibe die Sätze ab und setze die fehlende Verbform von **haben** oder **sein** ein.

Sprachspeicher

Konjunktiv I haben:
er/sie/es habe, sie haben
Konjunktiv I sein:
er/sie/es sei, sie seien

Tina befragt Dilara noch weiter zum Theaterstück.

Tina: Und was ist mit der Figur des Leo?
Dilara: Die Figur des Leo ist zunächst sehr schweigsam gewesen. Erst nach einiger Zeit hat Leo dem viel jüngeren Jojo aus seinem Leben als Profiboxer erzählt. So hat sich langsam eine Freundschaft zwischen den beiden entwickelt. Leo hat angefangen, wieder positiv zu denken, und am Ende hat er sich mit Jojos Hilfe sogar seinen größten Traum erfüllt.

4 Gib die Antworten von Dilara in der indirekten Rede wieder. Das Merkwissen hilft dir dabei.

Starthilfe

Dilara sagte, die Figur des Leo sei zunächst sehr schweigsam gewesen.
Erst nach einiger Zeit habe ...

Merkwissen

Mit dem Konjunktiv I kannst du etwas wiedergeben, das jemand anderes gesagt hat (indirekte Rede). Auch unsichere Informationen kannst du mit dem Konjunktiv I ausdrücken. Der Konjunktiv I wird oft mit Verbformen von **haben** oder **sein** gebildet.
Riccardo sagt, seine Klasse **habe** das Theaterstück **gesehen.**
Riccardo sagt, seine Klasse **sei** gestern im Theater **gewesen.**

● **5** Schreibe einen kurzen Artikel über den Theaterbesuch der 7. Klasse. Berichte darin auch von Riccardos und Dilaras Eindrücken. Schreibe in der indirekten Rede und verwende den Konjunktiv I.

Das Passiv verwenden

Das Passiv im Präsens

Hast du schon einmal Papier geschöpft?
Den Bildern und den Stichworten kannst du entnehmen, wie es geht.

1 Die Stichworte zu den Bildern sind durcheinandergeraten.

a. Ordne die einzelnen Arbeitsschritte den Abbildungen zu.

b. Schreibe die Stichworte zu den Arbeitsschritten in der richtigen Reihenfolge auf.

- Papierservietten zerkleinern und in eine Schüssel geben, Wasser hinzugeben
- den Schöpfrahmen mit dem Papierbrei auf die Wanne legen, sodass das Wasser abtropfen kann
- den Schöpfrahmen auf einem Küchenpapier wenden und Küchenpapier auf die Papiermasse legen, mit einer Nudelrolle über das Küchenpapier walzen, um das Wasser aus der Papiermasse zu pressen
- Papierbrei in eine Wanne schütten, noch mehr Wasser hinzugeben
- das feuchte Blatt zum Trocknen aufhängen
- mit einem Schöpfrahmen den Papierbrei entnehmen und die Fasern im Rahmen gleichmäßig verteilen

2 Die beiden folgenden Sätze erklären den 1. Schritt beim Papierschöpfen.

a. Schreibe die Sätze ab und unterstreiche die Verbformen.

b. Vergleiche die Sätze. Beschreibe mit Hilfe des Merkwissens die Unterschiede.

Emre zerkleinert Papierservietten und gibt sie in eine Schüssel.
Dann gibt er Wasser hinzu.

Papierservietten werden zerkleinert und in eine Schüssel gegeben.
Dann wird Wasser hinzugegeben.

Merkwissen

Das Passiv beschreibt, was mit einer Person oder einem Gegenstand getan wird. Dabei ist der Vorgang wichtig, aber nicht, wer ihn ausführt.
Du bildest das Passiv mit einer Form von **werden** und dem Partizip Perfekt:
Papierservietten werden zerkleinert.
Der Papierbrei wird in eine Wanne geschüttet.

3 Ergänze die richtigen Passivformen im 2. Schritt der Anleitung.

Der Papierbrei ? in eine Wanne ? (schütten) und es ? noch mehr Wasser ? (hinzugeben).

4 **a.** Schreibe mit Hilfe der Stichworte aus Aufgabe 1 eine vollständige Anleitung zum Papierschöpfen. Schreibe im Passiv.

b. Markiere die Verbformen.

c. Überprüfe mit Hilfe des Merkwissens, ob du das Passiv korrekt gebildet hast.

Starthilfe

Papierservietten werden ...
Der Papierbrei wird in eine Wanne geschüttet und es wird noch mehr Wasser hinzugegeben. ...

5 Erklärt euch anhand der folgenden Sätze gegenseitig noch einmal die Bildung der Passivform.

Marianna bringt ihre Schwester in den Kindergarten.

Die Schwester wird von Marianna in den Kindergarten gebracht.

Hast du schon einmal einen Konfettiregen gezaubert?

In eine scheinbar leere Papiertüte steckt man buntes Konfetti hinein. Dann bläst man die Tüte auf und spricht einen Zauberspruch dazu. So bringt man die Tüte zum Platzen und überrascht die Zuschauer mit einem Konfettiregen.

6 Setze die Sätze ins Passiv und schreibe sie auf.

Das Passiv im Präteritum

Die Klasse 7 b hat im Rahmen eines Projekttages verschiedene Papierflieger gefaltet und möchte diese nun in einem Wettbewerb gegeneinander antreten lassen.

Alle Papierflieger liegen bereit. In jeder Gruppe gibt es vier Teilnehmerinnen und Teilnehmer. Vor dem Start werden alle Flieger noch einmal geprüft. Dann werden die ersten Teilnehmerinnen und Teilnehmer an den Startpunkt gerufen. Endlich wird das Kommando für den Start gegeben. Jetzt ist es so weit: Jede und jeder nimmt ihren oder seinen Papierflieger in die Hand und wirft ihn hoch. Die Zeit wird gestoppt. Welches Flugzeug fliegt am längsten? Die beiden besten Flieger kommen eine Runde weiter.

1 Im Text wird beschrieben, wie der Wettbewerb abläuft.
- **a.** Welche Sätze stehen im Passiv? Schreibe sie auf.
- **b.** Markiere in den Passivsätzen die Formen von **werden**.

Sascha schreibt für die Schülerzeitung anschließend einen Bericht über den Wettbewerb.

2 Was wurde bei dem Wettbewerb alles gemacht?
- **a.** Schreibe alle Passivformen aus dem Text untereinander auf.
- **b.** Notiere dahinter jeweils die Passivform im Präteritum. Setze dazu das Wort **werden** in das Präteritum.

Starthilfe

die Flieger werden geprüft – die Flieger wurden geprüft
...

Sprachspeicher

Präteritum von werden:

ich wurde
du wurdest
er/es/sie wurde
wir wurden
ihr wurdet
sie wurden

3
- **a.** Schreibe nun den gesamten Text für die Schülerzeitung im Präteritum auf.
- **b.** Markiere in deinem Text die Passivformen im Präteritum.

Starthilfe

Alle Papierflieger lagen bereit. In jeder Gruppe gab es vier Teilnehmerinnen und Teilnehmer. Vor dem Start wurden ...

4 Setze den Text für die Schülerzeitung fort. Wandle dazu auch die folgenden Passivsätze ins Präteritum um und schreibe sie unter deinen Text.

Zum Schluss wird der Sieger geehrt.
Der glückliche Gewinner wird in einem Interview befragt.
Er wird gebeten, das Besondere an seinem Flieger zu erklären.

Aktiv und Passiv vergleichen

Mit Papier kannst du verschiedene Experimente durchführen. Was geschieht mit Zeitungspapier, wenn du es für eine längere Zeit in die Sonne legst?

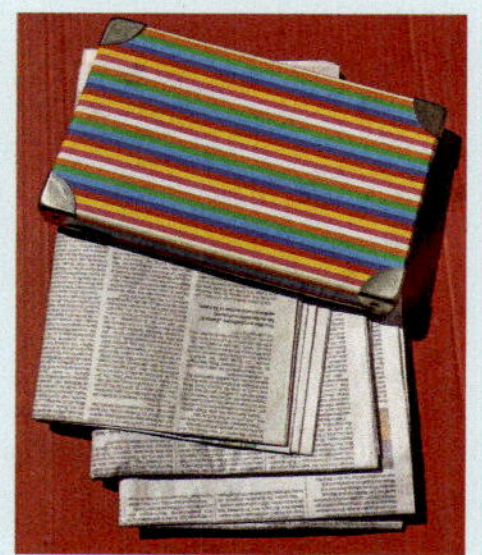

Experiment 1: Zeitungspapier wird einen Tag in die pralle Sonne gelegt. Die Hälfte des Blattes wird dabei abgedeckt. Das Papier auf der Sonnenseite färbt sich gelblich. Das Papier trocknet aus. Es wellt sich. Die Schrift verblasst.

1 In welchen Sätzen wird das Passiv verwendet?
- **a.** Schreibe die Sätze im Passiv auf.
- **b.** Unterstreiche die Verbformen.

2 In welchen Sätzen geht es um den aktiven Vorgang mit dem Papier?
- **a.** Schreibe die Sätze im Aktiv auf.
- **b.** Unterstreiche die Verbformen.

Was passiert, wenn du ein Blatt Papier um eine Messerklinge faltest und damit eine Kartoffel zerteilst?

Experiment 2: Um die gerade Klinge eines Messers wird ein Blatt Papier gefaltet. Mit der papierumwickelten Schneide wird eine Kartoffel gleichmäßig und kräftig durchgeschnitten. Die Kartoffel wurde geteilt. Das Papier bleibt ganz.

3 Welche Sätze stehen im Passiv, welche im Aktiv?
- **a.** Schreibe die Sätze im Passiv und im Aktiv in eine Tabelle.
- **b.** Unterstreiche die Verbformen in jedem Satz.
- **c.** Stellt Vermutungen an, warum einige Sätze im Passiv und einige Sätze im Aktiv stehen.

Starthilfe

das Passiv	das Aktiv
Um die gerade Klinge eines Messers wird ...	Das Papier ...

4 Sprecht darüber, wann es sinnvoll ist, das Aktiv zu verwenden, und wann das Passiv geeigneter ist.

5
- **a.** Führe eines der Experimente von dieser Seite selbst durch.
- **b.** Schreibe anschließend ein Versuchsprotokoll im Aktiv.

Starthilfe

Ich habe Zeitungspapier zur Hälfte in die Sonne gelegt.
Die andere Hälfte ...

Das Futur II verwenden

Die Schülerinnen und Schüler der Klasse 7 a sprechen darüber, was sie in zehn Jahren erreicht haben möchten.

Ich werde einen guten Schulabschluss erreicht haben.

Ich werde mir ein eigenes Auto gekauft haben.

Ich werde in Spanien gewesen sein.

Ich werde im Mittelmeer geschwommen sein.

1 **a.** Schreibe die Verbformen aus den Sprechblasen auf und notiere dahinter in Klammern jeweils den Infinitiv.

Starthilfe

werde erreicht haben (erreichen) …

b. Was drücken diese Verbformen aus? Sprecht darüber.

c. Vergleicht eure Antworten mit dem Merkwissen.

Die Schülerinnen und Schüler unterhalten sich auch darüber, was sie bereits nach den Sommerferien erledigt haben werden.

2 Schreibe die Sätze ab und setze die fehlenden Verbformen im Futur II ein.

Mohammed ? zu seinem Freund nach München ? ? (fahren).
Greta ? den nächsten Band ihrer Lieblingskrimireihe ? ? (lesen).
Anna und Paula ? endlich zusammen im Kino ? ? (sein).

3 Was möchtest du selbst in zehn Jahren erreicht haben? Bilde drei Sätze im Futur II.

Merkwissen

Wenn man über Dinge spricht, die in der Zukunft abgeschlossen sein werden, verwendet man das Futur II (vollendete Zukunft). Das Futur II wird mit einer Form von **werden**, dem Partizip Perfekt und einer Form von **sein** oder **haben** gebildet.
In zwei Wochen **werden** wir **umgezogen sein**.
Übermorgen **werde** ich den neuen Film **gesehen haben**.

noch davor	Vergangenheit	davor	Gegenwart jetzt	Zukunft zukünftig	
Plusquamperfekt	Perfekt	Präteritum	Präsens	Futur	**Futur II**

Wortarten verwenden

Hier kannst du überprüfen, ob du die Wortarten verwenden kannst.

Demonstrativpronomen weisen auf eine bestimmte Person oder ein bestimmtes Ereignis hin.

1 Schreibe die Sätze ab und ergänze passende Demonstrativpronomen.

Hast du das neue Buch hier schon gelesen? Nein, ? Buch habe ich noch nicht gelesen.
Kennt ihr die Frau auf dem Foto? Ja, ? Frau kennen wir.
Wie findet ihr unseren neuen Tisch? ? Tisch finden wir sehr schön.

Mit dem Konjunktiv I kannst du die Rede eines anderen wiedergeben.

2 Wandle die wörtliche Rede in die indirekte Rede um.

Marie sagt: „Die Lesung hat Spaß gemacht."
Riccardo erwidert: „Die Lesung im letzten Jahr ist viel spannender gewesen."

Das Passiv beschreibt, was mit einer Person oder einem Gegenstand getan wird.

3 Schreibe den Text ab und setze die Verbformen im Passiv ein.

Die runde Füllerseite ? heftig an einem Pullover ? (reiben).
Der Füller ? an winzige Papierschnipsel ? (halten).
Bald ? die Papierschnipsel ? (anziehen).

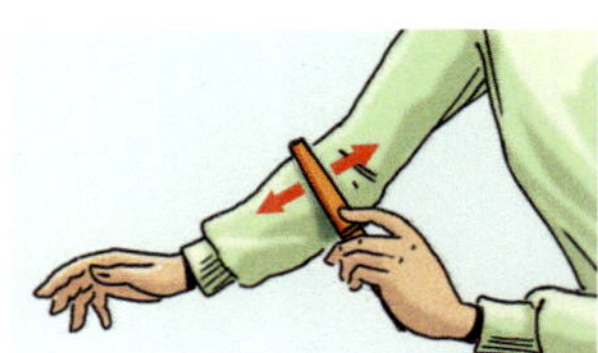
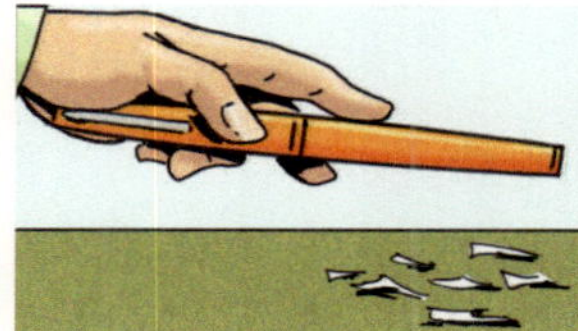

Wenn man über Dinge spricht, die in der Zukunft abgeschlossen sein werden, verwendet man das Futur II.

4 Schreibe die Sätze ab und ergänze die Verbformen vom Rand im Futur II.

Nach dem Urlaub ? wir uns gut ? ? .
Nächstes Jahr ? sie nach Berlin ? ? .

umziehen
(sich) erholen

5 Besprich deine Arbeitsergebnisse mit deiner Lehrkraft.
Was kannst du schon gut, was solltest du noch üben?

Der Satz

Dominik und Mara finden auf dem Dachboden ein altes Buch mit Kriminalgeschichten.

Mehr Kriminalgeschichten ► S. 130–139

Der Diener rief morgens um acht Uhr die Polizei an. Sofort fuhr Kommissar Arnold zum alten Schloss. An der Tür wartete die Gräfin. Sie führte den Kommissar in ein Zimmer mit einem großen Schrank. Aus ihm war ein sehr alter, wertvoller Pokal gestohlen worden. Die Gräfin rief die Hausdame. Sie hatte den Pokal am Tag zuvor noch poliert.

Kommissar Arnold verhörte die Schlossbewohner. Der Diener machte nur ungenaue Angaben. Die Gräfin beschuldigte die Hausdame. Die Hausdame wies jede Schuld von sich. Der Kommissar misstraute dem Diener. Der Diener entledigte sich seiner Handschuhe. Die Gräfin informierte die Versicherung. Hoffentlich schämte sich der Dieb seiner Tat!

1 **a.** Lest den Anfang der Kriminalgeschichte.
b. Sprecht über die folgenden Fragen:
- Was geschah wann und wo?
- Welche Angaben werden zum Tatort, zu den Beteiligten und zur Beute gemacht?

Du kennst bereits die wichtigsten Satzglieder: Subjekt, Prädikat, Objekt und adverbiale Bestimmungen.

2 **a.** Wiederholt die Fragen nach den Satzgliedern Subjekt, Prädikat, Genitiv-, Dativ- und Akkusativobjekt sowie nach den adverbialen Bestimmungen des Ortes, der Zeit und des Grundes.
b. Schreibt die Fragen zu den Satzgliedern auf.

Du kennst auch Haupt- und Nebensätze sowie Satzreihen und Satzgefüge.

3 Was ist ein Hauptsatz? Was ist ein Nebensatz? Was ist eine Satzreihe? Was ist ein Satzgefüge? Erklärt es euch gegenseitig und nennt Beispiele.

Satzglieder verwenden

Subjekt, Prädikat und Objekt wiederholen

1 Wer rief den Kommissar an? Was tat der Diener?
Bestimme im ersten Absatz von Seite 278 die Subjekte und die Prädikate.
a. Schreibe den ersten Absatz ab.
b. Frage nach den Subjekten und den Prädikaten.
c. Markiere in deinen Sätzen die Subjekte und die Prädikate.

Starthilfe
Wer rief die Polizei an? Der Diener rief die Polizei an.
Was tat der Diener? Er rief die Polizei an.
...

2 Wen verhörte der Kommissar? Wem antwortete ...? Wessen ...?
Bestimme im zweiten Absatz von Seite 278 die Objekte.
a. Schreibe den zweiten Absatz ab.
b. Frage nach den Genitiv-, Dativ- und Akkusativobjekten.
c. Markiere die Objekte mit unterschiedlichen Farben.
Tipp: In manchen Sätzen gibt es zwei Objekte.

Starthilfe
Wen oder was verhörte Kommissar Arnold? die Schlossbewohner
Wem misstraute der ...? ...

Anschließend beschattete Kommissar Arnold die Personen im Schloss.

3 Was konnte der Kommissar beobachten?
a. Schreibe Sätze mit Dativobjekten und Akkusativobjekten auf.
b. Markiere alle Satzglieder.

Wer?	Was tut?	Wem?	Wen oder was?
	schrieb	dem Diener	einen alten Koffer.
	kaufte	dem Kommissar	einen langen Brief.
	kochte	der Hausdame	ein Fernglas.
Die Hausdame	schenkte	der Gräfin	ein gutes Essen.
Der Diener	brachte	einem Freund	ein großes Paket.
Die Gräfin	erklärte	seiner Mutter	einen schönen Blumenstrauß.
	erzählte	dem Gärtner	den Weg ins Dorf.
	schickte	ihrem Sohn	ein gefährliches Geheimnis.

Subjektsatz und Objektsatz

Kommissar Arnold spürte schnell, dass etwas in dem alten Schloss nicht stimmte.

Dem Kommissar fiel auf, dass die Hausdame vor Aufregung zitterte.
Die Hausdame verschwieg, dass sie Schulden hatte.
Wem er misstraute, dem schenkte der Kommissar viel Aufmerksamkeit.
Der Kommissar vergewisserte sich, dass die Terrassentür verschlossen war.

1 **a.** Schreibe die Sätze ab.
b. Frage in dem ersten Satz nach dem Subjekt. Was fällt dir auf?
c. Frage in den Sätzen 2 bis 4 nach den Objekten. Was fällt dir auf?
d. Wie lauten die Antworten auf die Fragen?
Sprich darüber mit einer Partnerin oder einem Partner.

Starthilfe
Was fiel ... auf? ...
Was verschwieg ...? ...
...

Merkwissen
Das Subjekt kann auch ein Nebensatz sein. Dieser heißt dann Subjektsatz.
Dem Kommissar fiel auf, dass die Hausdame vor Aufregung zitterte.
Was fiel dem Kommissar auf? Dass die Hausdame zitterte.
Auch das Objekt kann ein Nebensatz sein. Dieser heißt dann Objektsatz.
Die Hausdame verschwieg, dass sie Schulden hatte.
Was verschwieg die Hausdame? Dass sie Schulden hatte.

2 Markiere in deinen Sätzen aus Aufgabe 1 den Subjektsatz und die Objektsätze.

3 Subjektsatz oder Objektsatz?
Bestimme in den folgenden Sätzen, ob es sich bei den Nebensätzen um einen Subjektsatz oder einen Objektsatz handelt.

Dass Kommissar Arnold sofort vorbeikam, beruhigte die Gräfin.
Der Kommissar erfuhr, dass die Gräfin nicht zu Hause gewesen war.
Kommissar Arnold spürte, dass etwas nicht stimmte.
Dass der Kommissar genau nachfragte, verunsicherte den Diener.

4 **a.** Formuliert selbst Subjekt- und Objektsätze.
b. Tauscht eure Sätze aus.
c. Markiert die Subjekt- und Objektsätze in den Sätzen eurer Partnerin oder eures Partners.

Die adverbialen Bestimmungen

Mara tippt nun auf den Diener als Täter.
Im Buch nimmt die Geschichte ihren Lauf.

Am nächsten Morgen befragte Kommissar Arnold die Hausdame und den Diener in seinem Büro nach ihren Alibis.

Die Hausdame: Um 17 Uhr bin ich im Wohnzimmer gewesen und habe den Pokal poliert. Danach habe ich den Pokal in den Schrank zurückgestellt. Dann hatte ich Feierabend und bin kurz in mein Zimmer gegangen. Bis zum Abendessen war ich dann im Garten. Die Gräfin habe ich zuletzt um 16 Uhr in der Garage gesehen.

Der Diener: Ich habe den Pokal am Mittag im Schrank gesehen. Die Gräfin lag zu dieser Zeit am Pool. Gegen 19 Uhr bin ich von einem Botengang nach Hause gekommen. Ich habe bis Mitternacht im Wohnzimmer gelesen. Die Gräfin habe ich seit 16 Uhr nicht mehr im Schloss gesehen.

1 Wo sind die Hausdame und der Diener gewesen? Wohin sind sie gegangen?
- **a.** Schreibe die Aussagen der Hausdame und des Dieners ab. Lasse nach jeder Zeile eine Zeile frei.
- **b.** Frage nach den adverbialen Bestimmungen des Ortes.
- **c.** Markiere die adverbialen Bestimmungen des Ortes.
- **d.** Schreibe die Fragen **Wo?** oder **Wohin?** darüber.

Starthilfe

Wo?
Um 17 Uhr bin ich im Wohnzimmer gewesen und ...

2 Wann sind die Hausdame und der Diener ...? Wie lange ...?
- **a.** Frage nun nach der adverbialen Bestimmungen der Zeit und markiere sie ebenfalls.
- **b.** Schreibe die Fragen **Wann?** oder **Wie lange?** darüber.

Adverbiale Bestimmungen können im Satz an verschiedenen Stellen stehen.

3
- **a.** Stelle die Sätze des Dieners um.
- **b.** Schreibe alle möglichen sinnvollen Sätze auf.
- **c.** Wie ändert sich die Aussage, wenn ihr die Satzglieder umstellt? Sprecht darüber.

Dem Kommissar war einiges Verdächtiges aufgefallen. Er befragte noch einmal die Gräfin dazu.

Warum war die Alarmanlage ausgeschaltet?

Wegen eines Stromausfalls hat sich die Alarmanlage ausgeschaltet.

Warum war die Terrassentür offen?

Aufgrund der großen Hitze war die Terrassentür offen.

Warum haben Sie nicht gesehen, wie die Hausdame den Pokal polierte?

Weil ich am Nachmittag einen geschäftlichen Termin in der Stadt hatte.

4 Warum war die Alarmanlage ausgeschaltet? Warum ...?

a. Schreibe die Fragen und die passenden Antworten zusammen auf.

b. Markiere die Satzglieder, die die Fragen beantworten.

Starthilfe

Warum war die Alarmanlage ausgeschaltet?
Wegen eines Stromausfalls hat sich die Alarmanlage ausgeschaltet.
...

Kommissar Arnold befragte die Gräfin nach ihrem Alibi:

Weil die Sonne schien, habe ich mich nach dem Mittag an den Pool gelegt. Am späten Nachmittag bin ich wegen eines geschäftlichen Termins in die Stadt gefahren. Aufgrund einer Reifenpanne bin ich erst kurz vor Mitternacht nach Hause gekommen. Im Haus ist es dann bereits stockdunkel gewesen, weil wohl schon alle schliefen.

5 Frage nach den adverbialen Bestimmungen des Grundes.

a. Schreibe die Fragen und die Antworten auf.

b. Markiere die adverbialen Bestimmungen des Grundes.

6 Ergänze die folgenden Sätze mit adverbialen Bestimmungen des Grundes.

Die Spurensicherung muss schnell arbeiten.
Der Dieb wird bald gefasst werden.

Merkwissen

Mit einer adverbialen Bestimmung des Grundes kann man ausdrücken, warum etwas geschieht. Man fragt mit **Warum?**
Dieses Satzglied kann eine Wortgruppe oder ein **weil**-Satz sein.

Warum war die Alarmanlage ausgeschaltet? wegen eines Stromausfalls
weil der Strom ausgefallen war

Die Gräfin konnte Kommissar Arnold nicht wirklich weiterhelfen. Also befragte er zuletzt den Gärtner. Dieser erzählte:

Die Hausdame hat sehr gewissenhaft den Pokal poliert. Erschöpft ist sie anschließend auf ihr Zimmer gegangen. Der Diener ist gegen 17:30 Uhr nervös durch den Garten gelaufen. Danach hat er hektisch das Schloss verlassen. Die Gräfin hat am Nachmittag entspannt am Pool gelegen.

7 Wie hat die Hausdame den Pokal poliert? Auf welche Weise ...? Frage nach den adverbialen Bestimmungen der Art und Weise.

a. Schreibe die Fragen und die Antworten auf.
b. Markiere die adverbialen Bestimmungen der Art und Weise.

Starthilfe

Wie hat die Hausdame den Pokal poliert? Sehr gewissenhaft
Wie ist sie ...? ...

Merkwissen

Mit einer adverbialen Bestimmung der Art und Weise kann man ausdrücken, wie etwas geschieht oder wie jemand etwas tut. Man fragt mit **Wie?**
Wie hat die Hausdame den Pokal poliert?
Die Hausdame hat den Pokal **sehr gewissenhaft** poliert.

Der Gärtner erzählte weiter:

Wegen des tollen Wetters habe ich am Morgen schnell den Rasen gemäht. Die Hausdame hat gerade die Vorhänge gerichtet. Gegen Mittag habe ich die Sonnenliegen aus der Garage geholt. Der Diener hat hinter der Garage telefoniert. Heimlich belauschte ich den Diener. Aufgeregt buchte er für nächste Woche eine Reise nach Brasilien für zwei Personen.

8 In der Aussage des Gärtners kommen verschiedene adverbiale Bestimmungen vor.

a. Schreibe die Sätze ab.
b. Frage nach den adverbialen Bestimmungen und markiere sie. Schreibe auch die Frage dazu, mit der du die adverbiale Bestimmung erfragst.
c. Tausche deine Lösung mit einer Partnerin oder einem Partner aus und überprüft sie gegenseitig.

Dominik und Mara sind sich jetzt sicher, wer den Pokal gestohlen hat.

9 Wer war der Dieb? Begründe deine Meinung.

Mit Satzgliedern üben

Mit Hilfe von Proben kannst du Sätze verändern. Probiere es aus.

Der Diener kam bereits um 17:30 Uhr von seinem Botengang zurück. Er schlich leise ins Wohnzimmer und entfernte schnell den Pokal. Er verließ hastig das Wohnzimmer über die Terrassentür. Er lief danach nervös durch den Garten. Er wollte den wertvollen Pokal im Internet verkaufen. Er wollte sich mit dem Geld nach Südamerika absetzen.

1 **a.** Lies den Text.
b. Sprecht zu zweit über den Satzbau:
- Was fällt euch an dem Satzbau auf?
- Welches Satzglied steht stets vorn?
- Welche Wirkung wird mit diesem Satzbau beabsichtigt?

c. Tauscht euch in der Klasse über eure Antworten aus.

2 Bestimmt gemeinsam die Satzglieder.

Durch den Satzbau kannst du die Spannung in einem Text erhöhen. Probiere verschiedene Möglichkeiten aus.

3 Setze jeweils die adverbiale Bestimmung an den Anfang eines Satzes und schreibe den Text neu auf.

4 **a.** Verändere den Satzbau durch die Umstellung der Objekte.
b. Stelle die Objekte an den Anfang der Sätze und schreibe die Sätze neu auf.

5 Finde Möglichkeiten, andere Umschreibungen für das Personalpronomen **er** als Subjekt zu verwenden.

6 Welche Satzglieder kannst du weglassen, ohne den Sinn der Sätze zu verändern? Schreibe den Text neu auf.

7 Wie kannst du den Text erweitern? Ergänze passende Satzglieder.

8 **a.** Lest euch eure Texte aus den Aufgaben 3 bis 7 vor.
b. Vergleicht die Texte: Was fällt euch auf?
c. Begründet, welcher Text euch am besten gefällt.

9 Sprecht darüber, was die Anfangsstellung von Satzgliedern bewirkt.

Sätze untersuchen

Die Satzreihe

Satzreihen ► S. 312

Zwei einfache Hauptsätze kannst du zu Satzreihen verbinden. Dabei kommt es auf die passende Konjunktion an.

Nala und Viola wollen sich am Nachmittag treffen.

Die Schulglocke läutet **und** Nala wartet am Schultor auf Viola.
Viola und Nala wollen sich verabreden, **denn** sie sind beste Freundinnen.
Nala ist für einen Kinobesuch, **aber** Viola möchte shoppen gehen.

1 **a.** Schreibe die Sätze ab.
b. Markiere in den Sätzen jeweils das Subjekt und das Prädikat.
c. An welcher Stelle steht in den Hauptsätzen jeweils die gebeugte Verbform? Notiere die Regel.

2 Schreibe die folgenden Satzreihen ab und ergänze die fehlenden Konjunktionen. Setze auch die Kommas.

Viola und Nala sitzen auf der Schultreppe ? sie reden über den freien Nachmittag. Nala möchte ins Kino gehen, ? Viola möchte shoppen gehen. Nala will nicht zum Shoppen, ? sie war erst gestern mit ihrer Schwester im Einkaufszentrum. Nun hat Viola eine Idee: Zuerst holen die beiden Mädchen Violas Slackline von zu Hause ? dann gehen sie gemeinsam zum Slacken in den Park.

3 **a.** Ergänze die folgenden Satzreihen.
b. Markiere in deinen Sätzen jeweils die gebeugten Verbformen.

Nala und Viola streiten sich selten, aber ...
Nala freut sich, denn ...
Viola möchte nicht ins Kino gehen, sondern ...

4 Bilde drei weitere Satzreihen und schreibe sie auf.

Merkwissen

Mit einer Satzreihe kann man Hauptsätze verbinden, die man als Einheit versteht. Eine Satzreihe besteht aus mindestens zwei Hauptsätzen.
Die gebeugte Verbform steht an zweiter Stelle. Konjunktionen wie **und**, **oder**, **aber**, **sondern**, **denn**, **doch** verbinden Hauptsätze. Vor den Konjunktionen steht ein Komma. Nur vor **und** und **oder** kann es fehlen.

Nala und Viola sehen sich oft, denn sie sind beste Freundinnen.
Hauptsatz — Hauptsatz

Nebensätze mit *weil, wenn, dass*

Satzgefüge verbinden einen Hauptsatz mit einem oder mehreren Nebensätzen. Die Nebensätze werden mit einer Konjunktion eingeleitet.

Satzgefüge ► S. 312

Viola ist gegen einen Kinobesuch, weil das Kino zu teuer ist.
Die Freundinnen haben Spaß, wenn sie ihre Freizeit gemeinsam verbringen.
Viola schlägt vor, dass sie den Nachmittag im Park verbringen.

1 **a.** Schreibe die Sätze ab.
b. Markiere die Hauptsätze und die Nebensätze unterschiedlich.
c. Markiere in den Nebensätzen jeweils das Subjekt und das Prädikat.

2 Woran erkennst du einen Nebensatz? Notiere die Regel.

Viola möchte mit Nala zum Slacken gehen, **weil** es viel Spaß macht.

Beim Slacken wird ein langes Band, die Slackline, zwischen zwei Bäume gespannt. Darauf kann man ähnlich wie beim Seiltanzen balancieren. Viola sagt zu Nala: „Slacken ist toll, weil es viel Spaß macht. Es wird dir sicherlich gefallen! Außerdem ist es nicht teuer: Weil ich schon eine Slackline habe, brauchen wir überhaupt kein Geld."

3 Viola möchte Nala von ihrer Idee überzeugen.
Sie begründet ihren Vorschlag mit zwei **weil**-Sätzen.
a. Schreibe die beiden Satzgefüge mit **weil** ab.
b. Markiere die Hauptsätze und die Nebensätze unterschiedlich.
c. Kreise **weil** und die Kommas ein.

4 Schreibe die folgenden Satzgefüge vollständig auf.
Ergänze jeweils die Konjunktion **weil** und setze die passenden Verbformen vom Rand ein.

Slacken kennt nicht jeder, ? es die Sportart noch nicht lange ? . ? die Slackline ständig in Bewegung ? , muss man sich konzentrieren. ? viele Jugendliche im Park ? , lernt man schnell andere kennen. Das Herunterfallen ist nicht so schlimm, ? man die Slacklines sehr nah am Boden ? .

(sie) üben
(es) gibt
(man) spannt
(sie) ist

Viola hat ein paar gute Tipps, **wenn** Nala das Slacken ausprobieren möchte.

Du findest einen besseren Stand, **wenn** du im mittleren Teil auf das Band steigst.
Du lernst das Slacken leichter, **wenn** du mit einem kürzeren Band beginnst.

5 **a.** Schreibe die beiden Satzgefüge aus den Sprechblasen ab.
b. Markiere die Hauptsätze und die Nebensätze unterschiedlich.
c. Kreise die Konjunktion **wenn** und die Kommas ein.

6 Verbinde die folgenden Sätze jeweils mit der Konjunktion **wenn**.
Tipp: Einige Satzglieder musst du dabei umstellen.

Du kannst besser das Gleichgewicht halten. Du fixierst mit den Augen den Zielpunkt.
Die Verletzungsgefahr ist geringer. Du befestigst das Band nur auf Kniehöhe.
Du kannst bei Wettkämpfen mitmachen. Du bist besonders gut.

Im Park begegnen Nala und Viola Sara. Nala glaubt, **dass** Viola sich lieber mit Sara treffen würde.

Gib doch zu, **dass** du Sara hinter meinem Rücken triffst.

7 Was wirft Nala ihrer Freundin Viola vor?
Schreibe einen Satz auf.

Viola: Ich finde es gemein von dir, ? du dies ? .
Nala: Ich dachte, ? wir beste Freundinnen ? .
Viola: Aber du weißt doch, ? wir immer ? .
Trotzdem glaube ich, ? wir den Nachmittag zu dritt ? .

denken
sein
verbringen können
zusammenhalten

8 **a.** Schreibe das Gespräch mit Hilfe der Verben vom Rand vollständig auf.
- Setze **dass** ein.
- Ergänze jeweils die gebeugte Verbform am Ende des Nebensatzes.

b. Markiere die Hauptsätze und die Nebensätze unterschiedlich.

Nala und Viola haben viel Spaß beim Slacken. Abends erzählt Nala ihren Eltern davon.

9 Was erzählt Nala? Schreibe Satzgefüge mit **dass**, **wenn** und **weil** auf.

Starthilfe
Viola hatte vorgeschlagen, dass ... Ich war erst unsicher, weil ...
Aber das ist gar nicht so schwer, wenn ...

Nebensätze mit Relativpronomen

Sara erzählt Nala und Viola von einem besonderen Konzert, das sie sehr begeistert hat: Es gibt eine Gruppe Musiker, die Musikinstrumente aus Gemüse verwendet.

Zwölf Musiker hatten eine Idee, die sehr ungewöhnlich ist:
Sie gründeten ein Orchester, das verschiedene Gemüsearten als Instrumente benutzt.
Flöten entstehen aus Gurken, die ausgehöhlt werden.
Aus einer Möhre und einer Paprikaschote basteln die Musiker eine Trompete, die verblüffend echt klingt.
Zu der Gruppe gehört auch ein Koch, der nach dem Konzert aus allen Resten eine Gemüsesuppe kocht.
Die Zuhörerinnen und Zuhörer sind jedes Mal begeistert.

1 Aus welchem Gemüse entsteht eine Trompete? Schreibe einen Satz auf.

2
a. Schreibe den Text ab. Lass immer eine Zeile frei.
b. Markiere die Hauptsätze und die Nebensätze unterschiedlich.
c. Welche Wörter leiten hier die Nebensätze ein? Kreise sie ein.

3 Was ist sehr ungewöhnlich? Wer benutzt ...?
a. Untersucht den Text genauer.
b. Markiert in jedem Satz das Nomen, das der Nebensatz genauer erklärt.

Die Relativpronomen der, das, die und die leiten Nebensätze ein. Sie beziehen sich jeweils auf ein Nomen im Hauptsatz.

4 Verbinde die Relativpronomen und die zugehörigen Nomen im Text mit Pfeilen.

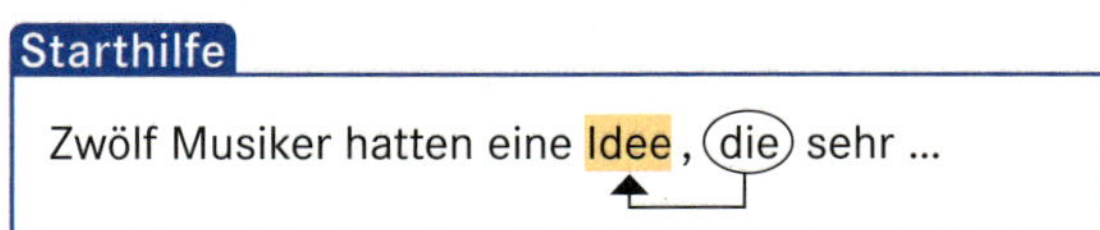
Starthilfe
Zwölf Musiker hatten eine Idee, die sehr ...

Merkwissen

Ein Nebensatz mit dem Relativpronomen der, das, die oder die ist ein Relativsatz. Er erklärt ein Nomen im Hauptsatz genauer.
Ich höre gern Musik, die gute Laune macht.
Sara kauft ein Geschenk, das Viola Freude bereitet.
Ich habe einen Freund, der bei der Jugendfeuerwehr ist.

Was passiert mit Instrumenten, die kaputtgehen?

Vor jedem Auftritt schnitzen die Musiker das Gemüse zurecht, ? sie für ihre Musik brauchen. Als Trommel dient ein Kürbis, ? während des Konzerts manchmal platzt.
Zum Glück steht neben jedem Musiker ein Korb, ? genügend Ersatzinstrumente enthält.
Die Zuhörerinnen und Zuhörer staunen über die Töne, ? die Gemüseinstrumente erzeugen.
Nach dem Konzert bekommen die Zuhörerinnen und Zuhörer die Suppe, ? der Koch bereitet hat.

5 **a.** Schreibe den Lückentext ab.
Setze dabei die passenden Relativpronomen ein.
b. Verbinde jeweils das Relativpronomen und das Nomen mit einem Pfeil.

In den folgenden Sätzen stimmt etwas nicht. Die Relativsätze stehen in den falschen Sätzen.

Die Kellnerin traf den Koch, der in der Pfanne brutzelte.
Endlich fand die Köchin die Marmelade, die die Tische deckte.
Die Hilfsköchin vergaß den Pfannkuchen, der auf dem Markt einkaufte.
Der Chef rief die Kellnerin, die auf das Brötchen sollte.

6 **a.** Ordne die Relativsätze richtig zu.
Schreibe die Satzgefüge neu auf.
b. Verbinde jeweils das Relativpronomen und das Nomen mit einem Pfeil.

Mit Relativsätzen machst du deinen Text anschaulicher. Verwende sie, um wichtige Nomen genauer zu erklären.

Ich mag Musik.
Mein Vater singt ein Lied.
Meine Schwester näht mir eine Jacke.
Ich suche mein Fahrrad.
Morgen läuft der Film.
Ich kaufe ein Geschenk.

7 Ergänze die Hauptsätze mit Relativsätzen.
Schreibe deine Sätze auf.

Starthilfe
Ich mag Musik, die besonders ...

Satzglieder verwenden und Sätze formulieren

Hier kannst du dein Wissen über die Satzglieder und den Satzbau überprüfen.

Bestimme die Satzglieder in den folgenden Sätzen.

Um 8 Uhr rief der Sicherheitsdienst bei der Polizei an. Unbekannte waren in der Nacht in das Museum eingebrochen. Die Diebe hatten drei sehr wertvolle Gemälde gestohlen. Von den Tätern fehlte jede Spur. Ein Kommissar fuhr sofort zum Museum. Dort verhörte er den Sicherheitsdienst. Dieser überreichte dem Kommissar die Aufnahmen der Überwachungskamera. Der Kommissar vergewisserte sich sogleich, dass die Aufnahmen vollständig waren.

1 Schreibe die Sätze ab.

2 **a.** Markiere die Subjekte mit dem Symbol .
b. Markiere die Prädikate mit dem Symbol .

3 **a.** Markiere die Akkusativobjekte mit dem Symbol mit einem grünen Stift.
b. Markiere die Dativobjekte mit dem Symbol mit einem gelben Stift.

4 Im Text findest du einen Objektsatz im Genitiv. Markiere den Objektsatz im Genitiv mit dem Symbol mit einem blauen Stift.

Der Sicherheitsdienst berichtete:

Gestern Nacht habe ich vor dem Museum drei Männer gesehen. Sie waren dunkel gekleidet. Hektisch sind sie kurz nach Mitternacht zu einem Auto gelaufen. Wegen der Dunkelheit habe ich das Nummernschild nicht lesen können. Mit quietschenden Reifen sind sie in Richtung Autobahn gefahren.

5 **a.** Schreibe den Text ab.
b. Markiere die adverbialen Bestimmungen der Zeit, des Ortes, des Grundes sowie der Art und Weise jeweils mit einer Kringellinie in unterschiedlichen Farben.

Eine Satzreihe besteht aus mindestens zwei Hauptsätzen.

Der Einbruch erregte große Aufmerksamkeit, denn die Diebe hatten sehr wertvolle Gemälde entwendet.

6 a. Schreibe den Satz ab.
b. Markiere die gebeugten Verbformen und die Konjunktion unterschiedlich.
c. Beantworte schriftlich die folgenden Fragen:
- An welcher Stelle steht die gebeugte Verbform?
- An welcher Stelle wird das Komma gesetzt?

7 Formuliere den Satz zu einem Satzgefüge um.
Verwende die Konjunktion **weil**.

Ein Satzgefüge besteht aus einem Hauptsatz und mindestens einem Nebensatz.

Die Diebe konnten in das Museum einbrechen ? es einen Sicherheitsdienst und Kameras gab. Der Einbruch verursachte einen großen Schaden ? die Bilder sehr wertvoll waren. Die Polizei ist sicher ? sie die Täter bald finden wird. Der Museumsdirektor ist erleichtert ? die Gemälde wieder im Museum hängen.

dass
obwohl
wenn
weil

8 a. Schreibe die Sätze ab und setze die passenden Konjunktionen vom Rand ein.
b. Unterstreiche die Hauptsätze und die Nebensätze in unterschiedlichen Farben.
c. Setze das Komma zwischen den Haupt- und den Nebensatz.

Mit Relativsätzen machst du deinen Text anschaulicher und kannst wichtige Nomen genauer erklären.

Die Diebe stahlen ein Bild.
Ein Augenzeuge sah drei Männer.
Der Kommissar befragte den Sicherheitsdienst.
Zum Glück gab es eine Überwachungskamera.

9 a. Ergänze die Hauptsätze mit Relativsätzen. Schreibe deine Sätze auf.
b. Verbinde jeweils das Relativpronomen und das Nomen mit einem Pfeil.

10 Besprich deine Arbeitsergebnisse mit deiner Lehrkraft.
- Was fällt dir leicht?
- Was solltest du noch üben?

Zum Nachschlagen

Wissenswertes auf einen Blick

Literarische Gattungen

In der Literatur gibt es drei Gattungen (Grundformen): die Lyrik (Gedichte), die Epik (erzählende Literatur) und die Dramatik (Theaterstück, Hörspiel).

Gedichte
▶ S. 182–193

Das Gedicht

Vers: Die Zeilen eines Gedichtes heißen Verse.
Strophe: Eine Strophe ist ein Gedichtabschnitt, der aus mehreren Versen (Zeilen) besteht. Ein Gedicht besteht häufig aus mehreren Strophen.
Die Verszeilen sind oft durch Reime miteinander verbunden.
Reimformen:

Paarreim: aabb	**umarmender Reim: abba**	**Kreuzreim: abab**
Zwei aufeinanderfolgende Verse reimen sich, also ein Paar:	Ein Paarreim wird umschlossen von zwei Versen, die sich ebenfalls reimen:	Der 1. und 3. Vers sowie der 2. und 4. Vers reimen sich, also „über Kreuz“:
Berg a	Band a	Zähne a
Zwerg a	Lüfte b	Bär b
leise b	Düfte b	Mähne a
Reise b	Land a	schwer b

Sprachliche Bilder machen ein Gedicht besonders anschaulich. In der Fantasie der Leserinnen und Leser oder der Hörerinnen und Hörer können so Bilder von den beschriebenen Stimmungen oder Gefühlen entstehen. Sprachliche Bilder sind z. B. der Vergleich und die Personifikation.
Bei einem **Vergleich** werden zwei Vorstellungen durch **wie** oder **als** miteinander verknüpft:
Er zitterte wie Espenlaub. Sie strahlte heller als die Sonne.
Bei einer **Personifikation** wird ein Gegenstand, ein Tier oder eine Pflanze als Person dargestellt und vermenschlicht: Die Blumen haben dein Parfum geklaut.
Bei der **Wiederholung** wird ein Wort oder eine Wortgruppe in einem Gedicht mehrmals genannt. Die Wiederholung hat eine verstärkende Wirkung:
Ich möchte laut singen (Vers 9), Ich möchte laut singen (Vers 19)

Das **lyrische Ich** ist die Sprecherin oder der Sprecher in einem Gedicht. Das lyrische Ich ist nicht mit der Autorin oder dem Autor des Gedichts gleichzusetzen.
Das **Metrum** (das Versmaß) gibt die regelmäßige Reihenfolge von betonten und unbetonten Silben innerhalb des Gedichts an.

Die Kurzgeschichte

Eine Kurzgeschichte ist eine knappe, moderne Erzählung.
Kurzgeschichten handeln meist von einem kurzen Ausschnitt aus einem Geschehen aus dem Alltag einer oder mehrerer Figuren.
Weitere Kennzeichen sind ein unvermittelter Anfang (plötzlich mittendrin) und ein offenes oder überraschendes Ende.

Kurzgeschichte
► S. 172–174

Die Kriminalgeschichte

Kriminalgeschichten sind oft besonders spannend und erzählen davon, wie ein Verbrechen stattfindet und wie es aufgeklärt wird.
Die Hauptfigur (meist ein Detektiv oder ein Kommissar) untersucht die Tat, klärt die Vorgeschichte des Opfers, verfolgt Spuren und Hinweise, befragt Zeugen, ermittelt das Tatmotiv und Tatverdächtige und löst den Fall.

Kriminalgeschichten
► S. 130–136

Das Jugendbuch

Jugendbücher sind hauptsächlich für Jugendliche geschrieben.
Es geht in den Jugendbüchern häufig um Themen wie Erwachsenwerden, Freizeit, Freundschaften, Familie und auch Schule.
Die Hauptfiguren in Jugendbüchern sind meist selbst Jugendliche.

Auszüge aus Jugendbüchern
► S. 126–128, 150–167

Das Theaterstück

Ein Theaterstück (Drama) ist für das Spiel auf der Bühne gedacht.
Die Handlung wird durch **Dialoge** (Gespräche) oder durch **Monologe** (Selbstgespräche) ausgedrückt.
Die Schauspielerinnen und Schauspieler nutzen ihre Stimme, ihre Gestik und ihre Mimik, um die Gefühle und Stimmungen der Figuren auszudrücken.
Eine **Szene** ist ein kurzer, abgeschlossener Teil eines Theaterstücks.
Regieanweisungen sind im Text zusätzlich zu den Rollentexten bereits mitgelieferte Anregungen, wie die Bühne eingerichtet werden sollte oder wie die Figuren handeln und sprechen sollen.
Requisiten sind Gegenstände, die im Spiel verwendet werden.

Theaterstück
► S. 118–125

Das Hörspiel

Beim Hörspiel wird der zu Grunde liegende Text durch Sprechtexte dargestellt. Im Unterschied zu einem Theaterstück erfahren die Zuhörerinnen und Zuhörer nur das, was zu hören ist. Durch die Dialoge (Gespräche) und die Monologe (Selbstgespräche) der Figuren, ihre Sprechweise, durch den Erzähler sowie durch Geräusche erhalten die Zuhörerinnen und Zuhörer alle notwendigen Informationen, um der Handlung folgen zu können.

Hörspiele
▶ S. 134, 138–139

Die Ballade

Balladen haben epische, lyrische und dramatische Elemente.
Episches Element: Balladen erzählen Geschichten.
Lyrisches Element: Balladen sind in Versen geschrieben und können ein Reimschema beinhalten.
Dramatisches Element: Balladen enthalten wörtliche Reden oder innere Monologe und sind spannend aufgebaut.

Balladen
▶ S. 140–149

Sachtexte und Grafiken (Pragmatische Texte)

Sachtexte

Sachtexte informieren vorwiegend über wirkliche (reale) Ereignisse, Tatsachen und Vorgänge. Sachtexte können nach ihrer Funktion unterschieden werden:
- Texte, die sachlich informieren, z.B. Lexikonartikel, Bericht, Texte in Sachbüchern
- Texte, die eine Meinung darstellen und versuchen zu überzeugen, z. B. Kommentar, Werbeanzeige, Antrag
- Texte, die informieren und unterhalten, z. B. Reportage
- Texte, die zu etwas auffordern, z. B. Aufruf, Stellenanzeige
- Texte, die etwas anleiten, z. B. Gebrauchsanweisung, Kochrezept

Sachtexte
▶ S. 32–33, 40–44, 46, 48–49, 52–54, 57, 66–67, 70, 76, 82, 84, 86–87, 94, 110, 114, 196–198, 204–205, 210

Der Bericht

Ein Zeitungsbericht informiert sachlich und knapp über ein Ereignis oder einen Sachverhalt. Er beantwortet oft zu Beginn die wichtigsten W-Fragen und berichtet erst anschließend über Hintergründe, Zusammenhänge oder die Vorgeschichte.

Bericht
▶ S. 46

Der Kommentar

Ein Kommentar ist eine persönliche Stellungnahme. Die Autorin oder der Autor analysiert aktuelle Ereignisse und stellt Informationen zu dem Thema aus persönlicher Sicht dar. Ziel des Kommentars ist es, zur Meinungsbildung der Leserinnen und Leser beizutragen.

Kommentare
▶ S. 84, 94

Die Reportage

Eine Reportage informiert lebendig und anschaulich über Ereignisse oder Sachverhalte. Dies wird oft durch Fotos, originale Tonbeiträge oder Filme erreicht. Die Reportage verbindet sachliche Informationen, Erlebnisse, Beobachtungen und Stellungnahmen von Beteiligten. Sie gibt dennoch Tatsachen wieder.

Reportage
► S. 66–67

Das Interview

Ein Interview informiert durch Fragen und Antworten über ein Ereignis oder einen Sachverhalt. Oft befragen Journalisten einer Zeitung dafür Expertinnen oder Experten zu Hintergründen oder bitten sie um Einschätzungen.

Interview
► S. 53–54

Grafiken

Grafiken
► S. 30, 32, 42, 47, 52, 70, 196, 197, 198

Mit Hilfe von Grafiken (Tabellen, Schaubildern und Diagrammen) kann man sachliche Informationen veranschaulichen.

Tabellen eignen sich gut, wenn man Informationen gegenüberstellen oder ordnen möchte.
Mit Schaubildern kann man z. B. Vorgänge veranschaulichen.

Wenn man Zahlen, Mengen oder Größen vergleichend darstellen möchte, eignen sich Diagramme sehr gut. Es gibt verschiedene Arten von Diagrammen:

- In einem Kreisdiagramm werden Teile eines Ganzen miteinander verglichen.

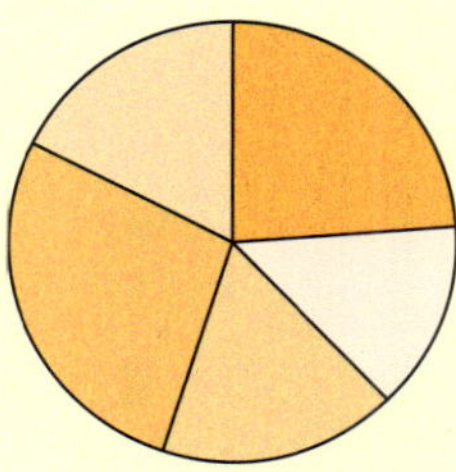

- Mit einem Säulendiagramm oder einem Balkendiagramm können Mengen und Größen vergleichend dargestellt werden.

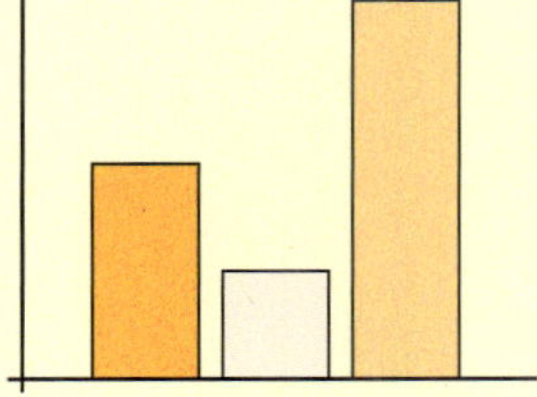

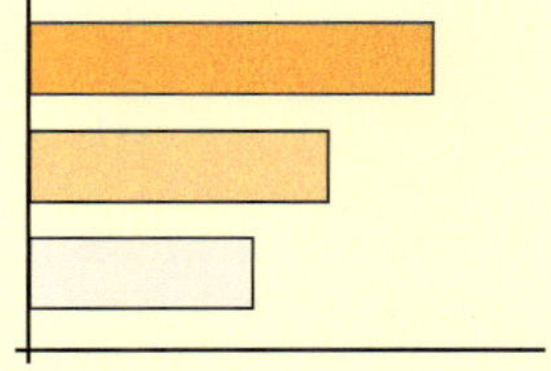

Texte erschließen, Aufgaben verstehen, sich informieren

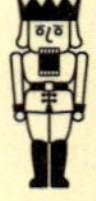

Der Textknacker

1. Schritt: Vor dem Lesen
Du siehst dir den Text als Ganzes an.
- Was weißt du schon über das Thema?
- Was erzählen dir die Bilder und die Überschrift?
- Worum könnte es gehen?

2. Schritt: Das erste Lesen

Sachtexte
Du überfliegst den Text oder liest ihn einmal durch.
- Was fällt dir auf?
- Worum geht es?
- Ist der Text für deine Fragestellung geeignet?

literarische Texte
Du liest den Text einmal durch.
- Was fällt dir auf?
- Worum geht es?

3. Schritt: Den Text genau lesen

Sachtexte
Du achtest auf:
- die Überschrift
- die Absätze
- die Schlüsselwörter
- unbekannte Wörter

literarische Texte
Du fragst nach:
- den Handlungsbausteinen
- den Gattungsmerkmalen
- der Sprache

4. Schritt: Nach dem Lesen
Du arbeitest mit dem Inhalt des Textes.
- Du arbeitest mit deinen Arbeitsergebnissen weiter.
- Du erfüllst deinen Arbeitsauftrag.

Sachtexte erschließen
▶ S. 32–33, 40–44, 46, 48–49, 52–54, 57, 66–67, 70, 76, 82, 84, 86–87, 94, 110, 114, 196–198, 204–205, 210

Literarische Texte erschließen
▶ S. 118–128, 130–136, 140–149, 150–167, 170–174, 182–193

Handlungsbausteine
▶ S. 112, 136, 144, 152–155, 160–167

Eine Grafik mit dem Textknacker verstehen

1. Schritt: Vor dem Lesen
Du siehst dir die Grafik als Ganzes an.
- Was erzählt dir die Überschrift?
- Worum könnte es gehen?

2. Schritt: Das erste Lesen
Du siehst dir die Grafik genauer an.
- Welche Angaben enthält die Grafik? Wer hat die Grafik veröffentlicht?
- Worüber informiert die Grafik?

3. Schritt: Die Grafik genau lesen
Du untersuchst die Grafik genau.
- Welche Fragen kannst du mit Hilfe der Grafik beantworten? Stelle Fragen an die Grafik.

4. Schritt: Nach dem Lesen
Du arbeitest mit dem Inhalt der Grafik.
- Beantworte die Fragen, die du an die Grafik gestellt hast.

Grafiken verstehen
▶ S. 30, 32, 35, 37, 42–43, 47, 52, 70–71, 91, 196–199

Eine Geschichte verstehen: Die Handlungsbausteine

Die fünf Handlungsbausteine finden sich in vielen Geschichten und enthalten das Wichtigste der Handlung.
Stelle diese Fragen, wenn du die Handlungsbausteine ermitteln willst:
- Wer ist die Hauptfigur? In welcher Situation steckt sie?
- Welchen Wunsch hat sie?
- Welches Hindernis ist ihr im Weg?
- Wie reagiert die Hauptfigur auf das Hindernis? Wie versucht sie, es zu überwinden?
- Wie endet die Geschichte? Ist die Hauptfigur erfolgreich?

Handlungsbausteine
▶ S. 112, 136, 144, 152–155, 160–167

Die Erzählperspektiven

- Der Er-Erzähler/die Sie-Erzählerin ist nicht am Geschehen beteiligt. Er oder sie erzählt das Geschehen von allen Figuren in der Er- oder Sie-Form: Der Junge hatte große Angst.
- Der Ich-Erzähler/die Ich-Erzählerin ist direkt am Geschehen beteiligt. Er oder sie beschreibt das Geschehen aus seiner oder ihrer Sicht. Gedanken und Gefühle des Ich-Erzählers / der Ich-Erzählerin werden deutlich: Ich hatte große Angst.

Erzählperspektiven
▶ S. 126, 156–159

Aufgaben verstehen

Aufgaben kannst du in drei Schritten verstehen.
1. Schritt: Du liest die Aufgabe genau.
2. Schritt: Du überlegst, was alles zur Lösung der Aufgabe gehört.
3. Schritt: Du gibst die Aufgabe mit eigenen Worten wieder.

Aufgaben verstehen
▶ S. 48, 86, 104, 165, 180, 195

Im Internet recherchieren

Im Internet kannst du gezielt Informationen recherchieren.
1. Schritt: Treffende Suchbegriffe verwenden
2. Schritt: Geeignete Suchmaschinen nutzen
- Nutze Suchmaschinen, die speziell für Kinder und Jugendliche gemacht sind.

3. Schritt: Die passenden Treffer aus der Trefferliste auswählen
- Wähle die Treffer aus, die am besten zu deinen Suchbegriffen passen.
- Klicke dann mit dem Cursor auf die Treffer, die du dir ansehen möchtest.

4. Schritt: Die Glaubwürdigkeit einer Internetseite prüfen
- Überprüfe, wer die Seite wann erstellt hat.
- Vergleiche die Internetseite mit anderen Informationsquellen zum Thema.

5. Schritt: Informationen entnehmen
- Überfliege die gefundenen Texte.
- Lies die passenden Texte mit dem Textknacker.

6. Schritt: Informationen in eigenen Worten darstellen
- Fasse deine gefundenen Informationen in eigenen Worten zusammen.

7. Schritt: Informationsquellen angeben
- Nenne die Autorin/den Autor oder den Namen deiner Internetseite bzw. Informationsquelle.

Im Internet recherchieren
▶ S. 35, 36, 56, 62, 67, 71, 72, 85, 111, 149, 200–202, 205, 259

Diskutieren, präsentieren und miteinander arbeiten

Miteinander diskutieren

Wenn ihr auf diese Regeln achtet, gelingt die Diskussion:
- Lasst euch gegenseitig ausreden.
- Hört euch gegenseitig genau zu und geht aufeinander ein.
- Beleidigt euch nicht und lacht euch nicht aus.
- Sprecht nur zum Thema.
- Sprecht klar und deutlich.
- Seht die anderen beim Sprechen an.
- Tragt eure Behauptungen sachlich vor.
- Verwendet starke Begründungen.

Miteinander diskutieren
► S. 16–29

Betont vorlesen oder vortragen

- Betone wichtige Wörter.
- Lies manche Textstellen lauter ↗, manche leiser ↙.
- Lies manche Textstellen schneller →, manche langsamer ←.
- Mache Pausen, z. B. vor einer spannenden Stelle.
  Mache kurze Pausen | oder längere Pausen ||.
- Achte auf die Satzzeichen:
  Hebe die Stimme leicht an, z. B. vor einem Komma.
  Senke die Stimme, z. B. nach einem Punkt.
- Setze Mimik und Gestik beim Vorlesen oder Vortragen ein.

Betont vorlesen oder vortragen
► S. 113, 138–139, 146, 148–149, 185

Szenisches Spiel

- Legt fest, welche Figuren es gibt und wer welche Rolle spielt.
- Notiert, was die Figuren sagen, denken und wie sie sich fühlen.
- Bereitet eure Rollen zuerst allein vor. Sprecht den Text mehrfach.
- Übt nun das gemeinsame Spiel. Setzt die Regieanweisungen um, drückt die Gefühle der Figuren durch Betonung, Körpersprache und Gesichtsausdruck aus.

Szenisches Spiel
► S. 28–29, 116–117, 119, 125–129

Ein Referat vorbereiten

Ein Referat kannst du in sechs Schritten vorbereiten.
1. Schritt: Das Thema aussuchen und Fragen formulieren
2. Schritt: Informationen beschaffen
3. Schritt: Informationen aus Texten entnehmen
4. Schritt: Das Referat gliedern und die Notizen ordnen
5. Schritt: Überschrift, Einleitung und Schluss formulieren
6. Schritt: Den Vortrag vorbereiten und üben

Ein Referat vorbereiten
► S. 72–75, 80, 205, 206–209

Ein Plakat gestalten

- Finde eine passende Überschrift.
- Entscheide, welche Texte und welche Bilder auf das Plakat sollen.
- Überlege, wie du Überschrift, Texte und Bilder anordnen willst.
- Schreibe groß genug und gut lesbar. Nimm andere Farben für Hervorhebungen.

Ein Plakat gestalten
▶ S. 15, 91

Eine Präsentation am Computer gestalten

- Wähle eine gut lesbare Schriftgröße (ab 24 Punkt).
- Die Überschrift sollte noch größer sein (36 Punkt).
- Wähle eine gut lesbare Schriftart und Schriftfarbe.
- Wähle einen Zeilenabstand von mindestens 1,5 Punkt.
- Wähle für alle Folien den gleichen Hintergrund. Auf hellen und blassen Farben kann besser gelesen werden.
- Auf den Folien darf nicht zu viel Text stehen. Schreibe Stichworte auf und verwende Aufzählungszeichen.
- Sei sparsam mit Animationen: Sie lenken vom Vortrag ab.
- Füge Materialien zur Veranschaulichung an passenden Stellen ein (z. B. Fotos, Videos oder Tonaufnahmen). Nenne die Quellen.

Eine Präsentation am Computer gestalten
▶ S. 74–75, 80, 208–209

Eine Präsentation frei vortragen

- Stelle dich so hin, dass alle dich sehen können.
- Versuche, frei zu sprechen und wenig abzulesen.
- Sprich langsam und deutlich.
- Sieh beim Sprechen die Zuhörerinnen und Zuhörer an.
- Zeige deine Materialien zur Veranschaulichung an passenden Stellen.
- Erkläre, was diese zusätzlichen Materialien zeigen sollen.
- Präsentiere nicht zu schnell. Das Publikum muss alles lesen können.

Eine Präsentation frei vortragen
▶ S. 75, 80

Feedback geben

- Sende Ich-Botschaften.
- Benenne positive Eindrücke zuerst. Beschreibe dabei genau, was positiv war.
- Stelle Fragen, wenn dir etwas unklar war.
- Sage, was noch verbessert werden könnte.
- Falls du noch einen Tipp hast, benenne diesen so konkret wie möglich.

Feedback geben
▶ S. 21, 24, 27, 29, 39, 78, 80, 83, 85, 101, 103, 119, 125, 128, 129, 134, 136, 137, 139, 146, 149, 192

Ein Projekt planen, durchführen und auswerten

In einem Projekt beschäftigt ihr euch mit einem bestimmten Thema.

1. Schritt: Das Projekt planen
2. Schritt: Die Gruppenarbeit planen und umsetzen
3. Schritt: Die Ergebnisse der Gruppenarbeit vorstellen und das Projekt durchführen
4. Schritt: Das Projekt auswerten

Projektideen
▶ S. 116, 129, 138, 149

Ideen sammeln, planen, schreiben, überarbeiten

Mit einem Cluster Ideen sammeln

- Nimm dir ein leeres Blatt Papier.
- Schreibe in die Mitte das Thema (ein Wort oder eine Wortgruppe). Kreise das Thema ein.
- Schreibe nun die Wörter auf, die dir zu dem Thema einfallen.
- Verbinde die neuen Wörter durch Striche mit dem Thema.
- Manchmal kannst du auch zu den neuen Wörtern weitere Wörter finden.

Einen Cluster anfertigen
▶ S. 69, 89–90, 175, 178–180, 183, 259

Mit einer Mindmap Ideen sammeln

- Schreibe das Thema in die Mitte eines leeren Blattes. Rahme das Thema ein.
- Zeichne Linien von der Mitte, also vom Thema aus.
- Schreibe wichtige Stichworte oder Fragen zum Thema auf die Linien.
- Zeichne Abzweigungen von den Linien.
- Schreibe Unterpunkte auf die Abzweigungen.

Eine Mindmap gestalten
▶ S. 35, 46–47, 72, 77–78, 85, 202, 205, 259

Stichworte aufschreiben

- Formuliere Stichworte kurz und knapp: Was ist das Wichtigste?
- Schreibe nur einzelne Schlüsselwörter, höchstens Wortgruppen auf. Dabei helfen dir auch die W-Fragen: Wo? Was? Wie?
- Schreibe übersichtlich und in gut lesbarer Schrift.

Stichworte aufschreiben
▶ S. 34, 35, 41, 43, 47, 49, 52, 54, 56, 58, 71–73, 82, 84, 110, 133, 136, 152, 163–164, 166, 196

Einen informierenden Text schreiben

1. Schritt: Den Text planen
- Über welches Thema möchtest du informieren? Sammle Informationen.
- Überlege: Wen möchtest du mit deinem Text informieren?
- Welche Informationen könnten interessant sein? Schreibe Stichworte auf.
- Ordne deine Informationen und schreibe eine Gliederung.

2. Schritt: Den Text schreiben
- Finde eine passende Überschrift.
- Formuliere eine Einleitung, die zum Weiterlesen anregt.
- Schreibe im Hauptteil einfache und klare Sätze. Verwende die nötigen Fachbegriffe.
- Lasse unwichtige Informationen weg. Schreibe sachlich.
- Schreibe zum Schluss einen zusammenfassenden Satz auf.

3. Schritt: Den Text überarbeiten
- Überprüfe deinen Text. Verwende Checklisten.
- Überarbeite den Text. Achte auch auf die Rechtschreibung.

Einen informierenden Text schreiben
▶ S. 36–38, 42–49, 199, 205

Einen Vorgang beschreiben

1. Schritt: Die Vorgangsbeschreibung planen
- Notiere alle benötigten Materialien und Arbeitsmittel.
- Schreibe in Stichworten die Arbeitsschritte auf und ordne sie.

2. Schritt: Die Vorgangsbeschreibung schreiben
- Formuliere eine passende Überschrift.
- Nenne zuerst die Materialien und Arbeitsmittel.
- Beschreibe die Schritte genau und in der richtigen Reihenfolge.

3. Schritt: Die Vorgangsbeschreibung überarbeiten
- Überprüfe deine Vorgangsbeschreibung. Verwende Checklisten.
- Überarbeite die Vorgangsbeschreibung. Achte auf die Rechtschreibung.

Einen Vorgang beschreiben
► S. 57–61, 63–65, 272–273

Einen Aufruf schreiben

Mit einem Aufruf soll jemand von etwas überzeugt und zu einem gewünschten Verhalten aufgefordert werden.

1. Schritt: Den Aufruf planen
- Beantworte die Fragen zum Schreibziel: Für wen oder an wen schreibst du? Was möchtest du erreichen?
- Sammle Informationen. Begründe deine Meinung mit Argumenten.

2. Schritt: Den Aufruf schreiben
- Notiere eine passende Überschrift.
- Formuliere eine Einleitung, die zum Weiterlesen anregt.
- Nenne im Hauptteil wichtige Informationen und Argumente zum Thema.
- Notiere zum Schluss in Aufforderungssätzen, was du dir von den Leserinnen und Lesern wünschst.

3. Schritt: Den Aufruf überarbeiten
- Überprüfe und überarbeite deinen Aufruf. Achte auf die Rechtschreibung.

Einen Aufruf schreiben
► S. 76–79, 81–87

Meinungen schriftlich begründen

Wenn du eine Meinung vertreten willst, begründe sie mit Argumenten. Ein Argument besteht aus einer Behauptung und einer Begründung.

1. Schritt: Den Text planen
- Finde Pro-Argumente, wenn du dafür bist.
- Finde Kontra-Argumente, wenn du dagegen bist.

2. Schrift: Den Text schreiben
- Ordne deine Argumente.
- Begründe deine Meinung mit **denn-** oder **weil**-Sätzen.

3. Schritt: Den Text überarbeiten
- Überprüfe und überarbeite anschließend deinen Text.

Meinungen schriftlich begründen
► S. 94–96, 99–105

Eine Geschichte mit den Handlungsbausteinen schreiben

1. Schritt: Die Geschichte planen
- Plane deine Geschichte mit Hilfe einer Mindmap oder eines Clusters. Schreibe Stichworte zu den Handlungsbausteinen auf:
  - Wer soll meine Hauptfigur sein? In welcher Situation steckt sie?
  - Welchen Wunsch hat sie?
  - Welches Hindernis ist ihr im Weg?
  - Wie reagiert die Hauptfigur auf das Hindernis?
  - Wie endet die Geschichte?
- Lege für jeden Handlungsbaustein eine Karte an und notiere deine Ideen in ganzen Sätzen auf deine Karten.
- Überlege dir den Aufbau für deine Geschichte.

2. Schritt: Die Geschichte schreiben
- Beschreibe Personen, Orte und Gefühle mit treffenden Adjektiven.
- Durch Gedanken und wörtliche Rede wird die Geschichte lebendig.
- Verwende treffende Verben und unterschiedliche Satzanfänge.

3. Schritt: Die Geschichte überarbeiten
- Überprüfe deine Geschichte. Verwende Checklisten.
- Überarbeite deine Geschichte. Achte auf die Rechtschreibung.

Eine Geschichte schreiben ▶ **S. 175–181, 212–215**

Zitieren

Beim wörtlichen Zitieren übernimmst du aus anderen Texten (z. B. aus Büchern, Zeitungen, Internettexten) Wörter, Wortgruppen oder Sätze in deinen Text, ohne sie zu verändern. Damit die fremden Textteile zu erkennen sind, musst du sie in Anführungszeichen setzen. Gib in Klammern die Quelle und die Textstelle (Seiten- und Zeilenzahl) an, die du zitierst.

Zitieren ▶ **S. 174, 210–211**

Texte überarbeiten in der Schreibkonferenz

In einer Schreibkonferenz überarbeitet ihr eure Texte in der Gruppe.

Regel 1: Die Autorin oder der Autor liest den Text vor.
Regel 2: Sagt zuerst, was euch an dem Text gefällt.
Regel 3: Arbeitet gemeinsam an dem Text.
- Schreibt auf, worauf ihr bei der jeweiligen Textsorte (z. B. informierender Text, Geschichte, Vorgangsbeschreibung) achten müsst.
- Achtet auf die sprachlichen Mittel (z. B. Wortwahl, Zeitform) und die Rechtschreibung.

Regel 4: Die Autorin/der Autor schreibt den überarbeiteten Text ab.

Schreibkonferenz ▶ **S. 56, 67, 78, 83, 85, 103, 176, 212–215**

Rechtschreiben

Die Arbeitstechniken

Der Rechtschreib-Check

Checkpunkt 1: Deutlich sprechen – genau hinhören
Sprich dir das geschriebene Wort langsam und deutlich vor.
So kannst du Flüchtigkeitsfehler und fehlende Buchstaben erkennen.

Checkpunkt 2: Lang oder kurz?
Sprich das Wort leise vor dich hin:
Ist der Vokal lang oder kurz?

Langer Vokal:
- Meist folgt nur ein Konsonant: ge**b**en
- Langes **i** ist meist **ie**: die D**ie**be
- Manchmal folgt ein **h**: ho**h**l.

Kurzer Vokal:
Meist folgen zwei Konsonanten,
- zwei gleiche: re**tt**en, ro**ll**en oder
- zwei verschiedene: ha**lt**en.

Checkpunkt 3: Verwandtes Wort?
Findest du ein Wort schwierig, z. B. mit **ä** oder **e, äu** oder **eu?**
Dann finde ein verwandtes Wort, das du sicher schreiben kannst.
Denn den Wortstamm in verwandten Wörtern schreibst du immer gleich:
das Gebäude mit **äu** so wie bauen mit **au**.

Checkpunkt 4: b oder p, d oder t, g oder k am Wortende oder am Ende des Wortstamms?
Verlängere das Wort/den Wortstamm. Dann hörst du, wie es endet.

Checkpunkt 5: Groß oder klein?
Nomen schreibst du groß. Mit diesen Fragen erkennst du Nomen:
- Hat das Wort einen oder mehrere Begleiter?
- Endet das Wort mit der Nachsilbe **-ung, -heit, -keit, -schaft, -nis** oder **-tum?**
- Gibt es vor dem Wort Wörter wie **am, beim, zum, alles, nichts, viel**? Schreibe **groß**.

Checkpunkt 6: Komma – ja oder nein?
- Ein Komma steht bei Aufzählungen.
- Ein Komma steht zwischen Haupt- und Nebensätzen z. B. mit den Konjunktionen **dass, weil, wenn, als, bevor, nachdem, obwohl** oder mit einem Relativpronomen.
- Ein Komma steht bei wörtlicher Rede vor (und nach) dem Begleitsatz.

Rechtschreib-Check
▸ S. 220–225, 232–235, 239–242

Das Abschreiben

1. **Schritt**: Lies den Text langsam und sorgfältig.
2. **Schritt**: Gliedere den Text in Sinneinheiten.
3. **Schritt**: Präge dir die Wörter einer Sinneinheit genau ein.
4. **Schritt**: Schreibe die Wörter auswendig auf. Lasse immer eine Zeile frei.
5. **Schritt**: Kontrolliere Wort für Wort.
6. **Schritt**: Streiche Fehlerwörter durch und schreibe sie richtig darüber.
7. **Schritt**: Schreibe die Fehlerwörter in deine Rechtschreibkartei.

Abschreiben
▸ S. 60, 228, 229, 234, 240, 241, 242, 247, 249, 251, 253, 255, 267, 268, 269, 279, 280, 281, 288

Fehlerwörter sammeln in der Rechtschreibkartei

1. Schreibe dein Fehlerwort in die Mitte der ersten Zeile.
2. Schreibe gut lesbar und fehlerlos.
3. Markiere die schwierige Stelle.
4. Schreibe bei Verben das Personalpronomen (**er**, **es** oder **sie**) und den Infinitiv (die Grundform) dazu.
5. Schreibe bei Adjektiven die Steigerungsformen dazu.
6. Schreibe die Nomen mit Artikel im Singular und im Plural auf.
7. Schreibe zu dem Fehlerwort einen passenden Rechtschreibtipp auf.

Fehlerwörter sammeln
► **S. 230, 240, 257**

Nachschlagen

- Suche das Wort unter dem richtigen Buchstaben des Alphabets.
- Wenn die Wörter mit demselben Buchstaben beginnen, musst du dich nach dem zweiten Buchstaben richten. Manchmal musst du dir den dritten, vierten oder fünften Buchstaben ansehen.
- Die Vergangenheitsformen von Verben stehen oft nur beim Infinitiv.
- Steigerungsformen der Adjektive stehen nur bei der nicht gebeugten Form des Adjektivs.

Nachschlagen
► **S. 34, 199, 231, 239, 244, 247, 254, 263, 267**

Rechtschreibstrategien und Regeln

Mitsprechwörter – Nachdenkwörter – Merkwörter

- Viele Wörter schreiben wir so, wie wir sie sprechen und hören. Diese Wörter sind **Mitsprechwörter.**
  → Ich höre, wie ich das Wort schreiben muss.
- Bei manchen Wörtern hörst du nicht, wie du sie schreiben musst. Rechtschreibstrategien und Regeln helfen dir, diese **Nachdenkwörter** richtig zu schreiben.
  → Ich denke nach und erkläre, wie ich das Wort schreiben muss.
- **Merkwörter** sind Wörter, deren Schreibweise du nicht durch Strategien oder Regeln herleiten kannst.
  → Ich merke mir, wie ich das Wort schreiben muss.

Mitsprechwörter
► **S. 232, 256**

Nachdenkwörter
► **S. 233–243, 246–257**

Merkwörter
► **S. 228, 244–245, 247, 249, 253, 255**

Mit Wortbausteinen üben

Viele Wörter sind aus mehreren Teilen zusammengesetzt: aus dem Wortstamm und anderen Wortbausteinen.

- Gleiche Wortstämme schreibt man in der Regel gleich.
- Durch Vorsilben und Nachsilben können verwandte Wörter gebildet werden.
- Verben und Adjektive können mit einem Nomen ein neues zusammengesetztes Nomen bilden:
  singen + der Vogel = der Singvogel, voll + der Mond = der Vollmond
- Nomen können mit einem Adjektiv ein neues zusammengesetztes Adjektiv bilden: das Messer + scharf = messerscharf

Mit Wortbausteinen üben
► **S. 235–238, 246, 248, 251, 252, 254, 256**

Regelwissen anwenden: Wortgruppen getrennt schreiben

Wortgruppen schreibt man in der Regel getrennt:
- Wortgruppen mit **sein**: da sein, bereit sein
- Wortgruppen aus Nomen + Verb: Kuchen backen, Rad fahren

Wortgruppen getrennt schreiben ► S. 243

Großschreibung und Kleinschreibung

Regelwissen anwenden: Nomen großschreiben

Nomen werden großgeschrieben.
- **Tipp 1:** Prüfe, ob mit dem Wort Lebewesen, Gegenstände oder Dinge bezeichnet werden.
- **Tipp 2:** Prüfe, ob das Wort einen Artikel (Begleiter) bei sich hat.
- **Tipp 3:** Prüfe, ob vor dem Nomen ein Adjektiv steht.
- **Tipp 4:** Prüfe, ob vor dem Nomen ein Pronomen steht.
- **Tipp 5:** Prüfe, ob das Wort die Nachsilbe **-ung**, **-heit**, **-keit**, **-schaft**, **-nis** oder **-tum** hat.
- **Tipp 6:** Prüfe, ob vor dem Wort eine Präposition wie **im**, **beim**, **zum** steht.
- **Tipp 7:** Prüfe, ob vor dem Wort ein Zahlwort steht.

Nomen großschreiben ► S. 239–241, 243, 251, 253, 256

R

Verben und Adjektive werden zu Nomen (Nominalisierung)

Aus Verben können Nomen werden. Die Wörter **das**, **beim**, **vom** und **zum** machen Verben zu Nomen: fahren – das Fahren, lachen – zum Lachen.
Auch aus Adjektiven können Nomen werden. Dafür sorgen die Wörter **etwas**, **nichts** und **alles**: neu – nichts Neues.
Verben und Adjektive, die zu Nomen wurden, schreibt man groß.
Man kann sie am Artikel erkennen, den man ergänzen kann (Artikelprobe).

Nominalisierungen ► S. 241, 250, 251, 253

Regelwissen anwenden: Eigennamen

Eigennamen wie die Namen von Personen (z. B. Vornamen und Nachnamen), Lebewesen und Orten (z. B. Länder, Straßen) werden großgeschrieben.
Bestehen Eigennamen aus mehreren Wörtern, werden alle Adjektive und Nomen großgeschrieben:
Johann Wolfgang von Goethe, der Bayerische Wald

Eigennamen ► S. 243

Die Anredepronomen

Die Anredepronomen **Sie**, **Ihr**, **Ihre**, **Ihnen** werden großgeschrieben.

Zeitangaben

Tageszeiten und Wochentage mit einem **s** am Ende werden kleingeschrieben:
morgens, mittags, abends, montags, dienstags, mittwochs.

Zeichensetzung

Komma bei Aufzählungen

Die Teile einer Aufzählung, die nicht durch **und** verbunden sind, werden durch Kommas voneinander getrennt: Ich bin höflich, ehrlich, intelligent und fröhlich.

Komma bei Aufzählungen
► S. 247

Komma bei Hauptsätzen und Nebensätzen

Der Hauptsatz und der Nebensatz werden durch ein Komma voneinander abgetrennt. Im Nebensatz steht die gebeugte Verbform an letzter Stelle.
Meine Eltern standen an meinem Bett**,** als ich **aufwachte**.
Als ich **aufwachte,** standen meine Eltern an meinem Bett.

Komma bei Hauptsätzen und Nebensätzen
► S. 251, 253, 257, 286–289

Komma bei Infinitivsätzen

Infinitivsätze beginnen häufig mit den Signalwörtern **um**, **ohne**, **anstatt**, **außer** und **statt** und enden immer mit einem Infinitiv mit **zu**. Sie werden mit Komma vom Hauptsatz abgetrennt: Am besten lässt man sich beraten**,** **um** seinen Computer richtig **zu** schützen.

Komma bei Infinitivsätzen
► S. 255

Wörtliche Rede

Wörtliche Rede wird in Anführungszeichen gesetzt. Steht der Begleitsatz vor der wörtlichen Rede, wird er mit einem Doppelpunkt abgeschlossen:
Aufgeregt fragt Amina**: „**Lukas, hast du das in der Zeitung gelesen**?“**
Steht die wörtliche Rede vor dem Begleitsatz, dann musst du zwischen der wörtlichen Rede und dem Begleitsatz ein Komma setzen.
„Was steht in der Zeitung?**“,** fragte Lukas.

Wörtliche Rede
► S. 249

Grammatik

Sprache und Stil

Sich adressatenbezogen äußern

Wie du etwas ausdrückst, hängt von der Umgebung ab und von deinem Gesprächspartner.
Es gibt bestimmte Sprachebenen:
- Die Standardsprache ist die allgemein verbindliche Form einer Sprache, wie sie in der Öffentlichkeit gebraucht wird.
- Die Jugendsprache enthält besondere Wörter und Wendungen, die sehr zeitbezogen sind und von Jugendlichen geprägt werden.
- Fachsprachen enthalten besondere Wörter, meist Fremdwörter, und Formulierungen, die von bestimmten Berufsgruppen verwendet werden.
- Dialekte sind regionale Sprachformen, z. B. Niederbayerisch, Fränkisch.

Sich adressatenbezogen äußern
► S. 14–29, 43, 59, 73, 76, 78, 79, 81, 83, 85, 86, 87, 97, 104, 262–265

Die Wortarten

Nomen

Nomen bezeichnen Lebewesen und Gegenstände sowie gedachte oder vorgestellte Dinge. Im Deutschen schreibt man Nomen immer groß. Vor einem Nomen steht oft ein bestimmter Artikel (der, das, die) oder ein unbestimmter Artikel (ein, ein, eine).

Zwei Nomen können ein zusammengesetztes Nomen bilden:

das Gift	+	die Schlange	=	die Giftschlange
Bestimmungswort		Grundwort		zusammengesetztes Nomen

Der Artikel richtet sich nach dem Grundwort.

Nomen ► S. 233, 237, 239–241, 247, 250, 267

Zusammengesetzte Nomen ► S. 237, 250, 267

Nomen in vier Fällen

In Sätzen erscheinen Nomen immer in einem bestimmten Fall (Kasus). Im Deutschen gibt es vier Fälle. Der Artikel und die Endung des Nomens richten sich nach dem Fall. Man kann nach dem Fall, in dem ein Nomen steht, fragen.

Fall	Geschlecht					
	männlich		sächlich		weiblich	
	Singular	Plural	Singular	Plural	Singular	Plural
Nominativ (Wer oder was?)	der Ball	die Bälle	das Spiel	die Spiele	die Karte	die Karten
Genitiv (Wessen?)	des Balles	der Bälle	des Spiel(e)s	der Spiele	der Karte	der Karten
Dativ (Wem?)	dem Ball	den Bällen	dem Spiel	den Spielen	der Karte	den Karten
Akkusativ (Wen oder was?)	den Ball	die Bälle	das Spiel	die Spiele	die Karte	die Karten

Nomen in vier Fällen ► S. 268

Pronomen

Personalpronomen ersetzen Nomen oder Wortgruppen, in denen Nomen vorkommen. Sie können im Singular und im Plural stehen.
Singular: ich, du, er/sie/es Plural: wir, ihr, sie

Possessivpronomen zeigen an, wem etwas gehört. Die Endungen der Possessivpronomen richten sich nach dem dazugehörenden Nomen.
Singular: mein/meine, dein/deine, sein/seine, ihr/ihre
Plural: unser/unsere, euer/eure, ihr/ihre

Demonstrativpronomen weisen auf eine Person, eine Sache oder ein Ereignis hin. Sie können vor einem Nomen stehen oder anstelle eines Nomens. Mit Demonstrativpronomen kann man etwas hervorheben und besonders betonen.
Dieser Spieler gewinnt jeden Zweikampf.

Personalpronomen ► S. 23, 228

Possessivpronomen ► S. 267

Demonstrativpronomen ► S. 269

Verben im Präsens

Verben im Präsens (Gegenwart) verwendet man, um auszudrücken, was man regelmäßig tut oder was man jetzt tut: Sie **spielt** mit ihrer Katze.

Verben im Präsens ► S. 23, 59, 60, 65, 228, 231, 232, 249, 267, 272–273, 313–314

Verben im Perfekt

Wenn man etwas mündlich erzählt, was schon vergangen ist, verwendet man meist das Perfekt (2. Vergangenheit). Viele Verben bilden das Perfekt mit dem Hilfsverb **haben**: Wir **haben gelacht**.
Verben der Bewegung bilden das Perfekt mit dem Hilfsverb **sein**:
Die Kinder **sind gelaufen**.
Bei einigen Verben ändert sich im Perfekt der Verbstamm:
rennen: Wir sind **gerannt**.

Verben im Perfekt ► S. 228, 231, 249, 267, 313–314

Verben im Präteritum

Wenn man schriftlich über etwas berichtet oder erzählt, was schon vergangen ist, verwendet man das Präteritum (1. Vergangenheit).
Bei einigen Verben ändert sich im Präteritum der Verbstamm:
finden: Sie **fanden** die Knollen in der Erde.

Verben im Präteritum ► S. 215, 228, 231, 249, 267, 274, 313–314

Verben im Plusquamperfekt

Das Plusquamperfekt (3. Vergangenheit) verwendet man, wenn man ausdrücken will, dass etwas vor einem schon zurückliegenden Ereignis geschah.
Viele Verben bilden das Plusquamperfekt mit den Vergangenheitsformen von **haben** und dem Partizip Perfekt: Er **hatte geplant**.
Verben der Bewegung bilden es mit dem Hilfsverb **sein**:
Sie **waren** erschöpft **gewesen**.

Verben im Plusquamperfekt ► S. 267

Verben im Futur I

Wenn man über Dinge spricht, die in der Zukunft liegen, verwendet man oft das Futur (Zukunft). Das Futur wird mit **werden** gebildet:
Das Organisationsteam **wird** das nächste Sportfest bald **planen**.

Verben im Futur I ► S. 267

Verben im Futur II

Wenn man über Dinge spricht, die in der Zukunft abgeschlossen sein werden, verwendet man das Futur II (vollendete Zukunft). Das Futur II wird mit einer Form von **werden**, dem Partizip Perfekt und einer Form von **sein** oder **haben** gebildet.
In zwei Wochen **werden** wir **umgezogen sein**.
Übermorgen **werde** ich den neuen Film **gesehen haben**.

Verben im Futur II ► S. 276–277

Verben im Passiv

Das Passiv beschreibt, was mit einer Person oder einem Gegenstand getan wird. Dabei ist der Vorgang wichtig, aber nicht, wer ihn ausführt.
Das Passiv wird mit einer Form von **werden** und dem Partizip Perfekt gebildet: Die Figur **wird** auf den Ausgangspunkt **gesetzt**.

Verben im Passiv
▶ S. 59, 61, 272–275, 277

Verben im Konjunktiv I

Mit dem Konjunktiv I kannst du etwas wiedergeben, das jemand anderes gesagt hat (indirekte Rede). Auch unsichere Informationen kannst du mit dem Konjunktiv I ausdrücken.
Der Konjunktiv I wird oft mit Verbformen von **haben** oder **sein** gebildet.
Riccardo sagt, seine Klasse **habe** das Theaterstück **gesehen.**
Riccardo sagt, seine Klasse **sei** gestern im Theater **gewesen**.

Verben im Konjunktiv I
▶ S. 270–271, 277

Adjektive

Mit Adjektiven (Eigenschaftswörtern) kann man Personen, Tiere oder Gegenstände genauer beschreiben:
Der Tisch ist rund. Das Hemd ist rot. Die Vase ist alt.
Adjektive werden im Satz kleingeschrieben.
Steht das Adjektiv vor einem Nomen, verändert sich die Endung:
der runde Tisch – ein runder Tisch
das rote Hemd – ein rotes Hemd
die alte Vase – eine alte Vase
Aus Nomen und Adjektiven können zusammengesetzte Adjektive gebildet werden. Sie werden kleingeschrieben: der Spiegel + glatt = spiegelglatt.

Will man beschreiben, wie sich Personen, Tiere oder Sachen unterscheiden, kann man gesteigerte Adjektive verwenden:

Grundform	Komparativ (1. Vergleichsstufe)	Superlativ (2. Vergleichsstufe)
(so) groß (wie)	größer (als)	am größten

Adjektive
▶ S. 214, 238, 248, 251, 252, 254, 256, 267

Präpositionen

Wörter wie **an**, **auf**, **unter**, **neben**, **in**, **hinter**, **vor**, **über**, **zwischen** sind Präpositionen. Mit ihrer Hilfe kann man z. B. ausdrücken, wo sich etwas befindet (Dativ) oder wohin etwas kommt (Akkusativ).
Auf manche Verben folgt eine feste Präposition:
- mit Dativ: erzählen von, sprechen über, beginnen mit
- mit Akkusativ: bitten um, sich wundern über, warten auf, sich freuen auf.

Präpositionen
▶ S. 268

Die Satzglieder

Das Subjekt, das Prädikat, die Objekte

Mit **Wer oder was?** fragt man nach dem Subjekt:

Wer verkauft Waffeln? Timo verkauft Waffeln.

Was ist laut? Die Musik ist laut.

Das Prädikat sagt etwas darüber aus, was jemand tut oder was geschieht. Mit **Was tut ...?**, **Was hat ... getan?** oder **Was geschieht?** fragt man nach dem Prädikat. In den meisten Sätzen steht das Prädikat an zweiter Stelle.

Was tut Kerem? Kerem spielt die aktuellen Hits.

Manchmal bildet das Prädikat eine Klammer:

Was hat Timo gestern getan? Timo hat den Waffelteig vorbereitet.

Mit **Wen oder was?** fragt man nach einem Akkusativobjekt:

Wen hat Frau Müller eingeladen? Sie hat die Schulleiterin eingeladen.

Was packt Nina aus? Nina packt die Blumen aus.

Mit **Wem?** fragt man nach einem Dativobjekt:

Wem hilft Dario? Dario hilft Maja.

Mit **Wessen?** fragt man nach einem Genitivobjekt:

Wessen entledigte sich Frau Müller? Sie entledigte sich ihrer Schuhe.

Subjekt
▶ S. 278–280, 284, 287, 290

Prädikat
▶ S. 278–279, 284, 290

Objekt
▶ S. 278–280, 284, 290

Die adverbialen Bestimmungen

Mit einer adverbialen Bestimmung des Ortes kann man ausdrücken, **wo** etwas geschieht. Man fragt mit **Wo?**, **Woher?** oder **Wohin?**.
Wo hängen die Lampions? Die Lampions hängen im Schulhof.

Mit einer adverbialen Bestimmung der Zeit kann man ausdrücken, **wann** etwas geschieht. Man fragt mit **Wann?** oder **Wie lange?**.
Wann wischt Nico die Tische ab? Nico wischt sie gleich ab.

Mit einer adverbialen Bestimmung des Grundes kann man ausdrücken, warum etwas geschieht. Man fragt mit **Warum?**.
Warum hat Yannic sich besonders beeilt?
Yannic hat sich wegen der kurzen Vorbereitungszeit besonders beeilt.

Mit einer adverbialen Bestimmung der Art und Weise kann man ausdrücken, wie etwas geschieht oder wie jemand etwas tut. Man fragt mit **Wie?**.
Wie hat die Hausdame den Pokal poliert?
Die Hausdame hat den Pokal sehr gewissenhaft poliert.

Adverbiale Bestimmungen
▶ S. 278, 281–284, 290

Satzglieder umstellen

Ein Satzglied kann aus einem Wort oder aus einer Wortgruppe bestehen.
Mit der Umstellprobe kannst du Satzglieder ermitteln:
Die Wörter eines Satzglieds kann man nur gemeinsam umstellen.
Wir feiern ein Sommerfest. – Ein Sommerfest feiern wir.

Satzglieder umstellen
▶ S. 281, 284, 287

Die Ersatzprobe

Mit der Ersatzprobe kannst du Satzglieder, die sich in einem Text häufig wiederholen, durch andere Wörter und Wortarten ersetzen.
Plötzlich tauchte Lumpi auf. Lumpi nahm Frau Müllers Schuhe.
→ Plötzlich tauchte **Lumpi** auf. **Er** nahm Frau Müllers Schuhe.

Ersatzprobe
▶ S. 23

Die Ergänzungsprobe

Mit der Ergänzungsprobe kannst du prüfen, mit welchen Satzgliedern du etwas genauer oder deutlicher beschreiben solltest.
Sie unternahmen eine Bergtour. → Sie unternahmen eine **anstrengende** Bergtour, **die durch schwieriges Gelände führte**.

Ergänzungsprobe
▶ S. 282, 284, 289, 291

Die Weglassprobe

Mit der Weglassprobe kannst du prüfen, welche Satzglieder entfallen können, ohne dass der Satz falsch wird.
Suzan hat ~~**gestern rote**~~ Tomaten gekauft~~, **die allen gut schmeckten**~~.

Weglassprobe
▶ S. 284

Die Satzarten

Die Satzarten und die Satzschlusszeichen

- Nach einem Aussagesatz steht ein Punkt.
  Es gibt heute Butterbrezen**.**
- Nach einem Ausrufesatz steht ein Ausrufezeichen.
  Oh, das ist ja toll**!**
- Nach einem Aufforderungssatz steht ein Punkt oder ein Ausrufezeichen.
  Gib mir bitte eine Flasche Wasser**.** Gib mir bitte eine Laugenstange**!**
- Nach einem Fragesatz steht ein Fragezeichen.
  Was möchtest du haben**?**

Nach einem Punkt, Fragezeichen oder Ausrufezeichen schreibst du groß.

Hauptsätze und Nebensätze

Ein Hauptsatz ist ein eigenständiger Satz.
Im Hauptsatz steht die gebeugte Verbform an zweiter Stelle.
Herr Maier kocht gern.
Ein Nebensatz kann nicht ohne einen Hauptsatz stehen.
Im Nebensatz steht die gebeugte Verbform an letzter Stelle.
Herr Maier lädt oft Gäste ein, weil er gern für andere kocht.
Hauptsatz Nebensatz

Der Nebensatz wird durch eine Konjunktion (Bindewort) wie **weil** oder **dass** mit dem Hauptsatz verbunden (Satzgefüge).
Der Hauptsatz und der Nebensatz werden durch ein Komma voneinander abgetrennt.

Hauptsätze und Nebensätze ► **S. 251, 253, 257, 278, 286–289, 291**

Satzreihen

Mit einer Satzreihe kann man Hauptsätze verbinden, die man als Einheit versteht. Eine Satzreihe besteht aus mindestens zwei Hauptsätzen.
Die gebeugte Verbform steht an zweiter Stelle.
Konjunktionen wie **und**, **oder**, **aber**, **sondern**, **denn**, **doch** verbinden Hauptsätze. Vor den Konjunktionen steht ein Komma. Nur vor **und** und **oder** kann es fehlen.
Wir **spielen** das Spiel oft, **denn** es **macht** großen Spaß.
Hauptsatz Hauptsatz

Satzreihen ► **S. 278, 285, 291**

Satzgefüge

Mit einem Satzgefüge kann man Aussagen verknüpfen.
Ein Satzgefüge besteht aus einem Hauptsatz und mindestens einem Nebensatz.
Der Hauptsatz und der Nebensatz werden durch ein Komma voneinander abgetrennt.
Die Nebensätze werden mit einer Konjunktion (Bindewort) eingeleitet:
- Mit **weil**-Sätzen kann man etwas begründen.
- Nebensätze mit **wenn** geben eine Bedingung an.
- Nach den Verben **sagen**, **denken**, **meinen** und **glauben** folgen oft **dass**-Sätze.

Satzgefüge ► **S. 251, 253, 257, 278, 286–289, 291**

Relativsätze

Ein Nebensatz mit dem Relativpronomen der, das, die oder die ist ein Relativsatz. Er erklärt ein Nomen im Hauptsatz genauer.
Ich höre gern Musik, die gute Laune macht.
Sara kauft ein Geschenk, das Viola Freude bereitet.
Ich habe einen Freund, der bei der Jugendfeuerwehr ist.

Relativsätze ► **S. 288–289, 291**

Unregelmäßige (starke) und trennbare Verbformen im Überblick

* trennbares Verb

Infinitiv	Präsens	Präteritum	Perfekt
*abgeben	er gibt ab	er gab ab	er hat abgegeben
*abräumen	sie räumt ab	sie räumte ab	sie hat abgeräumt
*abschreiben	er schreibt ab	er schrieb ab	er hat abgeschrieben
*anfangen	sie fängt an	sie fing an	sie hat angefangen
*aufessen	er isst auf	er aß auf	er hat aufgegessen
*aufheben	sie hebt auf	sie hob auf	sie hat aufgehoben
*aufschreiben	er schreibt auf	er schrieb auf	er hat aufgeschrieben
*auftragen	sie trägt auf	sie trug auf	sie hat aufgetragen
*ausprobieren	er probiert aus	er probierte aus	er hat ausprobiert
beginnen	sie beginnt	sie begann	sie hat begonnen
behalten	er behält	er behielt	er hat behalten
bekommen	sie bekommt	sie bekam	sie hat bekommen
bitten	er bittet	er bat	er hat gebeten
bleiben	sie bleibt	sie blieb	sie ist geblieben
bringen	er bringt	er brachte	er hat gebracht
denken	sie denkt	sie dachte	sie hat gedacht
*einkaufen	er kauft ein	er kaufte ein	er hat eingekauft
*einstecken	sie steckt ein	sie steckte ein	sie hat eingesteckt
sich entscheiden	er entscheidet sich	er entschied sich	er hat sich entschieden
essen	sie isst	sie aß	sie hat gegessen
fahren	er fährt	er fuhr	er ist gefahren
fallen	sie fällt	sie fiel	sie ist gefallen
finden	er findet	er fand	er hat gefunden
fliegen	sie fliegt	sie flog	sie ist geflogen
geben	er gibt	er gab	er hat gegeben
gehen	sie geht	sie ging	sie ist gegangen
haben	er hat	er hatte	er hat gehabt
halten	sie hält	sie hielt	sie hat gehalten
helfen	er hilft	er half	er hat geholfen
*herstellen	sie stellt her	sie stellte her	sie hat hergestellt
kennen	er kennt	er kannte	er hat gekannt
kommen	sie kommt	sie kam	sie ist gekommen
können	er kann	er konnte	er hat gekonnt
lassen	sie lässt	sie ließ	sie hat gelassen
laufen	er läuft	er lief	er ist gelaufen
lesen	sie liest	sie las	sie hat gelesen

* trennbares Verb

Infinitiv	Präsens	Präteritum	Perfekt
*mitbringen	er bringt mit	er brachte mit	er hat mitgebracht
müssen	sie muss	sie musste	sie hat gemusst
*nachschlagen	er schlägt nach	er schlug nach	er hat nachgeschlagen
nehmen	sie nimmt	sie nahm	sie hat genommen
rennen	er rennt	er rannte	er ist gerannt
rufen	sie ruft	sie rief	sie hat gerufen
schlafen	er schläft	er schlief	er hat geschlafen
schreiben	sie schreibt	sie schrieb	sie hat geschrieben
schwimmen	er schwimmt	er schwamm	er ist geschwommen
sehen	sie sieht	sie sah	sie hat gesehen
sein	er ist	er war	er ist gewesen
singen	sie singt	sie sang	sie hat gesungen
sitzen	er sitzt	er saß	er hat gesessen
sprechen	sie spricht	sie sprach	sie hat gesprochen
springen	er springt	er sprang	er ist gesprungen
stehen	sie steht	sie stand	sie hat gestanden
tragen	er trägt	er trug	er hat getragen
treffen	sie trifft	sie traf	sie hat getroffen
trinken	er trinkt	er trank	er hat getrunken
tun	sie tut	sie tat	sie hat getan
verbieten	er verbietet	er verbat	er hat verboten
vergessen	sie vergisst	sie vergaß	sie hat vergessen
verlassen	er verlässt	er verließ	er hat verlassen
verlieren	sie verliert	sie verlor	sie hat verloren
verstehen	er versteht	er verstand	er hat verstanden
*vorbereiten	sie bereitet vor	sie bereitete vor	sie hat vorbereitet
*wegwerfen	er wirft weg	er warf weg	er hat weggeworfen
werden	sie wird	sie wurde	sie ist geworden
werfen	er wirft	er warf	er hat geworfen
wissen	sie weiß	sie wusste	sie hat gewusst
wollen	er will	er wollte	er hat gewollt
ziehen	sie zieht	sie zog	sie hat gezogen
*zuhören	er hört zu	er hörte zu	er hat zugehört
*zusammenfassen	sie fasst zusammen	sie fasste zusammen	sie hat zusammengefasst
*zusammensitzen	wir sitzen zusammen	wir saßen zusammen	wir haben zusammengesessen
*zusehen	sie sieht zu	sie sah zu	sie hat zugesehen

Textartenverzeichnis

Textquellen

Bauer, Antonia (k. A.): Aufgabe für Politiker: Klima retten (S. 108): Aus: Dein Spiegel 12/2013, S. 10-11.

Boie, Kirsten (geb. 1950 in Hamburg): Der Prinz und der Bottelknabe* (S. 126-127). Aus: Der Prinz und der Bottelknabe oder Erzähl mir vom Dow Jones. Hamburg (Oetinger) 1997, S. 181-186.
Eine wunderbare Liebe* (S. 162, 165-166). Hamburg (Oetinger) 1996, S. 12-13, 22-25.

Bronnenmeyer, Veit (geb. 1973 in Kulmbach): Tödlicher Aperitif (S. 135). Aus: Postcard-Stories Crime. 30 Postkarten in Geschenkbox. Hrsg. v. Norbert Treuheit. Cadolzburg (ars vivendi verlag) 2006.

Erhardt, Heinz (geb. 1909 in Riga/Lettland, gest. 1979 in Hamburg): Was wär ... (S. 192). Aus: Das große Heinz Erhardt Buch. Oldenburg (Lappan Verlag) 1999.

Ernst, Otto (geb. 1862 in Hamburg, gest. 1926 in Hamburg): Nis Randers (S. 141, 147-148). Aus: Deutscher Balladenschatz. Hrsg. v. Adalbert Bauer. Blindlach (Gondrom) 1978, S. 199.

Fischer-Nagel, Heiderose (geb. 1956 in Berlin) / **Fischer-Nagel, Andreas** (geb. 1951 in Berlin): Eine der wichtigsten Aufgaben im Bienenstock ...* (S. 210). Aus: Im Bienenstock. Wunderwelt der Honigbienen. Luzern (Kinderbuchverlag Reich) 1982, S. 25.

Fried, Erich (geb. 1921 in Wien/Österreich, gest. 1988 in Baden-Baden): Es ist was es ist (S. 193). Aus: Gesammelte Werke. Gedichte 3. Berlin (Wagenbach Verlag) 1993.

Goethe, Johann Wolfgang von (geb. 1749 in Frankfurt am Main, gest. 1832 in Weimar): Der Zauberlehrling (S. 141, 142-143). Aus: Werke Bd 1. Hrsg. v. Erich Trunz. München (C. H. Beck Verlag) 1982, S. 276.

Goette, Sabine (k. A.): Ein Tag im Leben einer Holzmechanikerin* (S. 53-54). Abrufbar unter: http://www.beroobi.de/berufe/holzmechaniker/tagesablauf.html (abgerufen am 19.03.2018).

Hédelin, Pascale (k. A.): Baubienen arbeiten stets ...* (S. 210). Aus: Alles über Bienen. Von der Blüte bis zum Honig. Übers. v. Anne Brauner. Illus. v. Sophie Lebot. Esslingen (Esslinger Verlag) 2008, S. 14-15.

Heine, Heinrich (geb. 1797 in Düsseldorf, gest. 1856 in Paris/Frankreich): Dass du mich liebst ... (S. 187). Aus: Werke und Briefe in 10 Bänden. Bd. 1. Hrsg. v. Hans Kaufmann. Berlin und Weimar (Aufbau) 1972, S. 236-237.

Herbst, Christiane (k. A.): Frühlingswelt (S. 188). Abrufbar unter: http://www.deutsche-liebeslyrik.de/gegenwart/herbst_christiane.htm (abgerufen am 25.04.2018).

Hildebrand, Martina (k. A.): Das leise Summen* (S. 46). Aus: „Magazin am Wochenende“ vom 22./23.07.2017, Beilage der Fürther Nachrichten, S. 6-7.

Kinney, Jeff (geb. 1971 in Fort Washington/USA): Gregs Tagebuch. Geht's noch?* (S. 160-161). Übers. v. Dietmar Schmidt. Köln (Bastei Lübbe) 2013, S. 1-7.

Klusen, Peter (geb. 1951 in Mönchengladbach): Prinz und Bettelknabe* (S. 120-124). 2. Auflage. Weinheim (Deutscher Theaterverlag), S. 17-18, 21-27.

Knesebeck, Christine von dem (geb. 1947 in Hamburg): Ob ich ihr sag, dass ich sie mag? (S. 184). Aus: Großer Ozean. Hrsg. v. H.-J. Gelberg. Weinheim/Basel (Beltz) 2000, S. 29.

Kusz, Fitzgerald (geb. 1944 in Nürnberg): miä (S. 182). Aus: Schdernla - Gedichte. Cadolzburg (ars vivendi-Verlag) 1996, S. 76.

Leav, Lang (geb. 1983 in Australien): LOVE LETTERS (S. 183). Aus: Love & Misadventure. Kansas City (Andrews McMeel Publishing) 2013, S. 149.

Lenk, Fabian (geb. 1963 in Salzgitter): Der Mönch ohne Gesicht* (S. 132). Bindlach (Loewe) 2008, S. 33-34.

Maiwald, Peter (geb. 1946 in Grötzingen, gest. 2008 in Düsseldorf): Die Verliebten (S. 191). Aus: Ich und Du und große Leute. Gedichte für Kinder. Hrsg. v. Ursula Remmers und Ursula Warmbold. Stuttgart (Philipp Reclam jun.) 2004, S. 38.

Palacio, Raquel J. (geb. 1963 in New York/USA): Wunder* (S. 156-159). Übers. v. André Mumot. München (Carl Hanser Verlag) 2013, S. 9-11, 68-69, 147-148, 176-180.

Puschkin, Alexander Sergejewitsch (geb. 1799 in Moskau/Russland, gest. 1837 in Sankt Petersburg/Russland): „Du“ und „Sie“ (im russischen Original) (S. 182). Aus: А. С. Пушкин. Собрание сочинений в 10 томах. Москва: ГИХЛ, 1959. Том 2. Стихотворения 1823-1836. „Du“ und „Sie“ (übersetzt ins Deutsche) (S. 182). Aus: Gedichte von Alexander Puschkin. Im Versmaß der Urschrift von Friedrich Fiedler. Leipzig (Philipp Reclam jun. Verlag) 1907.

Ringelnatz, Joachim (geb. 1883 in Wurzen bei Leipzig, gest. 1934 in Berlin): Ein männlicher Briefmark (S. 182). Aus: Und strömt und ruht - Gedichte und Bilder. Hrsg. v. Heinrich Pleticha u. Daniela Kulot. Regensburg (Thienemann Verlag) 2005, S. 311.

Rückert, Friedrich (geb. 1788 in Schweinfurt, gest. 1866 in Coburg): Dein wahrer Freund* (S. 183). Aus: Gesammelte poetische Werke in zwölf Bänden. 7. Bd. Lyrische Gedichte, 6. Buch „Pantheon“ Teil II: Weisheit des Brahmanen. Frankfurt am Main (Sauerländer) 1868, S. 285.

Sachar, Louis (geb. 1954 in New York/USA): Löcher. Die Geheimnisse von Green Lake* (S. 152-155). Übers. v. Birgit Kollmann. Weinheim/Basel (Beltz & Gelberg) 2000, S. 10-11, 23-26, 36, 38, 45, 50, 104-106, 121-123.

Schmidt, Jutta (k. A.): Koch/Köchin* (S. 52). Aus: Beruf aktuell 2017/2018. Hrsg. von der Bundesagentur für Arbeit. Bielefeld (W. Bertelsmann Verlag GmbH & Co. KG) 2017, S.312-313.

Schneller, Gertrud (k. A.): Das Wiedersehen* (S. 169, 172-173). Aus: Geschichten zum Nachdenken. Ein Lesebuch für Schule, Gruppen und Familie. Hrsg. v. Lore Graf. München (Kaiser Verlag) und Mainz (Grünewald Verlag) 1980.

Schüßler, Frank (k. A.): Werbetext zu Kirsten Boie: Der Prinz und der Bottelknabe* (S. 126). Abrufbar unter: https://www.oetinger.de/buecher/autoren/a-c/details/titel/3-7891-3120-2/185/3156/Autor/Kirsten Boie/Der_Prinz_und_der_Bottelknabe.html (abgerufen am 19.03.2018).

Schwarz, Regina (geb. 1951 in Bonn-Beuel): Wen du brauchst (S. 190). Aus: Überall und neben dir. Gedichte für Kinder. Hrsg. v. H.-J. Gelberg. Weinheim/Basel (Beltz) 1993, S. 159.

Schwitters, Kurt (geb. 1887 in Hannover, gest. 1948 in Kendal/Großbritannien): Schnuppe* (S. 182). Aus: Das literarische Werk. Band 1. Lyrik. Hrsg. v. Friedhelm Lach. Köln (Verlag M. DuMont Schauberg) 1973, S. 101.

Wittkamp, Frantz (geb. 1943 in Lutherstadt Wittenberg): Du bist da, und ich bin hier (S. 189). Weinheim/Basel (Beltz & Gelberg) 1989.

Wißmann, Constantin (k. A.): Alles erlaubt?* (S. 94). Aus: Du stehst auf blonde Frauen, oder?, Erstveröffentlichung im fluter 31 – „Medien“ – Seite 13, Sommer 2009, Hrsg. v. d. Bundeszentrale für politische Bildung/bpb, Bonn 2009.

Die mit * gekennzeichneten Texte sind aus didaktischen Gründen gekürzt und/oder vereinfacht.

Unbekannte und ungenannte Verfasser:

Werbetext zu Louis Sachar: Löcher. Die Geheimnisse von Green Lake (S. 151). Abrufbar unter: https://www.beltz.de/kinder_jugendbuch/produkte/produkt_produktdetails/7512-loecher.html (abgerufen am 01.03.2019).

Werbetext zu Raquel J. Palacio: Wunder (S. 151). Abrufbar unter: https://www.hanser-literaturverlage.de/buch/wunder/978-3-446-24175-6/ (abgerufen am 01.03.2019).

Werbetext zu Jeff Kinney: Gregs Tagebuch. Geht's noch? (S. 151). Abrufbar unter: https://www.luebbe.de/baumhaus/buecher/kinderbuecher/gregs-tagebuch-5-geht-s-noch/id_3231595 (abgerufen am 01.03.2019).

Die mit * gekennzeichneten Texte sind aus didaktischen Gründen gekürzt und/oder vereinfacht.

Originalbeiträge:

Diskussion: Lärmbelästigung durch die Trommelgruppe (S. 15).
Diskussion: Wandertag (S. 16).
Streitgespräch: Wandertag (S. 19).
Diskussionseröffnung: Wandertag (S. 20).
Streitgespräch: Bericht für die Klassenzeitung (S. 23).
Diskussion: Klassenlektüre (S. 25-26)
Streitgespräch: Klassenlektüre (S. 27).
Gespräch: Ronja und ihre Mutter (S. 28).
Gespräch: Felix und seine Mutter (S. 28-29).
Kuckuck, Kuckuck ruft's aus dem Wald - doch wie lange noch? (S. 32-33).
Lexikoneintrag: Zugvogel (S. 34, 40).
Lexikoneintrag: Singvogel (S. 40).
Lebensraum, Ernährung und Fortpflanzung des Kuckucks (S. 41).
Kuckucke auf der ganzen Welt (S. 42-43).
Volker Thomas: Kaiserpinguine - eine bedrohte Tierart in der Antarktis (S. 44). Volker Thomas Presse & PR, Agentur für Text und Gestaltung.
Die Bedrohung der Erdatmosphäre (S. 48-49).
Mit Freude Druck ausüben (S. 54).
Druckvorgang (S. 57-58).
Volker Thomas: Mit Liebe zum Detail (S. 66-67). Volker Thomas Presse & PR, Agentur für Text und Gestaltung.
Papier - ein unentbehrlicher Stoff aus der Natur (S. 70).
Aufruf: Unser Trinkwasser ist mega kostbar! (S. 76).
Gespräch: Reduzierung des Papierverbrauchs (S. 77).
Aufruf: Macht alle mit! (S. 81).
Weltweit steigender Energieverbrauch gefährdet das Klima (S. 82).
Wegwerfen und neu kaufen (S. 84).
Die Abfalllawine stoppen (S. 86-87).
Webtest mit Auswertung: Wie sicher bist du im Umgang mit dem Internet? (S. 92-93).
Meinungsäußerungen zum Zeitungsartikel (S. 95).
Chatgespräch (S. 97).
Meinungsäußerungen zum sicheren Verhalten im Internet (S. 98).
Raus aus der Zeitfalle (S. 100). Informationen nach: Welt der Wunder Youngster, Ausgabe 1/12, S. 17.
Meinungsäußerungen zum Zeitungsartikel (S. 100).
Klassengespräch: Mediennutzung (S. 107).
Auszug aus einem Audio-Podcast (S. 110).
Szene aus einer Serie (S. 112).
Der Cliffhanger (S. 114).
Kriminalrätsel (S. 131).
Richter, Lena: Eifersucht (S. 169, 170-171).
Das Internet - ein vielseitiges Medium (S. 196-199). Informationen nach: JIM-Studie 2017. Abrufbar unter: https://www.mpfs.de/fileadmin/files/Studien/JIM/2017/JIM_2017.pdf (abgerufen am 01.03.2019).
Inhaltsverzeichnis, Glossar, Stichwortregister (S. 203).
Papyrus - das Papier der Antike (S. 204).
Lexikoneintrag: Papyrus (S. 205).
Auf Klassenfahrt (S. 222-224).
Unsere Wattwanderung (S. 225).
Der erste Papierhersteller war eine Wespe (S. 226). Informationen nach: Odile Limousin. Die Geschichte vom Papier. Die Welt entdecken. Übers. v. Jürgen Witznick. Ravensburg (Ravensburger Buchverlag) 1996.
Das Papier geht um die Welt (S. 227). Informationen nach: Odile Limousin. Die Geschichte vom Papier. Die Welt entdecken. Übers. v. Jürgen Witznick. Ravensburg (Ravensburger Buchverlag) 1996.
Ein ganz normaler Tag? (S. 228).
Am Fenster (S. 232).
Fahrrad fahren im Schnee (S. 234).
Ein Wahnsinnsplan (S. 240-241).
Wie uns das Innenohr im Gleichgewicht hält (S. 242).
Jana und ihre Freundinnen (S. 243).
Ozeane (S. 246).
Zwitschern (S. 248).
Ermutigung (S. 250).
Ein Rätsel (S. 252).
Gefahren im Netz (S. 254).
Glück gehabt (S. 257).
Gärtner/Gärtnerin der Fachrichtung Landschaftsbau (S. 259). Informationen nach: https://berufenet.arbeitsagentur.de/berufenet/faces/index?path=null/kurzbeschreibung&dkz=588 (abgerufen am 01.03.2019).
Berufsbild: Industriemechaniker/Industriemechanikerin (S. 260). Informationen nach: https://berufenet.arbeitsagentur.de/berufenet/faces/index?path=null/kurzbeschreibung/taetigkeitsinhalte&dkz=29055 (abgerufen am 01.03.2019).
Frau - Weib - Fräulein - Magd (S. 261).
Gespräch zwischen Ayse und Marco (S. 263).
Ein erstaunliches Kunstwerk (S. 266).
Heuernte (S. 270).
Adrians Bericht über das Fußballspiel (S. 269).
Interviews (S. 270-271).
Papierfliegerwettbewerb (S. 274).
Kommissar Arnold und der gestohlene Pokal (S. 278, 280-284).
Nala und Viola (S. 285-287)
Gemüseorchester (S. 288-289). Informationen nach: http://www.vegetableorchestra.org (abgerufen am 01.03.2019).

Sachregister

Bildquellen

S. 6 oben: stock.adobe.com/Fatman73; S. 14 links: Cornelsen/Thomas Schulz, rechts: Shutterstock.com/Iakov Filimonov; S. 19: Cornelsen/Thomas Schulz; S. 25: Cornelsen/Thomas Schulz; S. 28-29: Cornelsen/Thomas Schulz; S. 30 v. l. n. r.: (1) stock.adobe.com/Cara-Foto, (2) Shutterstock.com/demamiel62, (3) Shutterstock.com/Fotokostic, (4) Colourbox EU GmbH, (5) stock.adobe.com/PRILL Mediendesign, (6) Colourbox EU GmbH, (7) stock.adobe.com/Holger Luck, (8) stock.adobe.com/damedias, (9) Shutterstock.com/FloridaStock, (10) Shutterstock.com/ssuaphotos; S. 31 v. l. n. r.: (1) Mauritius Images GmbH/Minden Pictures/Henny Brandsma/Buitenbeeld, (2) F1online digitale Bildagentur/Dieter Hopf/Imagebroker, (3) stock.adobe.com/francescodemarco; S. 32: nach DWD (Diagramm); S. 33 oben: (1) stock.adobe.com/scarlet61, (2) imago/blickwinkel, (3) stock.adobe.com/Pixinoo; S. 41: stock.adobe.com/wildman; S. 42 v. o. n. u.: (1) Mauritius Images GmbH/Minden Pictures, (2) Mauritius Images GmbH/imageBROKER/Malcolm Schuyl/FLPA, (3) Shutterstock.com/Prakash_Chandra; S. 43 oben: GlowImages GmbH/©AllCanadaPhotos.com, unten: Mauritius Images GmbH/Alamy Alamy stock photo/Ger Bosma; S. 44 oben: (1) Shutterstock.com/Roger Clark ARPS, (2) Mauritius Images GmbH/United Archives; S. 46 oben: (1) Colourbox EU GmbH, (2) Cpressphoto/VISUMCpressphoto/VISUM; S. 47: The assessment report on pollinators, pollination and food production 2017, ipbes, bearbeitet von Mellifera Berlin; S. 50 v. l. n. r.: (1) stock.adobe.com/Africa Studio, (2) Shutterstock.com/goodluz, (3) Shutterstock.com/ALPA PRO, (4) Shutterstock.com/Tyler Olsen, (5) Shutterstock.com/sirtravelalot; S. 53: Shutterstock.com/ALPA PROD; S. 54: Shutterstock.com/Moreno Sopplesa; S. 57-58: Alexander Steffensmeier, Münster; S. 60: Mauritius Images GmbH/Alamy; S. 62: Shutterstock.com/Tyler Olson; S. 63: living4media/Gallo Images Pty Ltd.; S. 66: Shutterstock.com/Tyler Olson; S. 68 v. l. n. r.: (1) stock.adobe.com/imaginando, (2) Mauritius Images GmbH/wsr/Alamy, (3) stock.adobe.com/Sabine Naumann, (4) stock.adobe.com/picsfive, (5) imago sportfotodienst GmbH/McPHOTO, (6) F1online digitale Bildagentur, (7) stock.adobe.com/meailleluc.com, (8) stock.adobe.com/dresden, (9) stock.adobe.com/pixelsockel; S. 69: Mauritius Images GmbH/West Studios; S. 70: stock.adobe.com/tolgatezcan; S. 74 oben: stock.adobe.com/Alterfalter, unten: stock.adobe.de/pure-life-pictures; S. 75: Shutterstock.com/wavebreakmedia; S. 76: stock.adobe.com/digieye; S. 84 oben: stock.adobe.com/Robert Kneschke, unten: Shutterstock.com/Srdjan Randjelovic; S. 86: Shutterstock.com/kanvag; S. 88 v. l. n. r.: (1) Shutterstock.com/Jacek Chabraszewski, (2) Shutterstock.com/Lesek Glasner, (3) Shutterstock.com/Tyler Olson; S. 102: Shutterstock.com/HBRH; S. 106 v. l. n. r.: (1) Shutterstock.com/ChaNaWiT, (2) stock.adobe.com/Thomas Söllner, (3) stock.adobe.com/M. Schuppich, (4) stock.adobe.com/Lucky Dragon, (5) Shutterstock.com/DisobeyArt, (6) Shutterstock.com/ALPA PROD, (7) stock.adobe.com/Marco2811, (8) stock.adobe.com/Moritz Wussow; S. 108 v. l. n. r.: (1) Glow Images GmbH (Pinguin), (2) © Xinhua/Photoshot/Avalon (Ban Ki Moon), (3) F1online digitale Bildagentur GmbH (Dürre), (4) Picture-Allliance/Reinhard Kungel (Gletscher), (5) Picture-Alliance/© dpa - Report (Meeresspiegel mit Eisscholle), (6) Shutterstock.com/Severe (Korallen); S. 110 v. l. n. r.: (1) Shutterstock.com/Leonid Ikan, (2) Shutterstock.com/Hortigüela, (3) stock.adobe.com/Roman Babakin; (4) Cornelsen/Thomas Schulz; S. 112-115: Cornelsen/Thomas Schulz; S. 137 oben: Shutterstock.com/Kim Songsak, unten: Shutterstock.com/ylq; S. 138: Cornelsen/Thomas Schulz; S. 139: Shutterstock.com/franz12; S. 150 v. l. n. r.: (1) Shutterstock.com/Monkey Business Images, (2) Shutterstock.com/Iakov Filimonov, (3) Shutterstock.com/Africa Studio, (4) Shutterstock.com/Africa Studio, (5) Shutterstock.com/Syda Productions; S. 161: © 2011 Baumhaus Verlag in der Bastei Lübbe AG, Köln. Die Originalausgabe erschien 2010 unter dem Titel „Diary of Wimpy Kid - The Ugly Truth“ bei Amulet Books, einem Imprint von Harry N. Abrams, Inc., New York. DIARY OF A WIMPY KID ®, WIMPY KIDTM, and the Greg Heffley designTM are trademark of Wimpy Kid, Inc.; S. 182: laif Agentur für Photos & Reportagen GmbH/Laurence Mouton/PhotoAlto; S. 183 oben: Mauritius Images GmbH/imageBROKER/uwe umstätter, unten: stock.adobe.com/simoneminth; S. 196-198: nach JIM-Studie 2017; S. 204: Shutterstock.com/James Steidl; S. 205 links: stock.adobe.com/tolgatezcan, rechts: Mauritius Images GmbH/West Studios/All mauritius images; S. 208: Shutterstock.com/crixtina; S. 212: Cornelsen/Thomas Schulz; S. 225: Shutterstock.com/Edler von Rabenstein; S. 226: stock.adobe.com/Sabine Katzenberger; S. 240 links: Mauritius Images GmbH/2d Alan King/Alamy, rechts: Mauritius Images GmbH/United Archives; S. 242: stock.adobe.com/vladimirfloyd; S. 246: stock.adobe.com/Roman Sotola; S. 250: stock.adobe.com/tunedin; S. 252: Mauritius Images GmbH/Maximilian Weinzierl/Alamy; S. 254: stock.adobe.com/designer491, S. 266: stock.adobe.com/Lyamin Stanislav; S. 275: Cornelsen/Thomas Schulz.

Illustrationen
Stefan Bachmann, Wiesbaden: S. 118–120, 122, 124, 127;
Sylvia Graupner, Annaberg: S. 152, 154, 157–158, 162, 166, 184, 187–193, 261–265;
Soufeina Hamed, Berlin: S. 168, 170–171, 173, 175, 178, 180;
Carsten Märtin, Oldenburg: S. 49, 64, 218–219, 222, 224, 228–231, 232 (ob.), 233–235, 239, 242, 243 (ob.), 244, 246–247, 248 (un.), 251, 253–256, 257 (ob.), 303–305;
Friederike Rave, Wuppertal: S. 258, 268, 274, 285, 287–289;
Ulrike Selders, Köln: S. 22, 248 (ob.), 257 (un.), 269;
Rüdiger Trebels, Düsseldorf: S. 3-13, 68, 89, 114, 130–132, 135, 194–196, 200, 206, 212, 232 (un.), 237, 243 (un.), 270, 272, 277–278, 280–282, 286;
Christa Unzner-Koebel, Berlin: S. 140, 143, 145, 147, 149;
Werner Wildermuth, Würzburg: S. 42.